한국해양대학교박물관
해양문화정책연구센터
해양학술연구총서 4

개정증보판

海事英語의 語源

김 성 준

앞표지 그림 London Greenwich 선거에 전시 중인 Cutty Sark; Seal of Bergen Stern Rudder(1376, Antwerpen Maritime Museum) 저자 촬영

D

deadeye, dead man's eye(137) / dead reckoning(139) / deadweight tonnage(140) / delivery(143) / derrick(144) / desert(145) / deviation(147) / dog-watch(148) / doldrums(150) / draught, draft(152) / dreadnought(153) / Dutchman(155)

E

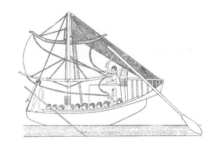

engine(157) / ensign(161) / equipment(163)

F

fathom(167) / figurehead(169) / filibuster(172) / flag(173) / fleet(175) / Flying Dutchman(176) / forecastle(179) / foreign(181) / foul anchor(182) / freight(185)

G

gale(187) / gang(188) / grog(191) / gunwale(192) / gyro(195)

H

half-masting a flag(197) / hand(198) / handy size(200) / handymax(200) / harbour (201) / hatch(204) / hawse(205) / helm order(207) / hogging vs sagging(209) / hold (211) / horse latitudes(212) / hulk(213) / hull(215) / hurricane(217)

I

J

K

L

M

(331)

orlop(333) / outport(334) / overhaul(334)

Panamax; Neo-Panamax(337) / passport(338) / pier(338) / pilot(340) / pipe(343) / pirate(345) / Plimsoll mark(345) / pool(352) / port(355) / premium(358) / privateer(359) / protest = sea protest = protest(362) / purser(364)

quarantine(367) / quarter master = Quarter Jack(370) / quay(372)

𝕽

rhumb line = loxodrome(375) / roads(381) / roaring-forties(383) / rolling(384) / route(387) / rudder(389) / rummage(390)

sail(393) / schooner(396) / sea(399) / seaman(402) / seamanship(403) / seaworthy(405) / ship(407) / ship called 'she'(410) / ship chandler(412) / shore(414) / short stay(415) / St. Elmo's light(fire)(417) / stand by(419) / starboard(422) / steer(423) / stem(424) / stoker(426) / storm(427) / stowaway(427) / strait(428) / strike(430) / Suezmax(434) / supercargo(435)

tarpaulin(441) / tempest(442) / tide(443) / ton; tonnage(444) / trade wind(449) / tramp(452) / trim(455) / Trinity House(456) / Typhoon(458)

underwriter(461)

vessel(463) / viking(464) / voyage(465)

wake(467) / warehouse(468) / watch(469) / weather(470) / wharf(474) / whistle(474) / wreck(476)

yacht(477)

우리나라는 이제 자타가 공인하는 세계적인 해양국가 중의 하나가 되었다. 그러나 '과연 우리나라가 진정 해양국가인가?'를 자문해 볼 때 자신 있게 '그렇다'라고 대답할 수 있는 사람은 많지 않을 것이다. 벨기에의 해양사학자이자 다큐멘터리 제작자인 Luc Cuyvers 박사는 '해양국가는 지리적 요인과 정신적 요인에 의해 결정된다'고 전제하고, '대한민국은 지리적으로는 분명 해양국가이고, 경제적으로도 세계적인 해양국가이지만, 정부나 국민들의 배와 바다에 대한 이해와 관심을 기준으로 한다면 해양국가라고 하기에는 미흡하다'고 지적한 바 있다. 조선산업 1-2위, 해운산업 5위, 수산업 12-13위를 유지하고 있음에도 불구하고, 우리나라가 해양국가일 수 없는 이유는 과거 2천여년간의 우리의 역사에서 바다와 연관된 활동이 상대적으로 빈약했다는 사실과, 근래 이룩한 해양분야에서의 성과를 정리하여 역사화 시키지 못했기 때문이다. 이 책은 바로 이러한 자기반성에서 시작되었다.

이 책은 해사산업계 종사자뿐만 아니라 해양계 대학에서 수학하고 있는 학생들에게 세계해사산업계에서 공통적으로 사용되고 있는 '해사영어'를 그 뿌리(어원)부터 살펴봄으로써 정확한 언어의 이해를 통하여 해사산업에 대한 통찰력을 제공하고, '해양사'에 대한 전반적인 이해를 제고할 목적으로 저술되었다. 이와 같은 책에 대해 관심을 갖게 된 것은 1988년 범양상선의 13만톤급 광탄선 '대양 하니호'에 실습항해사로 승선했을 때였다. 선박에 비치된 『해양한국』(1980. 8-1989. 1)에 실린 <해사영어 어원탐사>라는 번역 기사를 읽으며 무료한 승선실습생활을 달래곤 했다. 지금도 내 서가에는 당시 『해양한국』의 기사를 복사하여 제본한 책자가 꽂혀있다. 그 후 대학원에서 해운사를 공부하고, 학회 활동을 하면서 그 번역기사가 일본 교토대학의 사와 센페이(佐波宣平) 교수의 책 『海の英語』(研究社, 1971)의 발췌 번역본임을 알게 되었다. 1990년대 후반 그 책의 원본을 구해 복사하여 서가에 꽂아놓고 '언젠가는 저 책을 번역해야지' 하고 속으로 생각하고 있었다.

그러나 이러저러한 개인 사정과 능력 부족으로 차일피일 미루어 오던 것이 어느덧 30년 가까이 흘러가 버렸다. 다행히도 현재 재직 중인 학교에 안착하게 된 뒤 주변의 도움으로 지난 2년간 이 책을 집필하는 데 집중할 수 있었다. 당초 이 책을 집필할 때는 사와 센페이 교수의 책을 완역하려고 생각했었다. 그러나 그 책이 출간된 지 50년이 가까워 올 뿐만 아니라, 기사 중에는 우리와는 관련이 없는 내용이 다수 포함되어 있었다. 그래서 미력한 능력이나마 내 힘으로 '해사영어의 어원'을 집필해 보기로 했다.

이 책을 읽을 독자들을 위해 집필 원칙을 밝혀두는 것이 도리일 듯하다. 먼저 해사영어의 각 항목은 사와 센페이 교수의 『海の英語』을 참조하여 1차 선별해 내고, 여기에 빠져 있는 것을 보충하였다. 그렇게 해서 AFRAmax, boiler, bridge, Cape size, compass, engine, gyro, mercator, Panamax, rhumb line, Suezmax 등이 추가되었다. 선별된 각 용어들은 다음 순서에 따라 그 어원을 추적했다. 우선,

The Shorter Oxford English Dictionary on Historical Principles(Clarendon Press, 1989)과 Doughlas Harper의 *Online Etymology Dictionary*(2001-2014)에서 해당 용어의 역사적 용례를 확인하였고, 해사용어로서의 용례에 대해서는 사와 센페이 교수의 책과 해사관련 사서류를 참조하였다. 특히 사와 센페이 교수의 책을 참조할 때 원서인 경우에는 해당 원서를 직접 확인하려고 노력했다. 원서를 확인한 경우에는 필자가 확인한 자료는 각주로 명기하였고, 부득이 확인하지 못한 경우에는 사와 센페이 교수의 책을 재인용한 것임을 밝혀두었다. 그리고 필자가 그동안 공부한 내용과 Wikipedia와 google 등을 활용하여 보충하였다.

원고를 탈고하고 보니 필자의 역량 부족으로 이 책의 상당 부분은 사와 센페이 교수의 책에 크게 의존했음을 고백하지 않을 수 없다. 그럼에도 불구하고 이 책을 번역이나 편저로 하지 않은 것은 그렇게 함으로써 이 책에 포함되었을지도 모르는 오류를 사와 센페이 교수에게 떠넘기는 책임회피로 비쳐지는 것을 염려했기 때문이다. 이 점 독자 여러분의 혜량을 기대한다.

이 책을 쓰는 과정에서 여러 사람들로부터 많은 도움을 받았다. 대학 동기이자 같은 대학의 동료인 남택근 교수와 선배 해양사가인 김주식 교수님은 사와 센페이 교수의 책을 초역해 주었다. 두 분의 노고가 없었다면 이 책의 절반은 쓰여질 수 없었을 것이다. 또한 <해사영어의 어원>을 밝히는 작업의 중요성을 인식하여 이를 독려해주시고 격려해주신 한국해사재단(이사장 이윤재), 장두찬 회장님, 그리고 정중식 교수님께 마음 속 깊이 감사의 마음을 전하고 싶다. 일본 큐슈대학의 호시노 히로시(星野裕志) 교수님과 간사이외국어대학(관서외국어대학)의 미야시타 쿠니오(宮下國生) 교수님은 오래된 일본어의 독음과 의미를 친절하게 설명해주었다. 두 분께도 감사드린다. 끝으로 해양학술연구총서를 맡아 출간해주신 도서출판 문현의 한신규 사장님과 편집부 직원들에게도 고마움을 전한다.

그 동안 이 책에 쏟아부은 열정과 수고는 이 책이 독자들에게 널리 읽혀져 우리나라 해사산업의 발전에 밑거름이 되는 것으로 보상받았으면 하는 마음 간절하다.

2015. 초여름
고하도 앞 *海竹軒*
늘배 김성준

이 책이 출판된 지 10년 만에 초판이 절판되었다. 초판에 포함된 오타와 일부 오류를 그대로 둔 채 2쇄를 발행하는 것은 독자들에 대한 예의가 아니라고 판단해 개정증보판으로 내놓게 되었다. 소소한 오류에 대해서는 언급할 필요가 없겠지만, deadweight 항목에 포함된 'lucus a non lucendo'에 대한 설명에 일부 오류가 포함되어 있었다는 사실을 고백하지 않을 수 없다. 이번 증보개정판에서 바로 잡았으니 초판을 읽은 독자들의 혜량을 바라마지 않는다. 또한 admiralty, anchor spirit, Baltic Exchange, BL, board, brought up, cockbill, Neo-Panamax, seamanship, tonnage, walk back, walk out, wharf 등의 항목을 추가했다.

이 책이 해운산업과 해상무역업계에서 널리 사용되는 용어를 그 어원부터 역사적으로 이해해 보다 정확한 의미로 사용하는 데 길잡이가 된다면 더 바랄 것이 없겠다.

2025. 앞 겨울
아치섬 해죽헌에서
김성준

이 책을 默庵 박현규 이사장님께 바친다.

able-bodied seaman 숙련 선원

　숙련선원을 일컫는 말로 오늘날의 선원 직제상 수직급(手職級) 보통선원에 해당하며, able seaman이나 AB로 약칭하는 경우가 많다. 사와 센페이(佐波宣平) 교수는 이 용어를 '갑판원 적임증 소유자(甲板員 適任證 所有者)'라고 번역하고 있는데, 오늘날 일본과 우리나라 해사산업계에서는 '숙련선원'이란 용어가 통용되고 있다.

　사와 센페이 교수가 AB를 '갑판원 적임증 소유자'라고 번역한 것은 1894년 영국 해운법(Merchant Shipping Act, 1894, 57 & 58 Vict., c60)에 따른 것인데, 이 법에서는 "선박의 부원으로 3년간 승선경력을 쌓지 않으면 AB가 될 수 없다"고 규정하고 있다.[1] 그러나 AB(숙련선원)은 갑판부원으로서의 자격을 갖추었을 뿐, 그 지위가 사관에는 이르지 못하고 보통선원(sailor)의 최상위에 위치해 있었다.

　19세기 선원의 직급을 보면 선장, 사관(1항사, 2항사, 3항사), 보통선원(able-bodied seaman, ordinary seaman, green seaman, boy) 등으로 나눌 수 있는데, 이렇

---

1 佐波宣平, 『海の 英語』, p.5.

게 보면 AB가 보통선원 중 최상위에 위치하고 있음을 알 수 있다. Smyth의 *The Sailor's Wordbook*에 따르면, "able-bodied seaman은 complete sailor이다."[2] 여기에서 complete는 한 사람의 선원 몫을 '완전하게' 할 수 있다는 의미이다.

오늘날 갑판부의 선원 직제는 갑판원(sailor), 갑판수(AB), 갑판장(Bosun), 항해사, 선장으로 이루어져 있어 AB, 즉 갑판수는 조타수(quarter master) 직급을 포함하게 된다. 조타수는 직급에 따른 직명이 아니라 임무에 따른 직명이기 때문에 선원의 직제상 조타수는 갑판수에 포함되고, 실제 상선에서는 갑판수나 조타수가 동일한 직명처럼 사용되고 있다. 왜냐하면 갑판수 3인이 모두 조타수를 겸하고 있기 때문이다.

2007년 미국 연방법[3]에 따르면, 미국 상선대의 직제상 AB를 다섯 가지 범주로 나누고 있다.

① Able seaman-Any Waters, Unlimited : 대양이나 오대호 등의 선박에서 3년의 승선 경력이 있을 것
② Able seaman-limited : 미국의 강과 소규모 호수에 한정되지 않는 총톤수 100톤 이상의 선박에서 18개월의 승선 경력이 있을 것
③ Able seaman-Special : 오대호를 포함하여 미국 내 가항 수역이나 대양에서 운항되는 선박에서 12개월의 승선 경력이 있을 것
④ Able seaman-Special(OSV) : 오대호를 포함하여 미국 내 가항 수역이나 대양에서 운항되는 선박에서 6개월의 승선 경력이 있을 것
⑤ Able seaman-Sail : 오대호를 포함하여 미국 내 가항 수역이나 대양에서

---

2 Smyth, *The Sailor's Wordbook of 1867*, p.509.
3 United States Code of Federal Regulations, Title 46, Part 12.05, retrieved March 3, 2007.

운항되는 선박에서 범선이나 돛을 보조로 사용하는 선박에서 6개월의 승선 경력이 있을 것[4]

admiral 제독

해군의 장성을 통칭하는 제독(또는 함대사령관)을 뜻하며, 과거에는 제독(또는 함대사령관)이 승선한 선박, 즉 기함(flagship of the admiral)을 의미하기도 했다. *The Shorter Oxford English Dictionary on Historical Principles*(이하 SOED로 약함)에 따르면, 이 낱말은 아랍어 amir 또는 emir(술탄 휘하의 고위직)가 지중해를 경유해 영어에 정착된 것이다.[5] 사와 센페이 교수도 admiral이 아랍어 'amir-al'(commander of)에서 유래하였다고 밝히고 있다. 그의 어원 분석에 따르면, 중세 지중해를 장악했던 아랍인들이 시칠리아와 스페인 등을 통치했을 때 대부분의 장관직을 amir-al …로 통칭하였는데, 이것이 영어를 포함하여 전 유럽어권에 퍼지게 되었다.

중세 유럽인들이 당초 관심을 가졌던 직책은 amir-al-bahr(commander of the sea)였다. 이 직책은 아랍인들의 직책상 지중해 함대를 지휘하고, 해상을 관할하는 장관으로서 '해양 장관' 내지는 '해군 사령관' 정도로 옮길 수 있었다. 유럽인 중 이 말을 처음으로 도입했던 시칠리아와 제노바 인들은 전 함대 중 일부 함대, 즉 전대(戰隊, squadron)의 지휘자를 칭할 때 이 용어를 사용했다. 그런데 아랍어 amir-al-bahr의 전체 의미를 몰랐기 때문에 정작 중요한 bahr(바다)란 단어를 탈락시킨 채 그저 amir-al로 약칭해 버렸다.[6] 결국 admiral은 본래 commander of the

---

4 http://en.wikipedia.org/wiki/Able_seaman(2024. 8.5.)
5 *The Shorter Oxford English Dictionary on Historical Principles*, p.26.

sea라는 뜻이었던 아랍어 중 'commander of'만 차용해 탄생한 우스꽝스러운 말인 셈이다.

여기에서 더 재미있는 것은 당초 아랍어에서 없었던 'd'가 amir-al이 영어에 도입되면서 첨가되었다는 점이다. 당초 잉글랜드에는 Custos Maris(guardian of the sea)라는 제도가 있었지만, Edward I세(재위 1272-1307) 시대에 아랍식의 admiral of the sea(해양 행정관) 제도가 도입되었다. 에드워드 1세는 즉위년인 1272년에 William de Leyburn을 Admyrall de la Mer du Roy d'Angleterre에 임명 했는데, 이는 Admiral of the sea of the King of England(잉글랜드 국왕의 해양 행정관)로 옮길 수 있다. 당시 이 직은 Hastings, New Romney, Hythe, Dover, Sandwich 등 잉글랜드의 주요 5개 항구(Cinque ports)에 소속된 배를 관장하는 직책이었다.

당시 잉글랜드에는 상비 해군이 없었으므로 이 직책은 위의 5개 항구에 적을 둔 상선과 어선을 관장하는 것이 주임무였을 것이다. 그러므로 에드워드 1세 시대 의 admiral을 '함대사령관'으로 번역하는 것은 적절치 못하다. 어쨌든 영어에서 admiral이 '함대사령관' 정도의 군사적 의미를 띠게 된 것은 Henry VI세(재위 1422-61, 1470-71) 때이다. SOED에 따르면, 1425년 admiral이 '최고위 해군 장 성'(a naval officer of the highest rank)을, 1460년에는 '함대사령관(commander-in-chief of the navy)을 뜻하는 직명으로 각각 사용되었다.[7]

잉글랜드에서 본래 아랍어에 포함되지 않았던 'd'를 첨가하게 된 것은 당시 직명 등에서 라틴어를 사용했던 탓에 유럽 대륙에서 유입된 amiral이라는 낱말의 어원을 라틴어에서 유래한 것으로 오해한 탓이었다. 라틴어 admirabilis(경탄할만

---

6 佐波宣平, 『海の 英語』, p.10.
7 *The Shorter Oxford English Dictionary*, p.26.

한)와 형태적으로 비슷한 탓에 amir-al에 'd'를 덧붙여 admiral로 쓰기 시작하게 된 것이다. 일부 어원학자들은 admiral이라는 직책이 해양과 함대를 관장하는 최고위직이었기 때문에 일종의 '찬사를 받을 만한(admirable) 직책이었기 때문에 이러한 잘못을 범했을지 모른다는 설을 주장하기도 한다. 오늘날 유럽어권에서 '제독'을 뜻하는 단어로 이탈리아어는 ammiraglio, 프랑스어는 amiral, 스페인어와 포르투갈어는 almirante, 네덜란드어는 admiraal, 독일어는 admiral, 러시아어는 admiral을 사용하고 있다.

이를 보면 '제독'이라는 단어가 아랍인을 통해 지중해에서 라틴어권에 도입된 뒤 영어에 수용되고, 이것이 북유럽권으로 확산되었음을 알 수 있다. 이 과정에서 라틴어권에서는 아랍인들과의 직접 교류를 통해 아랍어 amir-al을 도입하였고, 북서유럽어권에서는 잉글랜드인들이 범한 잘못을 그대로 수용하여 admiral을 받아들이게 되었던 것으로 보인다. 오늘날 admiral에는 commodore(준장), rear admiral(소장), vice admiral(중장), admiral(대장) 등 네 계급이 포함된다.

admiralty 해군본부, 해군부

admiralty는 영국의 '해군본부' 또는 해군부를 의미한다. 헨리 8세 시대 이후 1832년까지 영국의 해군 조직은 'Admiralty'와 'Navy Board'로 이원화되어 있었다. 해군본부(Admiralty)는 수석 제독(Lord High Admiral)을 장으로 하는 기관으로 주로 함정의 군사적 행동이나 사관의 인사를 관할하였고, 해군위원회(Navy Board)는 함정의 관리, 부사관과 수병의 인사, 군수품 조달 등을 담당했다. 18세기 초 Admiralty는 수석 제독 직이 없어지고 수석 위원(First Lord)을 장으로 하는 위원회가 되어 함대사령부의 기능이 약화되어 육상 관청의 성격이 강해졌다. 수석 제독 또는 수석 위원 직도 이전에는 현역 해군장교가 맡았으나, 이때부터는 내각

의 일원인 민간 정치인이 맡게 되었다.[8]

나폴레옹전쟁 종전 후 영국 해군은 민간인 수석 위원을 장으로 하고 현역 해군 장교들로 구성된 해군본부 위원회(Board of Admiralty)에 의해 운영되었다. 해군 본부 위원회는 해군의 전반적인 정책과 함대 운영 등의 세부 사항을 결정하고, 결정된 사안을 해군위원회가 집행했다.[9]

1806년 써 찰스 미들턴(Sir Charles Middleton, 1726-1813)이 사임한 이후 정치가가 해군본부 위원회(Board of Admiralty)의 수석 위원(First Lord)으로 임명되었다. 1830년 수석 위원으로 부임한 제임스 그레이엄(James Graham)이 1832년 해군위원회(Navy Board)를 폐지하는 대신,[10] 해군위원회의 surveyor(회계감독관), accountant general(재무총괄), storekeeper general(보급총괄), controller of victualling(군수통제관), medical director-general(군의총괄) 등 현역 해군장교 5명을 해군본부 위원회의 위원으로 편입시켰다.[11] 이로써 해군본부 위원회는 해군을 관할하는 유일한 기구가 되었으며, 수석 위원은 해군을 대표하여 내각의 일원으로 의회에 대해 책임을 지게 되었다. 따라서 Admiralty는 1832년을 기점으로 그 이전은 해군본부로, 그리고 그 이후는 해군부로 번역할 수 있다.[12] 이러한 체제는 1868년까지 큰 변화없이 지속되었다.

영국 해군이 장관급 기구로 편성되었던 이유는 육군과 해군을 통솔하는 상급의 국방부처가 없었기 때문이다. 영국 행정부서로서 국방부가 설치된 것은 처칠이 총리로 취임한 1940년에 이르러서였다.

---

8 靑木榮一, 최재수 역, 『시파워의 세계사 2』, p.162.
9 석영달, 『실패한 개혁, 혹은 개혁의 첫걸음』, 혜안, 2023, p.56.
10 영국의 Navy Board는 1964년에 부활해 현재까지 운용되고 있으며, 영국 해군의 일일 운용 업무를 책임지고 있다.
11 석영달, 『실패한 개혁, 혹은 개혁의 첫걸음』, p.57.
12 靑木榮一, 최재수 역, 『시파워의 세계사 2』, p.163.

admiralty court 해사(海事) 법원

해사(海事)와 관련한 계약, 불법 행위, 상해(傷害), 위법 행위를 관할하는 영국의 민사 해사법원으로, 정식 명칭은 High Court of Admiralty(최고해사재판소)나 보통 Court of Admiralty, 또는 Admiralty Court로 약칭하는 경우가 많다. 중세 잉글랜드에서는 브리튼 섬을 둘러싼 해역을 남부・북부・서부 해역으로 구분하고 이 해역을 관장할 고위직으로 admiral이 임명되었는데, admiral은 해당 해역에 속하는 항구에 적을 둔 상선과 어선을 관장하는 것을 주로 하고 해상 군사적 행위의 단속과 적국 선박의 나포와 관련한 분쟁을 처리하기도 했다. 따라서 admiral은 원래 해사행정관이었지만, 해사 관련 분쟁을 처리해야 했기 때문에 해사재판관의 역할도 했다.

영국에서 해사재판소가 언제 설치되었는지는 확실하지 않지만, 대체로 Edward III세(재위 1327-77) 통치기인 1340년 이후라는 설이 유력하다. 사와 센페이 교수에 따르면, 1340년 6월 잉글랜드 해군이 플랑드르 연합함대를 슬루이(Sluys) 근해에서 격파했는데, 이 해전의 승리 이후 잉글랜드는 해상 나포와 관련하여 외국에 요구할 대외적 힘을 행사할 수 있게 되었고, 이로부터 해사관련 재판이 의미를 갖게 되었다는 것이다.[13] 1360년 즈음부터 잉글랜드와 웨일즈의 연안은 19개 해역으로 구분되었고, 각 해역마다 Lord High Admiral(수석 제독, 최고 해사행정관)을 대리하는 Vice Admiral of the Coast(연안 부제독, 또는 연안부해사행정관)이 임명되었으며[14] 이들에게 해사재판권이 부여되었다.

13 佐波宣平, 『海の 英語』, p.12.
14 http://en.wikipedia.org/wiki/Admiralty_court(2024.8.6.)

최초에는 잉글랜드의 외부에서 보통법의 관할 밖에 있는 해상에서 발생한 사건을 민·형사 구분없이 모두 해사재판소가 관할했다. 그렇지만 해상 나포, 해적 행위 단속 등의 해사 형사 사건을 관할하는 것이 주였고, 해상 계약 등에서 파생되는 해사 민사 사건을 부차적인 일이었을 것으로 보인다. 잉글랜드에서는 1066년 노르만의 정복 이래 토지와 관련하여 오랫동안 관습법으로 굳어진 보통법이 사회의 기본법으로 역할을 했다. 그러나 보통법은 시대의 흐름에 적합하지 않는 경향도 있고, 탄력성도 적었기 때문에 14-16세기에 걸쳐 형평법(equity law)이 형성되었다. 보통법과 형평법이 모두 국내 사건과 관련되어 있었기 때문에 국외 관련 사건은 주로 해사법원이 담당하게 되었다. 그 결과 이전에는 해상 나포, 해적 행위 등 형사 사건을 주로 관할했던 해사법원도 점차 형사 사건을 다른 기관으로 이관하고 주로 민사 사건을 다루게 되었다. 그에 따라 1834년에 해사 형사 사건을 전문적으로 다룰 법원으로 Central Criminal Court(중앙형사법원)가 설립되기에 이르렀다. 또한 관습법 위주였던 영국에서도 해사 관련 법규를 집대성할 필요성이 제기되어 1871-76년까지 Sir Travers Twiss가 중세부터 근세에 이르는 해상법을

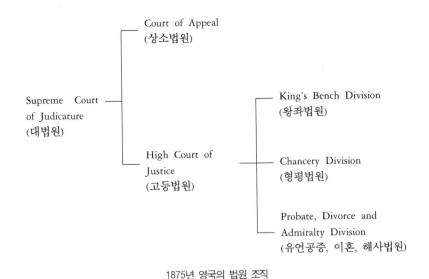

1875년 영국의 법원 조직

The Black Book of the Admiralty으로 집대성하였다.[15]

영국의 해사법원은 1875년 영국법원조직법(Judicature Acts)에 따라 중대한 변화를 겪게 되었는데, 이 법에 따라 해사법원은 유언공증과 이혼을 함께 관장하는 Probate, Divorce and Admiralty Division(PDA, 유언공증·이혼·해사법원)으로 통합되었다. 여기에서 흥미로운 것은 해사재판이 아무런 관련이 있을 것 같지 않은 유언공증이나 이혼과 같은 관할권 하에 묶이게 되었다는 점이다. 이에 대해 사와 센페이 교수는 "옛 로마법학자들이 유언, 이혼, 해사 관련 재판을 함께 취급했고, George III세(재위 1760-1820)가 1768년에 이와 같은 관행을 The College of Doctors Practising in the Ecclesiastical and Admiralty Courts(종교및해사재판관할대학)로 통합하는 특허장을 발부한 데 기인한 듯하다"고 밝히고 있다.[16]

그러나 PDA가 가정법원(Family Division)으로 대치되자 유언 공증은 Chancery Division으로, 해사 문제는 고등법원의 Queen's Bench Division 산하의 Admiralty Court(해사법원)으로 이관되었다. 그 뒤 1981년에 상급법원법(Senior Court Act)에 따라 해사 재판은 Admiralty Judge(해사재판관)과 해사 사건을 다룰 자격을 지닌 상업법원 판사들이 관할하게 되었다. 이들 해사 관련 재판관들이 모여 해사 관련 사건을 재판하게 되면, 통상적으로 해사법원으로 부르기도 한다. 하지만 공식적으로 해사법원이란 조직 자체는 없어진 셈이다. 2015년 현재 해사재판 관할권은 잉글랜드와 웨일즈 대법원(High Court of England and Wales)이 갖고 있으며, 해사재판소는 형평법원, 해사및상사법원(Admiralty and Commercial Court), 기술및건설법원(Technology and Construction Court)과 함께 런던의 Rolls Building에 소재하고 있다. 따라서 상사문제와 통합되어 있기는 하지만, 해사및상사법원 형태

---

15 Travers Twiss, ed. by, *The Black Book of the Admiralty*, Vol. I-IV.
16 佐波宣平, 『海の 英語』, p.14.

로 부활했다고 할 수 있다.[17]

AFRAmax　아프라막스

　보통 10만톤 내외의 유조선을 일컫는 용어로 1954년에 Shell 석유가 관련 회사들 사이에서 사용할 용선료 산정법에 대해 런던중개인패널(구성 : Gallbraths, Howard Houlder, Jacops, Clarkson, Seascope, Gipson의 6개사)에게 자문을 구함에 따라 런던중개인패널이 만들어서 그 해 4월 1일 Shell에 통보함으로써 탄생하였다. 여기에서 AFRA라는 것은 Average Freight Rate Assessment의 약어로서 원어는 평균운임률이라는 뜻이다. 1954년 당시 런던중개인패널은 유조선의 크기를 다음과 같이 구분하였다.

- general purpose : 1만 6000톤 ~ 2만 4999톤
- medium range : 2만 5000톤 ~ 4만 4999톤
- large range 1 : 4만 5000톤 ~ 7만 9999톤
- large range 2 : 8만톤 ~ 15만 9999톤
- VLCC : 18만톤 이상

　요컨대 아프라막스 유조선은 AFRA 운임률로 운송할 때 가장 유리한 크기의 유조선, 즉 large range 1급 유조선(4만 5000톤 ~ 7만 9999톤)을 의미하였으나, 요즈음에는 10만톤급 유조선을 가리키는 용어로 사용되고 있다.[18]

---

17 http://en.wikipedia.org/wiki/Admiralty_court(2024. 8.10.)

aft 고물(선미)에

'배의 고물에', 즉 '선미에'를 뜻한다. 사와 센페이 교수에 따르면, 해사영어에서 aft는 '선미에'이고, aftermost는 '배의 최후미로'를 의미한다. aft와 aftermost 사이에 after를 넣게 되면 원급-비교급-최상급 관계가 된다. 그러나 after의 어간은 af였는데, 사람들이 aft로 착각하게 되어 aft라는 낱말이 유래한 것 같다는 것이다. aft의 어간 af는 라틴어의 ab나 영어의 of나 off처럼, '…로부터 떨어져서'를 뜻했는데, 범선에서 선미는 돛이나 닻 등 주요 장비로부터 멀리 떨어져 있었던 데서 유래한 것으로 보인다. 이에 대해 사와 센페이 교수는 이미 aft 자체에 '선미에'라는 뜻이 있는데, 여기에 "…에서 떨어져서"를 의미하는 접두사 ab를 덧붙여 abaft (선미에, 선미의)란 낱말을 만들어냈다고 설명하고 있다.[19]

그러나 Smyth의 *The Sailor's Wordbook*에서는 이와는 다소 다르게 설명하고 있다. 즉 aft는 "fore의 상대어를 뜻하는 색슨어로 abaft의 축약어"라고 명확하게 설명되어 있다.[20] 실제로 사와 센페이 교수의 설명과는 달리, 배의 선미에는 배를 조타하는 중요한 장비인 키가 설치되어 있고, 선장과 사관들의 거주구역이 배치되어 있다. 한편, 'fore and aft'로 함께 쓰이면 '이물과 고물에(선수미에)'를 뜻하고, 'fore-and-aft'와 같이 로 연결되어 사용되면 '선수에서 선미까지의', '선체를 종단하는', '선체에 평행하는' 등을 의미한다.

배의 뒷부분을 현재는 한자어로 '선미'로 쓰고 있는데, 우리 고유어로는 꽁지부리, 밑뒤, 배꼬리, 뱃고물, 선로(船艫) 등도 썼다.

---

18 小芦 捻, 「선박의 크기에 따른 명칭의 유래」, 『해양한국』, 1997년 9월호.
19 佐波宣平, 『海の 英語』, p.15.
20 Smyth, *The Sailor's Wordbook of 1867*, p.509.

all hands   전 선원 또는 총원

배에 승선한 전 선원, 또는 총원을 뜻한다. 여기에서 hands의 뜻이 중요한데 SOED에 따르면, '배에 속하는 선원 개개인'을 의미하며, 이와 같은 뜻으로는 문헌 상 1669년 즈음에 사용되기 시작하였다.[21] 우리말에 '일손'이란 낱말이 있는데, hand의 가장 적절한 번역어가 아닐까 한다. 이 말을 적용하여 all hands를 옮겨보면 '배 일손 모두(전 선원)' 정도가 될 듯하다.

그런데 여기에서 문제가 되는 것은 all hands on deck(배 일손 모두 갑판 집합)이라고 했을 때 말 그대로 '배에 승선한 모든 선원'을 의미하는 것인지, 아니면 '당직근무자'만을 의미하는 지가 문제가 된다. 오늘날의 상선에서는 이러한 구분이 의미가 없다. 선내방송으로 all hands on deck라고 했을 때 당직 여부에 관계없이 전 선원이 집합해야 한다는 것은 자명하다. 그러나 범선시대에는 이와는 달랐다. 사와 센페이 교수가 영어의 여러 사례를 검토한 결과, all hands에는 1) 당직근무자 전원, 2) 전 선원(갑판부 선원 + 배대목, 구리장이(copper), 돛장이(sail maker), 조리사 등의 장인들)을 뜻하는 등 일정하지 않았던 것으로 나타났다. 그러나 all hands and cook 등과 같이 사용되었던 사례를 고려해보면, all hands에는 '주로 갑판원 전원'을 의미하는 것이 보통이었던 보인다.[22]

---

21 *The Shorter Oxford English Dictionary*, p.920.
22 佐波宣平, 『海の 英語』, pp.17-18.

amidships 배 가운데 또는 배 중앙에

‘배 가운데’ 또는 ‘배 중앙에’를 뜻하는데, 여기에서 가운데 또는 중앙을 두 가지를 의미할 수 있다. 하나는 선수미 방향을 기준으로 ‘가운데’이고, 좌우현을 기준으로 ‘선체 중앙부’를 뜻할 수도 있다. 그러나 범선 시대에는 보다 일반적으로는 ‘배의 축 방향의 방위’(bearing to the axis of the ship)를 뜻하는 경우가 많았다.[23] 어원적으로 분석해 보면, amidship은 a(…의 위에를 뜻하는 접두어) + mid(라틴어 medium = 중앙에서 유래) + ships(배의)가 결합된 낱말이다. 따라서 이를 합쳐보면 ‘배의 중앙부에’(on the middle of the ship)를 뜻하게 되는 것이다.[24] SOED에 따르면, amidships는 1692년 이후에나 사용되기 시작하였다.[25]

anchor 닻

그리스어 ἄγκυρα(agkyra, 갈고리)에 어원을 둔 낱말로 그리스어 ἄγκυρα은 ‘굽은 팔을 뜻하는 ἄγκών(aghkon)에서 유래하였다. 따라서 닻의 기본적인 모양새는 갈고리처럼 끝이 굽어 있는 것이다. 라틴어의 ancora(錨)는 라틴어 ‘갈고리’를 뜻하는 uncus와 같은 계열의 낱말이고, 영어 anchor도 ‘낚시 바늘’이나 ‘각’을 뜻하는 angle과 같은 계열의 낱말이다. 그리스어 ἄγκυρα가 라틴어 ancora가 되고, 이것이 영어로 유입되는 과정에서 ‘h’가 삽입되어 anchor로 정착되었다. 영어에 유입되는

23 Smyth, *The Sailor's Wordbook of 1867*, p.36.
24 佐波宣平, 『海の 英語』, p.22.
25 *The Shorter Oxford English Dictionary*, p.59.

과정에서 대서사시 『베어울프』(Beowulf)가 기록된 10세기 즈음까지는 아직 'h'가 삽입되지 않은 형태인 ancre : oncre 형태로 사용되었다.[26] 사와 센페이는 anchor가 "해사영어에 추가된 최초의 지중해 어휘"이며, 독일어에서는 "Anker란 형태로 정착되었는데, 독일어에서는 이 낱말이 독일인들이 라틴어에서 차용한 거의 유일한 어휘"라고 밝히고 있다.

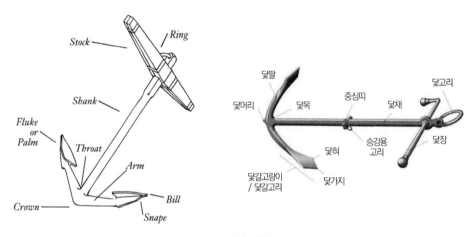

닻의 각부 명칭
자료 : B.N. Curryer, Anchors, p.7; Britannica Visual Dictionary.

영국 선원들은 닻을 mudhook 또는 pick이라고도 했는데, mudhook은 글자 그대로 '해저의 진흙에 걸리는 갈고리', pick은 '꼬챙이'를 각각 뜻한다. 독일어에서도 16세기 경에는 라틴어에서 온 Anker 대신 모국어인 Schiffhaak란 낱말을 사용하기도 했는데, 이 낱말은 배(Schiff)와 갈고리(Haak)가 결합된 말이다. 고대 그리스어에서 닻은 ὀδόυτας(odontos)로 불렸다. 이 낱말은 프랑스어의 dens(치아)의 단수

---

26 *The Shorter Oxford English Dictionary*, p.67.

속격인 dentis에 상응하는데, 닻의 '갈고리' 또는 '발톱' 모양에 착안하여 명명된 것이다.

중국에서는 1~4개의 나뭇가지를 큰 돌에 묶어 닻으로 사용하였는데, 이를 碇이나 矴으로 불렀다. 금속제 닻을 사용하기 시작하면서 닻의 갈고리 모양이 '고양이 발톱'을 연상시켰기 때문에 錨로 대체되었다. 錨가 문헌에 처음으로 기록된 것은 543년에 편찬된 『玉篇』에서 확인되고 있는데, 이로 미루어 중국에서 금속제 닻이 사용된 것은 대체로 6세기 전후로 추정할 수 있다. 이에 대해 유럽에서는 기원전 500년 경 지중해 지역의 경화(硬貨)에 금속제 닻이 새겨진 것이 발견되었다.[27]

일본에서는 anchor를 いかり로 부르는데, 원래 이 낱말의 어원은 'いし(石)がかり'(돌 갈고리)인데, 갈고리 모양의 나뭇가지에 돌을 동여 매여 배를 고정시켰던 데서 유래한 것이다. 일본에서는 날카로운 갈고리 또는 발톱을 가진 동물 중 고양이(猫)가 자주 눈에 띠어 당초에는 재질에 따라 木猫나 鐵猫로 썼으나, 오늘날에는 錨로 적고 있다.[28]

영어의 anchor는 '닻이란 뜻 이외에 '뉴스의 중심 아나운서'의 뜻으로 또는 '파고 들어가다', '고정하다'는 뜻의 동사로도 사용되고 있다. 서양에서 닻은 십자가(✝)와 심장(♥) 등과 함께 가장 널리 이용되는 상징물이다. 십자가는 성실한 신앙심을, 심장은 사랑을 각각 상징하고, 닻(⚓)은 희망과 신뢰, 중심, 안전, 굳셈(steadfastness) 등을 상징한다. 닻은 바다에서 배를 매달아 두는 것이 주된 용법이므로 거친 바다에서 닻을 단단히 붙잡아 둔다면 거친 바다에서도 배는 표류할 염려가 없다. 육상 계주 경기에서 마지막 주자를 anchor, 또는 anchor man이라고

27 Joseph Needham, 김주식 역, 『동양항해선박사』, p.686.
28 이상 佐波宣平, 『海の 英語』, pp.23-26.

하는데, 결국 경기의 승리는 최후의 주자에게 희망을 걸어야 하기 때문이다.

닻을 희망의 상징으로 사용한 최초의 문헌은 『신약성서』다. 히브리서6장 19절에 다음과 같은 문장이 있다. Which we have as an anchor of the soul, a hope both sure and steadfast.(우리가 이 소망을 가지고 있는 것은 '영혼의 닻' 같아서 튼튼하고 견고하여 휘장 안에 들어가나니.) 이 문장에서 '영혼의 닻'은 곧 '소망'인 것이다. 셰익스피어의 희곡 *The Merry Wives of Windsor*(윈저의 즐거운 아낙네들)의 1막 3장에는 "The anchor is deep"이란 대사가 나온다. 늙은 기사 John Falstaff가 유부녀 Ford 부인을 유혹하려는 계획을 부하들에게 털어놓자, 부하 중 한 명이 이 대사를 외친다. 이 말은 닻이 희망을 상징하므로, '희망을 크게 가지세요'라는 정도의 의미이다. 물론 폴스태프는 포드 부인 뿐만 아니라 Page 부인도 유혹하려다 모두 실패하고 망신만 당한다. 현대의 영국 시에서도 닻은 희망을 상징하고 있다. 알프레드 테니슨(Alfred Tennyson(1809-1892)의 시집 『선원 이노크 아덴』(Enoch Arden, 1894)에는 다음과 같은 구절이 나온다.

> Or if you fear
> Cast all your cares on God, that anchor holds.
> 두렵다면, 닻(희망)을 붙잡고 계신, 신에게 너의 모든 근심을 맡겨라.[29]

이밖에도 영어에는 anchor를 사용한 재미있는 표현들이 많다. The anchor comes home은 닻이 집으로 온다는 의미이므로 '닻이 끌린다'는 뜻이다.

우리나라의 경우 토박이 말인 '닻'이 있었던 것으로 미루어 한자어가 들어오기

---

29 佐波宣平, 『海の 英語』, pp.26-27.

이전부터 닻을 사용했을 것으로 추정할 수 있다. 『훈몽자회』(1527)에는 '닫'으로 기록되어 있다. 우리말 동사인 '닫다'나 '닿다'에서 유래한 것이 아닐까 조심스럽게 추정해 본다. '닫다'는 ① 문짝이나 서랍 등을 도로 제자리로 가게 하여 막다, ② 입을 다물다, ③ 하던 일을 그만 두다 등의 뜻으로 사용되는데, 그 힘줌말이 '닫치다'이다. 이 가운데 첫 번째 의미로 사용할 경우, '배가 떠나왔던 원래 그 자리로 들어가 멈추게 하다'는 뜻으로 해석할 수 있다. 이에 대해 '닿다'는 ① 어떤 물체가 다른 물체에 가까이 가 붙다, ② 어떤 곳에 이르다, ③ 어떤 정도나 범위에 미치다, ④ 다른 것과 통하여 맺어지다 등의 뜻으로 사용되고 있다.[30] 이 가운데 두 번째 의미로 사용할 경우, '배가 항구에 닿았다'와 같은 용법으로 사용할 수 있다. '닿다'의 힘줌말이 '닿치다'인데, 이 말에서 '닻'이란 명사가 나온 게 아닐까? 만약 그렇다면 우리말의 닻은 모양새에서 어원이 유래한 라틴어, 영어, 프랑스어, 독일어, 일본어 등과 달리 '배를 항구에 닿게 매어 두는 용법'에서 유래한 것이 된다.

이와 같은 저자의 추론이 맞다는 사실은 여러 어원사전에서 확인할 수 있다. 중국 연변조선족자치구에서 안옥규가 출판한 『어원사전』(1989)에는 "닻의 옛날 말은 닫 또는 닷이다. ·碇: 닫 뎡(訓蒙字會) ·纜: 닫줄 람(훈봉자회) ·닷 드쟈 ᄞ ᄡᅥ 나가니 이제 가면 언제 오리(청구영언). 닫은 '두 물체가 마주하다'라는 뜻을 나타내는 '닿다'의 옛말인 '닫다'의 어근이 명사화된 것이다. 닫 → 닷 → 닻으로 변화되었다. 닻은 본래 '닿는 것'이란 뜻이다."[31] 라고 설명한다.

백문식이 펴낸 『우리말 어원사전』(2014)에도 이와 유사하게 설명하고 있다.

---

30 한글학회 편, 『우리말큰사전』1, pp.934 & 967.
31 안옥규, 『어원사전』, p.103.

"16세기 표기는 닫이다. 달 > 닷 > 닻. 닻은 '닿다'와 동근어로 어원적 의미는 닿는 것이다. 닿다 (觸, 至)는 땅(< 땋)에 접사 '다가 붙어 파생된 동사다. 물을 대다, 다다르다. 닥치다, 다그다(近), 다그치다, 다지다, 닿치다. 닳다(해지다)와 동원어다. 닿다(< 다히다)는 어원적으로 물체가 뭍에서 뭍에 접촉한다는 뜻이다."[32]

강길운은 『비교언어학적 어원사전』(2010)에서 우리말의 어원을 주변국의 어원과 비교하여 추적하고 있다. 이에 따르면, "tulac(닻, Gilyak[33]語)과 비교될 수 있는 고유어다. 이들의 공통기호는 tolac(錨)으로 재구될 수 있을 것이다. 즉 tolač > tʌlč > tačh > tat(닫, 팔종성법)의 변화를 거친 것으로 보인다."[34]

우리말 닻은 한자어로는 碇 또는 矴이라고 적었는데, 이는 돌을 줄에 매달아 닻으로 사용한 데서 유래한 것이다. 1374년 최영 장군이 고려군을 거느리고 제주도의 원나라 반란 세력을 토벌하러 출범할 때 "碇을 올리고 선박을 출발시켰다"[35]고 했고, 『세종실록』에는 "각 포의 병선이 모두 木矴을 사용하는데, 목정은 몸은 크지마는 실제는 가벼워서 능히 물 밑바닥에 즉시 정지시키지 못한다"[36]고 했다.[37]

---

32 백문식, 『우리말 어원사전』, p.141.
33 시베리아의 아무르 지방에 사는 몽골계 민족인 길랴크족.
34 강길운, 『비교언어학적 어원사전』, p.365.
35 『고려사』 최영 열전, 공민왕 23년(1374)
36 『세종실록』 28년(1446) 9월 9일.
37 정진술, 「고대의 닻에 대한 소고」, 『해양평론』 2010, p.35.

'멍텅구리 배'의 닻(목포해양유물전시관)

서남해에서 사용되는 '닻'

우리나라 서남해권의 어선에서는 '닻장'(stock)을 닻고리 쪽이 아닌 닻머리 (crown)에 끼워 사용하는 독특한 '닻'을 사용하고 있다. 이는 일반적인 stock anchor 의 변형으로, 우리나라 서남해권 해역의 저질인 '뻘'에서 사용하는 데 유용하기 때문에 널리 사용되고 있다. 일제식민지 시기까지도 우리나라의 연안 어선에서는 나무닻이나 돌닻을 주로 사용했는데, 1970년대 후반 인천 지역의 어선에서 이와 같은 닻이 사용되기 시작한 것으로 알려지고 있다. 현재는 서해안 전역과 목포와 여수, 삼천포 등지의 어선에서도 이러한 닻이 널리 사용되고 있다. 이러한 모양의 닻을 부르는 특별한 명칭이 있는지 닻 제작업체와 어민들에게 문의하였으나, '닻 팔(arm)이 2개이면 쌍닻, 1개면 외닻이라고 부를 뿐 그런 닻을 통칭하는 일반적 명칭은 없다고 한다. 그렇다면 stock anchor와는 반대 쪽에 stock이 있으므로 '상투 꼭지 닻(reverse stock anchor)'이라고 부르면 어떨까 제안해 본다.

anchor operation terms 닻 작업 전문용어

- cock-bill : 닻 내릴 준비 완료
격납되어 있는 닻을 풀어 닻을 hawse pipe에서 수직으로 내려 닻혀(fluke) 또는 닻가지(palm)는 배 쪽에 위치하고 닻부리(bill) 또는 닻머리(crown)를 수면 위까지 내려놓은 상태를 의미한다. 즉 닻을 언제든지 내릴 수 있도록 준비를 마친 상태라고 할 수 있다.[38] 범선시대에는 '가로돛배(square-rigger)에서 활대(yard)의 한쪽을 최대로 위로 치켜 올리는 것'을 의미하기도 했는데, 이는 '조의(弔意, symbol of mourning)'를 표시하거나 옆에 정박한 범선의 활대와 부딪히는 것을 막기 위함이기도 했다.[39]

위의 세 의미를 얘기할 때는 형용적 표현으로 'cockbilled' 또는 'a-cockbill'로 표현했으나,[40] Etymology Dictionary에는 'cockbill'이나, 'acockbill'이란 낱말이 등재되어 있지 않다. 하지만 *Oxford English Dictionary*에는 'acockbill'이 부사 acock(돌려진, 회전된) + 명사 bill(fluke까지 또는 그 너머)의 합성어로 소개되어 있다.[41] 결국 닻의 각부 명칭을 고려하면, 이 용어는 닻의 부리(bill)를 수면 쪽으로 세우거나 돌려(cock) 닻을 내릴 준비를 하라는 말에서 유래했음을 알 수 있다. 즉 선장이 "cock (anchor's) bill(닻의 부리를 수면 쪽으로 돌려라)"이라고 말하던 명령어가 형용사화(cockbilled, acockbill) 되고, 이것이 다시 명사화(cockbill) 된 말인 것이다.

- walk out : 닻을 내려라

양묘기를 서서히 풀어주어 '닻을 내려라'는 명령어다. 이는 범선 시대 닻을 감아 올릴 때 사용했던 capstan의 구조를 생각하면 쉽게 이해할 수 있는 용어다. 범선

---

38 The Maritime Post, Feb. 16, 2021, at https://themaritimepost.com/2021/02/anchor-terminology-you-should-know/(accessed on Aug. 1, 2024)

39 Smyth, *The Sailor's Wordbook of 1867*, p.198.

40 I.C.B. Dear, Peter Kemp, ed. by, *The Oxford Companion to Ships and the Sea*, OUD, 2006, at https://www.oxfordreference.com/(accessed on August 1, 2024)

41 J.A. Simpson & E.S.C. Weiner, ed. by, *The Oxford English Dictionary*, 2nd edition, volume III, Oxford University Press, 1989, p.412.

시대 capstan은 갑판상에 수직 구조물로 각목을 상부 원형 구멍에 끼워 여러 명의 뱃사람이 돌려서 닻을 올리고 내렸다. 이 캡스턴을 잡고 있던 뱃사람들이 앞으로 걸어가면 닻이 내려가게 되어 있었기 때문에 이와 같은 용어가 해사용어로 자리 잡게 되었다.

- walk back : 닻을 내리는 속도를 줄여라

닻을 내리는 상태에서 닻이 내려가는 '속도를 줄여라'는 명령어다. 닻을 내릴 때는 capstan을 잡고 앞으로 걸어가게 되는데, 이 상태에서 닻을 내리는 속도를 줄이려면 '뒤로 걸어' 닻을 감아 들여야 한다.[42] walk back은 walk out의 상대어인 셈이다.

- brought up : 묘박(錨泊) 완료

닻이 해저에 박혀 배를 잡는 힘, 즉 파주력(把駐力, holding power)이 생긴 상태를 말한다. 'come to', 'got her cable'이란 표현도 동일한 의미로 사용되고 있다.[43] 'come to'는 '배가 묘박지 또는 목적항에 도착했다'는 의미로, 'got her cable'은 '닻줄을 붙잡았다'는 의미로 닻이 해저에 박혀 배가 움직이지 않는 상태를 의미함을 직관적으로 이해할 수 있다.

하지만 'brought up'은 영어 전문가 조차도 이해하기 어려운 해사용어다. 여기에서 사용된 brought는 bring의 과거형으로 '어떤 특정 상태나 조건에 이르게 하다'는 의미로 사용되어 닻의 본래 목적인 배를 멈추게 하는 상태에 이르게 되었

---

42 Smyth, *The Sailor's Wordbook of 1867*, p.717.
43 The Maritime Post, Feb. 16, 2021, at https://themaritimepost.com/2021/02/anchor-terminology- you-should-know/(accessed on Aug. 1, 2024)

음을 의미하고, up은 부사로 '정지된 상태로 만들어진', '고정된 위치에 도달한
상태를 뜻한다.

anchor spirit 닻얼

  항해, 해군, 상선, 선원을 상징하는 표상으로 흔히 사용되는 닻(anchor)과 넋,
혼, 정신 등을 뜻하는 spirit이 합해 만들어진 말로, 바다에 배를 고정시켜 지탱하
는 닻처럼 선원들이 갖춰야 할 정신을 상징하는 말이다. 닻 자체가 희망과 신뢰,
중심, 안전, 굳셈(steadfastness) 등을 상징하므로, 닻얼은 선박을 운항하는 선원들
이 항해를 안전하게 완수해 내려는 마음가짐, 악천후에서도 선박을 지켜내고자
하는 굳셈, 최악의 상황에서도 살아 돌아갈 수 있다는 희망을 버리지 않는 최고의
정신적, 심리적 상태를 의미한다. 따라서 주요 해양 관련 기관의 상징물로 닻이
널리 채택되고 있으며 주요 해양계 교육기관들은 닻을 교내에 전시하고 있는
것이다.

  2004년 10월 한국해양대학교 교정에도 한 쌍의 닻이 설치되었다. 해운산업이
불황의 늪을 벗어나 호황으로 접어들 무렵이던 2004년 한국해양대학교 36기 졸
업생들이 졸업20주년 기념행사를 가지면서, 한 쌍의 닻을 기증했다. 당시 박물관
에 근무하고 있던 나는 단순히 닻을 설치하는 데 그쳐서는 안되고 그 의미를
되새길 수 있도록 닻얼을 구체화해 표지석으로 만들어 함께 전시했으면 좋겠다고
생각했다. 그래서 닻얼에 대해 숙고한 뒤 정리해 보기로 했다.

  우선 닻은 배를 바다에 잠시 붙잡아 매 두는 항해도구다. 그러나 닻은 단순한
항해도구에 그치는 것이 아니라, 뱃사람들의 정신을 표상하는 상징물이기도 하다.
우선 닻은 긴 항해를 마치고 항구에 입항하여 다른 모든 기기들이 쉬고 있는
동안 홀로 일을 하지 않으면 안된다. 이는 육지 사람들이 일요일과 공휴일에 쉬고

있는 동안에도 쉬지 않고 일을 해야 하는 뱃사람들의 '봉사정신'을 표상한다. 나아가 닻은 바다 밑 뻘 속에 제 얼굴(crown)을 처박히는 것도 꺼려 하지 않는다. 이는 온갖 더러운 화물이나 오수, 기관실의 기름을 마다하지 않고 다루고 처리하는 뱃사람들의 '희생정신'을 상징한다. 게다가 닻은 최대 몇 십~몇백 톤에 불과한 작은 몸뚱이로 자기 몸의 수만 배에 달하는 거대한 선체를 지탱한다. 이는 자기한 몸을 던져 가정과 국가경제를 지탱하는 뱃사람들의 '감투정신'을 상징적으로 보여주고 있다. 이렇게 닻얼의 3대 정신을 정리해 36기 동기회에 제안했고, 그렇게 해서 교내에 한 쌍의 닻과 닻얼 표지석이 설치되었다.

미국연방상선사관학교의 닻

해군사관학교의 닻

미국해군사관학교의 닻

해사대학 앞의 닻

닻 얼 표지석

승선생활관으로 이전한 닻

apron 에이프런

일차적으로 '앞치마'나 '행주치마', 또는 가톨릭의 주교나 대학의 학장들이 걸치는 외피 등을 일컫지만, 산업계에서는 항만의 '에이프런', 선박의 '선수 첨재'(船首添材), 비행장의 '주기장'(駐機場), 극장에서는 '앞 무대' 등 일반적으로 '앞으로 돌출된 평평한 곳'을 의미한다. apron은 원래 이와 동류인 napkin과 같이 원형은 *napron*이었는데, 부정관사와 같이 사용될 때 a napron이 발음하기 어려워 자연스럽게 an apron으로 분리되었다가 결국에는 n이 탈락한 apron으로 통용되게 되었다.[44]

영어에서 이처럼 머리글자 'n'이 탈락하는 현상을 이분석(異分析, metanalysis)이라고 하는데, 사와 센페이는 그 용례로 다음과 같은 낱말을 소개하고 있다.

원형	현대 영어
nadder	adder(살모사)
nauger	auger(나사 송곳)
neyas	eyas(매의 새끼)
narenge	orange(오렌지)
numpire	umpire(심판)

이와 반대로 원형에는 없었던 n이 첨가된 경우도 있는데, a nick-name(별칭,

---

44 *The Shorter Oxford English Dictionary*, p.95.

원형 : an eke-name), a nonce(目下, 원형 : an once), a nuncle(큰 아버지, 원형 an uncle) 등이 그 예이다.[45]

arrive 도착하다

라틴어 *ad*(~를 향해)와 *ripa*(해안에)가 합쳐진 말로 원래는 '해안을 향해'라는 의미였다.[46] 현대 이탈리아어로 arrapare는 '상륙하다', arrivare는 '도착하다'를 의미한다. 사와 센페이는 이를 통해 영어의 arrive가 '물 위'에서 유래했다고 유추하였다. '해안에 도착하기' 위해서는 배에 의존하지 않으면 안되기 때문이라는 것이다.[47] 하지만, 오늘날에는 어원과 관계없이 장소를 불문하고 일반적으로 '도착하다'는 뜻으로 사용된다.

이와 유사한 낱말로 영어의 opportunity(기회)가 있다. 이 낱말은 라틴어 *ob*(을 향해) + *portus*(항구)가 결합된 말로 원래는 '항구를 향해'라는 뜻이었다.[48] 오랫동안 바다에서 배를 타고 항해하다가 항구를 향해 간다는 것은 선원들에게 매우 '좋은 기회'였기 때문에 이와 같은 낱말이 생겨났을 것이다. rival도 물과 관련된 어원을 갖고 있다. 라틴어 *rivus*는 하천이나 흐름을 뜻하고, 그 파생어인 rivalis는 '하천을 공동으로 이용하는 사람'을 뜻한다.[49] 동일한 하천을 이용하는 사람들은 이용권을 두고 서로 다투는 일이 발생하므로 rivalis는 '경쟁자'라는 의미도 갖게

45 佐波宣平, 『海の 英語』, p.32.
46 *The Shorter Oxford English Dictionary*, p.108.
47 佐波宣平, 『海の 英語』, p.34.
48 *The Shorter Oxford English Dictionary*, p.1454,
49 *The Short Oxford Latin Dictionary*, pp.1656-1657.

된다. 그러므로 영어의 rival은 원래 '같은 하천을 이용하는 사람'이란 뜻으로 사용되다 1646년에 이르러 '경쟁자'란 의미로 사용되기 시작하였다.[50]

average 해손, 평균

해손(海損)을 뜻하며, 어원은 스페인의 아라곤 왕에 의해 집대성된 카탈란 해사 관습법인 *El Libre del Consolat de Mar*('바다 영사의 책', 통칭 *Consolato del Mare*)에 기록된 용어 *avaries* 또는 *averies*로부터 유래했다는 것이 정설이다. avaries; averies는 "개인들의 화물이 각각 지불해야만 하는 비용"이라는 의미로 사용되어졌는데, 이탈리아어의 avaria(해손), 스페인어의 averia(해손)로 계승되었다. 북유럽의 해사법인 Wisby 해법에는 avaridge로 쓰여 있다. avaries나 averies의 어원에 대해서는 '가지다'는 뜻을 지닌 라틴어의 habere, 프랑스어의 avoir, 독일어의 haben, 영어의 have로부터 유래한 것이라는 설이 유력하다. average는 해상에서 유래하여 general average(공동해손)의 의미로 발전하였고, 육상에서도 비슷한 의미로 사용되었다. 중세 영주에게 보낼 곡물이 운송 도중 분실되었을 경우 이를 당사자들이 분담하였는데, 이를 average라고 하였다. 결국 average는 분실 또는 소실된 물품에 대한 '공동 분담금'인 셈이었다.

현대 영어에서 average는 '평균'을 의미하기도 하는데, 이는 다른 유럽어에서는 전혀 관계가 없다. 이를테면 독일어에서는 평균은 Durchschnitt; Verteilung으로 해손 Havarie와는 완전히 별개의 단어가 사용되고 있고, 프랑스어에서도 평균은 moyen이어서 해손을 의미하는 avarie와는 아무런 관계가 없다. 다만 프랑스어에

---

50 *The Shorter Oxford English Dictionary*, p.1837,

서 avarie는 해손 이외에 '매독'을 의미하기도 한다. souffrir une avarie와 같이 사용하면 '매독에 걸리다가 되고, avarie는 '매독환자가 된다. 아마도 매독이 콜럼버스에 의해 유럽에 전파된 질병이 관계로 프랑스에서는 '바다에서의 손해'라는 의미의 avarie란 단어가 채택된 것이 아닌가 하고 추측할 뿐이다.

영어에서 평균은 원래 mean이었는데, 오늘날 mean보다는 average가 더 널리 이용되고 있는 이유는 average, 즉 해손의 정산방법이 비례배분을 원칙으로 삼고 있기 때문이었다. 일본의 경우 도쿠가와(德川) 시대에 공동해손을 '비교평균분산계정' 또는 '할부평균계정'이라고도 했고, 투하에 의한 해손의 분담을 '합력'(ごうりき, 合力:조력), 파선(破船)에 의한 해손을 '振合'(ふりあい, 균형), '總振'(そうふり)이라고 했다.[51]

한편, average가 16세기 스페인의 세금의 일종인 averia에서 유래했다는 설도 있다. 콜럼버스에 의해 서인도 제도와의 교역로가 열리고, 이들 지역에서 산출되는 금은과 상품들을 스페인으로 운송해야 했다. 스페인은 통상 flota of New Spain와 flota of Spanish main(또는 flota of Tiera Firme) 등 두 선단을 조직하여 뉴 스페인 선단은 봄이나 여름에, 스페니쉬 메인 선단은 가을에 스페인을 출항하여 겨울을 서인도에서 나고 3월 중순경에 아바나를 출항하여 스페인으로 귀항하는 것이 보통이었다. 이들 선단은 대포를 장착하기도 하였으나, 프랑스와 영국의 사략선에 대응할 수는 없었다. 이에 스페인 정부는 서인도 경비 갈레온 선으로 호송선단을 조직하여 이들 선단을 보호하였다. 이들 호송선단을 보호하는 데 필요한 경비는 주로 상무원이 무역에 종사하는 선박과 화물의 가액에 부과하는 averia라는 '특별세'로 충당하였다. 이 averia는 해손을 미연에 방지하기 위한 분담금의 성격을 띠고 있었다. 1596년 스페인과 잉글랜드 간에 전쟁이 한창일 때는 averia가

---

51 이상 佐波宣平, 『海の 英語』, pp.37-38.

7%에 이르기도 했다고 한다.[52]

---

52 E. Fayle, 김성준 역, 『서양해운사』, pp.161-162.

ballast 바닥짐, 밸러스트

선박의 무게중심을 낮추어 안전성을 높이기 위해 적재하는 '바닥짐'을 뜻하는
데, 일본어로는 底荷(そこに), 脚荷(あしに), 輕荷(かるに)라고 한다. 이 말은
bar(mere) 또는 *barm*(hull of the ship) + *last*(burden)이 합쳐져 '단순한 짐' 또는
'배에 실려 있는 짐' 정도의 의미였다.[1] 영어, 독일어, 네덜란드어 등에서 last는
중량 단위로 널리 사용되었다. 이를테면 독일 한자 동맹 도시에서 last는 곡물
중량으로 '4 마리 말이 끄는 마차나 2마리 말이 끄는 마차 2대에 실려 운송될
수 있는 무게'를 의미하였으나, 항구 마다 그 중량이나 중량 단위로 다양하게
활용되었다. 단찌히에서는 last of rye가 부피로는 3.105 ㎥, 무게로는 2257 kg을,
함부르크에서는 grain last가 부피로 3.159 ㎥이었고, Lübeck에서는 Lübeck last가
4480 또는 4800 lbs였다. 네덜란드 암스테르담에서는 배의 크기를 나타내는 단위
로 Schiffslasten을 사용했는데, 대체로 4480lbs(2032 kg)에 해당했고, 곡물 단위
Kornlast는 부피단위로만 사용되었는데, 대체로 약 112ft3(3.2㎥)에 상응했다.[2]

---

1 *The Shorter Oxford English Dictionary*, p.150,
2 김성준, 『배와 항해의 역사』, pp.32-33.

이처럼 last가 게르만어계의 짐을 뜻하는 last에서 유래했다는 것에 대해서는 이견이 없지만, bal의 어원에 대해서는 세 가지 설이 있다.

① bar : 영어의 '벌거벗은'을 뜻하는 bare에서 'e'가 탈락했다는 설로, 이에 따르면 bare + last → barlast → ballast의 변천 과정을 거쳐 정착했다는 것이다. ballast는 배에 싣는 짐이긴 하지만, 선박의 무게중심을 낮추기 위해 적재하는 것으로 운임을 받지 못하는 '빈 짐'이 된다.

② bag : 덴마크어로 '뒤에'를 뜻하는데, 이 설에 따르면 바닥짐은 선미를 낮추기 위해 '배의 뒤에 여분으로 싣는 짐'을 뜻하게 된다.

③ bale : 영어에서 '재앙', '슬픔' 등을 의미하는데, 이에 따르면 bale + last → balelast → ballast의 변천 과정을 거쳐 정착했다. 이 유래를 적용하면 ballast는 '배에 실었지만, 운임을 받지 못해 선주가 슬퍼하는 불필요한 짐'을 뜻하게 된다.[3] 그러나 bale은 '짐짝', '짐 꾸러미' 등을 뜻하기도 하는데, 이를 적용해 보면 ballast는 영어의 짐짝(bale)과 게르만어의 짐(last)이 결합된 말이 된다.

많은 언어학자들은 ballast가 'bar' + last가 결합된 말로 보고 있다.[4]

ballast는 명사로 탄생했지만, 동사나 형용사적으로 전용되었다. 1538년에 ballast가 '배에 바닥짐을 싣다'는 뜻의 동사로 사용되었고,[5] ballast log에서는 형용

---

3 佐波宣平, 『海の 英語』, p.43.

4 Harper, Douglas, *Online Etymology Dictionary*, 2001-2024, at https://www.etymonline.com/search?q=ballast(2024. 8.10)

5 *The Shorter Oxford English Dictionary*, p.150,

사적으로 사용되었다. 범선에서는 공선 항해시 옆으로 전복되는 것을 방지하기 위해 현측에 통나무를 묶어 두었는데, 이를 ballast log라 하였다. 보통 ballast를 바닥짐으로 번역하지만, ballast log를 '바닥짐 통나무'라고 번역하기에는 무리가 있다. 따라서 ballast는 '싣는 위치에 관계없이 배의 안정성을 높이기 위해 여분으로 싣는 짐'으로 이해해야 할 것이다. 이밖에 in ballast 용법에서는 '바닥짐을 실은 상태'이므로 '화물을 싣지 않은', 즉 '빈 배(空船)'를 의미하게 된다. 따라서 The ship cleared out in ballast는 '그 배는 공선으로 출항했다'가 된다. ballast는 철로와 도로에 깔리는 자갈을 의미할 때도 사용된다.

우리 선조들도 공선 항해시 '바닥짐'을 실었다. 조선 성종 때인 1488년 최부가 제주도에서 육지로 귀항하던 길에 실을 짐이 없자 바닥짐으로 돌덩이를 실었다. "제주도를 출발할 때는 배가 매우 큰 데 비해 실을 물건이 없었으므로 돌덩이 몇 개를 배 안에 실어서 배가 흔들리지 않도록 하였습니다."[6]

Baltic Exchange 볼틱 익스체인지, 볼틱해운거래소, 런던해운거래소

러일전쟁에서 익숙한 '발틱함대' 때문인지, 'Baltic'은 종종 '발틱'으로 발음하지만, 올바른 발음은 '볼틱'[bɔ:ltIk]이다. 'Baltic Exchange'는 약칭으로 정식 명칭은 'The Baltic Exchange Ltd.' 현재 주소는 77 Leadenhall Street, London EC3다. 이곳에서는 곡물과 유류의 매매 이외에도 선박매매와 용선거래도 이루어진다. 중개인이 거래소 직원이다.

---

6 박원호 역, 『최부 표해록 역주』, 고려대학교 출판부, 2006, p.58.

왜 이곳에 'Baltic'이라는 형용사가 붙어 있는 것일까? 원래 발트해(Baltic Sea) 연안의 국가로부터 수입된 상품을 이곳에서 거래한 것이 기원이다. 하지만 이후 발전된 현재의 조직에 이 형용사가 붙는 것은 당연히 적합하지 않다. 1652년 커피가 처음으로 영국에 수입될 때 런던에 The Virginia and Maryland Coffee House란 이름의 유명한 찻집이 있어서 선주, 선장, 상인들의 거래 장소로 이용되었다. 하지만 이후 발트해 방면의 무역관계자들도 이곳에 드나들게 되어 1744년에는 Virginia and Baltic Coffee House로 이름을 바꾸었다. 그렇지만 Virginia 관련거래는 점차 내용이 바뀌어 때로는 흑인노예의 거래가 이루어지기도 했다. 한편, 발트해 관련 거래는 유지, 아마, 대마, 씨앗 등의 거래에 집중되었고, 점차 이러한 품목들이 주된 거래를 차지하게 되었다. 따라서 1810년에는 Baltic Coffee House로 이름이 바뀌었고, 1846년에는 곡물법(Corn Laws)이 철폐됨에 따라 Baltic Coffee House에서는 레반트(Levant) 지방의 곡물 선물거래가 활발해졌다. 더욱이 수에즈 운하의 개통(1869년) 이후에는 선박, 특히 증기선 용선계약이 활발하게 이루어졌다.

1900년에 볼틱 커피하우스와, 1891년에 설립된 런던 해운거래소(London Shipping Exchange)가 합병해 The Baltic Mercantile and Shipping Exchange가 되었다. 거래의 규모가 커짐에 따라 1903년 38 St. Mary Axe의 새 건물로 이전하였고, 이때부터 사람들은 점차 Baltic Exchange라고 줄여서 부르게 되었다.[7] 그러나 1992년 St. Mary Axe의 볼틱익스체인지가 IRA의 폭탄테러로 훼손됨에 따라 잔존건물은 보존하고, 현재 건물로 이주했다. 2016년 8월 Singapore Exchange Limited(SGXL)에 합병되었다.

---

7 堀田直道, バルチック・エクスチェンヂ , 『海運』, 1957. 2.

볼틱익스체인지는 주요 선형의 평균운임지수를 발표함으로써 여전히 영향력을 유지하고 있다. 볼틱 익스체인지는 1985년부터 Baltic Freight Index(BFI)를 발표하기 시작했다. 이 지수는 볼틱 패널리스트(Baltic broking members)들이 매일 제공하는 13개 항로의 운임을 평균해 산정한 것이었다. 1999년 11월 1일부터는 BFI를 대체해 BDI(Baltic Dry Index)를 발표하고 있다.[8] BDI는 세계해운산업의 경기를 나타내는 지표로, 1985년 1월 4일 해상운임 수준을 1000으로 삼고 벌크선의 운임을 지수화한 것이다. 현재는 벌크선의 크기에 따라 BCI(Baltic Capesize Index), BPI(Baltic Panamax Index), BSI(Baltic Supramax Index), BHSI(Baltic Handysize Index) 등으로 세분해 발표하고 있으며, BDI는 상기 네 지수를 동일한 가중으로 평균을 산출한 뒤 BDI factor를 곱하여 산출하고 있다.

barratry 선원의 악행

프랑스어로는 barterie, 플랑드르어로는 barataria로 쓰이고 있는데, 어원적으로 이 낱말은 고대 프랑스어의 *barater*에 그 뿌리를 두고 있다.[9] 고대 프랑스어의 barater는 '속이다'는 의미였는데, 여기에서 영어의 barter(물물 교환하다)와 barratry가 파생되었다. 결국 어원적으로 '장사'나 '불법 행위'는 모두 상대방을 속이는 행위에 기반하고 있음을 알 수 있다. 독일어의 '교역하다', '교환하다'는 뜻의 단어 tauschen도 '속이다', '기만하다'는 뜻의 täuschen에서 유래하였다.

일반 영어에서 barratry는 ① 판사 매수죄, ② 소송 교사죄(敎唆罪), ③ 선장

8 佐波宣平, 김성준·남택근 옮김, 『현대해사용어의 어원』, pp.27-28의 내용을 수정 및 보완함.
9 *The Shorter Oxford English Dictionary*, p.150,

또는 선원의 악행을 뜻한다.[10] 일본에서는 '선원의 비행(非行)'이라고 번역하여 사용하고 있고, 우리나라에서도 이렇게 번역하여 사용한 경우가 많았지만, 최근에는 '선원의 악행'으로 사용하는 경우가 많아지고 있다.

『해운물류큰사전』에 따르면, 선원의 악행을 다음과 같이 설명하고 있다. "악행은 선박소유자나 경우에 따라서 용선자의 이익을 해치는 선장이나 해원의 일체의 불법 행위를 가리킨다. 따라서 선주나 관계자의 묵인(connivance) 또는 인지(privity)가 없이 행하여질 것을 요한다. 다만 선박 공유자의 1인이 선장을 겸하고 있는 경우에도, 그 불법행위는 다른 공유자의 지분에 관한 한 선장의 악행이 된다. 선주가 개입하지 않은 해원에 의한 선박의 침몰, 방화, 매각 등이 그 예이다. 또 선원이 선박을 밀무역에 사용한 결과 선박이 나포되는 것도 선원의 악행에 의한 손해로 처리된다."[11]

선원의 악행은 선하증권에서는 선주면책 조항에 포함되지만, 해상보험증권에서는 해상 고유의 위험에 포함하지 않는 것이 일반적이다.

bay 만(灣)

이베리아에서 기원한 단어로 프랑스어로는 baie, 스페인어로는 bahia로 쓰이고 있는데, '넓은 개구부를 가진 바다에서 육지로 함몰된 곳'을 뜻한다. SOED에 따르면, 6~7세기 스페인 세비야의 대주교였던 성 이시도레(Isidore of Seville, c.570-636)가 처음으로 사용하였다.[12] 흥미로운 것은 bay가 기원한 이베리아에서

---

10 佐波宣平, 『海の 英語』, p.46.
11 『해운물류큰사전』, p.630.

이 말은 원래 '항구'를 뜻한다는 점이다. 스페인어의 *bahia*, 포르투갈어의 *baía*, 이탈리아어의 baia 따위가 그 예다. 이를테면 아르헨티나의 유명한 항구인 Bahia Blance(하얀 항구)와 파라과이의 도시 Bahia Negra(검은 항구) 등은 만이 아니라 항구이다. 유럽에서 보통 Bay라고만 하면 Bay of Biscay(비스케이만)을 뜻한다.

'만'이란 뜻으로 영어의 gulf가 있는데, 이 낱말은 그리스어의 '가슴', '움푹 들어간 곳', '만곡' 등을 뜻하는 *Κολπος*(colphus)에서 유래하였다. Gulf라고 하면 Gulf of Mexico(멕시코만)을 뜻하는데, Persian Gulf는 해운업계에서는 보통 'PG'라고 줄여서 쓰고 있다. Bay가 들어간 지명으로 유명한 곳은 인도의 Bombay(현 지명 Mumbai)가 있는데, 이 지명은 포르투갈어 '좋은 항구'(bom baim)에서 유래하였다.[13]

bay와 gulf의 차이는 그렇게 뚜렷하지 않다. 1881년 필라델피아에서 출간된 *A Naval Encyclopaedia*에 따르면, "gulf는 보통 bay보다는 크지만, 많은 gulf들이 실제로는 bay이고, 많은 bay들이 대다수의 gulf보다 크기도 하다. gulf의 수가 bay 수보다는 훨씬 적다."[14] 따라서 gulf와 bay는 낱말의 기원이 그리스어계이냐 이베리아어계이냐의 차이만 있을 뿐 그 크기에 따라서 구분할 수는 없고, gulf를 붙이느냐 bay를 붙이느냐는 관습에 따른 것일 뿐 일정한 기준에 따른 것은 아니다.[15]

'만에 해당하는 우리말은 '구미'나 '구무'일 것으로 생각되는데, '바닷가나 강가의 곳이 길게 뻗고 후미지게 휘어진 곳'을 일컬을 때 사용된다.[16] 목포에는 신안비

---

12 *The Shorter Oxford English Dictionary*, p.167,
13 http://en.wikipedia.org/wiki/Mumbai(2024. 8.10.)
14 이상 佐波宣平, 『海の 英語』, p.47.
15 *The Shorter Oxford English Dictionary*, p.903,
16 국립국어연구원 표준국어대사전(http://stdweb2.korean.go.kr/search/List_dic.jsp)(2024.7.20.)

치호텔 인근에 온금동(溫金洞)이 있는데, 이 말의 토박이말이 '다순 구미'였다. 이 지역은 현재는 매립되어 옛 조선내화(주)가 있었던 육지이나, 원래는 U자형으로 바다가 육지 속으로 파고 들어온 작은 만(灣)이었다. 이 지역은 마을의 좌향이 남향이고, 유달산이 마을을 뒤에서 감싸고 있기까지 해서 겨울이면 비교적 따뜻하여 토박이말로 '다순 구미'로 불렸다. 이 다순 구미는 '다습다'(알맞게 따스하다)의 사투리인 '다습다'의 관형형 '다순'과 '바닷가나 강가에 물이 땅 쪽으로 깊숙이 들어온 곳'을 뜻하는 '구미'가 합성어인데, 이것이 한자어로 정착되는 과정에서 '다순'은 '溫'으로, '구미'는 금으로 착각하여 '金'으로 옮겨지게 된 것이다.[17]

beacon   비컨, 무선표지(無線標識)

비컨은 오늘날 항로표지 중 전파표지의 하나로서 암초나 얕은 해역 등에 설치되어 일정 시간마다 전파를 발사하여 선박이 안전하게 항해할 수 있도록 하는 무선표지를 의미하며, course beacon(코스 비컨), directional beacon(지향성 비컨), rotating beacon(회전식 비컨) 등의 종류가 있다.[18] 그러나 어원적으로 보면 beacon은 등대를 포함한 항로표지 일반을 지칭하는 용어였다. SOED에 따르면, beacon은 '비컨의 불을 밝혀 놓은 눈에 잘 띄는 언덕' 이란 뜻으로 1597년에 처음 사용되었고, 1611년 즈음에는 '신호소'(signal station)나 '망루'(watch tower)란 뜻으로 전용되었다가 1644년에 이르러 '등대 등을 모두 포괄하는 항로표지'를 의미하기에 이르렀다.[19] 그러나 비컨의 일부였던 등대가 오히려 항로표지 가운데 가장 중요한

---

17 오홍일, 「목포의 지명 유래에 대한 소고」, p.210.
18 공길영 편, 『선박항해용어사전』, 한국해양대학교, at www.naver.com.

16세기 비컨
(영국, Culmstock)

현대의 항해용 비컨
(호주, Port Vincent, Orontes Bank)[20]

역할을 하게 되면서 등대는 비컨과는 구별되는 독자적인 항로표지가 되었다.

beacon은 '손짓하다', '신호 하다'를 뜻하는 영어 단어 beckon과 같은 계열의 낱말로 원래는 육상과 해상을 구별하지 않고 '신호'(sign)나 '기'(旗, ensign)를 뜻했다. 이를테면 영국 최고(最古)의 서사시 『베어울프』(*Beowulf*)에도 '신(神)의 빛나는 표지'(bright beacon of God), '가장 빛나는 깃발'(the brightest beacon)이라는 표현이 사용되었다.[21]

고대 그리스의 역사에서 스파르타 연합군이 트로이를 함락했다는 소식이 8개의 산봉우리에 '봉화'(烽火)를 올려 본국에 전송되었는데, 이때의 봉화도 영어로는 beacon이다. 봉화 이외에도 멀리서 신호를 보내는 가장 단순한 방법은 사람의 상반신을 이리저리 구부리는 것인데, '몸을 구부리다'는 뜻을 지닌 독일어가 bücken이다. 이 bücken의 고어가 baken 또는 becken으로, 현대 독일어의 (항로)표지를 뜻하는 단어 Bake가 여기에서 유래한 것임을 알 수 있다. 시간이 흐르면서

19 *The Shorter Oxford English Dictionary*, p.168.
20 http://en.wikipedia.org/wiki/Beacon(2014. 8. 10.)
21 cited from 佐波宣平, 『海の 英語』, p.48.

Brecknock Beacons(해발 885m)[23]

도구를 활용하여 신호를 보내는 방법이 고안되었는데, 대나무를 좌우로 또는 여러 가지를 매달아 휘두르거나 땅 위에 세워 두는 방법이 이용되었고, 곳에 따라 대나무 끝에 볏짚이나 땔나무의 잔가지 등을 묶어 두기도 하였다. 네덜란드의 프리슬란트 지방에서는 이러한 방법으로 해일이나 폭풍우가 다가오는 것을 주민들에게 알렸다고 한다. 하지만 밤에는 이러한 방법이 효과가 없기 때문에 봉화처럼 언덕 등에 불을 지피기도 했는데, 이를 vierbaeck(fire beacon)라고 했다. 이처럼 야외에 세운 표지를 게르만인들은 '들판 표지'(field beacon)라는 뜻으로 beácen이라고 불렀다.[22] 전쟁이나 해일, 폭풍우 등은 발생 빈도가 적은 반면, 해상에서의 선박 좌초나 침몰 사고는 상대적으로 빈번했을 것이기 때문에 beacon은 점차 해상의 표지 즉, 항로표지를 의미하는 것으로 한정되어 갔다. 항구의 입구를 알려주기 위해 항구 입구의 높은 언덕에 횃불을 밝히는 방법이 전세계적으로 널리 이용되었는데, 영국에서는 이러한 목적을 위해 활용되는 구릉이나 언덕을 Beacon이라고 불렀다. 이를테면 웨일즈의 북위 51° 53 ′, 서경 3° 26 ′에 위치한 해발 2906 ft(885m) 높이의 산이 Brecknock Beacons라 불리고 있다.

우리나라의 경우 개항기에 이르기까지 중국과 일본 등과의 해상교류가 있었고, 고려시대부터는 조운이 이루어졌기 때문에 항해의 안전을 도모하기 위한 항로표지가 사용되었을 것으로 추정되고 있지만, 구체적인 문서 사료나 실물 증거는 발견되지 않고 있다. 근대적인 의미의 항로표지가 설치된 것은 개항이후였다. 1876년 병자수호조약과 1883년 朝日通商章程과 海關細目에 '조선은 통상 각항을 수리하고 초표를 설치한다'는 취지의 조문이 포함되어 있었다. 이에 따라 조선은 1884년 관제를 4부 8아문으로 개편하고, 8아문 중 공무아문에 등춘국(燈椿局)을 설치하여 항로표지 업무를 관장하도록 하였으나, 이듬해인 1885년 3월에 관제개편이 이루어져 항로표지 업무는 농상공부 통신국 관선과로 이관되었다. 한반도에 최초의 항로표지가 설치된 것은 1887년 9월이었다. 당시 인천세관장이던 Jessie Johnston이 인천항 출입구인 소월미도 남측의 암초 위에 높이 7.5m, 너비 0.7m 크기의 원통형 석조물에 홍백횡선으로 도장한 입표를 설치하였다. 이 입표는 18년간 인천항 입출항 선박들에게 비컨으로서 제 역할을 하였으나, 1905년 7월 1일 파도에 유실되어 1909년 12월에 높이 10.3m의 입표가 재설치되었다. 제시 존스턴은 1888년에도 인천 백암에 높이 11m 크기의 3각대 위에 지름 1.8m에 흑색구를 얹은 입표를 설치하고, 1889년 관보에 고시까지 하였으나, 곧 이어 바로

22 G. Goedel, *Etymologisches Wörterbuch der deutschen Seemanssprache*, Kiel, 1902, ss.42-45; 佐波宣平, 『海の英語』, p.49 재인용.

23 www.google.com(2024. 8. 10.)

옆의 백암에 등표를 설치하고 입표를 폐쇄하였다. 이들 입표와 등표는 고전적인 의미에서 비컨이라 할 수 있다. 우리나라에 근대적 등대가 설치된 것은 1903년 6월 1일 팔미도와 소월미도 등대가 처음이었다.[24]

beam 선폭(船幅), 들보

독일어의 *Baum*이나 네덜란드어의 *boom*과 같이 '나무', '목재'를 뜻하는 낱말이었으나, 배의 가로들보(transverse bar)의 뜻으로 전용되었다가 현재는 '배의 최대 너비', '선폭'을 뜻하는 해사용어로 정착되었다. 일반 영어에서는 '빛', '광선'의 의미로 더 자주 사용되고 있다. SOED에 따르면, beam이 '선폭'의 뜻으로 처음 사용된 것은 1627년이고, '햇볕에 옷을 널다'는 뜻으로는 1605년 즈음에 처음 사용되었다. 그러나 이 두 단어가 고대 영어에서 같은 어원에서 출발한 것은 아니다. '나무'를 뜻하는 고대 영어는 고대 프리슬란트어의 bam, 고대 색슨어의 bam 또는 boom에서 기원하여 beam의 형태로 사용되었지만, '빛'이나 '광선'을 뜻하는 고대 영어는 beme, beem, bemyng, bemed 등의 형태로 사용되었다.[25] 따라서 오늘날 같은 철자인 '선폭'과 '광선'의 beam은 전혀 다른 낱말에서 기원한 것이다. 해사용어 beam은 기본적으로 선폭 내지는 들보를 의미하는데, 다음과 같은 용례로 사용될 수 있다.

- a steamer of 40 feet beam : 선폭 40 피트의 기선

24 해양수산부, 『대한민국등대100년사』, pp.48-51.
25 *The Shorter Oxford English Dictionary*, p.169.

- a boat with plenty of beam : 선폭이 넓은 보트
- beamy vessel : 너비가 넓은 배
- The tide was rapidly fleeting seaward, the schooner setting more and more on her beam-ends.[26] : 조수가 빠르게 바다 쪽으로 빠져나가자, 그 스쿠너 배는 점점 가로들보가 해면에 닿을 정도로 기울었다.
- He is on his beam-ends. : 그는 곤경에 빠졌다.

Beaufort scale 보퍼트 풍력계급

영국의 예비역 해군 소장 Sir Francis Beaufort(1774-1857)가 1805년에 고안한 풍력 계급으로 해상 상태와 바람의 세기를 13등급으로 나눈 것이다. 이렇게 풍력을 등급화한 것은 보퍼트 이전의 Daniel Defoe(c.1661-1731)를 포함하여 여러 사람이 시도한 바 있다. 다니엘 디포는 1704년 *A Collection of the most remarkable Casualties and Disasters which happened in the late dreadful Tempest both by Sea and Land*라는 책에서 당시 선원들이 사용하는 Table of Degrees라는 풍력 계급을 소개하고 있다. Table of Degrees에는 풍력을 아래와 같은 12등급으로 구분하였다.

① Stark calm
② Calm weather
③ Little wind
④ A fine breeze
⑤ A small gale

---

26 Robert Louis Stevenson, *Treasure Islands*, p.221.

⑥ A fresh gale

⑦ A topsail gale

⑧ Blows fresh

⑨ A had gale of wind

⑩ A fret of wind

⑪ A storm

⑫ A tempest

바람	시간당 속력(mile)
Almost calm	1
Just perceptible	2
	3
Gentle breeze	4
	5
Fresh breeze	10
	15
Fresh gale	20
	25
Strong gale	30
	35
Hard gale	40
	45
Storm	50
Violent hurricanes, Tempest, etc.	60
	80
	100

Rous가 분류한 바람의 속력과 풍력

1780년대에는 세계 최초의 기상 관련 단체인 Palatine Meteorological Society

of Mannheim(독일 만하임의 팔츠기상협회)가 발간한 달력에 바람의 세기를 0-4 등급까지 다섯 등급으로 나눈 바 있다.[27] 1801년에는 영국동인도회사의 Colonel Capper가 *Observations on the Winds and monsoons*라는 책자에서 Rous가 바람의 세기와 속도에 따라 분류한 풍력 9등급을 소개하였다.

Francis Beaufort는 1805년 HMS Woolwich 호에 함장으로 승선하고 있을 때 이들을 참조하여 자신의 풍력 계급을 고안했는데, 그는 1806년 1월 13일자 개인 일지에 "오늘부터 풍력 계급을 다음 표에 따라 측정할 것"이라고 적었다. Beaufort는 1807년

최초의 Beaufort scale (1806.1.13.)[28]

에 1-2계급을 합쳐 0-12등급으로 확정하였다.

사적인 풍력 분류였던 보퍼트 스케일은 Beaufort가 1831년 12월 HMS Beagle 호의 항해에 동승함으로써 영국 해군에서 처음으로 공식적으로 사용되기에 이르렀다. 1832년에는 *The Nautical Magazine*에 'The Log Board'라는 제목으로 바람과 기상 상태에 대한 Beaufort scale과 그 고안자가 보퍼트임이 소개되었고, 영국 해군 함장들 사이에 알려지기 시작했다. 이에 영국 해군성(Admiralty)은 1838년 12월 28일에 영국 해군의 모든 선박의 함장과 선장들에게 Beaufort scale을 사용하

27 0 (Calm), 1 (Leaves rustle), 2 (Small branches move), 3 (Large branches in motion and dust swirls up from the ground), 4 (Twigs and branches break off trees).

28 The Beaufort Scale, National Meteorological Library and Archive Fact Sheet 6, 2010, f.5. in http://library.wmo.int/pmb_ged/wmo_558_en-v1.pdf.

Sir Francis Beaufort[31]

도록 결정하였다. 해군성은 1832년에 *The Nautical Magazine*에 소개된 Beaufort scale을 사용하도록 지시했는데, 이는 바람의 등급과 명칭은 오늘날과 같지만, 해상 상태에 대한 설명은 없고, 풍력에 따라 돛을 어떻게 펴고 접을 지를 설명해 놓고 있는 점이 다르다.

Beaufort scale은 전함의 범장과 기범선의 등장에 따라 1874년에 개정되었고, 세계기상위원회(International Meteorological Committee)에서 국제적으로 사용하도록 채택되었다. 1903년에는 풍속(V)을 1.87 x $\sqrt{B^3}$ 으로 계산하는 방식이 고안되었다. 이 식에서 B는 Beaufort scale의 등급이고, V는 해면 30 ft 위에서의 시간당 마일이다.

20세기 들어 범선이 사라지고 기선이 주류가 됨에 따라 영국의 기상학자인 George Simpson이 1906년에 만든 개정안이 기상학자들과 선원들 사이에서는 널리 사용되었으나, 세계기상기구(International Meteorological Organization)는 1939년에야 이 개정안을 채택하였다.[29] 1946년에는 기선을 기준으로 풍속 계산식을 수정하여 풍속(V) = 0.836 x $\sqrt{B^3}$ 으로 계산하도록 수정되었다. Beaufort scale은 1944년에 13-17계급이 추가되었지만, 태풍이나 사이클론 등이 내습하는 대만과 중국 정도만 사용하고 있어서 2012년 세계기상기구(WMO)는 13등급 이상의 Beaufort scale 사용을 추천하지 않는다고 결정하였다.[30]

29 이상 National Meteorological Library and Archive Fact sheet 6 ‑ The Beaufort Scale(ver. 01), 2010.
30 http://en.wikipedia.org/wiki/Beaufort_scale(2024. 8. 10.)

  이처럼 오늘날 우리가 사용하고 있는 보퍼트 스케일은 전적으로 프랜시스 보퍼트 개인이 고안한 것이라고는 할 수 없다. 하지만 그가 당시까지 전해지던 풍력 분류표를 참조로 하여 합리적이고 이상적인 13등급의 풍력 계급으로 정식화하고, 이를 실제에 사용하였다는 점에서 창안자라고 불러도 무방하다. Francis Beaufort 는 1774년 5월 24일, 프랑스계 아일랜드인 목사의 아들로 아일랜드에서 태어났다. 그는 14세 무렵까지 초등교육을 마치고, 1787년 동인도회사의 선원이 되었고, 1796년에 대위, 1800년에 중령으로 진급하였다. 보퍼트는 1800년 HMS Phaeton 호를 지휘하여 말라가 해상봉쇄작전에 참전하여 심한 부상을 입었으나, 1805년 HMS Woolwich 호의 함장으로 승선하였다. Beaufort는 1812년 소아시아 해안을 측량하던 중에 터키 함대와의 전투에서 심한 부상으로 해상 생활을 중단하고 요양을 해야 했지만, 1829년 현역 대령의 지위로 영국 해군 수로관(Hydrographer of the Navy)에 임명되었다. Beaufort는 1831년에 HMS Beagle 호의 탐사항해에 동승하여 전임 함장의 자살로 임시 함장으로 임명된 Robert FitzRoy를 훈련시켰다. FitzRoy가 함장으로 재임명되자 보퍼트는 동승할 과학자로 Charles Darwin을 추천하였고, 다윈은 이 항해에서의 연구 결과를 바탕으로『종의 기원』을 썼다. 1831년 12월부터 1836년 10월까지 진행된 비글 호의 항해에서 보퍼트 스케일이 영국 해군에서 처음으로 공식적으로 사용되었다. 보퍼트는 1839년에서 1843년까지 이어진 James Clark Ross의 북극 탐사 항해에도 동승하기도 했다. 그는 72세이던 1846년 10월 1일, 예비역 해군소장으로 퇴역하였지만, 그 동안의 해군에 기여한 공로를 인정받아 1848년 4월 29일, 바스 기사단 부단장(Knight Commander of the Bath) 작위를 받음으로써 기사로 서임되었다. 써 프랜시스 보퍼트(Sir Francis Beaufort)는 1855년까지 해군 수로관으로 근무하다가 1857년 12월 17일,

---

31 The Beaufort Scale, f.6.

83세에 사망하였다. 그의 묘소는 런던 해크니(Hackney)의 세인트 존 교회 묘역(St. John Church garden)에 있다.[32]

보퍼트 계급	명칭	풍속	
		시속(knot)	매초(m)
0	Calm 고요 (무풍/無風)	0~1 미만	0~0.3 미만
1	Light air 실바람 (지경풍/至輕風)	1~4 미만	0.3~1.6 미만
2	Light breeze 남실바람 (경풍/輕風)	4~7 미만	1.6~3.4 미만
3	Gentle breeze 산들바람 (연풍/軟風)	7~11 미만	3.4~5.5 미만
4	Moderate breeze 건들바람 (화풍/和風)	11~17 미만	5.5~8.0 미만
5	Fresh breeze 흔들바람 (질풍/疾風)	17~22 미만	8.0~10.8 미만
6	Strong breeze 된바람 (웅풍/雄風)	22~28 미만	10.8~13.9 미만
7	Moderate gale 센바람 (강풍/强風)	28~34 미만	13.9~17.2 미만
8	Fresh gale 큰바람 (질강풍/疾强風)	34~41 미만	17.2~20.8 미만
9	Strong gale 큰센바람 (대강풍/大强風)	41~48 미만	20.8~24.5 미만
10	Whole gale 노대바람 (전강풍/全强風)	48~56 미만	24.5~28.5 미만
11	Storm 왕바람 (폭풍/暴風)	56~64 미만	28.5~32.7 미만
12	Hurricane 싹쓸바람 (태풍/颱風)	64~72 미만	32.7~37.0 미만

32 The Beaufort Scale; http://en.wikipedia.org/wiki/Francis_Beaufort(2024. 8. 10.)

보퍼트 계급	해양	육지
0	해면이 거울과 같음	평온, 연기가 직선으로 곧게 올라감
1	해면에 생선 비늘과 같은 작은 파도가 있으나 거품은 생기지 않음	연기의 날림으로 풍향을 알 수 있으나 풍향계로는 관측 안 됨
2	해면에 작은 파도를 뚜렷이 볼 수 있으나 물마루는 평활함	바람이 뺨에 닿는 것을 느낌 나뭇잎이 움직임
3	해면에 작은 파도가 커지고, 물마루가 부서져 거품이 생기고 군데군데 백파가 나타남	나뭇잎과 가는 나뭇가지가 움직이고, 깃발이 휘날림
4	파는 낮지만 파장은 길어지고, 백파가 상당히 증가함	모래먼지가 생기고, 잔가지가 상당히 움직임
5	파가 상당히 길어지고, 해면 전체에 백파가 생김	잎이 있는 나무가 흔들리기 시작하고 강이나 호수의 수면에 물결이 일어남
6	해면에 백파가 활발히 생기고 물보라를 일으킴	큰 가지가 흔들리고 전선이 움. 우산 이용이 곤란함.
7	하얀 물결이 보다 높아지고, 물마루가 부서져서 생긴 흰 거품이 열지어 흘러감	가로수 전체가 흔들림. 바람을 향하여 보행하기 곤란함.
8	풍파가 점점 높아진다. 물마루가 부서져 물안개가 됨	가는 나뭇가지가 꺾이고 바람을 향하여 보행할 수 없음.
9	풍파가 대단히 높아진다. 물마루는 앞으로 꼬꾸라져 무너지고 소용돌이치기 시작한다.	건물에 조금 손해가 발생한다.
10	풍파가 더욱 더 높아진다. 해면 전체가 희게 보인다. 시정은 극히 불량함.	입목이 뿌리째 뽑힌다. 건물의 손해가 많아진다.
11	풍파가 몹시 크다. 중소형의 배는 일시적으로 물결에 가려 보이지 않는다.	건물에 대손해가 생긴다.
12	배의 전복이 염려된다. 대기는 거품과 물방울로 덮인다.	손해가 더욱 더 심해진다.

before the mast 하급 선원으로

원뜻은 '돛대 앞에서'지만, 범선의 구조상 돛대를 기준으로 뒤에는 선장과 사관들의 숙소가, 돛대 앞에는 하급 선원들의 숙소가 각각 배치되는 것이 일반적이어서 '하급 선원으로'라는 것이 속뜻이다. 다른 말로는 foremast seaman으로도 쓸 수 있다. 이 낱말이 널리 알려지게 된 것은 Richard Dana, Jr.(1815-1882)의 *Two Years before the Mast*(『2년간의 선원 생활』, 1840)와 Jacob Hazen의 *Five Years before the Mast*(『5년간의 선원 생활』, 1854) 등의 소설 제목 덕분이다.

그러나 역사적으로 before the mast의 첫 용례는 에드워드 1세(1239-1307)가 브리튼 동남해안의 Dover, Hastings, Hythe, Romney, Sandwic 등 5개항(Cinque port)에 부여한 특허장이다. 이 특허장의 내용 중에 다음과 같은 문장이 있다.

> And that they be free of all their own wines for which they do travel of our right prize, that is to say, of one ton before the mast, and of another behind the mast.[33]
>
> 5개 항은 그들이 운송하는 그들 소유의 포도주에 대하여 돛대 앞에서 1통, 돛대 뒤에서 1통씩을 짐이 정당하게 징수할 수 있는 권한을 면제한다.

위의 예에서 보듯, before the mast는 오늘날 우리가 사용하고 있는 뜻이 아닌 글자 그 자체의 의미인 '돛대 앞에서'란 뜻으로 사용되었다. 그러나 17세기에 이르면 '하급 선원'이란 오늘날의 뜻으로 사용되기 시작하였다. 영국 최초의 해사용어 문헌인 J. Smith의 *A Sea Grammar*(1627)에는 다음과 같은 문장이 나온다.

> And as the Captain and masters Mates, Gunners or Carpenters, Quartermasters, Trumpeters, &c. are to be abaft the Mast, so the Boatswain, and all the Yonkers or common Sailors under his command is to be *before the Mast*.[34]
>
> 선장과 항해사, 포수, 배대목, 조타수, 트럼펫주자 등은 돛대 뒤에 배치되고, 갑판장과 갑판장 휘하의 풋내기 선원이나 보통 선원들은 돛대 뒤에 배치된다.

---

33 E.K. Chatterson, *Sailing Ships and the their Story*, 1909, p.154; 佐波宣平, 『海の 英語』, p.57 재인용.
34 John Smith, *A Sea Grammar*, 1627, p. 39; 佐波宣平, 『海の 英語』, p.57-58 재인용.

범선이 사라진 오늘날에는 설사 '하급 선원'으로 배를 탔다는 표현을 써야할 상황에서조차도 이 용어를 사용하기 꺼려지게 된다. 왜냐하면 현대의 배들은 선원 거주구역이 선미에 마련되어 있기 때문이다. 그런 점에서 어니스트 헤밍웨이가 1954년에 발표한 『노인과 바다』는 영미소설에서 before the mast가 제 용법으로 사용된 가장 늦은 용례가 아닐까 한다.

> When I was your age I was *before the mast* on a square rigged ship that ran to Africa and I have seen lions on the beaches in the evening.
> 나는 네 나이 깨 아프리카로 가는 가로돛 배를 타고 *돛대 앞에서* 선원 노릇을 했단다. 저녁이면 해변에 나온 사자들을 구경했지.[35]

상기 문장은 산티아고 노인이 대어를 낚으러 가기 직전 마놀린 소년과 나눈 대화이다. 이 대목에서 헤밍웨이가 "가로돛배의 돛대 앞에 있었다"고 쓴 것은 마놀린만한 나이에 산티아고가 하급 선원으로 배를 탔다는 것을 표현한 것이다. 그러나 번역자는 이를 '돛대 앞에서 선원 노릇을 했'다고 직역해 놓고 있다. 이는 우리 영문학계가 해사용어에 대한 이해가 얼마나 부족한지를 보여주는 한 가지 예다.

berth 선석(船席), 배자리

이 낱말의 어원은 불분명하지만 고대 영어에서는 birth, byrth 등의 형태로 쓰였

---

35 어니스트 헤밍웨이, 영한대역 : 『노인과 바다』, p.36-37.

고, 오늘날 해사영어에서는 '배를 대는 자리'인 '선석'을 뜻하는데, 북한에서는 '배자리'로 사용하고 있다.[36] 현대 영어의 berth는 ① '선박의 조종 여지'; '충분한 활동 여지'(sea-room), ② 선박 계류지; 선석, ③ 배나 기차 등의 침대; 숙소, ④ 일정 위치; 지위; 직 등의 뜻으로 사용되고 있다.[37]

첫 번째 뜻으로 사용될 경우, 정박 중인 배가 물결에 흔들려서 움직이더라도 다른 물체에 접촉하지 않을 정도의 여지를 뜻하게 되는데, 해사영어 중 berth cargo가 이 용례로 사용된 예다. berth cargo는 '선박이 정해진 화물을 적재한 뒤 화물창에 여유가 있어서 추가로 실을 수 있는 화물'로 '여적(餘積) 화물'이다. 일상용어에서도 To give a wide berth(충분한 여유를 주다, 또는 경원하다)나 a foul berth(충돌 위험이 있는 나쁜 위치) 등의 용례로 자주 사용되고 있다.[38]

두 번째 뜻의 선박 계류지나 선석과, 세 번째의 뜻의 침대나 숙소는 서로 연관되어 있는데, SOED에 따르면 역사적으로 두 용례는 1706년에 동시에 나타났다.[39] 원래 선박의 조종 여지라는 뜻으로 사용된 berth가 선박의 쉴 자리란 의미의 선석의 뜻으로, 그리고 개인의 쉴 자리란 의미로 침대나 숙소의 뜻으로 거의 동시에 전용되었음을 알 수 있다. 일상용어에서 This is the berth for me(이곳은 내게 좋은 숙소다)와 같은 표현으로 자주 사용되고 있다. berth가 개인의 침대나 숙소의 의미로 선박에 적용될 경우에는 '선박의 침대'를 뜻하게 되므로 범선 시대에 침대가 배정된 사람은 사관이나 고급 승객들뿐이었기 때문에 '고급 선실'을 뜻하게 된다.[40]

36 국립국어연구원 표준국어대사전(http://stdweb2.korean.go.kr/search/List_dic.jsp)(2024. 8. 10.)
37 *The Shorter Oxford English Dictionary*, p.183.
38 佐波宣平, 『海の 英語』, p.58.
39 *The Shorter Oxford English Dictionary*, p.183.
40 佐波宣平, 『海の 英語』, p.59.

네 번째 뜻으로 사용된 예는 상대적으로 드물지만, 해사용어에서 to place a ship on berth의 용법에서처럼 '선박을 특정 항로에 취역시키다'라는 의미로 사용되기도 한다. 배가 어떤 직을 받는 것은 결국 항로에 취역하는 것이기 때문이다. 이 용법은 단순히 특정 항로에 취역하는 것이 아니라 어떤 항구의 특정 선석을 배정받아 배를 취역하는 것을 의미하는 '정기항로에 취역시킨다'는 용례로 발전하게 되었다. 이를테면 Fayle의 『서양해운사』에 그 용례가 나와 있다.

> A Tramp may be *'placed on the berth'* for a particular port; that is to say she is advertised as sailing for that port on a specified date, and open in the same way as a liner to receive offers of cargo from shippers or their agents.
>
> 어떤 선박이 특정 항구의 '선석(berth)에 지정'되어 있을 지도 모른다. 다시 말하면, 그 배는 특정한 날에 그 항구로 출항하는 것으로 광고가 나가서 화주나 그 대리인으로부터 화물 선적 수배를 받아 정기선과 같은 방식으로 운항하기 위해 일반 대중에게 공개되어 있다는 얘기이다.[41]

bilge 선저, 선저만곡부, 오수(汚水), 오유(汚油)

'가죽 부대'를 뜻하는 라틴어 bulga에서 유래하였는데,[42] 고대 영어에서는 bulge 형태로 쓰였다. 가죽 부대는 물건을 넣으면 부풀어 오르므로 용골이 블록하게 튀어나온 '선저'나 '선저 만곡부'를 뜻하게 되었고, 이것이 '배 밑바닥(bilge)에 고인 물(bilge water)', '오수' 자체를 의미하는 것으로 전용되었다. 당초 오수란 뜻으로

41 E. Fayle, *A Short History of World Shipping Industry*, p.266; 김성준, 『서양해운사』, p.332.
42 佐波宣平, 『海の 英語』, p.62.

는 bilge water란 말이 1706년에 처음 사용된 이래 줄곧 사용되었으나, 1829년에 이르러 bilge란 낱말 자체만으로 '오수'를 뜻하게 되었다.[43] 오늘날 선박에서는 선저 또는 선저 만곡부를 보통 keel이라고 부르고, bilge는 오수란 뜻으로 더 흔하게 사용한다.

bilge는 동사로 사용되기도 하는데, 이 경우에는 '선저가 손상되다', '선저에 구멍이 뚫리다'는 뜻이다. 이를테면 She is bilged라고 하면 '배가 좌초했다'는 의미인데, '선저가 바닥에 닿았다'는 데서 전화되었음에 틀림없다.

bulge가 bilge의 옛 형태임은 앞에서 언급했지만, 오늘날 bulge는 특히 '선측판의 볼록함'을 나타낼 때 사용되어 '선저'의 뜻으로 사용되는 bilge와는 구별된다. 그러나 현대 용어에서 bilge와 bulge가 혼용되고 있는 재밌는 용례들이 있다.[44]

Don't you get sucking of that bilge.(Robert Louis Stevenson, *Treasure Islands and kidnapped*, chapter 11)[45]
그 통(bilge) 안의 물을 마시지 마라.

The old man could see the slight bulge in the water that the brig dolphin raised as they followed the escaping fish.(E. Hemingway, *The Old man and the Sea*)
노인은 큰 만새기(농어목) 떼가 달아나는 날치들을 뒤쫓느라 수면이 약간 부풀어 오르는 것을 볼 수 있었다.[46]

위의 발췌문이 보여주듯, 스티븐슨의 『보물섬』에서 bilge는 '볼록한 나무 물통'

---

43 *The Shorter Oxford English Dictionary*, p.191.
44 佐波宣平, 『海の 英語』, pp.62-63.
45 Robert Louis Stevenson, *Treasure Island*, p.92.
46 어니스트 헤밍웨이, 영한대역 : 『노인과 바다』, pp.62-63.

을 의미하고, 헤밍웨이의 『노인과 바다』에서 bulge는 '해면에 부풀어 오른 모양'을 뜻한다.

bill of lading, BL 선하증권

bill은 고전 라틴어의 '인장'(seal)을 뜻하는 bulla에서 유래한 낱말로, 14세기 말 앵글로-프랑스어에서 '공문', '사문서', 법정 용어로 '공식 답변(formal plea)' 등의 의미로 사용되다 근대에 이르러 '계산서, 청구서, 증서' 등으로 사용되는 말이다.[47] lading은 영어의 동사 lade(싣다)의 동명사형으로 lade 자체는 원-게르만어 hlathan(싣다, 쌓다)에서 유래해 고대영어 hladan을 거쳐 lade로 정착한 낱말이다.[48] 따라서 bill of lading은 글자 그대로 '선적증서'라는 의미로, 화주가 선박에 화물을 선적한 것을 증명하기 위해 선주가 화주에게 발행하는 문서다. 국내 일부에서는 선화증권(船貨證券)이라 쓰기도 하지만, 일반적으로는 선하증권(船荷證券)으로 통용되며, 업계에서는 BL로 약칭한다.

선하증권을 'bill of lading'이라고 부르는 것은 단순히 지중해 연안계통의 용어에 속하는 것이고, 이것과 전혀 다른 대서양 연안계통의 호칭이 있다.[49]

1. polizza di carico(지중해계) : 이탈리아어로 영어로 직역하면 policy of charge, policy of load로 영어로 옮기면 bill of lading이 되는데, 이탈리아, 지중해

---

47 Harper, *Online Etymology Dictionary*, at https://www.etymonline.com/search?q=bill(2024. 8. 10).
48 Harper, *Online Etymology Dictionary*, at https://www.etymonline.com/search?q=lade(2024. 8. 10).
49 아래 佐波宣平, 佐波宣平, 김성준・남택근 옮김, 『현대해사용어의 어원』, pp.44-49에서 옮겨 옴.

연안 프랑스, 영국, 미국, 일본, 한국 등이 이 의미로 사용하고 있다.

2. conocimiento(대서양계) : 스페인어로 영어로 직역하면 acknowledgement(승인, 인증, 인증증서)를 의미하는데, 스페인, 대서양 연안 프랑스, 네덜란드, 독일, 스칸디나비아 국가 등이 이 의미로 사용하고 있다.

역사적으로 보면 중세 해상무역에서 선박서기(scribanus; escriva)가 작성했던 선박장부(cartularium; cartolari)가 선하증권의 전신이라고 한다. 선박장부를 작성하고 선내에 비치하는 관행은 11세기에 시작하여 14세기까지 지중해 전 수역에 보급되었다. 이미 1063년의 Trani[50] 해상법에서는 자신의 성실성을 선서하는 선박서기를 승선시켜야 하는 의무를 선장에게 부과하고 있다. 당시 선박장부의 기입은 선박서기가 해야 하는 가장 중요한 의무였다. 왜 선박장부 제도가 시작되었을까?

해상무역이 발달함에 따라 점차 항로가 길어지고 더불어 화물의 종류 및 수량이 증가되었지만, 한편으로는 화물감독(supercargo)이 화물과 더불어 동승하던 관행이 더 이상 필수적인 것만은 아니어서 화주 중에는 선장에게 화물의 판매를 위탁하는 사람들도 생겨났다. 이러한 경우 선주 또는 선장으로서는 화주를 위해 적화물의 종류, 수량 등을 기록한 서류를 나중의 증거로서 공정하게 작성하여 보관해놓을 필요가 있었다. 이러한 목적에서 증거서류를 작성하는 임무를 맡은 사람이 선박서기이고, 따라서 선박서기는 선내에서 공증인적인 존재이기도 했다. 선박서기는 항상 자신의 성실성에 대해 선서를 해야 했고, 때에 따라서는 선적항의 관청으로부터 임명되었다. 12세기부터 14세기에 걸쳐 바르셀로나를 중심으로 행해진 해사 상관습의 집대성이라 할 수 있는 'Consolato del Mare'에서는 선박장부에

---

50 이탈리아 남동부 풀리아의 도시.

허위로 기재를 한 선박서기는 오른손을 절단하고 얼굴을 인두로 지지며 또한 소지품을 모두 몰수한다는 규정이 제정되어 있었다. 하지만, 당시 해상무역은 예를 들어 화물감독이 없는 판매위탁일지라도 모두 화물에 입각하여 화물을 활용하는 현물거래여서 선박서기가 작성한 선박장부는 'book' of lading이지만 'bill' of lading은 아니었다.

그렇지만 다음 단계에서 신용거래의 흐름을 보면, 화주(갑)가 화물을 화주(을)에게 보내는 경우 갑은 화물을 발송 또는 선적과 동시에 혹은 발송선적에 앞서 해당화물을 담보로 금융업자(병)로부터 자금을 융통하고 병에게 해당화물 대금의 징수를 위임하게 된다. 이러한 경우 징수 위임을 받은 병은 적화 명세와 더불어 수화주의 주소, 성명을 알아야 했다. 수화주 측도 선박의 도착에 따라 받아야 할 해당화물의 명세에 대해 파악을 해야 하며 송화주로서는 금융업자로부터 자금을 융통하고, 수화주에게 적화 발송을 통지하기 위해 선적에 관한 적화목록을 입수해야만 했다. 하지만 단순한 적화목록만으로는 큰 의미가 없다. 현재 화물이 선적, 발송되었다는 사실을 나타낼 수 있는 적화목록이 필요했던 것이다. 이러한 요청에 응하기 위해 제출되었던 것이 '사본'으로 선박서기는 적화명세를 기록한 선박장부에 근거하여 사본을 몇 부 작성하여 이것을 송화주에게 교부했다. 1397년 제정된 Anacone 해상법에 의하면 선박서기는 선주 또는 선장이 반대하더라도 선박장부 사본을 작성하여 청구자에게 교부해야 할 의무를 가지고 있다. 따라서 당시 해상무역이 선박서류의 사본을 필요로 했던 객관성 정도를 이해할 수 있다.

선하증권은 이러한 과정, 즉 'book of lading에서 bill of lading으로의 변천 과정'을 거쳐 생성되었다. 이러한 지중해 사본 시대의 성격을 충실하게 전달하고 있는 것이 영어 'bill of lading'으로 직역하면 '선적증서'(선하증권)이다. 'bill of lading'은 용어로서는 '화물이 선적되었다', '화물이 적화물로 수령되었다'(shipped on board …by the shipper)는 객관적 또는 수동적인 표현으로 본래 그 이상의 의미를 가지지 않는다.

이에 반해 선하증권의 다른 호칭, 즉 대서양 연안계 호칭인 프랑스어 connaissement(선하증권), 독일어 Konnossement(선하증권), 네덜란드어 cognosse-ment(선하증권) 등에서 볼 수 있는 것과 같이, connaître(인정하다), bekennen(인정하다)를 원뜻으로 하고 있다. 단순히 '화물이 선적되었다', '선장이 화물을 수령하였다'라는 사실을 밝히는 것만이 아니라, 더 나아가 선적된 화물에 대한 수량, 종류, 기타 사항에 대해 선장이 화주에게 대해 인증한다는 주관적이고 능동적인 표명인 것이다. 독일어 선하증권의 약관에서

Ich Schiffer ⋯⋯⋯⋯ bekenne,

(선장인 나는 ⋯⋯⋯⋯ 을 인증한다)는 표현은 이러한 사실을 잘 보여주고 있다.

이와 관련하여 선박장부 사본의 작성 및 교부하는 관행은 대서양 연안에서는 상당히 늦게 생겨나서 1552년 카를 5세(Karl V, 합스부르크 왕 재위 1519-1557)의 법률에 겨우 보이고, '인증'도 1600년경의 법률에 처음으로 나타난 것 같다. 단, 해상무역의 발전과 더불어 선하증권은 그것을 갖고 있지 않으면 선적화물의 인도를 청구할 수 없다는 물권적(物權的) 성격도 나타내게 되어 현재에 이르고 있다. 그렇지만 물권성은 선하증권에서 매우 중요한 특성이지만, 역사적으로는 나중에 부가된, 즉 부수적 성격이었다. 선하증권은 원래 단순한 적화수령증 또는 선적확인서였다. 이것을 그대로 전달하는 것이 현재의 호칭 polizza di carico(이탈리아), polices de chargement(지중해안 프랑스), bill of lading(영국, 미국), '선하증권'(일본), 또는 conocimiento(스페인), connaissement(대서양 연안 프랑스), cognossement(네덜란드), Konnossement(독일) 등이다.

아울러 'lading'을 '적화물'의 의미로 쓰는 것은 'bill of lading' 이외에는 거의 찾아볼 수 없지만, 이전 영국에서는 'lading'이 오히려 일반적인 것이었다.

Shakespeare의 희곡에서도 실제로 'lading'이 종종 사용되었다. 그 일례로,

Antonio hath a ship of rich lading wracked on the narrow seas.

in Shakespeare, *The Merchant of Venice*, Act III, Scene 1,3.

"적화물(lading)로 가득한 안토니오의 배가 해협에서 난파되었다."

마지막으로 '벽보, 작은 종잇조각'을 '삐라'라고 하는 것은 영어 'bill'에서 비롯한 것이다.

biscuit 비스킷

라틴어의 *bis coctus*(두번 구운)에서 유래한 것으로, 중세 영어에서는 라틴어 철자를 합친 biscoctus로 쓰여 지다가 besquite, byscute, bisket 등으로도 사용되었다. 고대 프랑스어에서는 bescoit, bescuit로 사용되었으나, 16-18세기에 bisket으로 쓰이면서 이 발음으로 정착되었다,[51] 비스킷은 냉장고가 개발되기 이전 밀가루 음식을 오랫동안 보존하기 위해 두 번 구운 데서 만들어졌다는 것은 널리 알려진 사실이다.

biscuit이 Bay of Biscay에서 유래했다는 설이 있지만, 이는 위의 어원을 보면 전혀 잘못된 설임을 알 수 있다. 비스킷이 선박용 식품으로 출현했다는 것은 의심의 여지가 없는데, 1599년 셰익스피어가 집필한 희곡 *As you like it*(뜻대로 하세요)의 2막 7장에 'Which is as dry as the remainder biscuit after a voyage'(오랜 항해

---

51 *The Shorter Oxford English Dictionary*, p.195.

뒤에 남은 비스킷만큼 단단하다)는 표현이 사용되고 있다.[52] within biscuit-throw of란 숙어가 '비스킷을 던질 만큼의 짧은 거리에서' 즉, '아주 짧은 거리에서'를 뜻한다.

영국 선원들을 비스킷을 hard tack(딱딱한 음식)이라고 불렀는데, 이는 비스킷이 그만큼 선원들 사이에서는 딱딱해 먹기 힘든 음식이었음을 의미한다. 영국 선원들은 비스킷을 pilot bread, ship's biscuit, sea biscuit, cabin bread, sea bread이라고도 불렀고, 냉소적으로는 dog biscuit, tooth duller, sheet iron, worm castles, molar breakers라고도 불렀다고 한다.[53]

오늘날의 비스킷은 부드럽고 바삭하게 굽지만, 애초에 선박용 식품으로 만들어진 비스킷은 딱딱하여 그대로 먹기 어려웠다. 필자도 1999년 포츠머스 항에 전시되어 있는 넬슨의 기함 HMS Victory 호를 관람할 때 넬슨 시대의 선박용 비스킷을 맛본 적이 있었다. 당시 빅토리 호를 관람하고 나왔는데, 옛날 선원 복장을 한 사람들이 비스킷을 나눠주고 있었다. 한 조각을 받아 깨물었는데, 어찌나 단단하던지 이가 얼얼할 지경이었다. '옛날 선원들이 이것을 먹었느냐고 묻자, 그들은 '그대로는 먹지 못하고, 포도주나 맥주 등에 풀어서 먹어야 한다'고 대답했다. '비스킷의 딱딱함'은 영국 선원들이 이를 Liverpool pantile(리버풀 기와)이라고 부른 데서도 잘 알 수 있다. 비스킷을 '리버풀 기와'처럼 아무리 단단하게 구웠다 하더라도 장기간의 항해에서 '바구미'가 생기는 것을 막을 수는 없었다. 사와 셴페이는 구더기 먹은 비스킷과 관련된 재밌는 이야기로 영국 Cunard 사의 명선장 James G.P. Bisset(1883-1967)의 승선담에 실린 그의 경험담을 다음과 같이 소개하고 있다.[54]

---

52 *The Shorter Oxford English Dictionary*, p.195.
53 http://en.wikipedia.org/wiki/Hardtack(2024. 8.10.)

As the voyage proceeded, the ship's biscuits became weevily. The weevils hid in the forty-two holes. The game was to thumb the biscuits on the deck, with the holed side downward, to knock the weevils out. Paddy Murphy scorned to this. "Eat the weevils and all," he advised me. "Sure, and they're fresh meat!"[55]

항해가 지속됨에 따라, 배의 비스킷이 바구미가 생겼다. 바구미들은 42개나 되는 구멍 속에 숨어 있었다. 비스킷을 바구미가 먹은 쪽을 밑으로 하여 갑판으로 들고 나와 바구미가 나오도록 두드린다. 머피 씨는 이 행위를 비웃었다. 그는 "바구미를 몽땅 먹어 치우지"라고 내게 충고했다. "물론, 바구미들은 신선한 육고기인걸!"

bitt 계선주(繫船柱)

어원이 불분명하지만 대체로 저지 게르만어에서 유래한 것으로 보인다. 이를테면 영어 bitt에 상응하는 게르만어계의 옛 단어들이 네덜란드어 beting(고어 beeting), 독일어 beting, 스웨덴어 beting, 노르웨이어 beiting, 덴마크어 beding라고 썼는데, 발음과 형태가 모두 유사함을 알 수 있다. 특히 고대 독일어에서 나무 말뚝(wooden peg)의 뜻으로 bit나, 고대 노르만어에서 대들보(crossbeam)의 뜻으로 biti가 사용되었다.[56]

bitt는 배를 부두에 묶어두기 위해 부두에 설치된 것일 수도 있고, 배 위에 밧줄 등을 감아 두기 위해 설치한 것일 수도 있다. 배를 매어두는 기둥으로

---

54 이상 佐波宣平, 『海の 英語』, p.65 재인용.
55 James G.P. Bisset, *Sail Ho My Early Years at Sea!*(1958), p.60.
56 *The Shorter Oxford English Dictionary*, p.196.

'bollard'도 있는데, 이것은 bole(나무줄기) + ~ard(~하는 사람 또는 ~하는 물건)의 합성어이다. 배를 매어두는 용도로 mooring post, bollard, bitt 등이 사용되는데, 그 크기에 따라 다음과 같이 구분한다.

mooring post : 직주(直柱)와 같은 대형 계선주
bollard : 쌍원주(雙圓柱), 곡주(曲柱)와 같은 중형 계선주
bitt : 소형 계선주[57]

Bollard

Mooring Post(통칭 Bitt)

사와 센페이는 bitt와 관련한 재밌는 영어 표현을 다음과 같이 소개하고 있다.

between you and me and the **bedpost** : 여기서 bedpost는 '침대 기둥'을 뜻하므로, '너랑 나, 그리고 침대 기둥 사이에서'란 뜻이지만, 이것은 침대를 같이 쓰는 부부가 잠자리에서 내밀하게 하는 이야기를 할 때 쓰는 표현으로 '여기에서만의 이야기지만'이란 뜻이다.

57 한국해양학회, 『해양과학용어사전』, 2005, at www.naver.com.

between you and me and the windlass **bitts** = between you and me and the scuttle butt : 선원들이 bedpost를 배에 설비된 windlass bitts와 scuttle butt로 바꾼 것으로 속뜻은 같다. windlass bitts는 와이어 로프(wire rope)를 감는 계주이고, scuttle butt는 갑판 위에서 음료수를 공급할 수 있는 물통인데, 속어로는 소문이나 뒷공론(gossip)을 뜻하기도 한다.

to the **bitter** end : '끝까지'; '철저히'를 뜻하는 숙어인데, 여기에서 사용된 bitter는 '쓴'; '혹독한' 등을 뜻하는 단어가 아니라, bitt의 파생어(bitt+er)로 '계선주에 감긴 줄의 일부'를 뜻한다.[58] 그러니까 이 말은 '계선주에 감겨있는 줄의 끝까지'란 의미에서 나온 숙어인 것이다.[59]

우리 조상들도 배를 묶어두기 위하여 선소나 부두 인근에 돌기둥을 세워 두었다. 여수의 선소는 이순신 장군이 거북선을 건조하고 정박해 둔 곳으로 알려져 있는데, 이곳에 계선주로 사용되었던 것으로 추정되는 돌기둥이 남아 있다.

여수 선소의 돌기둥

Blue Peter 출항기

국제신호기의 P 기로 파란색 테두리가 가운데의 백색 사각형을 감싼 모양이다.

---

58 *The Shorter Oxford English Dictionary*, p.197.
59 이상 佐波宣平, 『海の 英語』, pp.66-67.

이 깃발을 정박 중 돛대에 게양하게 되면, '선박이 곧 출항할 예정이므로 선원들은 귀선하라'는 의미이고, 항해 중에는 '어선의 그물이 장애물에 걸렸다'는 것을 뜻한다.

그런데 무선전화통화표(phonetic code)에서 P는 papa라고 읽는데, 왜 '출항기'를 Blue Peter라고 읽게 되었을까? 이 출범기 Blue P기는 P를 papa라고 읽기 이전의 범선 시대에 이용되었던 것이므로 범선 시대 수병들이 P를 papa라고 읽을 수는 없었다. 따라서 그저 Blue P라고 읽기보다는 P가 들어간 인명 가운데 가장 대중적인 Peter를 선택해 Blue Peter라고 읽기 시작한 것이지 특별한 의미가 있는 것은 아니다.

이를테면 황색 검역기인 Q(Quebec)기를 Yellow Jack이라고 부르는 것이 Yellow fever나 영국 선원의 속칭인 Jack과는 아무 관계가 없다. 다만 P를 Peter로 부르게 된 몇 가지 설을 소개하면 다음과 같다. 첫째는 Nelson의 신호기로 사용된 동일한 깃발이 '출범 지시' 용으로 사용되었는데, 기함이 이 기를 올리면 그 휘하의 선박이 그 지시를 양지했다는 의미로 동일한 기를 반복해서(repeat) 올렸기 때문에 'Blue Repeater'로 불리다가 변형되었다는 것이다. 둘째는 나폴레옹 전쟁기의 유명한 제독이었던 Sir Peter Parker(1721 ‒ 1811) 제독이 집결한 호송선단에게 '출범'을 지시하기 위해 이 기를 게양했던 데서 유래했다는 것이다. 셋째는 '출발하다'; '떠나다'를 의미하는 프랑스어 partir 가 영어화 된 것이라는 설이다.[60]

---

60 D.V. Duff, *Sea Pie*, 1957, pp.40-41; 佐波宣平, 『海の 英語』, p.69 재인용.

Blue Peter 기와 관련하여 흥미있는 이야기가 전해져 오고 있는데, 그것은 영국의 해군 제독 William Cornwallis(1744-1819)과 관련된 것이다. 콘월리스 제독은 넬슨의 친구이자 나폴레옹 전쟁기 해군 영웅으로서 C.S. Forester(1899-1966)의 해양소설 Hornblower의 주인공 Horatio Hornblower의 모델이 된 사람이다. 함장시설 콘월리스 제독은 군함이 항구에 정박하면 곧 Blue Peter 기를 올리곤 했는데, 장기간의 해상 생활 끝에 육지에 상륙한 선원들에게는 참으로 원망스럽기 짝이 없는 깃발이 아닐 수 없었다. 따라서 콘월리스 제독

William Cornwallis[61]

휘하의 수병들은 Blue Peter 기를 Billy Blue라고 불렀는데, Billy는 콘월리스의 이름 William의 애칭이었다.

Blue Peter가 출항을 알려 선원들에 대한 '소환기'로서 영국 해군에 처음으로 사용된 것은 1777년이었고, 그로부터 25년여가 흐르면서 차츰 Blue Peter라는 명칭으로 불리게 되었다. Blue Peter는 당초 영국 해군에서만 사용되었고, 상선에서 사용되기 시작한 것은 훨씬 후대의 일이다. 나폴레옹전쟁 당시 프랑스연합함대의 공격을 피하기 위해 호송선단 체제가 도입되었는데, 호위함이 Blue Peter를 게양했을 때 상선들은 '출항해서는 안된다'는 의미로 해석했었다고 한다.[62]

61 http://en.wikipedia.org/wiki/William_Cornwallis(2024. 8. 10).
62 이상 佐波宣平, 『海の 英語』, pp.69-70.

blue ribbon 파란 리본

영국에서 기사 훈장의 청색 리본이나 금주회(禁酒會) 회원장(會員章)을 뜻하였지만, 해사영어에서는 북대서양을 가장 빠르게 횡단했던 정기여객선이 대서양 최단 횡단기록을 자랑하기 위해 마스트에 청색 리본을 걸었던 데서 '대서양 최단 횡단선'이라는 의미로 더 널리 사용되게 되었다. 원래 블루 리본은 blue riband란 말로 쓰였다. ribband는 reef(축범) + band(띠, 포대)가 결합한 말인데, 해사용어에서 reefband는 돛과 축범 줄을 보강하기 위해 가로돛 위에 수평으로 꿰매 붙인 천을 의미한다. 그러므로 ribbon과 riband는 전혀 다른 말인 것이다. 영국에서는 보통 blue riband를 사용하고, 미국에서는 blue ribbon을 사용하는데, 미국의 영향이 커져감에 따라 일반적으로 blue ribbon을 더 흔하게 사용하게 되었다.

19세기에 영국에서 오스트레일리아의 양모를 운송하는 선박 간에 선속 경쟁을 할 경우 1년 간 가장 빠르게 항해한 선박에 대해 그 영예로 마스트에 블루 리본을 거는 관습이 있었으나, 북대서양의 정기여객항로가 기간 항로가 됨에 따라 1935년에 북대서양 정기항로선에 블루 리본 관행이 적용되었다. 블루 리본을 겨루는 북대서양 항로는 뉴욕항 남방 암브로즈(Ambrose) 등대 (N 40.° 27′, W 73° 48′)로부터 잉글랜드의 콘월 서남방 끝단의 Scilly 군도의 Bishop Rock 등대(N 49° 52′ 24″, W 06° 26′ 41″)까지다.[63]

북대서양 정기항로에서 최초의 블루 리본은 1830년 미국의 Black Ball Line의 Columbia 호가 차지했는데, 영국 포츠머스에서 미국 뉴욕 만의 Sandy Hook까지 3222마일을 15일 23시간에 주파하여 평균 8.41노트로 항해하였다. 대서양 횡단

---

63 佐波宣平, 『海の 英語』, pp.70-71.

항로는 유럽 → 미국으로 가는 서향항로와, 미국 → 유럽으로 오는 동향항로가 있는데, 보통 서향항로가 멕시코만류(Gulf Stream)를 역류로 받고 항해하기 때문에 더 어려운 것으로 평가되고 있다. 서향항로를 기준으로 주요 블루리본 획득선들을 살펴보면, 1843년에 Great Britain 호가 리버풀에서 뉴욕까지 3068 마일을 12일 18시간에 주파하여 최초로 평균속력 10노트의 벽을 깼고, 1889년에 City of Paris 호가 Queenstown에서 Sandy Hook까지 2788마일을 5일 19시간 18분에 횡단하여 처음으로 20

The Hales Trophy of 1935

노트를 달성하였다. 30노트의 벽은 1936년에야 넘어섰는데, 영국의 Queen Mary 호가 Bishop Rock에서 Ambrose Light까지 2907 마일을 4일 27분만에 횡단하여 평균속력 30.14노트를 기록하였다.

당시 가장 치열하게 블루 리본을 타기 위해 경쟁했던 정기여객선은 영국의 Queen Mary 호와 프랑스의 Normandie 호였다. 1935년에는 프랑스의 노르망디 호가 4일 3시간 2분(평균속력 29.98노트)으로 우승하였고, 1936년에는 미국의 Queen Mary 호가 4일 27분(평균속력 30.14노트)으로 전년의 노르망디 호의 속력을 앞질렀다. 그러나 이듬해인 1937년에는 노르망디 호가 3일 23시간 2분(평균속력 30.58노트)으로 Queen Mary 호를 이겼고, 1938년에는 퀸 메리 호가 3일 21시간 48분(평균속력 30.99노트)으로 블루 리본을 되찾아갔다.

1935년 이전에는 블루 리본과 관련한 이렇다 할 시상식이 없었는데, 1935년에 영국의 정치가이자 Hales Brothers shipping company의 소유주인 Harold K. Hales(1868-1942)가 Hale Trophy를 기증하면서 공식적인 시상이 이루어졌다. 이 Hales Trophy는 전통적인 우승 방식과는 달리, 어느 방향이든 대서양을 최단으로 횡단한 여객선에 주어졌다. 정기 여객선이 아닌 선박이 처음으로 Hales Trophy를 받은 것은 Hoverspeed Great Britain 호였는데, 이 배는 1990년에 승객 없이 Ambrose에서 Bishop Rock까지 2924마일을 3일 7시간 54분에 주파하여 평균 36.6 노트를 기록하였다. 1998년에는 Cat-Link V(Fjord Cat 호로 개명) 호가 2일 20시간 9분에 주파하여 41.3노트를 기록하여 최초로 40노트 벽을 깼다.[64]

블루 리본 관행은 일본의 요코하마-미국 샌프란시스코 간의 태평양 항로에도 적용되었다. 그러나 태평양 항로의 경우 항로가 일정한 것이 아니라, 요코하마 항을 출항하여 도선사가 하선하고, 기관을 전속으로 가속한 시점부터 샌프란시스코 외항에서 도선사를 승선시키기 위해 기관을 정지한 시점까지의 시간으로 항해 시간을 계산하였다.

board 외판, 뱃전(船側), 현측(舷側), ~에 타다

원-게르만어의 널빤지, 판자(plank)를 뜻하는 burdam에서 유래해 고대 영어 bord를 거쳐 board로 정착한 낱말이다.[65] board는 현재 일반 육상용어로는 '판(板)'을 의미한다.[66] 예를 들어,

- above-board(있는 그대로, 공명정대하게) : 카르타(포르투갈어 carta, 트럼프의 일종) 및 마작 등을 할 경우 board(탁자) 아래에서 속임수 등의 조작을

64 이상 http://en.wikipedia.org/wiki/Blue_Riband(2024. 8. 10).
65 Harper, *Online Etymology Dictionary*, at https://www.etymonline.com/search?q=board(2024.8.10.)
66 이하 佐波宣平, 김성준·남택근 옮김, 『현대해사용어의 어원』, pp.65-69에서 옮겨 옴.

하지 않고, 양손을 탁자 위(above-board)에 올려놓고 정정당당하게 승부한다는 것이 원뜻

- bed and board(부부 사이) : 침대와 식탁(board)을 함께 쓰는 생활관계를 의미함

- board(대학생의 사각모) : 미장공이 벽을 바를 경우 흙을 올리는 사각의 목판과 닮아서 이러한 호칭으로 불린다.

- cardboard : 판지, 마분지

- the board of directors(이사회) : 이사들이 모이는 탁자(board)가 원뜻. 같은 의미는 the Board of Trade(상공회의소), U. S. Shipping Board(미국 선박국) 등에도 사용된다.

- boarding house(하숙집, 기숙사) : 즉, 식사가 제공되는 숙사를 의미. 여기에서 'board'는 식판이 원뜻이고, board wage(식비가 포함된 급료)도 마찬가지로 사용된다.

- shifting board(칸막이 판, 짐 고정용 판재)

- sweep the board(싹쓸이하다) : '탁자(board) 위에 있는 돈을 모두 쓸어가다'의 뜻

- He is on the boards(그는 배우를 직업으로 하고 있다) : 여기에서 board는 '무대'를 의미.

- It is not on the board today(그것은 아직 문제가 되지 않았다) : 여기에서 board는 '설계도판, 탁자'를 의미.

- But ships are but boards, sailors but men.[67] : "선박은 말하자면 단순히 나무판자를 잘라놓은 것에 지나지 않아. 선원도 살아있는 인간에 불과해."

---

67 Shakespeare, *Merchant of Venice*, Act I, Scene 3, 22.

[유대인 고리 대금업자 샤일록(Shylock)의 대사]

하지만 이와 같은 육상 일반용어로서 '판(板)'의 뜻으로 사용되는 'board'도 그 출처를 찾아보면 역사적인 해사용어로 '현측', '뱃전'이 원뜻이다.

> Board. It is interesting to trace the origin of the phrase. The Icelandic bord meant the side of a ship; so also, did the word in Celtic, and the Anglo-Saxon bord was the side of a ship as well as a plank. The primitive dug-out was a log scoped out by hacking and burning, this leaving a curved 'bord' on each side, and though a vessel is now built of iron we still 'go aboard.'[68]
>
> Board : 이 단어의 어원을 찾아보는 것은 매우 흥미롭다. 아이슬랜드어의 bord는 원래 '현측(舷側)'을 의미했다. 켈트어, 앵글로색슨어의 bord도 '판'을 의미하는 것 이외에 '현측'의 의미로 사용되었다. 옛날에는 둥근 목재에 칼자국이나 태워서 조각하는 방법으로 쪽배를 만들었고, 이러한 방법을 사용할 경우 목재 좌우 양측에 남는 조각이 'bord'였다. 현재에는 배는 철로 만들어져 이전처럼 조각하여 양측을 남긴다는 방법은 사용되지 않지만, 지금도 '승선하다'라고 할 경우에 'go board'라고 한다.

즉, 'board'는 이전의 'board'가 의미하는 것처럼, '현측'은 더욱 깊이 생각하면 '가장자리, 테두리, 끝단이 원뜻으로 이것이 현대영어 'boarder' 형태로 전승되었다. 다시 말하면, 원래 '가장자리, 테두리, 끝단'을 의미하고 아울러 '현측(舷側)'의

---

68 佐波宣平, 김성준·남택근 옮김, 『현대해사용어의 어원』, p.62. 이 책에는 이 문장의 원문을 B. Harage, *Origins and Meaning of Popular Phrase and Names*, London, p.38에서 인용한 것으로 명시하고 있으나, Harage의 1906년판 책에는 'board'에 대한 내용이 없다. see The eBook : *Phrases and Names - Their Origins and Meanings*, by Trench H. Johnson, Project gutenberg EBook, 2017 at https://www.gutenberg.org/files/54657/54657-h/54657-h.htm.

의미로도 사용되었던 'bord'는 현대영어로는

board 현측
boarder 가장자리, 테두리, 끝단

두 개의 단어로 나뉘어 구별되었다.

이와는 달리 프랑스어는 상당히 보수적이어서 상기 두 가지의 의미를 'bord' 하나로 유지해 온 것은 상당히 흥미로운 것이다. 즉, 현대 프랑스어에서 우선 '현측' 의미로는

à bord 배에, 선내에
journal de bord 항해일지
mettre des marchandises à bord 화물을 선박에 싣다
bord à bord avec un naivre 어떤 선박과 현측을 거의 맞대고(아슬아슬하게)
　　　　지나가다

다음으로 '가장자리, 테두리, 끝단의 의미로는 다음과 같은 말이 있다.

avoir un mot sur le bord des lèvres 말이 막 나오려 하다
chapeau sans bord 테두리 없는 모자
être au bord du tombeau 목숨이 얼마 남지 않았다
être à bout de bord (범선이) 파도를 헤치고 전진하다, (사람이) 막히다

영어에서 'board'가 '현측'의 의미로 충실하게 사용되는 예로서는 우선 명사로는

larboard 좌현

starboard 우현

washing overboard 파도로 인한 유실

go by the board 선외로 떨어져 버려져~

All I had went by the board. 내 재산은 모두 없어졌다.

on even board with ~과 선박을 나란히 하고, ~와 사이좋게, ~과 대등하게

He has kept himself on even board with all the world. 그는 세상과 화합하게
　　되었다.

　다음으로 'board'의 사용에서 중요한 동사로서의 '올라타다', '탈취하다', '공략하다'의 뜻으로 사용되는 경우이다. 중세 유럽의 해전에서는 원의 일본 침공[69]에서 보인 것처럼, 자기편의 배를 적의 현측(board)에 붙이고, 현측을 넘어 적선에 밀고 들어가면서 난입하는 백병전이 일반적이었다. 스페인 무적함대는 특히 이러한 전법을 특징으로 하였다. 1588년 영국함대가 스페인 무적함대를 격파한 것은 스페인 해군으로 하여금 이러한 전투방법을 쓰지 못하도록 해상의 원거리에서 포격하여 스페인함대가 잘못 판단하도록 하였던 때문이다. 이로 인해 '현측(board)을 넘어 상대방의 배에 난입한다'는 것을 동사로 'board'라고 하게 되었다. 여기에서는 이러한 의미를 갖는 동사 'board'의 적절한 용례로 셰익스피어의 작품에서 매우 재미있는 약간의 예를 들어 보겠다.
　이와 관련하여 셰익스피어의 작품에 이러한 용례가 자주 보이는 한 가지의 이유는 셰익스피어의 작품에서는 부인을 선박에 빗대어서 '부인을 내 사람으로 한다'라는 경우 '선박에 밀고 들어간다', '선박을 공략한다'의 뜻으로 'board'를 자

---

69 1274년과 1281년에 원나라가 일본을 침략한 일.

몽고습래회사(蒙古襲來繪詞, 큐슈국립박물관 소장)에서 원의 선박으로 난입하는 왜군(우측)

주 사용했기 때문이다.

IAGO : Faith, he to-night hath boarded a land carrack.[70]

이아고 : 장군은 오늘 저녁 육지로 향하는 큰 배를 탈취했다.

희곡 Othelo의 전반부에는 숨쉬기 힘들 정도의 큰 사건들이 계속해서 전개되지만, 피부색이 약간 검은 무어인[71]인 오셀로 장군은 꽃도 무색할만큼 아름다운 데스데모나를 그녀의 아버지(원로원 의정관)의 허락도 없이 어느 날 밤 하천에 떠 있는 작은 배 안에서 자신의 것으로 만든다. 악당인 이아고가 친구인 캐시오를 부추기기 위해 위와 같이 말하면서 꼬드기는 것이다. "평판이 좋은 규수를 내

---

70 Shakespeare, *Othelo*, Act I, Scene 2, 50.
71 북서 아프리카에 사는 이슬람교도.

것으로 하다"를 "hath boarded a land carrack"(육지로 향하는 큰 배를 탈취했다)라고 한 것은 실로 뛰어난 표현이다.

> MRS. PAGE : for, sure, unless he know some strain in me, that I know not myself, he would never have boarded me in this fury.
>
> MRS. FORD : Boarding call you it? I'll be sure to keep him above deck.
>
> MRS. PAGE : So will I : if he come under my hatches, I'll never to sea again.[72]

> 페이지 부인 : 글쎄 그렇지 않아? 뭔가 내가 모르고 있었던 틈이라도 발견한 것이 아니라면 그렇게 난폭하게 타지는 않았을 텐데.
>
> 포드 부인 : 탄다고 말했어요? 내가 그 놈을 갑판 위에서 아래쪽으로 내려오지 못하도록 막을 테니까.
>
> 페이지의 아내 : 나라도 그렇게 합니다. 그 놈이 선창을 빠져나가게 되는 날이 오면 나는 두 번 다시 바다에 나가지 않습니다.

늙은 기사 폴스태프로부터 동일한 연애편지를 받고 분노한 두 명의 부인이 나누는 이야기로 위의 인용문에서도 화난 모습이 눈에 보이는 것 같다. 여기에서 board(배에 올라타다), above deck(갑판 위에), under my hatches(배의 해치 아래에), [go] to sea(배가 출항하다)와 같이 계속해서 전문적인 해사용어가 실로 기묘하게 등장한다. 그저 감탄할 따름이다. 위 문장들은 너무 고상하게 쓰여서 성적인 느낌을 느끼기에는 다소 부족하다. 더욱 멋을 살리고 노골적인 표현을 이용하여 맛을 내야 할 것이다.

---

72 Shakespeare, *Merry Wives of Windsor*, Act II, Scene 1, 89-95.

Tell me her father's name, and 'tis enough; For I will board her.[73]

"그녀의 아버지는 누구지? 이름을 말해봐. 아버지에 따라서는 청혼하고 싶어."

여기에서도 부인을 배로 빗대어 'board'는 '청혼하다'라는 의미로 사용되고 있다. 마지막으로 이러한 용례와 조금 다른 동사 'board'의 용례를 셰익스피어로부터 인용하고자 한다.

POLONIUS : I'll board him presently.[74]

폴로니우스 : 제가 곧바로 공격해 보겠습니다."

햄릿이 책을 읽으면서 걸어가고 있는 것을 본 시종장 폴로니우스는 햄릿이 정말로 미친 것인지 아니면 미친 척하는 것인지를 탐색해보고 싶어 한다. 그래서 위와 같이 왕과 왕비에게 말한 것이다. 여기에서는 '본심을 알아보다'가 'board'로 사용되고 있다. 즉, '햄릿'을 '배'에 빗댄 것이다.

이와 같이 동사 'board'는 "적의를 가지고 다른 선박에 침공하다"가 원뜻으로 이것과 확실하게 구별하기 위해 그저 보통 의미로 '승선하다'는 'go board'이다.

any person who enters a ship is to go abroad: but when an enemy enters in the time of battle, he is said to board. A phrase which always implies hostility.[75]

"사람이 선박에 탈 때에는 'go aboard'라고 하지만, 전투에서 적이 다른 선박에 올라타는 것은 'board'이다. 이 동사 'board'에는 항상 적의가 포함되어 있다."

---

73 Shakespeare, *Taming of the Shrew*, Act I, Scene 2, 94-95
74 Shakespeare: *Hamlet*, Act II, Scene 2. 170.
75 Falconer, *Universal Dictionary of Marine*, 1789.

boatswain / bosun 갑판장

영어의 *boat*와 고대 노르만어의 *sveinn* 또는 *swain*(젊은이)이 결합해 탄생한 말로 고대 영어에서는 batswegen 형태로 사용되었다.[76] 중세에서 근대 초기에 걸쳐 영국에서는 비교적 큰 배에는 boat, cock, skiff 등의 세 종류의 단정을 싣고 다녔는데, 이 가운데 boat를 담당하는 선원을 boatwayne(boatswain)이라고 불렀다.[77] boatswain의 초기 용례와 관련하여 페일의 『서양해운사』에 헨리 6세(1422-1461) 시대에 성 제임스 사원(Saint James of Compostella)로 가는 순례객을 태운 배에 대해 묘사한 민요가 소개되어 있다.

> Bestowe the boote, Boteswayne, anone,
> That our pylgryms may pley thereon:
> 갑판장, 빨리 보트를 제 자리에 붙들어 매.
> 우리 배의 순례객들이 노닐 수 있도록.[78]

15세기 중엽의 이 민요에서도 갑판장은 boat를 담당하는 선원으로 묘사되어 있음을 확인할 수 있다. Sir Travers Twiss가 1871-1876년에 재편집해 출판한 현전하는 영국 최고의 해사법 모음집인 *The Black Book of the Admiralty*에는 barquer가 boatswain으로 번역되어 있다.[79] 여기에서 barquer는 barque(bark) + er로 이루어

---

76 *The Shorter Oxford English Dictionary*, p.210.
77 W.B. Whall, *Shakespeare's Sea Terms Explained*, Bristol, 1920, p.31-32; Fayle, 김성준 역, 『서양해운사』, p.139.
78 Fayle, 김성준 역, 『서양해운사』, p.137.
79 Travers Twiss, ed.by, *The Black Book of the Admiralty*, Vol. III, pp.182-3.

진 말로, 이 시기에는 bark 선이 선박의 주류였으므로 bark는 곧 배를 의미하기 때문에 글자 그대로 '바크선을 맡은 선원', 즉 boatswain과 같은 의미였다.

오늘날 상선에서는 boatswain이라는 철자로는 거의 쓰이지 않고, bosun이라는 철자가 일반적으로 널리 사용되고 있다. boatswain을 줄여서 사용한 것은 비단 오늘날에 와서가 아니라 셰익스피어도 1610경 쓴 *Tempest*(폭풍)에서도 boson이라고 줄여 쓴 바 있고(*The Tempest*, I.i,13), 19세기의 콘래드도 *Typhoon*(폭풍우)에서 bo'ss'en으로 축약해서 썼다(*Thypoon*, chap. 1).

갑판장을 일컫는 속어로 pipes란 낱말이 쓰이기도 했는데, 이는 호각을 불어 선원들에게 작업을 지시하는 역할을 갑판장이 한 데서 유래된 말이다. To pope all hands to work라고 하면 '호각을 불어 모든 선원에게 작업을 지시한다'는 뜻이다.[80]

boiler 보일러

영어 동사 *boil*(끓이다) + *er*의 합성어로서 해사용어로 사용되기 훨씬 이전인 1540년에 처음 사용된 것으로 확인되고 있고, '끓일 수 있는 용기'(vessel for boiling)라는 의미로는 1725년부터, 그리고 '증기 기관(steam engine)'의 의미로는 1757년부터 사용되기 시작하였다. 영어 동사 boil은 라틴어 bullire(부풀어 오르다, 끓어오르다)에서 유래하여 12세기 고대 프랑스어 bolir(현대프랑스어 bouillir, 끓다, 비등하다)를 경유하여 13세기 초에 bolir 형태로 영어에 유입되었다. 이와 같은 의미의 앵글로색슨어는 seethe(끓다, 법석 떨다)이다. 당초 물이나 피부 등이

---

80 佐波宣平, 『海の 英語』, p.73.

끓거나 부풀어 오르는 것을 의미했던 boil은 1640년대에는 '감정을 격분시키다'(to agitate the feeling)라는 의미로 사용되기 시작하였다.[81] boil이 명사로 사용되면 부풀어 오른 상태, 즉 부스럼이나 종기를 뜻하는데, 그 어원은, 동사 boil과 달리, 고대 게르만어 buljon(부풀어오름)가 고대 영어 byl, byle(여드름, 뾰로지), 중세 영어 bile, 켄트어 bele 등으로 변형된 것이다.[82]

bound ~ 향한, ~향(向), ~행(行)

고대 노르만어의 '준비하다'를 뜻하는 *bua*의 과거분사형인 *buinn*에서 유래한 낱말인데, 잉글랜드 북부 지방에서는 boun이 '준비하다'는 뜻으로 사용되고 있다고 한다. 마지막의 'd'는 음운상 덧붙여진 것으로 보이는데, 부분적으로는 bind의 과거분사형인 *bound*와 관련된 것으로 보인다.[83] 이러한 사례는 astound, compound, sound 등의 낱말에도 남아 있다. 그러므로 이 bound는 '튀어 오름', '도약' 등이나 bind의 과거분사로서 '얽매인', '해야만 하는' 등과는 전혀 관련이 없는 낱말이다. 해사영어에서 A ship is bound for L.A.라고 하면, '배 한 척이 LA를 향해 항해 중이다'는 의미이고, homeward bound(본국행)나 outward bound (외항, 타계, 사거) 등의 용례로 널리 사용되고 있다.[84]

81 Harper, *Online Etymology Dictionary*, 2001-2024, http://www.etymonline.com(2024. 3.15).
82 *The Shorter Oxford English Dictionary*, p.212.
83 *The Shorter Oxford English Dictionary*, p.223.
84 佐波宣平, 『海の 英語』, p.73.

bow[bau] 이물, 뱃머리(船頭), 선수(船首)

‘구부리다’(to bend)를 뜻하는 원-게르만어 *bugon*에서 기원해[85] 저지 게르만어의 ‘어깨’나 ‘말의 앞가슴’, ‘뱃머리’를 뜻하는 *boog*, 고대노르만어 bogr, 중세네덜란드어 boeg 또는 boech, 스웨덴어 bog, 덴마크어 boug가 모두 같은 어원을 가진 낱말이다. 고대 영어에서는 bog, boh 형태로 썼다. 그런데 영어에서 ‘큰 나뭇가지’를 뜻하는 bough와 음운상 비슷하여 ‘어깨’, ‘말의 앞가슴’, ‘뱃머리’, ‘큰 나뭇가지’ 등이 모두 bough로 표기되었다.[86]

따라서 이 bow의 어원을 ‘큰 나뭇가지’에서 기원하였다는 설도 있다. 이 설에 따르면, 범선의 선수 가름돛대(선수 斜檣)를 bowsprit라고 하는데, 여기서 bow는 bough에서, 그리고 sprit는 sprout(새싹, 어린 가지)에서 유래하였다는 것이다. 즉 나무들의 새싹과 어린 가지처럼, 유달리 뱃머리 앞쪽으로 돌출되어 있어서 bowsprit(선수 가름돛대)라고 명명되었다는 것이다. 이는 식물의 ‘줄기’를 뜻하는 stem이 ‘선수’, ‘선수재’로 사용되는 것과 유사하다.[87] 그러나 이는 낱말의 변천사를 살펴보게 되면, 실제와는 다소 다른 것으로 보인다. 고대 영어에서 bog, boh으로 쓰인 낱말에 이미 ‘뱃머리’와 ‘나무 가지’를 동시에 뜻했고, 고대영어에서 bowsprit의 sprit은 고대 영어 spreot에서 온 것으로 ‘배를 움직이는 데 사용된 작은 돛대(pole)’를 의미했지 sprout란 낱말과는 다른 어원을 갖고 있기 때문이다.[88]

같은 낱말이지만 뜻과 발음이 다른 bow[bou]는 ‘활’이나 ‘활로 연주하다’는 의미인데, 어원은 ‘구부리다’(to bend)를 뜻하는 원-게르만어 *bugon*에서 기원해 고대

85 Harper, *Online Etymology Dictionary*, 2001-2024, http://www.etymonline.com(2024. 3.25).
86 *The Shorter Oxford English Dictionary*, pp.222 & 224.
87 佐波宣平, 『海の 英語』, p.74.
88 see ‘Sprit & Sprout,’ in *The Shorter Oxford English Dictionary*, p.2091.

영어에서는 *boga*(활), 중세영어에서는 *boue* 형태로 사용되었다.[89] 결국 '활과 '선수'를 뜻하는 bow는 모두 같은 낱말에서 기원해 서로 다른 의미로 쓰이면서 철자를 차별화 했지만, 점차 절차 동일화 현상이 일어났음을 알 수 있다.

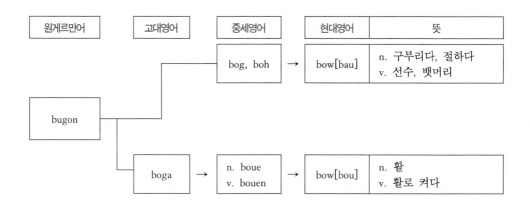

우리말로 bow는 '이물'이라 하는데, 오늘날에는 '이물'이라 하면 일반인들이 잘 이해하지 못하기 때문에 '뱃머리'나 한자어인 '선수'로 사용하는 경우가 보통이다. 1690년에 출간된 『역어유해(譯語類解)』에는 '니믈'로 사용되었다.[90]

breeze 바람, 미풍(微風), 연풍(軟風)

'북동풍'을 뜻하는 *brisa*(스페인어), *briza*(포르투갈어), *breeza*(이탈리아어) 등의

89 Harper, *Online Etymology Dictionary*, 2001-2024, http://www.etymonline.com(2024. 3.25).
90 국립국어연구원 표준국어대사전(http://stdweb2.korean.go.kr/search/List_dic.jsp)(2024. 8.15).

남유럽어에서 유래한 말이다. 일설에 따르면, 17세기 말에 네덜란드 북부의 프리슬란트로부터 프랑스어에 유입된 brise라는 낱말이 그 어원이라고 하지만, 고증을 통해 남유럽어에서 기원한 것으로 밝혀졌다. 본래 이 말은 남유럽권에서 '북풍', '북동풍'을 의미했으나, '열대 해안 지역에서 바다에서 부는 차가운 바람'을 뜻하는 것으로 전용되었다.[91]

일반적으로 breeze는 wind보다는 '약한 바람'을 뜻하는데, 보퍼트 풍력계급으로는 2-6계급까지가 breeze로 분류되어 있으므로 풍력으로는 시속 4-7 노트 사이의 바람이다. 따라서 breeze를 단순히 '산들바람' 또는 '미풍'이라고만 생각해서는 안 되는 경우가 발생한다.

breeze의 두 번째 뜻은 바다와 육지 사이의 기온차로 인해 '일정한 시간에 바다에서 육지 쪽으로 부는 바람(海軟風)'을 뜻한다. J. Smith의 *A Sea Grammar*에 따르면, breeze는 "날씨가 맑은 날에 약 9시부터 저녁까지 바다에서 불어오는 바람"을 뜻하고, 이와 반대로 "밤사이 육지에서 바다 쪽으로는 부는 바람을 tornado 또는 sea-turn이라 부른다."[92] 여기에서 주의해야 할 것은 영어로는 breeze만 사용하게 되면 해연풍을 뜻하게 되지만, 이탈리아에서는 *brezza di mare*(낮에 바다에서 육지로 부는 해연풍)나 *brezza di terra*(밤에 육지에서 바다로 부는 육연풍)처럼 구분되어 사용되기도 하므로 brezza 자체가 해연풍만을 뜻하지는 않는다는 것이다.

breeze의 세 번째 뜻은 '차가운 바람'을 의미한다. breeze는 기본적으로 북동풍이고, 또한 해상과 육상의 기온 차에서 발생하는 바람이므로 성질상 '차가운 바람'일 수밖에 없다. 결국 해사영어의 breeze는 산들바람이나 미풍, 연풍만을 의미하는 것이 아니라, 보퍼트계급으로 6등급에 해당하는 '강한 바람'도 포함한다는 점에

---

91 *The Shorter Oxford English Dictionary*, p.235.
92 John Smith, *A Sea Grammar*, 1627, p.46; 佐波宣平, 『海の 英語』, p.75 재인용.

주의할 필요가 있다.[93]

bridge 선교(船橋), 조타실

고대 게르만어 계통의 brugjo(wooden causeway, 나무가교)에서 유래한 낱말로 고대 영어에서는 *brycg*로 표기되었는데, 이 말은 고대 프리슬란트어의 brigge 또는 bregge, 고대 색슨어의 bruggia, 중세 네덜란드어의 brugghe, 고대 고지 독일어의 brucca(현대 독일어의 Brücke), 고대 노르만어의 bruggja와 동족어였다.[94] 당초는 우리가 알고 있는 '다리'를 의미하였고, 지금도 그 뜻으로 널리 사용되고 있지만, 해사영어에서는 '선교' 또는 '조타실'을 의미하는 것으로 빈번하게 사용되고 있다.

일반용어로 '다리'를 뜻하는 bridge가 해사영어의 '선교'로 전용되는 데는 선박의 구조 변화가 결정적인 역할을 했다. 전통적으로 범선에서는 주돛대 뒤, 즉 선미에 선장실과 사관실이 설비되어 있었고, 키도 선미에 설치되어 있었으므로 선미루에서 선박을 조종하였고, 견시는 주돛대 위의 crew nest(鳥望樓)에서 실시하였다. 그러나 외륜 증기선이 등장하게 되자 기관사들이 외륜을 검사할 수 있는 플랫폼이 필요하게 되었다. 그런데 그 플랫폼이 선미에서 선박을 조종하는 선장이나 항해사들의 시야를 가릴 염려가 있었다. 이를 피하기 위해 좌우현의 외륜을 연결하는 '고층 연결보도'(raised walkway), 즉 '다리'(bridge)가 설비되었다. 외륜 증기선은 항해사들이 이 다리 위에 올라가 당직을 섰다. 따라서 Smyth의 *The Sailor's Wordbook*에는 'bridge'의 뜻 중의 하나로 "Bridge in steam-vessel is the

---

93 佐波宣平, 『海の 英語』, p.76.
94 *The Shorter Oxford English Dictionary*, p.237.

SS California 호(1848~1894)[96]

connection between the paddle-boxes, from which the officer in charge directs the motion of the vessel"(증기선의 bridge는 외륜 덮개 사이를 연결하는 것으로, 당직 항해사들이 이곳에서 선박을 조종하였다.)고 풀이되어 있다.[95]

대략 1850년경 화물선들은 양 외륜 덮개 사이에 '중앙 다리'를 설치한 것을 제외하면 여전히 범선형의 평갑판을 갖고 있었다. 외륜이 스크류 프로펠러로 대치

---

95 Smyth, *The Sailor's Wordbook*, p.134.
96 US National Postal Museum, in http://en.wikipedia.org/wiki/File:SS_California_Poster_Sharpened.jpg(2024. 8. 15.)

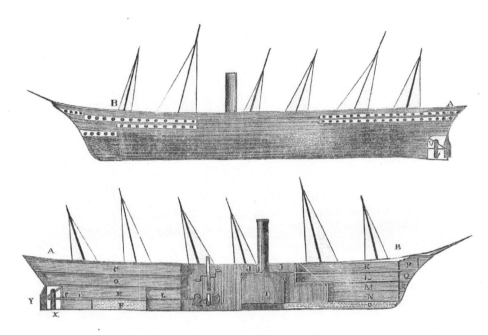

SS Great Britain 호(1845) 스케치[97]

된 뒤에도 중앙 다리는 여전히 선장과 당직 항해사들이 근무하기 위한 설비로 잔존했다. 그러나 조타실은 여전히 상갑판 선미루에 노출되어 있어서 악천후에는 조타수들이 파도를 뒤집어쓰거나, 물에 빠지는 사고를 당하기도 하였다. 이에 따라 선주들은 조타수와 조타기를 좀 더 안전한 높이에 설치하는 것을 고려하기 시작했다. 이와 때를 같이하여 선수루에도 선원들을 위한 침실이 마련되기 시작한 반면, 선교 구조물(bridge structure)은 견시와 선박 조종을 수월하게 하기 위해 좀 더 높은 곳에 설비하게 되었다. 그에 따라 1850년대의 전형적인 평갑판선은

97 http://en.wikipedia.org/wiki/SS_Great_Britain(2024. 8. 20.)

SS Great Eastern 호(Henry Clifford 그림)[99]

1900년 경의 전형적인 우물갑판선(well-deck carrier)으로 발전하였다.[98] 우물갑판선이 등장하고, 선수에 선원 침실이 설비되고, 견시용 망루와 선박 조종을 위한 조타실을 높은 한 공간에 배치되었다는 것은 오늘날 우리가 생각하는 선교가 등장했다는 것을 뜻한다. 이로써 선교 안에 조타기가 포함됨으로써 선교가 곧 조타실과 동의어로 사용되었다.

　그러나 19세기 중반부터 오늘날의 '선교'가 등장했다고 해서 모든 배들이 그러했다고 생각해서는 안된다. 이를 테면 1848년 건조된 미국의 Pacific Mail Steamship Company의 SS California 호를 보면 양현의 외륜 사이에 '다리'가 걸쳐져 있는 것으로 보이지만, 1845년에 건조된 SS Great Britain 호는 스크류를 장착하여 상갑판상에서 '선교'라고 할 만한 시설은 없고 선미에 '조타실'만을 설비하였

98　Peter Kemp, *The History of Ships*, p.172

99　Richard Woodman, *The History of the Ship*, p.164.

ROBERT FULTON'S CLERMONT · 1809
COPYRIGHT 1909 BY IRVING UNDERHILL, NEW YORK

Robert Fulton의 Clermont 호(1809)[100]

다. 그러나 1858년에 건조된 SS Great Eastern 호는 스크류 프로펠러와 외륜을 동시에 장착하여 외륜 사이에 bridge가 설비되어 있었다.

오늘날과 같은 선교의 모습, 즉 선원들의 선실과 선교가 같은 상갑판상의 설비된 상부구조물(superstructure, 속칭 house marine)에 설치된 것은 여객선에서였다. 19세기 중후반 미국의 미시시피 강에서 운항된 여객선들의 모습을 보면 오늘날의 선교의 모습과 매우 유사해졌음을 확인할 수 있다. 1807년 Robert Fulton(1765-

---

100 http://explorepahistory.com/displayimage.php?imgId=1-2-1219(2024. 8. 20.)

1815)이 건조한 Clermont 호는 시기에 따라 상갑판의 구조물을 변경하기는 했지만, 외륜 사이에 항구적인 구조물로 bridge를 설치하지 않은 것으로 확인된다. 그러나 1870년 미시시피 강에서 속력 경쟁을 했던 SS Robert Lee 호와 SS Natchez 호는 모두 오늘날의 '선교'와 같은 구조로 건조되었음을 확인할 수 있다. 결론적으로 당초 '다리'라는 뜻으로 시작된 bridge는 19세기 초반에 외륜 기선이 등장하면서 '외륜 사이를 연결하는 다리'라는 뜻에서 '견시를 위한 설비'라는 의미를 내포하게 되었고, 1850년대 이후 증기여객선이 등장하면서 조타기를 갖춘 '선박의 조종실'을 의미하기에 이르렀다.

SS Robert E. Lee(앞) 호와 Natchez(뒤) 호의 속력 경주(1870)[101]

주 : 미시시피 나체즈와 뉴올리언즈 사이에서 벌어진 이 경주에서 Robert E. Lee 호가 19노트로 승리함.

buccaneer 서인도와 남미 해역의 해적

카리브해 원주민들이 고기를 구울 때 사용하는 '목재 구이 틀'인 *bocan, buccan,
bucan, boucan* 등에서 기원한 말로 이 낱말이 프랑스어 boucan(훈제고기)으로 채택
되었고, 여기에서 boucaner(훈제하다)와 boucanier(16세기 경 아메리카에서 야생
소를 잡아 얻은 모피와 훈제 고기를 무역하던 사람)란 낱말이 생겨났다. 이 야생
소 사냥꾼들은 매우 거칠고 난폭했고, 때로 해적질도 서슴지 않았다. 특히 1690년
대 아메리카의 스페인령 해안에 출몰한 해적 떼들을 buccaneer로 부르기 시작했
고, 1761년 경 카리브해의 산토 도밍고의 프랑스 사냥꾼들을 buccaneer라 불렀다
고 한다.

17~18세기에 서인도제도와 남아메리카 해안에 영국인과 프랑스인들로 구성
된 해적들이 스페인령 식민지와 선박을 약탈하였다. 당시 세계 최강국이었던 스페
인은 서인도 제도와 중남미 지역에 식민지를 보유하고, 금은보화를 선박으로 운송
하였다. 이 스페인 선박들을 해상에서 기다리다가 습격한 것이 buccaneer들이었
다. 영어에서 해적과 관련된 낱말은 여러 개가 사용되고 있는데, 각각의 어원과
의미를 정리해 보면 다음과 같다.

> corsair : 라틴어의 '경로', '진로' 등을 뜻하는 *cursus*에서 유래한 말로 '약탈은
> 'cursus'의 특별한 목적의 하나가 된다. 이러한 뜻으로 중세 라틴어에서는
> cursarius가 쓰였고, 프랑스어에서 corsaire로 정착되었으며, 영어에는
> 1549년 경 corsair 형태로 사용되기 시작하였다.[102] 원래 corsair는 북아프

101 Peter Kemp, *The History of the Ships*, p.191.
102 *The Shorter Oxford English Dictionary*, p.432.

리카의 살레(Salé), 알지어(Algiers), 튀니스(Tunis), 트리폴리 등을 거점으로 활동한 무슬림 해적들을 가리켰는데, 오늘날에는 privateer와 혼용되기도 하여 사나포선 또는 바리바리 해적(Barbary corsair)을 가리킨다.

filibuster : 네덜란드어의 *vrijbuiter*에서 유래한 낱말이 스페인어의 filibustero로 정착되고, 이것이 1850년 경 영어로 유입된 말이다. 원래는 북아메리카에 근거를 두고 중남미와 스페인령 서인도제도에 약탈 행위를 하던 자들을 가리켰으나, 오늘날에는 의회에서 특정 법안 또는 투표 행위를 발언으로 지연시키는 '의사진행 방해자'를 의미하는 것으로 사용되고 있다. 영어 freebooter(약탈자)도 네덜란드어의 vrijbuiter에서 유래한 말이다.[103]

pirate : 이 말은 '도적'을 뜻하는 그리스어 $\pi\varepsilon\iota\rho\alpha\tau\eta\varsigma$(peiratēs)와 라틴어 *pirata*에서 유래한 말로 'peril'(위험)과도 어원이 같다. 일반적으로 '해적'하면 이 pirate를 연상하게 된다.

privateer : '해적'과 관련한 영어 중 영어에서 기원한 유일한 말로 *private* + *er*의 합성어로 초창기에는 *private man of war* 형태로 사용되었다. 보통 '사나포선'이라 번역되는데, 전시에 정부로부터 나포면허장(letter of marque)을 발급받아 적선을 나포할 권한을 가진 선원이나 선박을 의미한다.[104] 사나포선이 일반 해적과 다른 것은 나포면허장을 소유하고 있느냐의 여부로, 선박을 나포하고 약탈하는 행위 자체는 동일하다. 물론 나포면허장에 나포 가능한 선박이 정해져 있기 때문에 아무 선박이 약탈하고 나포할 수 있는 것은 아니다.

---

103 http://en.wikipedia.org/wiki/Filibuster(2024. 8. 20.)
104 *The Shorter Oxford English Dictionary*, p.1674.

bulkhead 격벽

bulk의 어원은 고대 노르만어의 '구획', '낮은 벽'을 뜻하는 *balkr*인데, 고대 영어
에서 *bolca* 형태로 쓰이면 '배의 사다리'(gangway)를 의미했고, balk로 쓰이면 명사
로는 '들보', '각재', 동사로는 '방해하다', '차단하다'를 의미했다. 야구에서 투수가
주자를 견제하려고 하는 반칙이 '보크'인데, 이 용어도 영어 balk로 어원 면에서는
bulk와 같다. 당초 balk였던 이 낱말은 해사용어에서는 'a' 모음이 'u'로 바뀌었고,
그에 따라 발음도 '보크'에서 '벌크'로 바뀌었다. SOED에 따르면, bulk가 구획,
낮은 벽의 뜻으로 사용된 첫 용례는 1586년이다.

bulkhead는 bulk(들보, 각재) + head가 결합되어 배 안에서 화물이 움직임을
막고, 선체의 횡강력을 보강하는 '격벽'을 의미하게 되었는데, '격벽'이란 뜻으로
사용된 첫 용례는 1626년이다.[105] 여기에서 사용된 접미사 head는 godhead(神性),
maidhead(처녀성) 등의 용례와 같이, 성질이나 상태를 의미한다. 오늘날에는 성질
이나 상태를 뜻하는 접미사로 head보다는 childhood, manhood, likelihood 등의
말에서처럼 hood가 더 널리 사용되고 있다. *The Black Book of the Admiralty*의
'Judgements of the Sea'에는 다음과 같은 용례로 쓰이고 있다.

> If they are not willing to swear, they ought to render to the merchants all their
> damage, for they are bound to fasten their bulkheads and manholes well and securelys
> before they ought to depart from the place, where they have laden the ship.[106]
> 만약 그들(선원)이 서약하지 않는다면, 그들은 상인들이 입은 모든 손해를 상인

---

105 *The Shorter Oxford English Dictionary*, p.249.
106 Judgement of the Sea, in Travers Twiss, ed. by, *The Black Book of Admiralty*, Vol. II, p.225.

들에게 배상하지 않으면 안된다. 왜냐하면 그들은 배에 짐을 선적한 장소에서 출항하기 전에 '격벽'과 출입구를 견고하게 잘 봉쇄하지 않으면 안되기 때문이다.

한편, 셰익스피어의 1594년 작 *The Taming of the Shrew*(말괄량이 길들이기) 1막 1장에 Tranio가 "*Balk logic with acquaintance that you have*, And practice rhetoric in your common talk(친구간에 논리학은 피하시고, 일상 회화에서 수사학을 연습하는 것이 좋습니다)"[107]라고 말하는 대사가 나온다. 이 문장을 직역해보면 "누군가와 면식이 있을 때에는 그에 상응하는 충분한 이유가 있다"는 뜻으로, 여기에서 balk는 오늘날의 bulk의 의미로 사용된 것으로 '많은', '충분한' 등의 뜻으로 사용되었다.[108]

bulwark 현장(舷牆)

중세 저지 게르만어와 중세 네덜란드어의 *bolwerk*에서 기원한 말로 당초 영어에서는 '흙으로 만든 방어벽'을 의미했는데, 이 bolwerk이 현대 독일어에서는 Bollwerk로 정착되었다. 그러나 독일의 Mainz 지역의 주민들이 도심의 아름다운 가로(街路)를 boulevard로 지칭하고 이 낱말이 프랑스로 유입되어서 boulevard는 '번화가', '환상도로' 등을 뜻하는 낱말로 변용되었다. 해사영어에서 bulwark는 '상갑판의 현측에 파도 방비용으로 설치한 낮은 방벽'을 뜻한다. 옛 범선에는 이와 같은 구조물이 없었기 때문에 영어에서 bulwark가 '현장'의 의미로 사용된 첫

---

107 한로단 역, 「말괄량이 길들이기」, 『셰익스피어전집』 III, p.62.
108 佐波宣平, 『海の 英語』, p.79.

용례는 1804년 즈음이다.[109] bulwark와 함께 상갑판에 설치되는 현측 구조물로는 handrail(손잡이)이 있다.

이와는 달리 사와 센페이는 bulwark를 *bul* + *wark*의 합성어로 해석하고 있다. 그의 해석에 따르면, bul은 현대영어의 bole(나무 줄기)에 상응하는 낱말로서 balk (멈칫거리다. 방해하다)와 같은 계열이고, wark는 현대영어의 work에 상응하는 낱말로서 '구축', '설비' 등을 뜻한다. 결국 bulwark는 '나무의 줄기로 만든 방벽 설비'를 의미한다. 배를 안벽에 매어 두는 기둥을 *bollard*라고 부르는데, 이것은 *bole*(나무줄기) + ~*ard*(~하는 사람 또는 ~하는 물건)의 합성어로 볼 수 있다는 것이다.

bulwark이 선박의 구조물이 아니라 육상의 구조물을 지칭하는 데서 유래하였음은 여러 역사적 문언을 통해서 확인할 수 있다. Wisby Town-Law of Shipping(Wisby Stadslag van Sciprechte) 제1조에는 다음과 같은 'bulwark'에 관한 조항이 규정되어 있다.

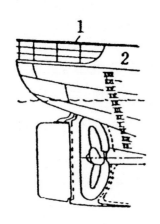

자료 : 佐波宣平, 『海の 英語』, p.80.
1 = handrail 2 = bulwark

Whosoever does damage to our bridges or bulwarks shall compensate for the damage by paying three marks to our town, and he who conceals the damage is liable to banishment.

우리 도시의 다리나 방벽을 손상시킨 자는 변상금으로 우리 도시에 3 마르크를 납부해야 하며, 손상을 숨긴 자는 추방한다.

---

109 *The Shorter Oxford English Dictionary*, p.251.

이 조항 중 bulwarks에 대해 Twiss는 다음과 같이 설명하고 있다.

> *bulwarks* : The balks or pile driven into the sand or mud on either side of the entrance of the port, upon which a quay or causeway was constructed. The term pier has come into more general use from the circumstance of such causeway in most cases being constructed of stone(pierre).[110]

당시 항의 입구 양측의 모래밭이나 뻘밭에 balks(나무 줄기)나 pile(말뚝)을 박고, 그 위에 부두(quay)나 둑길(causeway)을 만들었다. pier가 부두라는 용어로 일반화된 것은 이러한 둑길을 만드는 재료로 주로 '돌(pierre)'을 사용했기 때문이다.

이밖에 bulwark이 사용된 재미있는 용례들을 소개하면 다음과 같다.

- Bulwark against sense : 감정에 반하는 장벽 또는 감정이 통하지 않는 장벽(Shakespeare : *Hamlet*, III, iv, 38)
- The Bulwark of the throne : 왕실의 방패
- But the sea is our approach and bulwark : 바다는 우리의 통로이자 방벽 (Robert Louis Stevenson : 'The English Admiral'(영국 제독), in *Virginibus Puerisque*(『젊은이들을 위하여』), 1881)[111]

---

110 Travers Twiss, ed. by, *The Black Book of the Admiralty*, Vol.IV, p.391.
111 Robert Stevenson, The English Admiral, in Jürgen Kramer, ed. by, *Taking Stock: 35 Essays from 35 Years of Studying English Speaking Cultures*, Narr Franvke Attempto Verlag, 2011, p.423.

buoy 부표(浮標)

　'소가죽 끈'을 뜻하는 그리스어 *βοεται*(boetai)와 라틴어 *boia*(복수형 boiæ)에서 유래한 말로 중세 네덜란드어의 bo(e)ye, boeie, 고대 프랑스어의 boie 등도 모든 동족어였다.[112] 그런데 라틴어 boia의 어원은 역시 '소'를 의미하는 'bos'에서 파생된 말인데, 이 낱말의 속격이 bovis였는데, 이것이 변화되어 boia나 boei 등으로도 사용된 것으로 보인다.

　그런데 boia나 boei는 '소가죽으로 만든 끈'으로 본래는 가축들을 묶어두는 데 사용되는 것으로 그 뜻이 확대되어 '속박'을 의미하기도 했다. 중세 네덜란드어에서도 bo(e)ye나 boeie 등으로 사용된 바 있는 이 단어는 현대 네덜란드어에서 동사 boeien으로 쓰여 '수갑을 채우다'는 뜻으로 여전히 그 자취를 남기기도 있다.

　그렇다면 당초 '소가죽'에서 기원하여 '소가죽으로 만든 끈'을 의미했던 boia나 boei가 어떻게 '부유성'을 띤 '부표'로 전화되게 되었을까? 항로표지의 부표로서 buoy와 낚시에 사용되는 buoy의 한쪽 끝에는 반드시 닻이나 낚시대 본체에 묶여 있다. 결국 부표의 buoy나 낚시대의 marker buoy는 한쪽 끝을 묶어두어 다른 곳으로 떠내려가지 않는 고정된 것이라는 의미로 사용된 것이다. 그런데 buoy를 고정시키는 닻이나 낚시대는 눈에 보이지 않기 때문에 사람들의 관심사에서 멀어진 대신, 수면에 떠 있는 '부표'나 낚시대의 marker buoy의 '부유성'과 '유동성'이 그 특징으로 각인되었다. 따라서 어디에 묶여 있지 않은 것이라고 하더라도 수면에 떠 있는 것은 buoy라고 부르게 되었는데, 이것이 본뜻을 밀어내고 '물에 뜨는 성질'을 의미하기에 이르렀는데, life buoy(구명부표), buoyancy(부력), buoyant(부

---

112 *The Shorter Oxford English Dictionary*, p.252.

력이 있는) 등이 그 예다.[113] 영국에서 '부표'라는 의미로 사용된 첫 용례는 1466년이다.[114] 1627년에 출판된 John Smith의 *A Sea Grammar*에는 boyes 형태로 사용된 것으로 확인되고 있다.

> To those cables and anchors belongs short pieces of wood called boyes.
> boyes라고 불리는 짧은 나무 조각은 닻과 닻줄에 묶여 있다.[115]

---

113 이상 佐波宣平, 『海の 英語』, pp.82-83.
114 *The Shorter Oxford English Dictionary*, p.252.
115 John Smith, *A Sea Grammar*, 1627, p.31.

cabin 방, 오두막집, 선실(船室)

'붙잡다', '쥐다', '점유하다'를 뜻하는 라틴어 *capere*에서 유래한 말로, 이 말이 '일정한 장소를 차지하는 작은 방이란 뜻으로 전화되었고, 후기 라틴어에서 capanna(오두막집, 선실), cabine(선실, 탈의실), cabinet(私室, 내각) 등의 낱말이 파생되었다. 이 단어는 중세 영어의 cabane, 고대 프랑스어의 cabane, 이탈리아어의 capanna, 스페인어 cabanna 등으로 유럽 전역으로 전파되었다. 영어에서도 15세기 말에서 16세기 초에 '선실'이란 뜻으로 cabanne이나 cabban 형태로 쓰이기도 했다는 것은 Burwash의 *English Merchant Shipping, 1450-1540*(1947)의 다음 문장을 통해 확인할 수 있다.

In a Chancery case of about 1493-1500, there is mention of a chest as being locked in a 'cabbane' on board *the Henry of Bristol*, and on John Rastell's ill-fated expedition to Newfoundland in 1517, when the crew of one ship decided on their own responsibility to return to London, they disposed of the cape merchant's objections by locking him in 'his cabban.'[1]

1493-1500년 경 고등법원의 판례에는 *Henry of Bristol* 호의 cabbane(선실)에 자물쇠로 채워진 '상자'에 대한 언급이 있다. 또한 1517년 뉴펀들랜드로 떠났다가 불행

하게 실패한 John Rastell의 탐사에서도, 그 탐사선 중 한 척의 선원들이 자기들의 결정으로 런던으로 되돌아가기로 결정했을 때 그들은 '상인 대표'(cape merchant)를 그의 cabban(선실)에 감금함으로써 그의 반대를 묵살해 버렸다.

옛 독일어에서는 Cave, Kave, Kobe가 '작게 나뉜 방'을 뜻했는데, Schweinkobe 라고 하면 '돼지우리'가 된다. 1588-1593년 사이에 쓰여진 셰익스피어의 초기 복수극 *Titus Andronicus*에는 cabin이 cave(동굴)과 함께 사용되어 동사로 '묵다'는 뜻으로 사용되었다.

> and suck the goat,
> And *cabin* in a cave, and bring you up
> To be a warrior, and command a camp.(Shakespeare, *Titus Andronicus*, IV, ii, 178-80)
> 염소의 젖을 빨고,
> 동굴에 머물게 하며(cabin),
> 일군(一軍)의 군대를 지휘하는 용사가 되도록 길러주겠다.[2]

그러나 셰익스피어의 말년 작품으로 1611년에 쓰여진 *Tempest*에는 cabin이 명사로 '선실'로 사용하고 있다.

> *Antonio* : Where is the master, boson? Boats. Do you not hear him?
> You mar our labour; keep you cabins;
> You do assist the storm. (Shakespeare, *The Tempest*, I, i, 15-16)

---

1 Early Chancery Proceedings, C1/216/82; cited in Dorothy Burwash, *English Merchant Shipping, 1460-1540*, p.77.
2 정병준 역, 「타이터스 앤드로니커스」, in 『셰익스피어전집』 I, p.50.

안토니오 : 선장은 어디 있나, 갑판장? 보트에요. 그의 목소리가 안들리나? 당신은 우리의 골칫거리야. 선실에 가 있어. 폭풍우에 대비하는 것을 도와주게.

사와 센페이 교수는 셰익스피어의 상기 두 책을 인용하면서 *Titus Androncius*에서는 같은 계열인 cave와 압운을 맞추기 위해 일부러 cabin을 동사로 사용하였으나, Tempest에서는 본래 의미인 '선실'로 사용하였다고 설명하고 있다.[3]

cabotage 연안 무역, 연안 항해

영어 cabotage는 프랑스어에서도 cabotage 형태로 그대로 사용되는데, 이 말은 '연안을 따라 항해하다'를 의미하는 *caboter*의 명사형으로 caboter는 스페인어의 '곶', '갑'을 뜻하는 cabo에서 기원한 것이다.[4] 이 말을 뒷받침해주는 전거로는 다음을 들 수 있다.

Cabotage는 어느 곳에서 다른 곳까지 항해하는 것을 의미하는데, 스페인어 cabo에서 온 파생어로 추정된다. (Reale Accademia D'Italia, *Dizionairo di Marina*, Roma, 1937, p.116)

Cabotage Sailing from cape to cape along a coast (John Smyth, *The Sailor's Word-Book*, p.152)
연안항해는 이 곳에서 저 곳까지 연안을 따라 항해하는 것

3 이상 佐波宣平, 『海の 英語』, pp.84-85.
4 *The Shorter Oxford English Dictionary*, p.263.

cabotage의 어원으로는 프랑스어의 '떠돌이 광대', '연예인'을 뜻하는 *cabotin*에서 유래하였다는 설도 있다. 이 설에 따르면, 원양항로에 취항하는 대형선을 상설무대의 인기 배우라고 한다면, 연안을 따라 이 항구 저 항구를 떠돌아다니는 소형 중고선은 '시골을 떠돌아다니는 뜨내기 광대'라고 할 것이다. 이런 이유에서 프랑스어로 연안 항해선은 caboteur라고 한다.

또 다른 어원으로는 이탈리아 출신의 항해가 *Cabot* 부자의 이름에서 유래하였다는 설도 있다. cabotage는 1690년 프랑스에서 Furetière가 출판한 *Dictionnaire Universal*에도 소개되고 있다. 1938년 Dauzat가 편찬한 『프랑스어어원사전』에 따르면, "Caboter(연안항해하다)는 어원은 불명하지만, 15세기부터 16세기까지 해상을 탐험한 Cabot 부자의 이름에서 유래한 것으로 보인다"[5]고 소개하고 있고, 이탈리아해사용어사전에서도 "cabotare(연안항해하다)는 Cabot 부자, 특히 아메리카의 긴 연안을 항해했던 Sebastian Cabot의 이름에서 유래된 것으로 생각된다"[6]고 설명하고 있다.[7]

최근 cabotage는 cabotage right의 맥락에서 더 자주 사용되고 있는데, 이것은 특정 해운회사나 항공회사가 '한 나라에서 다른 나라로 항해 또는 비행을 할 수 있는 권리'를 뜻한다. 특히 항공업계에서는 '타국의 영내에서 영업을 할 수 있는 권리'를 의미한다. 대부분의 나라들은 자국 경제보호, 국가안보와 공공의 안전을 이유로 외국 항공사의 자국내 국내 항로 영업권(aviation cabotage)을 허용하지 않고 있다.[8]

---

5 A. Dauzat, *Dictionaire Ethymologique de la Lanue Française*, 1938.
6 Reale Accademia D'Italia, *Dizionairo di Marina*, Roma, 1937, p.116.
7 이상 佐波宣平, 『海の 英語』, pp.85-86.
8 http://en.wikipedia.org/wiki/Cabotage(2024. 8. 5.)

calms 무풍

'열(熱, heat)'을 뜻하는 그리스어 καῦμα(kauma) 라틴어 *cauma*에서 유래한 말로 해사영어에서 calm은 명사로 '무풍', '고요함' 등을 뜻하는데, 보통은 복수형으로 사용한다.[9] 그 어원에 나타나 있는 것처럼, calms은 태양이 작열하여 바람 한 점 없고, 고요한 상태를 의미하는데, 결국 뜨거운 태양의 작열이 곧 무풍, 평온 등과 일맥상통하게 된 것이다. 이와 같은 뜻으로 사용되는 유럽어들도 대개 동족어들인데, 이를테면 이탈리아어의 calma, 스페인어의 calma, 프랑스어의 calme, 영어의 calm 등이 모두 그 단어의 기원인 cauma에 없던 'l'이 삽입되어 있는데, 이는 '열'을 뜻하는 또 다른 라틴어 calor와 혼동했기 때문에 빚어진 철자상의 착오다.

오늘날 엔진을 장착한 배를 타는 항해자들에게는 '바람 한 점'이 잔잔한 날을 '항해하기 좋은 날로 여기지만, 과거 범선 시대에 바람이 없다는 것은 곧 항해할 수 없다는 것을 의미했다. 따라서 Falconer가 1769년에 편찬한 *An Universal Dictionary of the Marine*에는 '장기간의 무풍이 범선에게는 폭풍우보다 더 치명적인 경우가 흔하다'고 설명하고 있다.

A long calm is often more fatal to a ship than the severest tempest, because the ship is tight and in good condition, she may sustain the latter without much injury; whereas in a long calm, the provision and water may be entirely consumed, without any opportunity of obtaining a fresh supply. The surface of the sea in a continued calm is smooth and bright as a looking glass. (William Falconer, *An Universal Dictionary of the Marine*, 1769)

---

9 *The Shorter Oxford English Dictionary*, p.270.

장기간의 무풍은 흔히 심한 폭풍우보다 더 범선에게는 치명적인 경우가 흔하다. 왜냐하면 배가 견고하고 상태가 좋다면, 폭풍우에도 큰 피해 없이 견딜 수 있지만, 장기간의 무풍 속에서는 식량과 식수를 새로 보급할 기회도 없이 완전히 소비될 수도 있기 때문이다. 계속된 무풍 속에서 해면 상태는 잔잔하고, 거울을 보는 것처럼 맑다.

셰익스피어는 1597-98년에 집필한 『헨리 4세』에서 calm을 아주 재치있게 잘 활용하고 있다.

> Falstaff : How now, Mistress Doll!
>
> Quickly : Sick of a calm : yea, good sooth.
>
> Falstaff : So is all her sect; an they be once in a calm they are sick.(Shakespeare,
> *2 Henry IV*, II, iv, 38-41)
>
> 폴스태프 : 돌(Doll Tearsheet)은 좀 어때!
>
> 퀴클리 : 약간 감기 기운이 있어요. 진짜에요.
>
> 폴스태프 : 그래서 모두가 그녀 편이구만. 일단 그들(배)이 무풍 속에 갇히게 되면, 아프기 마련이지.

이 대화는 폴스태프가 술집 여자 돌 티어쉿을 두고 술집 주인 퀴클리와 나누는 대화의 일부이다. 폴스태프가 돌의 안부를 묻자 술집 주인 퀴클리는 "sick of qualm"(속이 메슥거려 아파요)이라고 말해야 할 것을, 실수로 "sick of calm"이라고 말해 버리자, 폴스태프가 이를 되받아 '배가 무풍(calm) 속에 갇히게 되면, 아프기 마련이지'라고 재치있게 답변한 대화다.

항해와 해양 관련 표현을 즐겨 사용한 해양소설가 콘래드도 <청춘>(*Youth*)에서 calm을 다음과 같이 사용되고 있다.

I need not tell you what it is to be knocking about in a open boat. I remember nights and days of *calm*, when we pulled, we pulled, and the boat seemed to stand still, as if bewitched the circle of the sea horizon.[10]

확 트인 보트를 타고 헤맨다는 것이 어떤 것인지 말할 필요도 없지. 나는 우리가 노를 젓고 또 저을 때 그 고요한 밤과 낮을 기억해. 둥근 수평선에 마법에 걸린 듯이 그 보트는 정지해 있는 듯했어.

홍미로운 것은 영어로 '무풍'을 calms, dead calms, flat calms이라고도 표현할 수 있는데, 영국 뱃사람들은 이를 Irish hurricane 또는 Paddy's hurricane이라고 한다는 사실이다. 이것은 브리튼 섬의 영국인들이 아일랜드인들을 경시한 데서 비롯된 것으로 범선에게 무풍이 매우 치명적인 것처럼, 아일랜드인들도 영국 본토인들에게 치명적일 수 있음을 은연 중에 내비친 속어인 것이다. 여기에서 Paddy는 아일랜드에 기독교를 전도한 Patrick(385-461)의 아일랜드어가 Padraig인데, 이것의 약칭이다.[11]

cape : 곶, 갑(岬)

'머리'를 뜻하는 라틴어 *caput*에서 유래한 말로 스페인어의 cabo, 프랑스어와 플랑드르어의 cap 등도 동의어이고,[12] 영어의 '모자'를 뜻하는 cap도 바로 여기에서 유래한 동족어다. 몸의 가장 윗부분이자 앞을 보는 신체 기관이 머리인 것처럼,

---

10 Joseph Conrad, Youth, p.24.
11 이상 佐波宣平, 『海の 英語』, pp.87-88.
12 *The Shorter Oxford English Dictionary*, p.280.

곶은 바다로 돌출되어 있는 육지의 머리 같은 부분이다. 우리말로는 장산곶, 또는 장산갑의 예에서 보듯 곶 또는 갑이 된다. 여기에서 곶은 토박이말로 착각하기 쉽지만, '꼬치'를 뜻하는 한자어 '串'이 본말이다.[13]

세계적으로 가장 유명한 곶은 아프리카 남단의 Cape of Good Hope와 남아메리카 남단의 Cape Horn이다. Cape of Good Hope는 1488년 바르톨로뮤 디아스가 인도 항로를 찾아 항해하던 중 아프리카 남단에서 폭풍우로 대서양으로 떠밀려 13일 동안이나 항해하다가 1488년 2월 3일 마침내 아프리카 최남단인 모젤 (Mossel)만에 도달하고 아프리카 남단의 곶을 '폭풍우 곶'(Cape of the Storm)이라고 명명했지만, 주앙 2세가 인디즈항로를 개척할 수 있는 희망이 커졌다는 의미에서 '희망봉'으로 개명했다고 한다.[14]

Cape Horn은 1616년 1월 29일 남미 남단을 처음으로 항해한 네덜란드동인도회사의 상선 Eendracht 호에서 유래하였다. 네덜란드의 Hoorn 출신의 선장 Willem Schouten 선장이 남미 남단을 처음으로 지나면서 이 곶을 고향을 기념하여 Kaap Hoorn(Cape Horne)으로 명명하였다. 그런데 이것이 영어로 들어오면서 '뿔'을 의미하는 horn과 혼동을 일으켜 Cape Horn이 되었다.[15] 그러므로 사와 센페이 교수가 Cape Horn의 horn을 '동물의 뿔' 또는 '선단'을 의미한다고 설명한 것은 명백한 오류다.[16]

영어에서 보통 The Cape하면 The Cape of Good Hope를 뜻하고, Cape Horn fever라고 하면 '황천항해 중 선원들이 부리는 꾀병'을 의미한다. 이는 남위 55° 58′ 48″ 에 위치하여 바람이 세고 파도가 거칠기로 유명하여 범선으로 항해하기

---

13 국립국어연구원 표준국어대사전(http://stdweb2.korean.go.kr).
14 R.A. Skelton, 안재학 역, 『탐험지도의 역사』, pp.62-63.
15 http://en.wikipedia.org/wiki/Cape_Horn(2024. 8. 15.)
16 佐波宣平, 『海の 英語』, p.88.

어려웠던 Cape Horn에서는 선원들이 돛과 삭구를 조종하는 일에 나서는 것을 꺼려 꾀병을 부리기 일쑤였던 데서 유래한 말이다.

영어에서 '곶'은 cape 이외에도 promontory라는 낱말이 있는데, 이는 '돌출', '돌기'을 뜻하는 라틴어 prominentia에서 유래하였다.

Cape size   케이프 사이즈

재화중량톤 13만 톤 이상의 살물선을 일컫는다. 1965년 전후에는 파나마 운하로 5만톤급 광탄선이 배선되지 못하였고, 주로 2만 톤 ~ 3만 톤급 광탄선이 배선되었다. 그러다가 1968년경 8만톤에서 10만 톤급 대형 광유겸용선(Ore, Bulk and Oil carrier)이 출현하게 되어 16만 톤급까지 건조되었다. Cape size란 용어는 당시 14.76m로 흘수가 제한되어 있던 Hampton Roads(버지니아 남부의 Hampton, Newport News, Norfolk, Chesapeake, Portsmouth, Virginia Beach 등으로 둘러싸인 수역의 총칭, 현재 흘수 제한 15.24m)에서 석탄을 흘수 제한선까지 약 10만톤 정도 선적하고, 남은 5만톤 정도를 남아프리카의 리처즈 베이(Richards Bay, Cape Town 인근)에서 선적한 데서 유래하였다.[17]

capstan   양묘기 → 권양기(捲楊機)

'쥐다', '잡다'를 뜻하는 라틴어 capere(영어 capture의 어원)의 현재분사형

---

17 小芦 捻, 「선박의 크기에 따른 명칭의 유래」, 『해양한국』, 1997년 9월호.

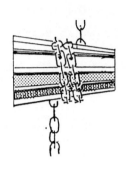

그림 A
자료 : Harland, p.153.

*capitstrans*에서 기원한 낱말로,[18] 플랑드르어의 cabestan, 프랑스어의 cabestan, 스페인어의 cabestrante, 포르투갈어의 cabrestrante 등이 모두 동의어이다.[19] capstan의 어원을 고려하면, 옛 선원들이 맨손으로 닻줄을 당겨 끌어 올릴 때 가장 중요한 것은 닻줄이 다시 끌려 내려가지 않게 꽉 잡아두는 것이었음을 알 수 있다. 이는 양묘기가 역사적으로 발전되어 온 과정을 살펴보면 이해할 수 있다.

1700-1800년대 소형 상선들도 닻은 양묘기(windlass)로 감아올렸다. 초창기 권양기의 몸체는 4변형이었으나 차츰 8변형으로 바뀌었고, 지렛자루를 꼽기 위해

그림 B
자료 : Harland, p.155.

18 佐波宣平, 『海の 英語』, p.89.
19 *The Shorter Oxford English Dictionary*, p.282.

각 면에는 장부구멍이 뚫려 있었으며, 대체로 1800년경까지는 각 면에 톱니 멈춤쇠(pawl)도 설치되었다. 그러나 chain cable이 도입되고 나서 각 면에는 사슬톱니(whelp)가 설치되었다(그림 A). 선박용 캡스턴은 항상 위쪽을 가늘게 만들었는데, 이는 두 가지 이유 때문으로 추정할 수 있다.

첫째는 발 높이보다 허리 높이에서 하중을 잡아 매기 쉽기 때문이고,

둘째는 capstan을 돌리는 사람이 cable 위로 넘어갈 수 있게 하기 위해서였다. 결과적으로 그림 B처럼, 닻줄을 위에 감고 캡스턴을 돌리면 닻줄이 아래쪽에 감기게 되고, 어느 정도 감기면 위쪽으로 미끄러져 올라가게 되었다.

그러다가 1771년 네덜란드의 A.G. Eckhardt가, 서로 반대로 도는 두 개의 드럼헤드(drumhead)를 유성톱니바퀴(sun and planet gear)로 연결한 캡스턴을 개발하였다. 이 Eckhardt 캡스턴(그림 C)이 1772년 영국의 HMS Defiance에 장착되었는데, 이 양묘기는 1860년대까지 'Brown's patent power capstan'으로 불려졌다.

그러나 이 Brown's patent power capstan은 한 드럼헤드의 장부구멍에서 다른 장부구멍으로 지렛자루를 옮기는 것이 몹시 불편하여 1819년 Philipps라는 사람이 드럼헤드를 하나로 만들고, 톱니바퀴는 갑판 아래에서 움직이도록 개량하였다.

그림 C(Eckhardt Capstan)
자료 : Harland, p.157.

그림 D(Philipps Capstan)
자료 : Harland, p.157.

1832년에 이르면 영국 선박 230척 이상이 Philipps capstan을 장착하기에 이르렀다(그림 D).[20]

captain   대형선 선장, 원양선 선장, 해군대령

라틴어의 '머리'를 뜻하는 *caput* 또는 *capit*에 기원을 둔 낱말로 후기 라틴어에서 capitaneus(또는 capitanus)는 로마 군대의 '군단장'이나 '병단의 지휘관'을 뜻했다. 단순히 머리를 뜻했던 caput 또는 capit이 군대의 지휘관을 뜻하게 된 것은 그 속격이 capitis였던 데서 기인한다. 라틴어의 '머리'였던 caput(capit)이 영어의 captain으로 정착되기까지의 과정을 정리해 보면 다음과 같다.

> caput 또는 capit → capitis → capitaneus(군단장) → 고대 프랑스어의 chevetaigne
> (수령, 지휘관) → 이 단어의 대체어인 고대 프랑스어의 capitain(현대 프랑스어의
> capitaine) → 영어의 captain(대형선 선장, 지휘관)[21]

이처럼 captain은 그 기원이 군사 지휘관에서 유래한 것으로 육해군을 막론하고 '군단 지휘관'을 뜻했는데, 시간이 경과함에 따라 해상 호송선단의 '군사 지휘관'에 더 널리 사용되게 되었으며, 육상군단의 지휘관은 general이라는 낱말로 대치됨으로써 명확히 구별되기에 이르렀다. SOED에 따르면, general이 영어에서 '군대의 지휘관', '장군'으로 널리 사용된 첫 용례는 1576년이었고, 1717년까지도 admiral

---

20 John H. Harland, "The Design of Winches used at Sea in the 1800," pp.154-156.
21 *The Shorter Oxford English Dictionary*, p.282.

과 동의어로 사용된 용례도 있다.[22] 셰익스피어가 1603년 경 집필한 『오델로 (*Othello*)』에는 general과 captain이 구별되어 사용된 예가 있다. 키프러스 해안에서 오델로와 그의 처 Desdemona를 기다리고 있던 Cassio가 키프러스의 관리인 Montano에게 Desdemona를 "our great captain's captain"이라고 칭한다(II, ii, 74). 이는 데스데모나가 오델로로부터 많은 사랑을 받고 있었기 때문에 그렇게 부른 것이다. 이 극에서는 오델로를 general이라고 칭하고 있는데, 오직 이곳에서만 captain으로 칭하고 있다. 이는 셰익스피어가 오델로가 군대를 이끌고 배를 타고 키프러스로 넘어오는 '해군 함대의 지휘관'이었던 것을 감안했기 때문이 었을 것이다. 그러므로 "our great captain's captain"은 '우리들의 장군의 장군' 이 아니라 '우리들의 함장님의 함장'으로 번역해야 셰익스피어의 의도를 제대로 반영 한 것이다.

이처럼 captain이란 용어에는 단순히 함장 이상의 뜻이 내포되어 있었다. 중세 부터 근세에 이르기까지 영국 해군에서는 최고 지휘관으로 admiral(함대 사령관) 이 있었다. admiral은 국왕으로부터 직접 임명장을 받는 정식 관직으로 대개 귀족 중에서 임명되었는데, 종종 Haut Admiral(High Admiral)로 존칭될 정도로 고위관 직이었다. admiral 아래에 captain과 master가 있었는데, admiral은 필요시 돛대에 신호기를 게양하여 각 선박의 captain과 master를 소집할 수 있었다.[23] 한 선박에 captain과 master, 때때로 pilot까지 동승할 경우도 있었지만, 그들 사이의 임무와 역할에는 분명한 차이가 있었다. 이를테면 콜럼버스의 Santa Maria호에는 콜럼버 스가 captain-general, Juan de la Cosa가 선주이자 master, Sancho Ruiz de Gama가 pilot로 각각 동승하였다.[24] Fayle은 이들의 역할을 다음과 같이 구분하고 있다.

---

22 *The Shorter Oxford English Dictionary*, p.840.
23 Twiss, ed. by, *The Black Book of the Admiralty*, Vol.I, pp. 18-19.

"흔히 선박 소유권의 일부를 소유하고 있었던 master들은 잉글랜드의 '항해-선장'(sailing-master)이라기보다는 중세의 '파트로누스'(patronus)나 '관리 선주'(manag-ing owner)에 가까웠다. 항해에 관한 모든 사항은 pilot가 도맡았다. 파일로트는 '콘트라마에스트레'(contramaestre)나 항해사(mate)들을 통해 자신의 명령을 선원들에게 전달하였다. 그렇지만 한 사람이 마스터와 파일로트의 역할을 하는 경우도 있었다. 'captain은 호송선의 군사 지휘관이나 보수를 받지 않고 자신의 배에 동승한 선주를 부르는 호칭이었다."[25]

결국 captain과 master가 함께 동승하고 있다고 하면 captain이 master보다는 상위에 있었다. 이는 보수 면에서도 그러했는데, J. Smith의 1627년판 *A Sea Grammar*에는 선박 운항의 수익을 "1/3는 선원 몫, 1/3은 선용품 공급업자 몫, 1/3은 회사 몫으로 각각 나누고, 선원 몫은 각 선원들의 직급에 따라 나눈다"고 적시하고 있다. 첨부한 표에 따르면, captain이 10/116, master가 8/116을 각각 차지하는 것으로 되어 있다.[26] 현대 영국해운사가인 Chatterton도 영국의 근세 상선에서 captain과 master간에는 상당한 차이가 있었음을 다음과 같이 밝히고 있다.

"captain은 반드시 뱃사람일 필요는 없었다. 그의 권한은 승선원 전체를 통솔하고, 질서를 유지하는 일이었다. captain은 또한 전투를 지휘하였던 반면, master는 실제 항해 선장(sailing master)이었고, 한바다에서 항해하는 동안 배를 책임지고 선원들을 지휘했다."[27]

24 Robert Fuson, trans. by, *The Log of Christopher Columbus*, pp.226-267.
25 E. Fayle, 김성준 역, 『서양해운사』, p.164.
26 J. Smith, *A Sea Grammar*, 1627, p.72.
27 E.K. Chatterton, *Sailing Ships and their Story*, 1909, p.225.

captain에 해당하는 우리말은 都沙工이 아닐까 하는데, 우리 전통 사회에서 선박의 운항의 운항 조직이 체계적으로 정비되어 있는 선박은 조운선이었다. 조선시대 조운선의 운항조직을 정리해 보면 대체로 다음과 같았다.[28]

직명	직무	인원
해운판관海運判官	수조輸漕 책임	1-다수
천호千戶	30척 통솔	1
통령統領	10척 통솔	1
총패摠牌	군역에 종사하는 선원 인솔자	1
영선領船	1척 통솔, 배의 운항 실무 총책	1
영압관領押官	출발,도착시 대형 유지 감독	1
감관監官, 색리色吏	질서 유지, 전세 取換 금지 감독	1-다수
압령차사원押領差使員	적재 물량 감독	1
물길안내인	수로 지휘, 증빙문서 전달	2-3
사공沙工	배의 운항 실무	1
조졸漕卒=格軍, 漕軍, 船軍	노잡이	다수

조운선 체계에서는 이들 가운데 격군과 사공이 배를 운항하는 선원이었고, 영선과 통령, 천호는 각각 조운선을 영솔(領率)하는 관리에 해당하는데, 천호는 숙종 32년에 혁파되고 그 임무가 도사공(都沙工)에게 위임되었다.[29] 사공과 도사공의

---

28 이원철, 「조선 시대 해운 용어에 관한 소고」, pp.303-304.
29 『비변사등록』 제57책, 숙종 32년 10월 1일조; 최완기, 『조선후기 선운업사 연구』, pp.60-61.

관계에 대해서는 명확하게 밝혀진 바는 없지만, 사공은 노를 젓는 격군과는 구별되는 선원의 우두머리로서 선박 운항의 책임자라고 할 수 있으며, 도사공은 사공의 우두머리로서 사공과 같은 배에 승선하여 사공을 지휘하는 사람이 아니라 선단을 지휘하는 위치에 있었던 사람으로 보인다.[30] 천호제와 조역제가 혁파된 뒤, 조선은 세곡 운송의 책임을 사공에게 위임하였는데, 사공은 휘하의 격군을 선발하여 조운선에 승선하여 세곡을 경창에 납부하고 고가(雇價)를 받았다.

일본의 경우 captain은 'せんちょう'(船長)라 하는데, 이는 쓰임에 따라 '배의 우두머리'와 '배의 길이'를 모두 뜻한다. 흥미로운 것은 에도(江戶) 시대에 나가사키(長崎)의 히라도(平戶) 지역에서는 '甲比丹'이나 '加比丹'이라는 말이 사용되었는데, 이는 네덜란드 상관장(商館長)이나 외국 상선의 선장을 가리켰다. 이 말은 포르투갈어 capitão, 스페인어 capitán, 네덜란드어 kapitein의 음차였음이 분명하다.[31]

오늘날 captain과 master 간의 차이는 없다. 다만, 영국에서도 captain이 너무 남용되고 있는 것이 문제가 되고 있고, 우리나라에서는 어선이나 낚시배, 유람선을 막론하고 '선장'으로 통칭되는 것이 문제다. 영국항해협회(Nautical Institute)가 발간하는 *Seaways* 2001년 9월호에 James Cartlidge 선장이 투고한 글에 따르면, "영국의 일부 지역에서는 고무보트(rubber dingy) 소유주까지도 captain이라고 자칭할 정도"라고 한다. 상황이 이렇다 보니 영국항해협회는 captain, master mariner, shipmaster, skipper 등을 보다 명확하게 정의해서 사용하자고 제안하였다(*Seaways*, June, 2001). 영국항해협회가 제안한 용어의 정의를 보면 다음과 같다.

---

30 이원철, 「조선 시대 해운 용어에 관한 소고」, p.302.
31 이상 전체적인 내용은 佐波宣平, 『海の 英語』, pp.93-94을 참조해 정리하였음.

- seagoing ship(항양선) : 내륙 수역 또는 폐쇄된 수역이나 항만 규정이 적용되는 지역 안이나 그곳에 근접한 수역에서만 항해하는 선박(단 어선과 요트는 제외한다)
- master mariner : STCW 92 II/2 이상의 면허를 소지한 자
- shipmaster : 상선 중 항양선을 조선하는 전문 항해자(professional seafarer)
- captain(상선의 경우) : 항구적으로 항양선을 지휘하는 사람(permanent command of a seagoing ship). 단 master mariner이지만, 항구적으로 항양선을 지휘하지 않는 사람에 대해서는 captain이라는 경칭을 사용할 수 없다.
- skipper : 어선, 요트, 항양선의 정의에 적합하지 않는 배나 소형선을 조선하는 사람

위와 같은 제안에 대해 다양한 의견이 제시되었다. 스코틀랜드의 Jones 선장은 "전체적으로는 항해협회의 제안에 동의하지만, 1급 선장 면허를 갖고 있는 사람은 모두 captain이란 경칭으로 불러야 한다"고 밝혔고, Munro 씨는 "master mariner는 STCW 95 II/2 면허와 외항선장 면허를 소유한 사람을 칭하고, captain은 선박에 승선하고 있거나 육상의 해사산업계에서 상당한 경력을 갖춘 master mariner에 대한 경칭으로 사용하며, skipper는 어선, 요트, 예인선 등의 소형선을 조선하는 사람을 칭하도록 하자"고 수정 제의하였다.

Cartlidge 선장은 "항양선을 조선하는 사람이나 해군에서 대령을 역임한 사람, 그리고 자격있는 전문 요트 master에게만 captain이란 경칭을 사용하도록 해야 한다"고 주장했고, 태스매니아의 Smith 씨는 "1급 선장 면허를 소지한 사람만 master mariner로 칭해야 한다"고 밝혔다.[32] 영국의 경우에는 그래도 다행인 것이 어선이나 예인선, 낚시배, 유람선 등의 소형선을 조선하는 사람을 skipper라고 부를 수 있지만, 우리의 경우 그 말이 분화되어 있지 않아 혼란을 초래하고 있다.

따라서 원양선, 군함이나 해양경비함, 어선, 유람선 등과 같이 배의 용도와 크기에 따라 구별하여 부를 필요가 있다. 왜냐하면 각 선박의 용도와 크기에 따라 배를 지휘할 자격이 다르기 때문이다. 우리의 언어관습을 고려하면 새로운 용어를 만드는 것보다는 기존에 사용되고 있는 용어를 세분하여 사용하는 것이 하나의 대안이 될 수 있을 것이다.

- **선장(船長)** : STCW 95 II/2 이상 또는 국제항로 취항 여객선, 원양어선을 조선하는 자
- **함장(艦長)** : 군함과 해양경찰 경비함 등 대형 특수목적선을 지휘하는 자
- **정장(艇長)** : STCW 95 II/3 이하 또는 중소형 군함과 해양경찰 경비함, 중형 어선, 예인선 등을 조선하는 자
- **소선장(小船長)**: 상기 3개의 어디에도 속하지 않은 연안어선, 유람선, 낚시배 등 소형주정을 조선하는 자

---

carpenter 배대목, 선목(船木), 목수

후기 라틴어의 '마차 장인'을 뜻하는 *carpentarius*에서 유래한 낱말로, 이 말은 라틴어의 '마차'를 뜻하는 carus, 전기 라틴어의 '이륜마차'를 뜻하는 carpentum과 동족어다. 이 말이 고대 프랑스어의 carpentier(현대 프랑스어 charpentier)로 차용되고, 이것이 노르만왕조 시대에 앵글로-프랑스어 carpenter로 사용되어 영어에 정착되기에 이르렀다.[33] 말뜻도 '마차 장인'에서 나무를 이용하여 집을 짓고, 배를

---

32 김성준, 『해양과문화』, pp.150-151.

만드는 사람까지 아우르게 되었다.

그런데 해사용어에 익숙하지 않은 일반인들에게는 carpenter, shipwright, joiner 가 모두 '목수'로 여겨질지 모르겠지만, 이 세 낱말은 엄연히 다른 말이다. 셰익스 피어의 *Hamlet*에는 Gravedigger가 "What is he that builds stronger than either the mason, the shipwright, or the carpenter?"(석공, 조선공, 목수보다 더 튼튼하게 만든 사람이 누구인가?)(II, ii, 45)라고 묻자, 사람들이 "the gallows-maker, for that frame outlives a thousand tenants"(교수대 만든 사람이죠. 왜냐하면 수천 명의 사람들이 사용했어도 교수대가 튼튼하게 버티었기 때문이죠)라고 대답한다. 이 대사에서 셰익스피어는 조선공(shipwright)과 목수 또는 배대목(carpenter)을 별개의 직업군으로 구별하여 사용하고 있다.[34] 따라서 carpenter는 '목수' 뿐만 아니라 해사용어에서는 '배대목', shipwright는 '조선공(造船工)', joiner는 '소목' 또 는 '배소목'으로 각각 구별하여 옮겨야 한다.

charter party = CP 용선계약, 용선계약서

중세 라틴어의 '두 개로 나눈 계약서'(divided charter)를 뜻하는 *charta partita*에 서 유래한 말로, 프랑스어 charte partie가 16세기에 chart parte, chatipartie 형태로 영어에 정착되었다.[35] 여기에서 charter는 Magna Carta(대헌장), chartered company(특허회사), chart(해도), card(카드) 등의 예에서 알 수 있는 바와 같이,

33 *The Shorter Oxford English Dictionary*, p.288.
34 佐波宣平, 『海の 英語』, p.95.
35 *The Shorter Oxford English Dictionary*, p.317.

'한 장의 두꺼운 종이'를 뜻하고, party는 '파티'나 '이해당사자'의 뜻으로 쓰인 게 아니라, '나누다'를 뜻하는 라틴어 partio의 과거분사로 '나뉘어진'을 뜻한다. 라틴어는 낱말마다 성과 수, 시제 등을 모두 나타내고 있으므로 어순에 관계없이 같은 뜻을 나타내므로 charta partia나 partia charta가 같은 의미다. *The Black Book of the Admiralty*에서는 Charter Party를 'halfe charty'라고 설명하고 있다.[36]

'두 개로 나눈 계약서'인 charter party가 용선계약서를 뜻하게 된 것은 한 장의 종이에 동일한 내용의 계약문을 두 번 기재하고, 그것을 둘로 나눠 각각 1매씩 계약 당사자들이 가지게 된 데서 유래되었기 때문이다. 또 다른 위조를 방지하기 위해 둘로 나눈 부분에 주서(朱書)를 하거나 A, B, C 등을 기재하였다. 이는 동양에서 계약서 사이에 간인(間印)을 찍는 관행과 같다. 로마 전성기인 236년에 작성된 운송계약서가 남아 있는데, 이 계약서에는 선장과 상인의 이름이 나오고, 선장이 그 배의 선주라는 사실과 함께 화물량이 기록되어 있다. 상인은 특정 항해를 위해 용선료 은화 100 드라크마에 이 배를 전부 빌렸다. 상인은 용선계약 체결시 40 드라크마를 지불하고, 나머지는 화물을 인도할 때 지불하기로 합의하였다. 선주는 이틀 후에 짐을 실을 수 있고, 바닷물에 젖지 않고, 안전하게 짐을 부릴 수 있도록 적절하게 비품을 장비해야 하고 선원을 태워야만 했다. 선주는 짐 부리기가 나흘 안에 끝나지 않을 때는 체선료로 하루에 16 드라크마를 받기로 합의하였다. 또한 운송중 선주가 책임지지 않아도 되는 상황에 대해서도 상세하게 명시해 놓고 있다.[37]

charter party는 '분할된 계약서'로 출발하였기 때문에 토지매매계약서나 보험계약서 등도 모두 charter party라고 불러도 무방할 것이지만, 역사적으로 그렇게

---

36 Twiss, ed. by, *The Black Book of the Admiralty*, Vol. I, p.105, note 3.
37 E. Fayle, 김성준 역, 『서양해운사』, p.74.

발전되어오지 않았다는 사실이 흥미롭다. 오늘날 용선계약서는 배를 사용하기 이전에 작성되는 것이지만, charter party는 항해 종료시 하역지에서 선장과 화주가 비용을 분담하기 위해 작성되어 교환되었던 데서 유래하였다. 이를테면 *The Black Book of the Admiralty*에는 "limited in the charter party of affreightment or indenture thereof made"(화물운송 용선계약서나 거기에 쓰여진 계약서에 제한된다)는 문장이 있는데,[38] 이 문장은 에드워드 3세 치세 49년째인 1375년 4월 Queensborrow에서 이루어진 해사심판 기록 중 일부다. 이 기록은 영국에서 용선계약서를 의미하는 가장 오래된 용례다. 이 문장에서 indenture(원서의 endenture)는 '치아'를 뜻하는 라틴어 dens의 단수속격인 dentis에서 유래하여 '지그재그형 증서'를 의미한다. 즉 '계약서', '증서', '약정서' 등을 뜻하는 영어 indenture는 한 장의 종이에 여러 통의 내용을 기재한 뒤 이빨 자국처럼 지그재그 모양을 넣어 찢어 나눠 가진 데서 유래한 것이다.[39]

clipper 클리퍼선, 쾌속범선

'자르다', '가위질 하다'를 뜻하는 영어 *clip*에서 유래하였는데, '날렵한 선수미를 가진 배'를 뜻하는 용례로 1830년에 처음 사용되었다.[40] Clark의 고증에 따르면, clip이 단순히 '자르다'는 의미가 아니라 '바람을 가르며 빠르게 움직이는 것'을 뜻하는 용례로 사용된 예는 영국의 시인 John Dryden(1631-1700)의 시집 *Annus*

---

38 Twiss, ed. by, *The Black Book of the Admiralty*, Vol. I, p.137.
39 佐波宣平, 『海の 英語』, pp.96-97.
40 *The Shorter Oxford English Dictionary*, p.350.

Mirabiris(경이의 해, 1667)에 '송골매(falcon)의 사냥을 노래한 시구에서다.

> Some falcons stoops at what her eye designed,
> And, with her eagerness the quarry missed,
> Straight flies at check, and clips it down the wind[41]
> 송골매는 눈으로 포착한 곳을 향해 웅크렸다 날아든다.
> 열망을 안은 채 놓친 사냥감을 향해,
> 곧장 바람을 타고 날아가 낚아챈다.

Clark는 미국의 뉴잉글랜드 지역에는 20세기 초반까지도 at a good clip(빠른 속도로, 빠르게), a fast clip(휙, 재빠르게) 등의 숙어가 사용되었다. 당시의 말로 표현한다면, 파도 속을 가르며 진행한다고 보기보다는 파랑 위를 날아가듯이 항해할 수 있게 설계된 쾌속범선이 빠른 속력 때문에 사람들에게 클리퍼로 알려지게 된 것은 당연한 일이었다. 따라서 1812년의 '영미전쟁 당시에 볼티모어에서 건조된 고속 사나포선'이 Baltimore clipper로 알려지게 된 것도 당연한 일이다.[42] Luc Cuyvers는 클리퍼의 등장과 관련하여 그 역사적 배경을 상세히 설명하고 있는데, 그 전문을 인용하면 다음과 같다.

"찰스톤, 볼티모어, 필라델피아, 뉴욕 등과 같은 항구에서 활동하는 역동적이면서도 경쟁이 심한 해운산업이 존재했다. 아메리카의 선박은 세계에서 가장 훌륭하고 가장 빠른 선박이었다. 물론 아메리카에서 운항 중인 선박이 빠르고 좋았던 데는 나름대로 이유가 있었다. 미국 독립전쟁기 동안에 남부 여러 주들은 런던

---

41 John Dryden, *Annus Mirabilis*, p.119.
42 A.H. Clark, *The Clipper Ship Era*, N.Y., 1915, pp.57-58; 佐波宣平, 『海の 英語』, p.100 재인용.

보험업자들의 깐깐한 보험약관을 회피하기 위하여 빠른 선박을 건조해야 했기 때문이다. 한 세대 뒤인 1812년에 영미전쟁이 진행되는 동안 빠른 선박이 약탈과 해안을 봉쇄하는 데 아주 유용하다는 사실이 다시 한 번 입증되었다. 아메리카의 배들이 그렇게 빠를 수 있었던 것은 뱃머리가 칼날과 같이 뾰족하고, 길이 대 너비의 비가 크며, 선체 모양이 V자 모양으로 건조되었기 때문이었다. 돛대를 두 개 갖춘 체사피크 만(Chesapeake Bay)의 사나포선과 같은 빠른 배들은 볼티모어 클리퍼선(clipper)이라고 알려지게 되었다. 이 배들이 클리퍼선으로 불리게 된 것은 이 배들이 재래선보다 훨씬 더 빨리 항해하여 항해시간을 *가위로 잘라먹듯(clip)* 단축하였기 때문이다. 종전 후 클리퍼선 중 일부는 아프리카에서 아메리카와 서인 도제도로 흑인들을 운송하는 노예무역과 기타 다른 의심쩍은 활동으로 번영을 누리기도 했다. 이와 같은 활동을 하기 위해서는 빠른 선박이 필수적이었다. 그러 나 대부분의 클리퍼선들은 한 항구에서 다른 항구로 해안을 따라 화물을 운송하는 합법적인 무역에 종사하였다.

차 운송으로 인해 선박에 이와 같은 혁신이 초래된 것이다. 19세기 초에 아메리 카에서 차에 대한 수요가 급증하기 시작하자 아메리카인들도 처음 수확한 차를 선적하기 위하여 광동에서 영국인들과 합류하였다. 아편전쟁이 끝나고 난 뒤에 중국이 더 많은 항구를 개항하였을 때, 아메리카인들은 다른 개항장에도 드나들었 다. 영국 배들과는 달리 아메리카 배들은 빠르게 선적하고 출항하였다. 아메리카의 차 수요자들은 바닷바람에 차가 썩을 수 있었기 때문에 중국에서 들어온 차 가운데 처음으로 들어온 차가 가장 좋다고 생각했고, 이 차를 기꺼이 구입하려고 했다. 따라서 상인들도 배가 예정일보다 일찍 도착하면 할증료(premium)를 지불하기도 하였다. 이는 다시 선주들이 배를 빨리 귀항시키도록 하는 유인력으로 작용하였다.

이제는 화물량 대신에 속력이 가장 중요하게 되었지만, 할증료는 선주들이 새로 운 모양의 선박을 건조하는 것을 고려해보도록 할 만큼 충분하였다. 일부 선주는 돛대를 세 개 장착하고(돛대는 돛을 많이 달 수 있도록 높게 만들었다), 날카로운 뱃머리와 V자형의 선체를 가진 회사 나름의 독특한 클리퍼선을 만들기까지 하였 다. 이런 모양을 갖춘 배가 처음으로 출현하자 재래선 선주들은 다소 의아하게 바라보기도 하였다. 재래선 선주들은 신형선이 강한 너울 속에서는 곧 침몰하고 말 것이라고 확신하였다. 그러나 결과는 정반대였다. 중국 차 무역에 투입된 최초의 클리퍼선 두 척은 재래선보다 항해일수를 수 주일이나 단축하였던 것이다. 1844년에 뉴욕에 선적항을 둔 호쿠아(Houqua) 호는 광동에서 희망봉을 돌아 뉴욕까지 1만 5000마일에 이르는 항로를 95일이라는 경이적인 속력으로 항해하였다. 이는 기존 선보다 16일이나 빠른 것이었다. 호쿠아 호는 광동까지 되돌아갈 때는 90일만에 주파하였는데, 이는 기존 기록을 23일이나 단축한 것이었다. 호쿠아 호보다 아홉달 뒤에 진수된 레인보우(Rainbow) 호는 처녀항해 때는 그렇게 좋은 기록을 내지는 못했지만, 2항차 째는 홍콩에서 뉴욕까지 84일만에 귀항함으로써 기록을 경신하였다.

선주들에게 특히 중요했던 것은 뉴욕에 입항한 이들 두 선박이 단 한 번의 항해로 건조비에 들어간 비용보다 더 많은 수입을 올렸다는 점이다. 이는 속력을 올리기 위해 화물창의 부피를 줄이는 것이 현명하지 않다고 주장하는 많은 사람들에게는 당혹스런 결과였다. 오래지 않아 아메리카의 조선소에는 클리퍼선 신조 주문이 쇄도하였다. 여기에서 건조된 클리퍼선들이 동양무역에서 '빠르기 경쟁'을 벌이게 된다. 1847년에 씨 윗치(Sea Witch) 호는 처녀항해 때 홍콩에서 뉴욕까지 81일만에 귀항하였다. 2차 귀항 항해 때는 77일만에 주파하였다. 씨 윗치 호는 1849년 3차 항해 때는 74일만에 주파하였는데, 이 기록은 한 동안 깨어지지 않았다.

영국은 수 세기 동안 영국 무역을 영국 배로 제한하였던 항해법을 1849년에 폐지하였다. 곧 아메리카의 클리퍼선들이 돈벌이가 좋은 중국-영국간 차 무역에 끼어들어 영국 배들보다 며칠, 때로는 수 주일이나 빨리 차를 실어 나름으로써 런던 상인들로부터 막대한 할증료

Clipper James Baines
자료: P. Kemp, *A History of Ship*, p.201.

를 벌어들였다. 그러나 그들의 성공도 오래 지속되지는 못했다. 영국 선주들이 곧 아메리카 클리퍼선을 따라잡기 위하여 신조선을 발주하기 시작했던 것이다. 아메리카 클리퍼선보다 조금 작게 건조된 영국 클리퍼선은 아메리카 클리퍼선과 치열한 경쟁을 벌였다. Taeping 호, Ariel 호, Serica 호 등과 같은 영국의 클리퍼선들은 놀랄만한 항해상의 업적으로 해운업계에서 유명한 선박이 되었다. 일부 클리퍼선은 그러한 명성으로 엄청난 부를 쌓을 수도 있었다. 이들 클리퍼선이 운송해 온 화물은 더 높은 운임을 받았는데, 이것이 이른바 '명성 할증료'(glamour premium)라는 것이었다.

경쟁이 치열해졌음에도 불구하고 일거리는 많았다. 1849년에 캘리포니아에서 금광이 발견되자 많은 아메리카 클리퍼선들이 용선되었다. 아메리카 클리퍼선들은 뉴욕에서부터 케이프 혼(Cape Horn)을 돌아 샌프란시스코까지 사람들과 화물을 실어 나름으로써 막대한 이익을 챙겼다. 처음으로 미국 서해안 항로에 투입되었던 클리퍼선인 Memnon 호는 케이프 혼을 돌아 1만 5000마일에 달하는 항로를 항해하는데 보통 6개월씩 걸렸던 것을 80일이나 단축하였다. 2년 뒤 Flying Cloud 호는 미국 동부에서 서부까지 89일만에 주파하였다. 이 기록도 오랫동안 깨어지지 않았다. 플라잉 클라우드호와 같은 선박은 해운업계에서는 이제 전설적인 이름이 되었다. 왜냐하면 이 배들은 악천후를 뚫고 항해해야 했기 때문이다. 그러나 많은 클리퍼선들이 항해기록을 조금이라도 단축하기 위해 폭풍우 속에서도 돛을 내리길 거부하고 항해를 강행했던 선장들의 욕심 때문에 케이프 혼 부근에서 바다 속으로 침몰하여 사라져 갔다.

호주에서 금이 발견되자 이번에는 영국 클리퍼선들이 바빠지게 되었고, 이번에도 재래선 항로는 완전히 붕괴되었다. 1854년에 James Baines 호는 여객 700명과 화물 1400톤, 우편물 300여통을 싣고 63일만에 멜버른에 도착하였다. 이것이 최단기록은 아니었다. 12년 뒤에 Thermophyle 호는 런던에서 멜버른까지 59일만에 주파하였다. 이것이 런던에서 멜버른간 최단 항해기록이었다."[43]

coaster 연안항로선

영어 coast + er의 합성어로 '연안을 따라 항해하는 사람', '연안항로선' 등을 의미하고, 특별히 미국과 캐나다에서는 '활주 썰매 또는 차' 등의 의미로 사용되기도 한다. SOED에 따르면, 영어에서는 1574년에 '연안을 따라 항해하는 사람'이란 뜻으로 사용되었고, 1612년에 이르러 '연안항로선'이란 의미로 사용되었다.[44] 연안항로선은 appletreer라고도 하는데, 이는 육상의 사과나무가 보일 정도로 연안 가까이 항해한다는 의미에서 나온 명칭이다.

이와는 달리, 사와 센페이는 coaster가 단순히 'coast + er'에서 유래한 것이 아니라 coast 자체의 의미에서 유래하였다고 설명하고 있다. 그의 설명에 따르면, coast는 라틴어 costa(갈비, 늑골)에서 유래한 낱말로 영어의 coast는 구릉이 급경사로 바다 쪽으로 다가가면서 만들어진 해안인데 반해, shore는 영어의 동사 shear(깍다, 자르다)의 과거형 shore에서 유래한 말로 원래는 '땅과 바다를 갈라 놓은, 육지와 바다의 경계선'으로서의 해안을 뜻한다. 경제용어로 '국경선 밖에서의 구매', 즉 '역외구매'를 off-shore purchase라고 하지 off-coast purchase라 하지 않는 것은 이 때문이다. 일본의 경우 도쿄나 오사카처럼 평야가 완만하게 바다로 이어져 있는 해안은 shore이고, 고베나 나가사키처럼 구릉이 급격하게 바다로 들어가 만들어진 수심이 깊은 해안은 coast라고 할 수 있다.[45]

43 Luc Cuyvers, 김성준 역, 『역사와 바다:해양력의 세계여행』, pp.161-165
44 *The Shorter Oxford English Dictionary*, p.357.
45 佐波宣平, 『海の 英語』, pp.101-102

collier 컬리어선, 석탄운반선

영어의 '석탄'을 뜻하는 *coal*과 '행위자'를 뜻하는 접미사 *er* 사이에 단모음 'i'가 삽입된 것으로 colyer 형태로도 쓰였으며, 어원 그대로 '석탄 광부', '석탄운반선', '숯쟁이' 등을 의미한다. 두 낱말 사이에 발음을 용이하기 위해 'y'나 'i'가 삽입되는 것은 bowyer(궁사), lawyer(변호사), sawyer(톱질꾼) 등의 예에서처럼 영어에서 흔

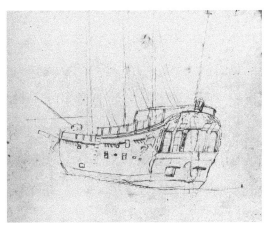

Endeavour호 스케치
자료 : 존 헤일, 『탐험시대』, p.147.

히 볼 수 있다. SOED에 따르면, 역사적으로 사용된 용례로는 석탄 광부(1594) → 숯쟁이(1608) → 석탄운반선(1625) → 숯 또는 석탄 행상(1719) → 석탄운반선원(1727) 등으로 어의가 다양하게 전용되었다.[46]

Captain James Cook(1728-1779)이 탐사 항해에 기함으로 이용한 Endeavour 호, Resolution 호, Adventure 호, Discovery 호 등이 모두 컬리어선이었다. 캡틴 쿡이 탐사선으로 컬리어선을 기함으로 사용한 데는 그만한 이유가 있었다. 18세기 말 영국 해군의 주력함은 frigate함이었는데. 프리깃함은 600톤 내외로 충분한 식량과 장비를 실을 수 있다는 장점이 있었지만, 얕은 해안을 탐사하기에는 흘수

---

46 *The Shorter Oxford English Dictionary*, p.368.

가 너무 깊다는 단점이 있었다. 쿡은 탐사 항해에는 '흘수가 얕고, 장기간의 항해에 필수적인 식량을 충분히 적재할만큼 선창이 넓으며, 좌초에 견딜 수 있도록 튼튼하고, 육지로 끌어올릴 수 있을 정도로 작아야 한다'고 생각하여, 자신이 어릴 적부터 승선했던 컬리어선을 탐사항해의 기함으로 사용했던 것이다. 쿡의 1차 탐사시 기함이었던 Endeavour 호는 재래식 선수상이 없고, 뱃머리는 넓고 높으며, 고물은 수직으로 된 368톤급 컬리이선의 전형적인 모습을 보여주고 있다.[47]

compass 가남쇠, 나침반

라틴어 com(together, 함께) + passus(a step, 한 걸음)의 합성어인 *compassare*(to pace out, 보폭으로 재어보다)에서 유래하여 프랑스어 동사 compasser(측정하다, 위치를 표시하다, 신중하게 고려하다)의 고대 프랑스어 명사 compas(원, 반지름, 양각기 한 쌍)를 경유하여 1300년경 space, area, extent, circumstance 등의 뜻으로 영어에 유입되었다. 항해용의 '나침반'이란 의미가 더해진 것은 14세기 중반인데, 이는 나침반의 모양이 둥글고, 양각기의 다리 모양처럼 뾰족한 침이 있기 때문이었다.[48]

우리가 흔히 나침반이라고 부르는 것은 한자 문화권에서는 指南器라 칭하고, 유럽어권에서는 compass(영어, Kompaß-독일어, compas-프랑스어, compasso-이탈리아어, compás-에스파냐어)와 boussole(프랑스어, busolla-이탈리아어, brújula-에

---

47 김성준, 『해양탐험의 역사』, p.210.

48 OED2 on CD-Rom Ver. 1.13, OUP, 1994; Douglas Harper, *Online Etymology Dictionary*, at http://www.etymonline.com(2024. 3. 15).

스파냐어) 형태로 쓰이고 있다. 중세 아랍어로는 나침반을 '알-타사'(al-tasa, compass bowl)나 '바이트 알-이브라'(Bayt al-ibra, magnetic compass)라고 했고,[49] 현대어로는 보통 '알-보슬라'(al-boslah)라고 한다. 아랍어로 나침반을 '알-콘바스'(al-konbas)라고 부르기도 하지만, 이는 영어의 compass를 아랍어로 표기할 때 한하여 드물게 사용하는 용법이다.

나침반이 서양인들은 북쪽을 가리킨다고 생각하는데 반해, 동양인들은 남쪽을 가리킨다고 생각하는데, 그 유래를 알면 흥미롭다. 중국에서 자석을 이용하여 방향을 탐지하기 시작한 것은 기원전 4세기 즈음이었다. 현재 남아 있는 기록에 따르면, 기원전 4세기에 중국에서는 이미 司南이 이용되고 있었다. 기원전 4세기에 저술된 『鬼谷子』에는 "옛날 鄭 나라 사람이 옥을 가지러 갈 때에는 반드시 司南을 소지하였는데, 이는 길을 잃지 않기 위해서다"라고 기록되어 있다.[51] 이보다 조금 뒤인 기원전 3세기에 저

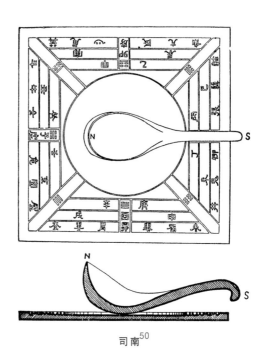

司南[50]

---

49 Petra G. Schmidl, "Two Early Arabic Sources on the Magnetic Compass," p.98 footnote 43 & p.99 footnote 46.
50 王振鐸, "中國古代磁針的發明和航海羅經的創造," 1978, p.54.
51 "故鄭人之取玉也, 必載司南, 爲其不惑也"; 陶弘景 注, 鬼谷子 謀篇第10卷, 臺北 : 臺灣商務印書館.(1968).

12세기 지남부침(복제품)[54]

술된 『韓非子』에도 "선왕께서는 司南을 세워 朝夕을 확인하였다"[52]는 기록이 있다. 중국과 우리나라 학자들은 『鬼谷子』의 기록을 자석을 이용했음을 확인시켜주는 가장 오래된 기록으로 보고 있다.

중국과학사가인 왕 전두오(王振鐸, 1948; 1949; 1951)가 복원한 司南은 盤과 순가락 모양의 指南器로 이루어져서 指南器를 盤에 올려놓고 돌리면 司南의 손잡이 부분이 남쪽을 가리키게 된다. 東漢(25-220)의 왕 충(王充)은 83년에 편찬한 『論衡』에 "司南을 땅에 놓으면 그 손잡이가 남쪽을 가리킨다"[53]고 적었다. 하지만 司南은 움직이거나 평평하지 않으면 지반 위에서 균형을 잡지 못해 사용할 수가 없고, 천연자석을 司南으로 가공할 때 열을 받아 자성을 잃게 되므로 司南의 자성은 비교적 약했다. 이 때문에 司南이 풍수지리가들에 의해 비교적 오랫동안 사용되었음에도 불구하고, 항해용으로 이용한다는 것은 원천적으로 불가능했다.

중국에서 指南을 항해에 이용했음을 확인시켜 주는 가장 오래된 문헌은 北宋의 주 유(朱彧)가 宣和 年間(1119-1125)에 편찬한 『萍洲可談』이다. 주 유는 "舟師가 지리를 알아 밤에는 별을 관측하고 주간에는 태양을 관측하며 흐린 날에는 指南針을 관측한다"고 기록하였다.[55] 이 기사는 주 유가 그의 부친인 주 푸(朱服)가 광조

---

52 "先王立司南以端朝夕". 韓非子 卷第二 有度第六, 臺灣中華書局, 中華民國 71年, 五面.
53 "司南之杓 投之于地 其柢(抵)指南"; 王充 纂集, 論衡,「是應篇」, 上海 : 涵芬樓[商務印書館], 民國 18(1929).
54 孫光圻, 『中國古代航海史』(개정판), 海洋出版社, 2005, p.5.

우(廣州)에서 관리로 복무하고 있을 때의 見聞을 기록한 것이다. 주 푸는 1098년부터 1102년까지 광조우에서 복무한 것으로 확인되고 있다.[56] 이 기록을 근거로 중국인들이 항해에 나침반을 사용한 것을 대체로 1100년으로 추정하고 있다. 하지만 이 당시에도 우리가 생각하는 자침(磁針, pivoted needle)이 아니라 물에 바늘을 띄우는 표자침(漂磁針, floating needle)이었다.

이에 대해 유럽인이 항해에 나침반을 사용한 것으로 문헌적으로 확인되는 것은 1187년이다. 파리대학의 교수로 재직하다 브리튼으로 귀국하여 시렌스터 (Cirencester) 대수도원장인 된 알렉산더 네캄(Alexander Neckam, 1157-1217)은 1187년경에 저술한 『사물의 본질에 대하여』(*De Naturis Rerum*)에 다음과 같이 적고 있다.

> There is a star that never moves,
> And an art that never deceives,
> By virtue of the magnet,
> An ugly brownish stone
> Which always attracts iron,
> And which always points straight,
> With this a needle they touched,
> And on a bit of straw they set it,
> Along the middle they put it,
> And the straw supports it,

---

55 "舟師識地理, 夜則觀星, 晝則觀日, 陰晦觀指南針"; 朱彧, 萍洲可談, 上海 ; 古籍出版社, 1989, p.26.
56 中國航海學會, 『中國航海史-古代航海史』, 人民交通出版社, p.126; 王振鐸, "中國古代磁針的發明和航海羅經的創造," 文物, 第3期(總262期), 1978, p.56.

Then its point it turns,

Towards this star without doubt,

when the night is so extremely dark,

That neither stars nor moon can be seen,

Then looking at the needle with a light,

Are they not certain,

To see it pointing towards that star?

Upon this the mariners depend

For the right or proper course to keep.

This is an art that never deceives.[57]

결코 움직이지 않는 별이 있다네

결코 속이지 않는 기술(art)이 있다네

그것은 울퉁불퉁한 갈색 돌인 자석(magnet)을 이용하는 것이지.

자석은 언제나 철을 끌어당기고, 일정한 방향을 가리키지.

자석에 바늘을 문지른 뒤

물통 한 가운데 지푸라기(straw) 위에 올려놓고

지푸라기가 바늘을 떠받치게 하지

그러면 바늘은 돌다가

어김없이 그 별 쪽을 가리킨다네

별도 달도 볼 수 없는

칠흑 같은 어두운 밤에

불빛으로 이 바늘을 비추어 보면

바늘이 그 별을 가리키고 있는 것을 볼 수 있다는 것을 믿지 않을 수 있을까?

뱃사람들은 이 바늘에 기대어

---

57 Hewson, *A History of the Practice of Navigation*, p.48.

가야할 바른 항로를 찾아내지

이것이 결코 속이지 않는 기술이라네.

아랍권에서 지남기를 항해에 이용했음을 확인시켜주는 가장 오래된 기록은 1282년에 알 킵자키(Bailak al-Qibjaqi)가 쓴 『비밀을 알아내기 위한 상인들의 보물』(*Kitab Kanz al Tujjar fi ma rifat al ahjar, Treasure of Traders to know the Secrets*, 『商人寶鑑』)이라는 글이다. 이 글에서 킵자키는 1242-43년에 시리아의 트리폴리(Tripoli)에서 알렉산드리아(Alexandria)로 항해하는 배에서 "뱃사람들이 물에 띄운 자침을 사용하는 것을 목격했다"고 기록하고 있다.[58] 아랍인들이 나침방위를 이용해 항해를 한 것은 15세기 후반이었다. 후아 타오(Hua Tao, 1991, pp.131-148)에 따르면, 아랍권에서 나침방위를 이용했다는 증거는 15세기 후기의 이븐 마지드(Ibn Majid)나, 16세기 초 술라이만 알 마흐리(Sulaiman al-Mahri)의 저서에서 비로소 나타난다고 한다. 하지만 마르코 폴로, 프라 마우로(Fra Mauro), 니콜로 데 콘티(Nicolo de Conti)와 같은 유럽인들은 15세기에서 조차도 "인도양의 아랍인들은 지남기(magnetic compass)를 사용하지 않았다"고 전하고 있다.[59] 레인 교수는 이러한 기록들을 "아랍인들이 항해용 나침반을 사용하지 않았다는 증거로 해석해서는 안 되고, 인도양에서는 계절풍을 따라 항해할 수 있었으므로 나침반이 아랍 항해자들에게 중요하지 않았다는 것을 보여주는 것으로 해석해야 한다"[60]고 밝히고 있다.

---

58 Schmidl, "Two Early Arabic Sources on the Magnetic Compass," p.85; J. Needham & Ling Wang, Needham, Joseph & Wang, Ling, *Science and Civilization in China*, Vol. 4 Part 1; 海野一隆 3人譯(1979), 『中國の科學と文明』, 第7卷, 東京 ; 思索社. pp.299-301.

59 cited by Frederic C. Lane, "The Economic Meaning of the Invention of the Compass," *American Historical Review*, Vol. LXVIII, No.3, April, 1963, pp.610-611.

60 Lane, "The Economic Meaning of the Invention of the Compass," p.611.

𝕮

이상에서 정리해 본 것처럼, 중국인들이 항해에 지남부침을 사용한 최초의 기록은 1100년 경이고, 유럽은 1187년, 그리고 아랍권은 1242-43년이다. 이제까지 중국에서 발명된 지남기가 아랍인들을 통해 유럽으로 전해졌다는 것이 통설이었다. 이와 같은 주장을 널리 퍼트린 장본인은 19세기의 지리학자 알렉산더 폰 훔볼트(Alexander von Humboldt, 1769-1859)였다. 그는 *Cosmos : A Sketch of a Physical Description of the Universe*, Vol. IV(1858)에서 "나침반이 인도양과 페르시아, 아라비아 해안 전역에 걸쳐 일반적으로 사용되고 난 이후에 동양에서부터 유럽으로 유입되었으며, 십자군전쟁 때 아랍인들과 접촉했던 십자군들이 나침반을 유럽으로 유입시키는 데 어떤 역할을 했을 것"이라고 주장하였다.[61]

훔볼트는 한자를 이해하지 못하였던 탓에 일본 전문가인 클라프로스(M.J. Klaproth, 1783-1835)에게 중국의 컴퍼스의 역사에 대해 조사해 달라고 의뢰하였다. 클라프로스는 중국 문헌을 광범위하게 조사하여 1834년 보고서를 제출했는데,[62] 그 보고서에는 중요한 오류들이 포함되어 있었다. 훔볼트는 클라프로스의 보고서를 참조하여 "3~4세기 중국 배들이 자침을 활용해 항해했고, 이들과 접촉한 아랍인들을 통해 컴퍼스에 대한 지식이 유럽으로 전해졌다"고 단정했다. 그는 당대 중국 지남기의 유럽 유입설을 강하게 논박했던 아주니(D.A. Azuni)의 『컴퍼스의 기원에 관한 논설』(*Dissertation sur l'Origine de la Boussole*, 1809)을 읽었음에도 불구하고, 그의 주장보다는 자신이 의뢰하여 조사한 클라프로스의 견해에 크게 의존했다. 게다가 클라프로스는 '1111~1117년 편찬된 『본초연의』가 중국인들이

---

61 Alexander von Humboldt, trans. by E.C. Otté, *Cosmos : A Sketch of a Physical Description of the Universe*, Vol. II, N.Y. : Harper & Brother, 1866, rep. by Forgotten Books, 2013, p.253. 훔볼트의 주장과 그에 대한 비판에 대해서는 김성준, 「항해용 지남기에 관한 A.v. 훔볼트 테제 비판」, 『역사학연구』, 제66집, 2017.5, pp.235-258을 참조하라.

62 M.J. Klaproth, *Lettre a M.A. de Humboldt, sur l'Invention de la Boussole*(1834).

항해에 지남기를 사용한 것을 보여주는 최초의 문헌'이라고 명백하게 밝히고 있다. 하지만 오늘날의 견지에서 보았을 때 중국인들이 항해에 지남부침을 사용한 것은 1098~1100년임이 확인되었다. 그런데 훔볼트는 클라프로스의 『본초연의』 관련 인용문을 무시한 채 '『패문운부』에 진대 중국 배들이 남쪽을 가리키는 자침을 채용해 인도양까지 항해했다'는 클라프로스의 또 다른 인용문을 중시했다. 그러나 정작 『패문운부』에는 그러한 기록이 없을뿐만 아니라, 『송서(宋書)』의 기록과 역사적 사실을 근거로 하면 '진대(2~4세기)에 지남주가 있었다'는 정도에 불과함을 알 수 있다. 뿐만 아니라 훔볼트는, 클라프로스가 지남거(Char magnétique), 지남귀(Tchi Nan Kiu), 지남부침(boussole à eau)을 각각 구별할 수 있었던 것과는 달리, south-pointing needle(사남) = compass(컴퍼스) = mariner's compass(항해용 컴퍼스)를 동일한 것으로 혼동했다.

결론적으로 항해에 지남부침(수부침, floating needle)을 사용한 시기가 중국 1100년 전후, 유럽 1187년, 아랍 1242년 순이라는 점과, 훔볼트의 주장에 다수의 오류가 내포되어 있다는 점을 고려하면 '중국의 지남기가 아랍을 경유하여 유럽에 전해졌다'는 주장은 역사적 사실에 부합되지 않는다.[63]

---

63 20세기 최대의 중국과학사가인 니덤은 '자기컴퍼스를 항해에 사용함으로써 항해술은 원시적 항해술 시대에서 정량적 항해술 시대로 이행했는데, 중국은 최소한 서양보다 1세기 이상 앞섰다'는 점을 명시하고 있지만, "항해용 컴퍼스가 인도양에서 어느 정도 확산되었는지는 아직 알려지지 않고 있다"는 사실을 덧붙임으로써 중국의 지남부침이 인도양을 거쳐 유럽으로 전해졌다는 훔볼트의 주장에 대해서는 이견을 보이고 있다. Joseph Needham, *Science and Civilization in China*, Vol.4, Part III, Cambridge University Press, 1971, 김주식 역, 『동양항해선박사』, 문현, 2016, pp.462-491.

contingency freight 도착지 지급운임

영어 contingency는 라틴어의 *cum*(함께) + *tangere*(접하다)가 결합된 말로 두 개 이상의 요인이 어떤 기회로 '접하고', '연결되어' 사건이 발생하는 '우연', '우발', '가능성' 등을 뜻한다. 해상운송에서 운임을 선불로 지불한 화주가 손해 발생으로 인해 적화를 멸실 또는 손상시킨 경우 화주가 지불한 운임의 전부 또는 일부를 환불한다는 운송조건을 해상운송인이 받아들이지 않는다면 그 한도에 대해 피보험이익이 발생한다. 그래서 미리 지불한 운임은 '운송의 완료'라는 하나의 우연 (contingency)에 관계되고, 이 우연에 노출된 이익, 즉 도착지 지급운임(일본에서는 불확정운임)에 보험이 관계되게 된다.[64] 이 도착지 지급운임에 적용되는 보험약관을 도착지지급 운임약관이라고 한다.

contingency freight는 화주의 입장에서 화물이 도착하고 난 뒤 지급하는 운임으로 선적지에서는 미납운임이 되고, 도착지에서 지급하는 운임, 즉 후불 운임이다. 이러한 운임 조건이 필요한 것은 운송의 완료를 조건으로 화주가 지급채무를 지는 것으로서, 그 조건이 이루어질 때까지 화주로서는 운임지불의 채무가 발생하지 않는다는 의미에서 『해운물류큰사전』에서는 미필운임으로 번역하고 있다. 화물이 도착지에 도착하지 않으면 운임을 지불할 필요가 없으므로 전손 또는 일부분의 전손 위험에 대해서는 부보할 필요가 없으나, 화물이 목적지에 도착한 경우에는, 가령 그것이 손상을 받았다 하더라도 운임 전액을 지급하지 않으면 안된다.[65]

---

64 佐波宣平, 『海の 英語』, p.103.
65 『해운물류큰사전』, p.426.

corsair 코르세어, 해적, 해적선

라틴어의 '흐름'을 뜻하는 *cursus*에서 유래하였는데, 라틴어 cursor는 '주자', '경쟁자'를 뜻한다. 중세 라틴어에서는 cursarius로 사용되었고, 프랑스어로는 corsaire로 정착되었다.[66] '흘러가는 것'처럼 빨리 '달리는 사람'이라는 뜻으로 cursus가 cursor로 전화되었을 것이고, 바다에서 신출귀몰하게 빨리 약탈하고 달아나는 해적 또는 해적선을 corsair라고 부르게 되었을 것으로 추정해 볼 수 있다.

corsair는 이슬람교도와도 관련되어 있었는데, 이는 중세이후 근세에 이르기까지 투르크인과 사라센인 등의 이슬람교도들이 성지를 순례하다가 노자가 부족하면 이를 마련하기 위해 해상에서 해적질을 한 데서 유래된 것이다. 이들 이슬람교도들은 이교도인 기독교도를 대상으로 한 해적질에 대해서는 아무런 거리낌이나 부끄러움을 느끼지 않았다. 흔히 corsair를 이슬람해적(Moslem pirate)이나 '신심이 두터운 해적'(sanctimonious pirate)이라고 불리게 된 것도 이 때문이다.

하지만 corsair는 개인간의 사적 약탈 행위에 그친 것이 아니라 국가와 국가 사이에서도 문제를 일으키기도 했다. 중세 때 북아프리카 연안에 이슬람 국가가 건국되고 있을 때 해적질은 이들 국가의 주요 사업이기도 했다. 이따금씩은 서로 대립하고 있던 두 국가 사이에서는 적대와 보복 수단으로 이용되기도 했다. 근세로 접어들면서 양 교전국은 쌍방 모두 해적선에 적선나포면허장(letter of marque)을 발부하여 적국 사람이 소유하고 있는 선박과 재산을 몰수 내지 약탈하는 것을 허용하였는데, 이들을 corsair라 불렀다. 따라서 corsair와 privateer는 그 기원과 발생 지역이 다를 뿐 그 양상은 동일하다고 할 수 있다.[67]

---

66 *The Shorter Oxford English Dictionary*, p.432.
67 佐波宣平, 『海の 英語』, pp.101-102.

corvette 코벳선, 소형 호위함

라틴어의 '화물선'을 뜻하는 *corbita* 또는 큰 바구니를 뜻하는 *corbis*에서 유래된 것으로 포르투갈어의 corveta, 스페인어의 corbeta, 프랑스어와 이탈리아어의 corvette 등을 거쳐 영어 corvette으로 정착한 것으로 보인다. 이 말은 원래 중세 네덜란드어의 korf 선의 축소형인 프랑스어 고어 corvot이 corvette 형태로 정착되었다. 당초 이 선형은 선수부터 선미까지 평평한 평갑판 전함이나, 대포 1문을 장착한 brig 선이나 bark 선을 의미했으나, 오늘날에는 주로 소형 호위함을 가리킨다.[68] corvette의 어원과 관련하여 Lovette는 다음과 같이 설명하고 있다.

> "corvette는 라틴어 corbita나, 이집트의 곡물 운반선이 무역에 종사하고 있음을 보여주기 위해 돛대 위에 매달았던 '바구니'(corbis)에서 유래한 것이다. 중세에 corvette은 돛대가 하나인 속력이 빠른 소형 갤리선으로 돛이나 노로 추진했다. corvette은 1687년에 순시 임무를 위해 사용된 빠른 소형선으로 프랑스 해군에서 처음 모습을 나타냈다."[69]

coxswain 키잡이, 타수(舵手)

영어의 작은 배인 *cock*과 고대 노르만어의 *sveinn* 또는 *swain*(젊은이)이 결합된 말로, 원래는 '작은 cock 艇에 탄 선원'을 의미했다. 제1대 노포크 백작 (Duke

---

68 *The Shorter Oxford English Dictionary*, p.432.
69 L.P. Lovette, *Naval Customs, Traditions and Usage*, 1959, p.203; 佐波宣平,『海の 英語』, p.105 재인용.

of Norfolk)인 John Howard(1430?-1485)가 cokswaynne에게 급료를 지불했다는 기사가 남아 있는데, Burwash는 cokswaynne이 '배에 실린 작은 배를 담당하는 사람'으로 해석하고 있다.[70] 셰익스피어의 *King Lear*(리어왕)에는 Edgar가 한 다음과 같은 대사가 있다.

> The fishermen that walk upon the beach
>
> Appear like mice, and yond tall anchoring bark
>
> Diminish'd to her cock, her cock a buoy
>
> Almost too small for sight(Shakespeare, King Lear, IV, vi, 18-21)
>
> 해변을 걷고 있는 어부들이 쥐처럼 보이고,
>
> 거기에 닻을 내리고 있는 돛대가 높은 bark 선은
>
> 그 배에 실린 cock 같이 작게 보여,
>
> cock은 하나의 부표 같아서 눈에 보이지 않을 정도로 작다.

이 대사를 통해 cock이 bark 선에 실린 작은 배였음을 알 수 있는데, 중세부터 근세 초까지 영국에는 대형선에 싣고 다니는 소형선으로 boat, cock, skiff 세 가지가 있었다. 각 배에 승선한 선원들을 boatswain, cockswain, skiffswain이라고 불렀는데, 이 가운데 skiffswain은 사라지고, boatswain은 '갑판장'으로, cockswain은 coxswain으로 변형되어 키잡이를 각각 의미하게 되었다. 그런데 오늘날 cock은 더 이상 사용되지 않은 선형이기에 영어에서 이 말은 소형선이라는 뜻은 완전히 사라졌고, 수탉, 새의 수컷, 마개, 남성의 음경, 두목, 친구 등의 뜻으로 더 널리 쓰이고 있다. 흥미로운 것은 유럽의 주요 언어에 '작은 배'를 뜻하는 낱말이 동족

---

70 Burwash, *English Merchant Shipping*, 1460-1540, p.37.

어로 보인다는 점이다. 이탈리아어의 cocca, 스페인어의 coca, 프랑스어의 cocke, 네덜란드어의 kog 등이 그 예다.[71]

crew 승무원, 선원

라틴어의 '증가하다'를 뜻하는 *crescere*에서 유래한 낱말로, 프랑스 고어 creüe(현대 프랑스어의 crue)를 거쳐 해사영어에서는 1455년에 crue 형태로 사용된 용례가 있다. 어원적으로 본다면 crew는 영어의 accrue(증가하다)와 같은데, 이것의 축약형인 accrue가 변형되어 crue를 거쳐 crew로 정착되었다. crew는 원래 군사용어로 '부대의 증원군'이란 의미로 사용되기 시작했고, 선박의 승무원, 즉 선원을 뜻하는 용례로 사용된 것은 1694년이 첫 용례라고 한다.[72] 그러므로 crew는 선원에만 해당하는 것이 아니라, 군대나 소방대 등의 구성원, 항공기의 승무원, 사관에 대해 일반사병 또는 보통선원을 의미하기도 한다. 필자가 승선했을 때 들었던 재미있는 이야기가 있다. 영어를 못하는 보통 선원이 공항에서 세관을 통관하려고 했는데, crew only라는 출입구를 보고 그쪽으로 통과하려 했다는 것이다. 물론 공항에서 crew는 항공기 승무원을 의미하는 것인데, 이 선원은 crew를 '선원'으로만 알고 있었던 데서 발생한 우스개 얘기다. 해사영어에서는 crew list(선원 명부), crew space(승무원실), relief crew(교대선원) 등의 용례로도 사용되고 있다.

---

71 佐波宣平, 『海の 英語』, p.106.
72 *The Shorter Oxford English Dictionary*, p.455.

cruiser 순양함, 유람선

라틴어의 '십자가'를 뜻하는 crux의 속격 *crucis*에 기원을 둔 낱말로 네덜란드어에서 kruis 형태로 사용되었다가 오늘날에는 kruisen으로 변형되어 '십자가'와 '순항하다'는 두 가지 의미로 사용되고 있고, kruis는 지금도 '십자가'로 사용되고 있다. 십자가를 뜻했던 cruise가 어떻게 영어의 '순양하다', 또는 '순양함', '유람선'으로 변용되었는지에 대해서는 Garrison은 다음과 같이 설명하고 있다.

> "네덜란드는 오랫 동안 해상패권을 놓고 다툰 주요 국가였다. 그렇지만 네덜란드인들은 스페인과 잉글랜드가 신대륙의 부를 통해 빠르게 성장함에 따라 그 토대를 상실하였다. 그에 따라 게르만계 언어를 사용하는 많은 선원들이 화물과 여객운송 업무를 그만두고, 경쟁국가의 보물운반선을 먹잇감으로 삼기 시작했다. 그와 같은 해적선들은 정해진 계획에 따라 항해한 것이 아니라, 희생양을 찾아 해상로를 따라 왔다 갔다 항해하였다. 이렇게 '갈짓자 항해'를 저지 게르만어로 kruisen(횡단하다)이라고 했다. 영국인들이 17세기 말에 이 네덜란드 단어를 받아들여 cruise로 변형하였다. 오랜 기간 이 낱말은 적함을 찾아 바다를 갈짓자로 순항하는 전함처럼 '십자형 항해'를 가리키는 용어로 사용되었다. 유람선의 선주들도 특정한 계획없이 항해하는 것에 대해 이 용어를 사용하기 시작했고, 증기선이 관광 여행을 싸고 대중적으로 만들게 됨에 따라 대다수의 유람 항해도 cruise로 불리게 되었다."[73]

오늘날 cruise는 해상뿐만 아니라 육상에서 다양한 용도로 활용되고 있다. cruising taxi(손님을 찾아 다는 택시), cruise missile(순항 미사일), cruising speed(경

---

73 W.B. Garrison, *Why You Say It*, 1947, p.58; 佐波宣平, 『海の 英語』, p.108 재인용.

제주행 속도), cruising(차를 타고 섹스 파트너를 찾아다니는 행위) 등이 그 예다.

deadeye, dead man's eye 삼공 활차(三孔滑車)

　세 개의 구멍이 뚫린 원형 활차로 고정 밧줄의 끝에 사용하여 활차의 구멍에 조임줄을 통과시켜 고정 밧줄이 일정한 장력을 갖도록 하는 데 이용된다. 우리말로는 도르래의 일종이라 할 수 있는 이것을 왜 deadeye라고 부르게 되었는지에 대해서 Smyth는 "도르래 모서리에 장력을 감소시키기 위한 '회전용 고패'(revolving sheave)가 없었기 때문에 dead라고 불리게 된 것 같다"고 설명하고 있다.[1]

　그러나 일반 도르래에 밧줄이 미끄러지지 않고 잡아당길

deadeye

---

[1] Smyth, *The Sailor's Word Book*, p.235.

deadman's hand   deadman's bell[2]

수 있는 고패를 만들지 않았다고 해서 그것을 dead(죽은)라고 표현한다는 것이 쉽게 납득하기 어렵다. 이 보다는 그 모양에서 유래한 것이 아닐까 추정해 본다. 왜냐하면 Smyth도 써 놓은 것처럼, deadeye는 헨리 7세 시대에는 dead man's

페루 리마국립인류고고학박물관의 해골
자료 : doopedia.co.kr.

eye라고 불렸다고 하는데, dead man's hand나 dead man's thumb(난초과 식물, orchis mascula), dead man's bells(지황, Digitalis, foxglove) 등이 모두 그 모양에서 유래한 식물 이름일 것임을 고려하면 dead man's eye도 그 모양에서 유래한 것이 아닐까? deadeye의 모양만 놓고 보면, 죽은 사람의 해골에 눈 2개와 입이나 코 1개의

2 http://en.wikipedia.org/wiki(2024. 8.10.)

구멍만 도드라져 보이기 때문에 해골을 연상하게 된다. 따라서 선원들이 해골을 연상하여 3공활차를 deadman's eye＝deadeye라고 부르게 된 것이 아닐까?

dead reckoning : 추측항법, 선위 추정

해사영어에서 dead가 사용된 예는 앞서 살펴본 deadeye를 비롯하여, dead reckoning과 deadweight 등이 있다. 필자의 견해가 옳다면, deadeye는 본디말 deadman's eye의 뜻 그대로 '죽은 사람의 눈', 즉 해골과 겉모습이 닮은 데서 유래하였다. 그러나 dead reckoning과 deadweight의 어원에 대해서는 아직 이렇다 할 정설이 없다. SOED에도 이 두 낱말의 역사적 기원에 대해서는 아무런 언급이 없이 뜻만 소개되어 있다. 그런데 Lovette와 Layton이 흥미로운 견해를 제시하고 있다.

Lovette(1959) : "17세기와 18세기 초 이 말은 *deduced* reckoning이나 deduced position으로 사용되었다. 옛 항해일지에는 deduced position을 기입하는 란이 있었는데, 란 상단의 여백이 부족했기 때문에 ded reckoning으로 적혀 있는 게 일반적인 관행이었다. 항해사들은 이 선위를 '란의 상단에 적혀 있는 축약된 용어', 즉 ded reckoning으로 사용하였는데, 여기에 철자에 변화가 생겨 발음이 같은 dead reckoning이 되었다.

Layton(1961) : "추측 항법 — 항정, 침로, 풍압을 고려하여 선위를 추정하는 것. "deduced reckoning(추론한 계산)이 변형된 것이라는 얘기가 있지만, 아주 논쟁의 여지가 많다."[3]

위의 두 책을 인용한 사와 센페이 교수도 dead reckoning이 deduced reckoning에서 유래하였다는 설이 상당한 근거가 있다고 보고 있다. 그는 이와 같은 과정을 deadweight에 적용하여 deduced weight → ded weight → deadweight가 된 것으로 추정해 볼 수 있다고 설명하고 있다. 하지만 정작 deadweight tonnage 항목에서는 이와는 다르게 deadweight의 어원을 설명하고 있다.[4]

추측항법을 다른 유럽어로는 어떻게 사용하는지 살펴보면, 독일어로는 ungefähre Berechnung(대체적인 계산, 추산), Koppelnavigation(추측항법), 스페인어로는 navegación a estima(추측항법), 네덜란드어로는 gegist bestek(추정된 선위, 추측항법), 포르투갈어로는 navegação por calculação(추산항법) 등으로 사용된다. 이는 대부분의 유럽어들은 '추측항법'을 본래 의미 그대로 직역하여 사용하고 있음을 보여준다. 이를 영어 dead reckoning에 적용하면, dead도 deduced에서 유래했다는 Lovette의 설명이 맞게 된다.

deadweight tonnage 중량톤수

영어 deadweight는 '자체 중량'으로 독일어의 Totlast(死重)와 같은데, 독일어 Totlast는 원래 Nutzlast(사용중량, 적재중량)에 대한 Unnutzlast(사용되지 않은 중량), 즉 자체 중량(Eigengewicht)을 의미한다. deadweight는 1660년에 '자체 중량'이란 뜻으로 사용되었고, 1858년에서야 '배에 실려 있는 화물'이란 뜻으로 사용

---

3 L.P. Lovette, *Naval Customs, Traditions and Usage*, 1959, p.204; C.W.T. Layton, *Dictionary of Nautical Words and Terms*, 1961, p.115; 佐波宣平, 『海の 英語』, pp.113-114 재인용.
4 佐波宣平, 『海の 英語』, p.114.

되었다.[5] 그러나 오늘날 해사업계에서는 deadweight tonnage는 '자체 중량 톤수'를 의미하는 게 아니라, 만재 중량에서 경하 중량을 뺀 것으로 선박에 실제로 실을 수 있는 '재화중량톤수'를 의미한다.

그렇다면 '자체 중량'이었던 deadweight가 deadweight tonnage가 되면서 '재화중량톤수'로 그 말뜻이 변하게 되었을까? 사와 센페이는 그 과정을 다음과 같이 설명하고 있다. 우선은 만재 중량(full-loaded)에서 자체 중량(deadweight)을 뺀 것이 재화중량(deadweight tonnage)인데, 언중이 짧은 것을 선호하여 정작 만재 중량이란 말을 생략하여 그저 deadweight tonnage로 사용하게 된 데서 유래했을 개연성이 있다.

이와 비슷한 예가 "lucus a non lucendo"다. 이 숙어는 두 가지 의미로 해석되어 왔다. 첫째는 "라틴어 낱말 lucus(숲)는 'non lucendo'(빛이 닿지 않은)란 말에서 유래했다"는 뜻으로 풀이하는 것이다. 이러한 설명은 4세기 문법 학자 세르비우스(Servius)가 버질(Virgil)의 아에네에스(Aeneid 1.22)에 대한 주석에서 제기한 것이다.[6] 이 설을 맞는 주장이라고 보는 측에서는 deadweight tonnage도 이와 유사하다는 것이다. 그러나 이는 잘못된 견해다.

두 번째는 "lucus(숲)는 빛남(lucendo)에서 유래한 것이 아니다"라는 뜻으로 해석하는 것으로, 발음이나 형태상 유사한 것에서 유래나 기원을 찾는 것은 잘못되었음을 지적하는 표현이라는 것이다. 오늘날 많은 언어학자들은 'lucus a non lucendo'를 '어불성설' 또는 '터무니 없는 억설(臆說)'을 뜻하는 것으로 사용하고 있다.[7] 라틴어에는 이와 유사한 사례가 몇 가지 있다.

---

5 *The Shorter Oxford English Dictionary*, p.494.
 6 https://www.etymonline.com/search?q=lucus+a+non+lucendo(2024.3.15.)
 7 Harper, *Online Etymology Dictionary*, at https://www.etymonline.com(2024. 3.15.)

- bellum a nullare bella : 전쟁은 '아름다움'이란 말에서 유래한 것이 아니다.
- canis a non canendo : 개는 '노래하기'란 말에서 유래한 것이 아니다.
- lupus a non lupendo : 늑대는 '슬퍼함'이란 말에서 유래한 것이 아니다.

또 다른 이유로는 deadweight를 '자체 중량'이 아니라 '무거운 화물'로 생각해 deadweight tonnage를 '적재 중량을 표시하는 톤수'로 오용하게 되었을 수 있다. 그런데 '적재 중량톤수'를 영어로 하면 간략히 weight tonnage로 쓰는 것으로 족한 데, 굳이 dead를 덧붙일 필요는 없었을 것이다. 만재흘수선을 입법화하는 데 공헌한 영국의 Samuel Plimsoll은 1873년에 deadweight를 '용적에 비해 무거운 화물'로 사용하였다.

> "1톤이 35ft3 이상인 화물을 dead-weight라 부른다. 1톤이 5ft3의 부피를 가진 철재는 화물 가운데 최중량물(the heaviest dead-weight)이다."[8]

그러나 사와 센페이는 "Plimsoll이 dead-weight를 이렇듯 '용적에 비해 무거운 화물'로 사용한 것은 그가 아직 해사용어에 익숙하지 않는 데 기인한 것으로, 원래 뜻은 어디까지나 '자체 중량이다'라고 주장하고 있다.

결론적으로 deadweight tonnage란 낱말은 '만재 중량 - 자체 중량 = 재화중량 톤수'란 등식에서 만재 중량은 생략되고, 자체 중량 = 재화중량톤수로 언중이 사용한 데서 비롯된 해사용어다.[9]

---

8 Samuel Plimsoll, *Our Seamen*, 1873, p.49; 佐波宣平, 『海の 英語』, p.116 재인용.
9 이상 佐波宣平, 『海の 英語』, pp.115-116.

delivery 인도

영어 deliver(인도하다, 해방시키다, 말하다)는 라틴어 *de*(분리를 뜻하는 접두어) + *liberare*(구하다, 벗어나다)가 결합된 말이므로, 그 명사형 delivery는 de + liberty 가 결합된 낱말 delivery의 b → v로 변형되어 형성된 말이다.[10] 어원대로 이 낱말 은 '화물을 수화주에게 인도함으로써 운송과 보관의 책임에서 벗어난 상태'에서 유래한 말이다. 이처럼 파열음 b와 마찰음 v가 자주 혼용되고 있는 예는 유럽어에 서 널리 찾아볼 수 있다. 이를테면 영어와 독일어를 비교해보면, 영어의 v가 독일 어에서는 b로 쓰이고 있는 것을 알 수 있다.

영어	have	love	grave	drive
독일어	haben	Liebe	Grab	treiben

delivery의 어근이라고 할 수 있는 라틴어 liber는 '자유의'라는 뜻 이외에 '나무 속껍질'이란 뜻과 여기에서 파생된 '문서', '서적'이란 뜻도 함께 갖고 있다. 이 낱말에서 영어 library(도서관)가 나왔고, 프랑스어의 livre(문서, 책)이란 뜻이 나왔 음은 두말할 필요도 없다. 여기에서도 파열음 b와 마찰음 v가 혼용되고 있음을 알 수 있다.[11]

---

10 *The Shorter Oxford English Dictionary*, p.513.
11 佐波宣平, 『海の 英語』, pp.117-118.

derrick 데릭, 기중기

1600년 경 런던 Tyburn의 교수형 집행인의 이름에서 유래하였는데, 영어에는 이와 유사한 성이 없으므로 네덜란드의 *Dirk, Dierryk, Diederick*나, 독일의 *Dietrich* 란 성을 쓴 사람이 영국에 정착한 사람이었을 것이다. 당시 연극에서도 derrick이 란 말이 등장하기도 했는데, 이때는 기중기란 뜻이 아니라, 교수형 집행인이나 교수대를 의미했다. 결국 교수대 집행인의 성이 '교수대' 또는 '교수형 집행인'을 지칭하는 대명사가 되고, 교수대와 그 모양이 유사한 착안하여 '기중기'란 뜻으로 어의가 전성된 것이다. 영어에서 기중기란 뜻으로 쓰이게 된 첫 용례는 1727년이 다.[12]

아유슈비츠수용소의 교수대[13]

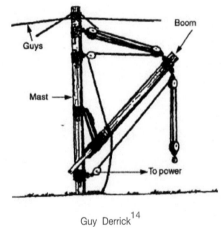

Guy Derrick[14]

---

12 *The Shorter Oxford English Dictionary*, p.526.

이와 유사한 것으로 프랑스혁명기 때 단두대로 쓰인 기요탱(Guillotin)이 있다. 널리 알려진 것처럼, 단두대는 프랑스의 의사 기요탱(Joseph-Ignace Guillotin, 1738-1814)이 처형되는 사람의 고통을 줄여주기 위해 1789년에 제안한 데서 그 제안자의 이름을 단두대의 명칭으로 붙이게 된 것이다. 그러나 기요탱은 단두대를 제안만 했지 제작한 것은 아니었고, 이를 제작한 사람은 Antoine Louis라고 한다. 흔히 길로틴 제안자인 기요탱이 길로틴에 의해 죽은 것으로 알려져 있지만, 실제로는 자연사했다.

desert 탈주, 탈선(脫船)

라틴어의 *de*(분리) + *serere*(연결하다)가 결합된 deserere(내버려두다, 탈주하다)가 변형되어 영어에서 desert로 정착한 말이다.[15] 구체적으로 살펴보면, serere의 완료분사형이 sertum이고, 이로부터 desertus(방치된, 사람이 살지 않는)와 desertor(탈주자, 도망병)란 낱말이 파생되었다. 해사영어의 desert는 바로 이 단어에서 기원하여 '선박과의 연결 관계를 이탈하다', '종래의 관계를 무시하다'는 의미에서 명사형으로 '탈주' 또는 '탈선'을 의미하게 되었다.

널리 알려진 것처럼, 영어 desert는 탈주, 탈선이라는 뜻 이외에, '사막'의 뜻으로도 쓰이는데, 철자는 같지만 발음이 다른 동어이음어이다. '탈주'의 뜻으로 쓰일

---

13 doopedia.co.kr(2024. 8. 10.)
14 en.wikipedia.org/wiki/Derrick(2024. 8. 10.)
15 *The Shorter Oxford English Dictionary*, p.527.

때는 [dizɔːt]로 발음되고, '사막'일 때는 [dezət]이다. 또한 이 낱말과 자주 혼동되기도 하는 dessert는 des + servir가 합쳐진 말로 '이것으로 식사 접대가 끝'이라는 의미로 '후식'을 뜻한다.[16]

그런데 흥미로운 것은 영국의 뱃사람들은 선원이 탈주 내지 탈선하는 것을 desert라는 낱말을 사용하기보다는 대체어를 더 자주 사용하였는데, 그 용례를 정리해보면 다음과 같다.

'탈주하다', '탈선하다'를 의미하는 선원들의 속어

- to cut a stick(지팡이, 기둥) : '돛대 기둥을 자르다', '탈주 선원을 선박명부에서 제명하다'
- to cut one's painter : '선박과 자신을 연결하는 밧줄(painter)을 잘라내다', '선박과의 관계를 끊다'
- to give leg bail : '다리에 보석금(bail)을 부여하다', '마음 내키는 대로 가다'
- to hurry off : '서둘러 사라지다'
- to jump a ship : '배에서 뛰어 내리다', '이직하다'
- to levant : 라틴어의 levare(올리다, 올라가다)의 현재분사형 levant에서 스페인어 levantar가 파생되었는데, 스페인어로 levantar la casa라고 하면 '집을 비우다', '이사하다'를 뜻한다. 스페인 선원과 접촉한 영국 선원들이 이 말을 받아들여 to levant라고 하여 '탈주하다'를 의미하는 표현으로 사용하였다.
- to skin out : 껍질을 벗기다 → 사취하다 → 탈주하다
- to sling(take) one's hook : 닻(hook)을 걷어올리다 → 배가 출항하다 → 탈

---

16 *The Shorter Oxford English Dictionary*, p.530.

주하다
- to slip one's cable : 닻줄을 벗기다 → 탈주하다
- to walk one's chalk : 계획(chalk-분필로 그리다)대로 걸어가다 → 탈주하다[17]

deviation 이로(離路)

라틴어의 *de*(분리를 뜻하는 접두사) + *via*(길)이 결합된 말로, 어원적으로 '길에서 벗어난 것'을 뜻하므로 해사영어에서는 '배가 정해진 항로를 벗어나 항해하는 것'을 의미한다. 라틴어 via는 영어에 다양하게 흔적을 남기고 있는데, convoy(호송, 수송), conveyance(운반, 수송), voyage(항해) 등이 그 예다. via는 그 자체로 전치사로 사용되어 '경유하여'를 뜻하기도 한다. 그러나 aviation(비행, 항공)은 via가 아니라 avis(새, 징후)에서 유래하였다.

사와 센페이는 deviation이 영국 선원들의 속어로 사용된 재미있는 예를 소개하고 있다. 바지를 다릴 때 다리미가 없을 경우 이불 밑에 넣어두고 자고 나면 몸의 중량에 의해 다림질과 비슷한 효과를 볼 수가 있다. 그런데 이 경우 원래 주름이 아닌 다른 주름이 잡힐 수가 있는데, 영국 선원들은 이를 deviation이라고 불렀다고 한다. 원래 주름에서 벗어난 데서 착안하여 선원들이 전문 해사용어를 재미있게 응용한 사례가 할 수 있다.[18]

17 佐波宣平, 『海の 英語』, p.120.
18 佐波宣平, 『海の 英語』, p.121.

dog-watch 반 당직

범선 시대 선원들을 출항을 하게 되면 당직제로 일을 하였다. 선원의 반은 우현 당직에, 그리고 나머지 반은 좌현 당직에 할당되었다. 각 당직팀은 소형선이나 연안선에서는 선장과 1항사가 나누어 감독하지만, 대형선에서는 1항사와 2항사가 책임지게 된다. 당직은 네 시간씩 교대로 하게 되는데, 매일 같은 시간에 당직을 서는 것을 피하기 위해 오수 8시가지는 반 당직(dog-watch)라 하여 새벽 4-6시, 새벽 6-8시까지 2시간씩 나누어 당직을 보도록 했다.[19] 이렇게 구분하게 되면 24시간을 6개조가 아니라 7개조로 나뉘게 된다.

그런데 절반씩 당직을 서는 것을 왜 dog-watch라 부르게 했을까? 사와 센페이는 다음과 같은 몇 가지 재미있는 설을 소개하고 있다.

1. **얕게 잠이 드는 개의 습성에서 유래했다는 설** : *The light sleeping of dog*(개가 얕게 자는 잠)이란 표현에서 알 수 있듯이, 개는 잠이 얕아서 야간당직을 서기에 적당한 습성을 갖고 있다. 그 때문에 육지에서 개가 밤에 얕게 잠을 자면서 집을 지키는 것처럼, 배에서도 새벽에 당직을 서는 것을 개-당직(dog-watch)이라 부르게 되었다는 것이다.[20]

2. **독일 군함에서 새벽 0사-4시까지의 당직을 'Hundewache'라 부른 데서 유래했다는 설** : 낱말 자체로만 본다면, Hundewache = hund(개) + wache(경계, 경비)이므로 영어로는 dog-watch가 되지만, 어원적으로 보면 이 말은 개와는 관계가 없다. 이 말은 독일인들의 사고와 관계가 있는데, 새벽 0시부터 4시까지의

---

19 Smyth, *The Sailor's Wordbook*, p.256.
20 Kluge, *Seemannssprache*, s.386

한 밤중에는 개 조차도 폭풍우나 거친 날씨에도 집밖으로 나가는 경우가 없다. 따라서 Hundewache란 낱말은 Hintewache에서 유래된 말일 가능성이 크다. 독일어로 '전날 밤부터 다음 날 동이 틀 때까지'를 'heute Nacht'(오늘밤)이라고 'heint'라고도 말하는데, heinte, hinte, hint 등으로도 쓰였다. '올해'라고 하는 것도 독일어로는 'diese Jahr'인데, 줄여서 heuer라고 하는 것도 유사한 예다. 따라서 Hintewache가 Huetenachwache(오늘밤 당직)이 되고, Hundewache로 변했다는 것이다.[21]

3. **Dodge-watch가 전화한 것이라는 설** : 앞서 설명한 것처럼, 4시간씩 당직을 서게 되면 같은 조가 항상 같은 시간에 당직을 서야 하기 때문에, 이것을 'dodge'(피하다, 빗나가다)하기 위해 가장 힘든 새벽 4-8시 당직을 반으로 나누었다. 결국 to dodge watch하기 위한 dodge watch가 dog-watch로 생략되었다는 것이다.[22]

4. **docked watch에서 유래했다는 설** : Cradock 제독은 그의 *Whispers from the Fleet*란 책에서 dog-watch를 'curtailed watch'(단축된 당직)이라고 불렀다. 해 사용어 dock는 명사로 '선거'로 흔히 사용되지만, 일반 동사로 사용하면 '자르다, 삭감하다' 등의 뜻으로 사용된다. 결국 dog-watch는 당직 본래의 의미처럼 '단축된 당직', 즉 *docked watch*가 변형된 데서 유래했다는 것이다.[23]

사와 센페이는 이와 같이 4가지 설을 소개하고, 개의 수면 습관이나 독일어의 Hund(개)에서 그 유래를 설명하는 견해에 대해서는 독일군함에서 0-4시까지를

21 G. Goedel, *Etymologisches Wörterbuch der deutschen Seemannsprache*, 1902, s.210.
22 B. Hargrave, *Origins and Meanings of Popular Phrases and Names*, London, p.89
23 L.P. Lovette, *Naval Customs, Traditions and Usage*, 1959, p.204.

Hundewahce라 하는 데 반해, 영어에서의 dog-watch는 4-8시까지를 2시간씩 나누어 당직을 서는 것이라는 점을 고려하면 받아들이기 힘들다는 견해를 밝히고 있다.[24]

당직과 관련된 용어로 오늘날 상선에서 흔히 mid-watch라고 부르는 자정부터 4시까지의 당직을 grave-watch라고도 한다. mid-watch가 middle watch의 축약형인데, 흔히 우리나라 상선에서는 이를 midnight watch의 줄임말로 생각하는 경향이 있지만 이는 잘못이다. grave watch는 middle watch 시간이 사람들이 가장 깊이 잠드는 시간이기 때문에 당직자들로서는 마치 '무덤에서 서는 당직'(graveyard watch) 같이 느꼈던 데서 유래된 말이다.

doldrums 적도 무풍대

영어의 *dull*(둔한, 날씨가 흐린, 침체한)과 *tantrum*(울화가 치민, 화가 난)이 결합된 말에서 유래하였다. 영어 속어로 dull을 dol로 사용하는 경우가 있었으므로 doltantrum이 원형이었겠으나, 발음상 tan이 탈락되고 t가 d로 약화되어 doldrum이 된 것이다. 보통 doldurms라고 복수형으로 사용된다.[25]

바람을 이용하여 추진력을 얻는 범선이 적도 무풍대에 들어선다는 것은 선원들에게는 죽음과도 같은 고역이었을 것이다. 영국의 시인 Samuel Coleridge(1772-

---

24 이상 佐波宣平, 『海の 英語』, pp.125-126.
25 *The Shorter Oxford English Dictionary*, p.592.

150 개정증보판 해사영어의 어원

1834)의 장편시 '옛 선원의 노래'(The Rime of the Ancient Mariner,1798)에는
'배가 적도 무풍대에 갇혀 꼼짝달싹 못하는 것은 어느 뱃사람이 아무런 이유 없이
알바트로스를 죽인 죄업으로 신이 재앙을 내린 것으로 받아들여 아주 두려워했다'
고 표현하고 있다. Coleridge는 이 장편시에서 적도 무풍대에 갇히 범선의 상황을
다음과 같이 표현하고 있다.

Down dropts the breeze, the sails dropt down
'Twas sad as sad could be:
And we did speak only to break
The silence of the sea!

All in a hot and copper sky,
The bloody Sun, at noon,
Right up above the mast did stand,
No bigger than the Moon

Day after day, dat after day,
We struck, nor breath nor notion;
As idle as a painted ship
Upon a painted ocean.[27]

1876년판에 삽입된 Gustave Doré의 삽화[26]

바람이 멈추고, 돛도 움직이지 않네.
이보다 더 슬픈 일은 없네.

26 http://en.wikipedia.org/wiki/The_Rime_of_the_Ancient_Mariner(2024. 8. 20.)
27 http://www.poets.org/poetsorg/poem/rime-ancient-mariner(2024. 8. 20.)

우리들은 그저 바다의 침묵을
깨드려 달라고 얘기할 수 있을 뿐이네!

모든 것이 뜨거운 구릿빛 하늘 아래 있고,
한낮의 시뻘건 태양이
돛대 바로 위에 떠 있고,
달 그림자보다 크지 않네.

하루 또 하루, 그리고 하루 또 하루,
숨도 쉬지 못하고, 아무런 생각도 없이
페인트 칠한 바다 위에
페인트 칠한 배 위에서
우리들은 그저 빈둥거릴 뿐.

draught, draft 흘수(吃水)

고대 게르만어의 '끌다'를 뜻하는 *dragan*(현대 독일어 tragen)에서 기원한 말인데, 이 말이 고대 노르만어에서는 drahtr나 dráttr로 사용되었고, 중세 네덜란드어에서는 dragt, 고대 고지 게르만어에서는 traht(현대 독일어의 tracht) 등으로 사용되다가 영어에 유입된 말이다.[28] 결국 draught는 '배가 끌어들인(마신) 물의 양이란 뜻에서 기원한 말인 셈이다. 영어 draw는 다양한 용법으로 사용되고 있고, 그 명사형인 draught도 마찬가지다.

---

28 *The Shorter Oxford English Dictionary*, p.603.

- He *draws* a pencil across a piece of paper. → draught (도안, 설계)
- A ship *draws* 20 feet of water. → draught (흘수)
- a draught of beer → 단숨에 마시는 맥주

일본인들이 이 말을 한자어로 번역할 때 배가 '마신 물'이란 의미로 '吃水' 또는 '喫水'(독음이 모두 **きっすい**임)라고 하였는데, 어원을 고려하면 아주 적절한 번역 어로 생각된다. 일본 고유어로는 '船脚'(**ふねあし**)라는 말이 있다고 한다.

독일어로 흘수는 Wassertracht라 하는데, 이 말 역시 tragen의 과거형인 trüg과 같은 계통의 tracht에서 유래하였고, 프랑스어로는 tirailler(끌어당기다)에서 유래한 tirant d'eau 또는 tirant이라고 한다. 독일어로 흘수는 Wassertiefe나 Tiefgang이라는 말도 사용되는데, 이 말들은 본래 물의 깊이, 즉 수심을 의미하였다.[29]

dreadnought 드레드노트급 전함

영어 *dread*(무서운, 두려운)와 *nought*(없음)가 결합되어 '두려울 것이 없는 전함'이란 뜻으로 명명된 영국의 전함 Dreadnought 호의 함명에서 유래하였다. 1905년 러일전쟁의 쓰시마해전에서 일본 해군이 러시아 해군을 포격전으로 승리를 거두어 이른바 거함거포주의를 촉발시켰다. 쓰시마해전에서 일본 해군의 주력함이 미카사(三笠), 하츠세(初瀬), 아사히(朝日), 시키시마(敷島), 야츠시마(八島), 후지(富士) 등은 1897년부터 1902년 사이에 영국이 건조하여 일본에 판매한 전함들로 흔히 pre-dreadnought급 전함이라고 한다. 쓰시마해전에서 일본 해군은 2만 야드

---

29 이상 佐波宣平, 『海の 英語』, pp.128-129.

HMS Dreadnought
자료 : P.Kemp, *The History of Ships*, p.213

의 거리에서부터 포격전을 시작하여 1만 3000야드에서 명중탄을 내고, 7000~8000야드에서는 상당량의 포탄을 명중시켰다. 원거리 사격은 동종의 거포를 일제 발사하는 것이 명중률을 높이는 최선의 방법이다. 그러자면 종래의 전함처럼 여러 종류의 포를 많이 탑재하는 것보다는 대구경의 포를 가능한 한 많이 탑재하고, 가능한 배가 커야 했으며, 속력도 빨라야 했다. 이는 결국 전함은 기존의 다종다포주의에서 대구경 단일포주의로 전환해야 했다. 이로써 이른바 거함거포주의가 탄생하게 된 전술 개념이었고, 그 결과 탄생한 것이 드레드노트 호였다.

1906년 2월 10일 진수된 드레드노트 호는 이전의 1등급 전함인 프리-드레드노트급 전함과 비교하여 배수량은 1만 7900톤급으로 3000톤이 더 컸고, 속력은 21노트로 3노트가 빠르며, 주포는 12인치 포 10문으로 2.5배나 많이 탑재하였다. 이와 같은 고속 거함은 종전의 증기왕복동기관을 채택하지 않고, 대 마력을 얻을 수 있는 증기터빈을 채택함으로써 건조될 수 있었다. 증기왕복동기관의 출력은 1만 5000마력인데 반해, 증기터빈의 출력은 2만 3000톤에 이르렀다.

드레드노트 호의 출현으로 종전의 1등급 함들은 2급함으로 전락하고 말았다. 따라서 드레드노트 호 출현 이전의 전함을 프리-드레드노트급 전함으로, 그 이후 건조된 드레드노트급 전함을 드레드노트급 전함으로 불리게 된다. 1906년의 전함의 이름에서 유래한 드레드노트가 보통 명사가 된 셈이다.[30]

드레드노트 호의 주요 제원

배수량(톤)	길이x너비(피트)	주포(구경 x 문)	장갑 두께(인치)	기관출력(HP)	속력(노트)
17,900	527 x 82	12 ″ x 10	11	23,000	21

자료 : 김재근, 『배의 역사』, p.232.

Dutchman 네덜란드인, 네덜란드 상선

글자 그대로 '네덜란드인'을 뜻하기도 하고, '네덜란드 상선'을 뜻하기도 한다. SOED에 따르면, 1596년에 네덜란드인을 의미하는 것으로 먼저 쓰였고, 1657년에 네덜란드 상선을 뜻하는 용례로 사용되었다.[31] 이는 Englishman이 영국인과 영국 상선을 의미하는 것과 같다. 영국인들은 네덜란드인들을 대체로 경멸적으로 바라보았는데, 따라서 영어에 Dutch가 포함된 용어는 대체로 좋지 못한 뜻으로 사용되는 경우가 많다.

- Dutch account : 각추렴. 각자 부담 = Dutch pay = Dutch treat:
- Dutch act : 자살
- Dutch auction : 값을 차차 내려 부르는 경매 방식
- Dutch bargain : 술을 마시면서 맺는 매매 계약, 즉 불공정한 거래
- Dutch barn : 영국이나 독일식의 직사각형의 헛간이 아니라 정사각형의

---

30 김재근, 『배의 역사』, pp.231-232.
31 *The Shorter Oxford English Dictionary*, p.619.

헛간

- Dutch concert : 여러 가지 악기가 제각기 소리를 내는 음악 또는 소음
- Dutch courage : 술김에 내는 용기. 객기
- Dutch leave : 인사도 없이 가버리는 이별
- Dutch metal : 구리와 아연의 합금으로 만든 모조 금박
- Dutch uncle : 심하게 비판하는 사람
- Dutch wife : 죽부인. 아내 대용품
- I'm a Dutchman : 내 손에 장을 지진다. 내 성을 간다.
- Dutchman's anchor : '깜빡 잊어버린 중요한 물건.' 옛날 한 네덜란드 선장이 좋은 닻을 갖고 있었지만, 이것을 집에 나둔 채 귀선하는 바람에 배가 난파하게 된 데서 유래된 말로 경멸의 뜻이 내포되어 있다.
- Dutchman's breeches : 직역하면 '네덜란드인의 반바지'란 뜻이지만, 해사 용어로는 '폭풍우가 잠시 잦아들 때 조금 보이는 푸른 하늘'을 의미한다.[32] 네덜란드인들은 검소한 것으로 유명한데, 반바지를 만들 때도 천을 아주 적게 사용한 데서 유래된 말로 역시 경멸의 뜻이 내포되어 있다. 일반 영어에서는 '금낭화 속의 성주풀 (Dicentra)'을 가리키기도 한다.
- Dutchman's cape : 수평선상의 구름 봉우리 따위가 만드는 가상의 육지 그림자
- Dutchman's pipe : '엉키는 관목 식물' 또는 '남미의 말벌 집'

---

[32] Smyth, *The Sailor's Wordbook*, p.269.

engine 기관, 엔진

라틴어 *ingenium*(성질, 성품, 재주, 수재)을 어원으로 하여 12세기에 고대프랑스어에 engin(skill, wit, cleverness, trick, deceit, war machine) 등으로 의미로 사용되다가 1300년경 'mechanical device', 'manner of construction', 'skill', 'deceitfulness', 'trickery' 등의 뜻으로 영어에 유입되었다.[1] 시일의 경과에 따라 engine에는 여러 의미가 덧붙여졌는데, 1689년에는 '고문 장치'(engine of torture), 1781년에는 '기구'(appliance) 또는 '기관'(means), 1816년에는 '증기기관'의 의미가 각각 덧붙여졌다.[2] 증기기관이 처음 등장했을 때는 steam-engine이라고 불렀는데, 이 용례는 1751년에 처음 사용된 것으로 확인된다.

널리 알려진 것처럼, James Watt(1736-1819)가 증기기관을 발명한 것은 아니다. 1712년 영국의 Thomas Newcomen(1664-1729)이 증기와 피스톤이 포함된 증기기관의 원형을 고안해 내었다. 와트는 1760년대 말 분리복수기를 고안해 내어 낭비되는 증기를 줄여 뉴코먼의 증기기관의 효율성을 크게 개선하였고,

1 Harper, *Online Etymology Dictionary*, at http://www.etymonline.com(2024. 8. 10.)
2 *The Shorter Oxford English Dictionary*, p.658.

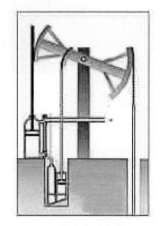

Newcomen의 기관   Watt의 기관[3]

1780년대 초에는 피스톤이 동시에 밀고 당기는 복동식 기관과 피스톤의 왕복운동을 직선운동으로 전환시킬 수 있는 수평운동장치를 발명하였다. 이로써 와트는 다른 선대의 발명가들을 제치고 '증기기관의 발명자'라는 칭호를 들을 수 있게 되었다.

뉴코먼과 와트 등의 노력으로 증기기관이 실용화되자 유럽 각국에서는 이를 동력선을 건조하는 데 활용하려는 움직임이 잇달았다. 동력선 개발은 1780년대 미국과 영국, 프랑스에서 거의 동시 다발적으로 진행되었다. 1776년 소형 증기 동력선을 제작하여 Doub 강에서 시험 운항한 바 있는 Jouffroy d'Abbans(1751-1832)이 Pyroscaphe(불 배) 호를 제작하여 리용 인근의 세느 강에서 15분간 추진하는 데 성공하였다.

---

3 http://myweb.rollins.edu/jsiry/SteamEngineParts.html.(2024. 8.10)

Jouffroy의 Pyroscaph(1784)[4]

미국에서 가장 먼저 동력선을 개발한 사람은 James Rumsey(1743-1792)였다. 럼지는 1787년 12월 포토맥 강에서 두 차례 증기선을 시험 운항 한 바 있었다. 럼지가 고안한 방식은 증기기관으로 펌프를 움직여 선미로 물을 뿜어내는 오늘날의 제트 추진방식이었다. 럼지와 더불어 미국에서 동력선 개발에 앞장 선 사람은 John Fitch(1743-1798)였다. 피치는 1786년 물갈퀴가 달린 노 12개를 배 양 현에 설치하여 증기기관으로 노를 자동으로 젓게 하는 동력선을 개발해 냈다.

이러한 선구적인 시험선 건조는 유럽과 아메리카 대륙에 동력선 개발 경쟁을 부추겨 William Symington(1763-1831)과 John Stevenson(1749-1838)을 위시한 여러 사람들이 새로운 유형의 동력선을 건조하였다. 그러나 동력선의 상업화에 성공한 사람은 Robert Fulton(1765-1815)이었다. 이미 1800년에 최초의 잠수함이라 할 수 있는 Nautilus 호를 건조하겠다는 계획서를 만들어 영국과 프랑스 정부와 접촉한 바 있었던 그는 1807년 보통 클러먼트 호(The North River Steamboat of Clermont)로 불리는 외륜형 동력선을 건조하였다. 길이 133 피트, 깊이 7 피트

---

4 http://en.wikipedia.org/wiki/File:D%27AbbansSteamshipModel.jpg(2024. 8. 10.)

인 클러먼트 호는 1807년 8월 9일 뉴욕의 허드슨 강에서 예비 시운전을 마친 뒤 8월 17일 뉴욕-올버니 간을 왕복하는 정식 시운전에 들어갔다. 그 결과 편도 150 마일인 뉴욕-올버니간 항로를 가는 데 32시간, 오는 데 30시간에 주파하는 데 성공했다. 평균 4.8 노트의 속력으로 항해한 셈이었다. 시운전에 성공함으로써 정식으로 운항 허가를 받아낸 풀턴은 길이를 149피트로 연장하여 클러먼트 호를 11월 1일 뉴욕-올버니간 정기항로에 투입하였다. 클러먼트 호는 상업적으로 성공을 거둔 최초의 동력선이어 되었고, 그와 같은 명성 덕분에 풀턴은 '기선의 개발자'로서 역사에 이름을 남길 수 있게 되었다.[6]

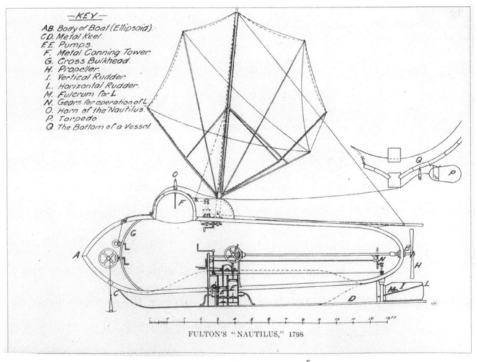

Fulton의 Nautilus 호 설계도(1798)[5]

---

5 http://en.wikipedia.org/wiki/Robert_Fulton(2024. 8. 10.)
6 김재근, 『배의 역사』, pp.184-191.

이와 같은 한두 척의 동력선 개발이 세계선박의 지형을 바꿀 수는 없었다. 19세기 내내 수많은 모험가와 발명가들이 동력선 개발에 온힘을 쏟아 부었다. 그 와중에 다양한 실험들이 행해졌고, 그 와중에 범선 시대에는 생각지 못했던 많은 기계와 장비들이 개발되었다. 우선은 동력선의 추진기로 등장한 외륜은 효율이 좋지 못하다는 치명적 결함 때문에 1830년대에 스크류 프로펠러로 대체되었다. 기관 또한 사이드 레버식(side lever) 증기기관에서 3단 팽창용 기관으로 발전하였고, 선박의 재료 또한 목재에서 철재로, 철재에서 다시 강재로 대체되었다. 최초의 철재기선인 Aron Manby 호가 건조된 것은 1822년이었고, 최초의 항양강선인 Bansee 호가 건조된 것은 1862년이었다.

이렇게 동력선이 건조되었다가 해서 세계의 바다에서 항해하고 있는 배들이 모두 동력선으로 바뀌었다고 생각하면 크나큰 착각이다. 주요 해운국의 선박량 통계를 보면 1880년에 이르러서야 상선에서 증기선의 톤수가 범선의 톤수를 추월하기 시작하였다. 1880년 주요 해운국의 범선은 1187만톤이었고, 증기선은 398만톤이었는데, 증기선의 톤수를 범선 톤수로 환산하면 1195만톤이 된다.[7] 이러한 점을 감안한다면 19세기 말이 되어서야 비로소 동력선의 시대가 되었다고 할 수 있을지 모른다.

ensign 깃발, 해군 소위

라틴어로 '표', '휘장', '신호'를 의미하는 *insignia*로부터 유래한 것이다. 보통 사전에는 ensign의 발음기호로 [énsəin]이나 [énsən]으로 기록되어 있으나 해사용어

---

7 E. Fayle, 김성준 역, 『서양해운사』, p.309 표 6.

일 때는 [ensn]으로 발음된다. SOED에 따르면, 고대 프랑스어 enseigne를 통해 영어에 유입되었고, '표'(sign, token)의 뜻으로는 1474년, '신호'(signal)이나 '휘장', '기수(旗手)'의 뜻으로는 1513년, '실습사관'(midshipman)의 뜻으로는 프랑스어 'enseigne de vaisseau'(flag of the ship)의 번역어로 1708년에 각각 첫 문헌적 용례가 확인되고 있다.[8] 이처럼 ensign은 '표', '깃발' → '깃발을 드는 사람 즉, 기수' → 보병 중 최하위 사관으로서 깃발을 들었던 '실습사관', '해군소위'의 진화 과정을 거쳤다.

Shakespeare의 희곡 *Henry IV*에는 사람 좋은 기사 Falstaff의 부하로 Pistol이라는 건달이 나오는데, 그가 졸지에 사관이 되어 '기수(旗手)'로 전장에 출전하게 된다. 그래서 Pistol은 흔히 '기수 피스톨'로 불리는데, 원작에서는 'Ancient Pistol'로 쓰고 있다. 이는 ensign과 발음이 유사한 'ancient'로 쓰게 된 것이다. ensign은 미국 해군에서는 '소위'의 뜻으로 사용되는데, 영국 해군에서는 'midshipman'을 사용한다. 미국과 영국 해군 및 육군의 계급을 비교해 보면 다음과 같다.

계급	미국 해군 / 영국 해군	미국 육군 / 영국 육군
대장	admiral	general
중장	vice admiral	lieutenant general
소장	rear admiral	major general
준장	commodore	brigadier general
대령	captain	colonel
중령	commander	lieutenant colonel

8 *The Shorter Oxford English Dictionary*, p.662.

소령	lieutenant commander		major	
대위	lieutenant		captain	
중위	lieutenant(junior grade) / sub-lieutenant		first lieutenant/ lieutenant	
소위	ensign / midshipman		second lieutenant	
준위	[chief] warrant officer / warrant officer class 1	warrant officer	conductor, army sergeant officer	
원사	master chief CPO of Navy / warrant officer class 2	sergeant major	warrant officer, quarter master sergeant	
상사	senior CPO / CPO		master sergeant / staff sergenat	
중사	chief petty officer / PO		sergeant first class / sergeant	
하사	petty officer 1st class / leading rating		staff sergeant/ corporal	
병장	petty officer 2nd class	Able rating	sergeant / lance corporal	
상병	petty officer 3rd class		specialist, corporal	
일병	seaman		private first class	
이병	apprentice		private	

equipment 장비, 의장(艤裝)

영어 equip의 어원에 대해서는 아일랜드어 *skipa*(장비하다, 정돈하다)에서 왔다는 설과, 프랑스어 *équiper*(선박을 의장하다, 장비를 갖추다)에서 왔다는 설이 있지만, SOED과 Falconer는 후자의 설을 따르고 있다.

> To Equip, (equipper, Fr.), a term borrowed from the French marine, and frequently
> applied to the business of fitting a ship for sea, or arming her for war.(William Falconer,
> *An Universal Dictionary of the Marine*, 1769)

Equip은 프랑스 해군에서 사용하는 quipper에서 빌려온 용어로 항해를 위해 선
박의 이장을 하거나 전쟁을 위해 전함을 무장하는 데 흔히 사용된다.

사와 센페이도 이 설을 지지하고 있는데, 그 근거로 *The Black Book of the
Admiralty*에 eskippez(현대어로 equipiez)란 단어가 사용되었음을 들었다. eskippez
의 원형은 12세기에는 eschiper로 표기했는데, 현대 프랑스어에서는 s가 탈락하여
équiper가 되었다.

> les capitanes et marines de nefs sont tenuz dassembler sans delay avec leurs bateaux
> bien eskippez de mariners.(Travers Twiss, *The Black Book of the Admiralty*, Vol. I,
> 1871-76, pp.20-21.)
> the captains and masters of ships are bound without delay to come with their boats
> well manned.
> 배의 선장은 지체없이 배에 선원들을 충분히 배승하여야 한다.

equip과 관련한 또 다른 낱말은 equipage이다. '마차', '선박이나 군대의 장비',
'승무원'을 뜻하는데, 이 말의 변형 명사형인 kippage는 오늘날 '배의 승무원이나
배 동무'(船衆, ship's company)를 의미한다. 그런데 사와 센페이는 Bowen의 *Sea
Slang*에 설명된 kippage에 대한 영어 설명을 kippage가 '선박 회사'를 뜻한다고
해석하였으나 이는 오역이다.

> **Kippage** ‑ An old name for the ship's company, a corruption of equipage
> Kippage는 equipage가 전화된 것으로 선박에 타고 있는 사람들을 가리킬 때 사용
> 되는 옛 용어다.

여기에서 사와 센페이는 company를 회사라고 번역했지만, company는 회사라

는 뜻보다는 '떼', '무리', '친구', '동아리', '동석한 사람들'이란 뜻으로 더 자주 쓰였다. SOED에도 kipage를 'a ship's crew or company'(배의 선원 또는 배 동무)로 설명하고 있다.[9] 어쨌든 오늘날 equip이나 equipment는 일반 용어로 장비(하다), 설비(하다) 등의 뜻으로 널리 사용되어 그 어원이 해사용어라는 생각이 들지 않지만, 실제로는 해사 활동과 매우 밀접한 낱말이다.[10]

9 *The Shorter Oxford English Dictionary*, p.1156.
10 이상 佐波宣平, 『海の 英語』, pp.132-133.

fathom 패덤, 길, 발

라틴어의 pateo(열려 있다, 뻗쳐 있다)에서 유래한 낱말로 원래는 '양 팔을 벌려 뻗은 길이'라는 뜻이었는데, 현재는 물의 깊이를 재는 척도로서 두 팔을 벌린 길이인 대략 6 ft와 같다. 고대 게르만어의 fapmaz(기초, 토대), 고대노르만어의 fadmr(가슴, 껴안다), 고대 고지 게르만어의 fadum(6 ft, 현대 독일어의 faden), 네덜란드어의 vadem 또는 vaam(6 ft), 고대 색슨어의 fadmos(두 팔을 뻗은 길이, 6 ft), 고대 플랑드르어의 fethem 등이 모두 동족어다.[1]

셰익스피어의 희곡 *As You like It*(뜻대로 하세요)(1599)와 *Henry IV*(헨리 4세)(1598)에 fathom과 fathom-line이 사용된 용례가 있다.

Rosalind : thou didst know how many fathom deep I am in love! But it cannot be sounded.(Shakespeare, *As You Like It*, IV, I, 210-11)

내가 당신을 깊이 사랑하고 있다는 것을 당신은 아실 거예요. 그러나 그 깊이는 헤아릴 수 없어요.

---

1 *The Shorter Oxford English Dictionary*, p.731.

Hotspur : dive into the bottom of the deep, Where fathom-line could never touch the ground.(Shakespeare, *1 Henry IV*, I, iii, 204-05)

측심줄이 닿지 않은 깊은 해저 속으로 잠수할 겁니다.

위의 예처럼, 물의 깊이를 재는 단위가 fathom이고, 그 fathom을 재는 데 사용하는 도구를 fathom-line이라고 하는데, 흥미로운 것은 fathom에 해당하는 독일어 faden과 네덜란드어 vadem이 일차적으로 '실'(絲)을 뜻한다는 사실이다. 결국 fathom-line이란 낱말은 '실-줄'이 합쳐진 모양새가 된 셈이다. fathom은 오늘날 깊이를 재는 단위로만 사용되지만, 평면적인 거리를 나타낼 때도 사용된 용례도 있다.

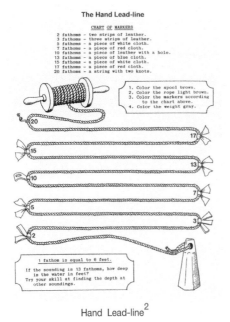

Hand Lead-line[2]

the use of it is, that by judging how many *fathom* this runs out in a minute, to give a judgement how many leagues the ship will run in a watch.(H. Manwayring, *Seamans Dictionary*, London 1644)

이것(log-line)의 사용법은 다음과 같다. 이것이 1분간 몇 길이나 흘러갔는지를 판단하여 당직 시간동안 배가 몇 리그를 항해했는지를 판단한다.

The bar silver is in the north cache; you can find it by the trend of the east hummock,

---

2 http://www.rootsweb.ancestry.com/~mosmd/handline.htm(2024. 8. 10.)

ten *fathoms* south of the black crag with the face on it(Robert Louis Stevenson, Treasure Islands, chap.6)

은괴는 북쪽 동굴에 있다. 검은 바위산이 바라보이는 곳에서부터 남쪽으로 10 패덤 지점에 있는 동쪽 구릉 곁에서 그 동굴을 발견할 수 있다.[3]

일본에서는 fathom을 ひろ(尋)라고 하고, 우리말로는 '발' 또는 '길'이라고 한다. 우리말의 '발'은 두 팔을 양 옆으로 벌렸을 때 한쪽 손끝에서 다른 쪽 손끝까지의 길이고, '길'은 사람의 키 정도의 길이다.[4]

figurehead 선수상(船首像)

라틴어 *figura*(모양, 像, 도형)에서 유래한 figure와 head가 결합된 낱말로 선박의 선수에 장식한 '선수상'을 의미하는데, 1765년에 처음으로 영어에서 사용된 것으로 확인된다.[5] 그러나 배에 선수상을 장식하는 것은 이미 고대부터 있어 왔다. 그리스 시대의 배에는 선수 양쪽에 '사람의 눈'을 그려 넣었고, 바이킹의 뱃머리는 '용' 머리로 장식하였다. 이렇게 뱃머리를 장식한 것은 바다의 악마를 진입하거나 위협하여 항해의 안전을 기원하기 위한 일종의 주술적 행위였다. 사도 바울이 지중해를 건널 때 탔던 배에는 스파르타 왕 Tyndareus의 쌍둥이 아들인 Castor와 Pollux 조각상이 선수에 장식되어 있었다고 한다.

3 이상 佐波宣平, 『海の 英語』, pp.134-135.
4 국립국어원 표준국어대사전. http://stdweb2.korean.go.kr/search/List_dic.jsp.
5 *The Shorter Oxford English Dictionary*, p.749.

Castor와 Pollux[6]

And after three months we departed in a ship of Alexandria, which had wintered in this isle, whose sign was Castor and Pollux.(Acts 28:11)

선수상은 이와 같은 주술적 믿음에서부터 시작되었지만, 중세부터 근세에 이르러서는 범선을 아름답게 꾸민다는 장식적인 목적이 더 강해졌다. Stevenson의 『보물섬』에는 주인공 소년 Hawkins가 처음으로 고향을 떠나 브리스틀 항에 도착했을 때 보았던 '선수상'에 대해 놀라워하는 장면이 나온다.

I saw the most wonderful figurehead, that had all been far over the ocean.[7]
나는 모두 바다 너머 멀리에서 와 (브리스틀 항에 정박해) 있던 가장 훌륭한 '선수상'을 보았다.

Stevenson이 『보물섬』을 발표한 것은 1883년인데, 작품의 내용은 18세기의 일을 다루고 있다. 따라서 이 문장은 18세기 범선에서 선수상은 이미 장식적인 목적이 강해졌음을 보여주고 있다. 선수상이 전성기를 누렸던 것은 범선의 정점인 19세기 클리퍼선에 이르러서였다. 클리퍼선들은 그 화려한 범장만큼이나 다채롭고 아름다운 선수상을 선수에 장식하였다.

---

6 http://www.keyway.ca/htm 2005/20051202.htm(2024. 8.10).
7 Robert Louis Stevenson, *Treasure Island*, chap. 7, p.59.

In those days the ornamental figurehead was conferred only on merchant vessels of the superior sort; the rest were snub-nosed or carried a scroll at the most under the bowsprit.[8]

당시 장식적인 선수상은 우수 상선들에만 조각되어 있었고, 나머지는 사자코처럼 낮거나, 기껏해야 선수 가름대 아래 소용돌이 무늬정도만 조각하는 게 고작이었다.

이는 George Blake가 19세기 초의 상선을 설명하는 가운데 나오는 글이다. 19세기 변혁기에 증기를 동력하는 하는 동력선이 출현하고, 조선술의 발달로 선수를 일직선으로 건조하게 됨에 따라 예전처럼 선수 가름대가 사라지게 되어 선수상을 설치할 장소가 마땅치 않게 되었다. 따라서 증기선에서는 선수상이 사라지게 되었고, 범선조차도 선수상의 흉내만 내는 것으로 그 의미가 축소되었다. 그러나 새로 등장한 자동차의 앞머리를 figurehead로 장식하는 것으로 그 명맥이 유지되었다. 이 경우에는 선수상이 아니라 '차수상'(車首像)이라고 옮겨야 할 것이다.

figurehead는 선수상이란 뜻 이외에, '이름뿐인 최고위자'라는 뜻으로도 자주 사용된다. 이를테면 He is just a figureghead(그는 허수아비야)나, a figurehead minister(허수아비 장관), a figurehead president(바지 사장), Nothing but a figurehead(명예직 외에 아무 것도 없어) 등이 그 예이다. 이는 figurehead가 배에서 제일 눈에 잘 띄는 선수에 장식되어 있지만, 실제 배의 운항과는 관계없는 데서 유래한 것일 것이다. 또한 figurehead는 '얼굴', '면상'을 익살스럽게 의미하기도 한다. 이를테면 He's got a figurehead that would stop a clock(그는 시계를 멈추게 할 수 있을 정도로 대단한 사람이다)라고 쓰기도 한다.[9]

---

8 George Blake, *The Ben Line*, p.9.
9 이상 佐波宣平, 『海の 英語』, p.136.

filibuster 해적, 의사진행 방해자

　네덜란드어의 '사략선', '해적'을 뜻하는 *vrijbuiter*(영어 freebooter)에서 유래한 말로, 영국에서 오늘날과 같은 용법으로 사용된 가장 오래된 용례는 17세기로 당시는 프랑스어의 '해적'을 뜻하는 flibustier란 철자로 사용되었다가 19세기에 오늘날과 같은 철자로 정착되었다. filibuster의 어원으로 흔히 '해적'을 뜻하는 스페인어 filibustero를 드는 경우가 보통인데, filibustero 자체는 프랑스어에 기원을 두고 있다.[10] 그러나 이와는 달리 사와 센페이는 스페인어 filibustero → 프랑스어 filibustier → 영어 filibuster의 도식으로 설명하고, 네덜란드어 vribuiter → 영어 freebooter로 전화된 것으로 설명하고 있다.[11] 하지만 스페인어 filibustero 자체가 네덜란드어 vribuiter에서 기원한 말[12]임을 고려하면 사와 센페이의 설명은 분명 오류를 범한 것이다.

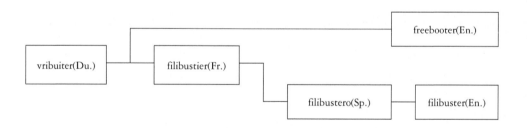

　영어 filibuster의 어원을 거슬러 올라가면 라틴어 *finibus terrae*에 이른다고 하는데, 이는 영어로 in the fine of territory/ in the limit of land(영토의 한계에서)로

10 *The Shorter Oxford English Dictionary*, p.750.
11 佐波宣平, 『*海の 英語*』, p.137.
12 http://en.wikipedia.org/wiki/Filibuster(2024. 8. 10.)

옮길 수 있다. 결국 filibuster란 공권력이 미치지 못하는 변경 수역에서의 해적질을 가리키게 된다. 영어 속담 "No peace beyond the line"이란 말이 딱 들어맞는 말이다.

filibuster는 오늘날 해적이라는 뜻보다는 '의회에서 합법적 의사진행 방해자'란 뜻으로 더 널리 사용되고 있다. 앞서 살펴본 바와 같이, 1850년 대 스페인 해적들이 본국의 이익에 반하여 중남미에서 폭동과 혁명을 선동하였는데, 이들은 본국의 명령이나 허락없이 사적 이익을 위해 외국 영토까지 침범하기도 했다. 결국 스페인의 filibustero들에게는 '국익에 대한 방해자'란 이미지가 강해져 의회에서 의사진행 방해자들에게도 적용된 것이다. 1841년에 Henry Clay 상원의원이 원하는 한 무한정 연설을 할 수 있는 상원의원의 특권을 이용하여 연설을 오래하는 방식으로 의사진행을 방해하자, William King 의원이 그를 'fillibuster'라고 비판한 것이 '의사 진행 방해'라 현재 의미의 첫 용례가 되었다.[13] 미국 의회의 대표적인 filibuster로는 1935년 16시간의 연설 기록을 세운 루이지애나 주 상원의원 Huey Long(1893~1935), 1957년 24시간의 연설 기록을 세운 사우스 캐롤라이나 주 상원의 Strom Thurmond(1902~2003) 등을 들 수 있다.[14]

flag 깃발, 국기, 선적(船籍)

보통 '깃발'이나 '국기'의 뜻으로도 널리 사용되어 이 낱말이 해사영어인지 조차 불분명하게 되어 버렸지만, 해사영어로 배에 게양하는 깃발, 국기, 배의 국적(선

---

13 http://en.wikipedia.org/wiki/Filibuster_in_the_United_States_Senate(2024. 8. 10.)
14 [네이버 지식백과] filibuster (교양영어사전2, 2013.12.3, 인물과사상사)

colors(white) ensign(군함)　　　blue ensign(국유선)　　　red ensign(민간선)[16]

적)을 뜻한다. 해운보호정책이 성행했던 시절 flag discrimination(국기차별주의)이라고 하면 '선적국에 따라 차별을 두는 정책'을 의미하고, The trade follows the flag 또한 '자국 선박이 기항하는 곳에 새로운 시장이 개척되고 새로운 무역이 창출된다'는 것을 뜻한다. 본래 해사용어로 '깃발을 스페인어 pabellón, 프랑스어 pavillon 등이 있지만, 네덜란드어의 vlag이 널리 사용되다가 오늘날에는 영어 flag이 일반적으로 쓰이고 있다.

네덜란드어의 vlag이 본래 '돛과 같이 늘어뜨린 천이 바람에 펄럭이는 소리'에서 유래한 의성어라고 하는데, 네덜란드어로 flap은 명사로는 직물 조각, 종이, 지폐 등을, 의성어로 철썩, 펄럭 등을 뜻한다. 영어의 flag과 flap도 그 어원은 네덜란드어와 유사할 것이나, 네덜란드어와의 상관관계는 아직까지 밝혀지지 않았다. 중국어로 깃발은 翻(나부낄 번)을 사용하는 데 이것도 깃발이 나부끼는 데서 유래하였다. 그런데 일본어의 깃발을 뜻하는 はた는 한자로는 旗를 빌려 쓰긴 하지만, 그 어원은 범어 patâkâ, 중국어의 幡(깃발 번)에서 유래하였다. 흥미로운 것은 오사카, 고베에서 큐슈 지역에서는 깃발을 'フラホ'라고 하기도 하는데, 이는 네덜란드어 vlag의 일본어 음차다. 한편, 영국에서는 선박에 따라 각각 다른 색깔의 깃발을 내걸었는데, colors ensign은 군함기, red ensign은 상선기, blue ensign은 국유 또는 관용선을 각각 의미했다.[15]

fleet 함대, 선대(船隊)

고대 영어에서는 fleot, fleote, floeta 등으로 사용되었는데, 고대 플랑드르어의 *flet*, 중세 네덜란드어의 vliet, 중세 고지 게르만어의 vliez, 고대 노르만어의 fljort 등의 낱말에 상응했다. 현대어 fleet는 집합명사로서 그 자체가 복수의 의미를 뜻하는데, 독일어 Flotte, 네덜란드어 Vloot, 프랑스어 flotte, 스페인어 flota, 포르투갈어의 frota 등으로 전화되었다. 독일 저지대 지방에서 '우유나 육즙 위에 떠다니는 지방'을 flott라고 불렀다고 하는데, 서유럽권의 여러 나라 사람들이 물에 떠있는 '배'를 칭하는 낱말을 여기에서 연상하게 된 것은 자연스러운 일이었다. 그런데 앵글로색슨어에서 fleet는 집합명사가 아니라 배 한 척을 의미했다. 11세기 대서사시 『베어울프』(*Beowulf*)에서는 flota란 형태로 '배 한 척'을 뜻했다.

fleet 계열의 낱말 가운데 역사에 화려하게 등장한 낱말이 스페인어의 flota이다. Fayle에 따르면, 16세기 스페인은 해마다 신대륙으로의 항해를 두 차례 선단을 조직하여 운영하였는데, 한 선단은 flota of New Spain, 다른 한 선단은 flota of Spanish Main(=flota of Tierra Firme)였다. "flota of New Spain은 봄이나 이른 여름에 멕시코의 항구인 상 후앙 데 울루아(San Juan d'Ullua, 후에 Vera Cruz)에서 출항하여 항해하던 중 일부 배는 선단에서 떨어져서 대 안틸레스제도로 향하였다. flota of Tierra Firme는 8월이나 그보다 늦게 콜롬비아의 카르타헤나(Cartagena)와 파나마 지협으로 출항하였다. 이 선단은 페루의 보물을 수송한다는 점에서 매우 중요하였다. 왜냐하면 스페인인들은 케이프 혼을 돌아가거나 마젤란 해협을 관통하는 악천후 항로로 항해하는 것을 꺼려했고, 오히려 중간에서 화물을 환적하는

---

15 佐波宣平, 『海の 英語』, p.141.

16 http://en.wikipedia.org/wiki/British_ensign(2024. 8. 10.)

쪽을 선호하였다. 칠레산 금은 발디비아(Valdivia)에서 선적되었고, 무진장하게 매장되어 있을 것 같은 포토시(Potosi) 은의 출화항은 카야오(Callao)였다. 에쿠아도르에서는 과야키(Guayaqui)와 그밖의 남아메리카의 여러 항구에서 선적된 보물은 파나마로 운송된 뒤 이곳에서부터 노새의 등에 옮겨 실은 뒤 대서양 해안의 농브레 데 디오스(Nombre de Dios)까지 이송하였다. 두 선단은 통상적으로 아메리카에서 겨울을 난 뒤 귀항 길에 아바나에서 합류하여 선단을 이룬 뒤 3월 중순 즈음에 아바나를 출항하였다."[17]

Flying Dutchman 떠도는 네덜란드선, 유령선

네덜란드어 *Der fliegende Holländer*의 영역으로, 우리말로는 '떠도는 네덜란드인'으로 널리 번역되어 통용되고 있지만, 정확하게는 '떠도는 네덜란드선'으로 번역해야 옳다. 네덜란드어 *Holländer*와 영어 *Dutchman*은 모두 '네덜란드인'과 '네덜란드선' 두 가지 의미가 있고, 바그너의 오페라에서도 Van der Decken 선장이 주역으로 등장하기 때문에 '떠도는 네덜란드인'으로 옮기는 게 맞을 듯 하지만, '떠도는 네덜란드선'으로 옮기는 게 타당하다. 왜냐하면 Flying Dutchman은 사람이 아닌 선박, 즉 유령선을 뜻하고, 반 데 데켄 선장의 아버지가 Flying Dutchman 호의 선장이어서 Flying Dutchman 호와 그 배의 선장이 각각 별개로 존재하기 때문이다.

떠도는 네덜란드선이 유령선의 이미지를 갖게 된 데는 16세기 이후 전 세계의 바다를 무대로 항해했던 네덜란드인의 역사적 경험이 바탕이 되었다. 1629년

17 Fayle, 김성준 역, 『서양해운사』, p.160.

6월 4일 네덜란드동인도회사 소속의 바타비아 호가 희망봉을 돌아 인도네시아의 바타비아(현재의 자카르타)로 항해하던 도중 경도 추산의 오류로 호주 서해안의 아브롤요스(Abrolyos) 군도의 암초에 좌초하였다. 좌초로 40여명이 익사했고, 선장이 20여명의 선원들을 데리고 자카르타로 구조를 요청하러 간 사이 남은 270여 명 중 115명은 폭도들에게 무참히 살해되었다. 이 폭도들은 선장 일행이 자카르타에 도착하여 데리고 온 구조대에게 진압되어 교수형에 처해졌다.

악명 높았던 바타비아 호 참극이 있고 난 뒤 반세기만에 세계의 바다 곳곳에서는 기이한 이야기가 떠돌기 시작했는데, 그것은 'Flying Dutchman'(떠도는 네덜란드선)으로 상징되는 유령선에 관한 것이었다. 1689년 12월, 네덜란드의 식민지가 된 케이프타운 상공에서 불길한 혜성이 나타났고, 12월 23일에는 머리가 둘 달린 송아지가 이곳에서 태어났다. 이듬해인 1690년 1월 28일에는 테푸이(Tepui, 탁상산지)만에 정박해있던 '데 노르트' 호가 사라졌다. 5월 초에 알베르트 포케르스 선장이 스노페르 호를 타고 이 만으로 입항했다. 알베르트 포케르스 선장은 암스테르담에서 바타비아까지 90일만에 항해한 바렌트 포케르스 선장의 아들이었다. 최단항해기록을 세울 당시 아버지 포케르스 선장이 탔던 배도 스노페르 호였다. 1690년 5월초 테푸이 만에 또 다른 배가 입항했는데 먼저 입항한 알베르트 포케르스 선장은 이 배가 선단 중의 페르굴데 플라밍(Vergulde Vlaming, golden Flanders) 호라고 생각했다. 그런데 페르굴데 플라밍 호가 온 데 간 데 없어지고 말았다. 이런 이야기들이 한 데 뒤섞였다. 페르굴데 플라밍 호가 플리겐데 플라밍(Vliegende Vlaming, flying Flanders) 호로 와전되고, 이것이 다시 *Der fliegende Fleming*이 되었다가 영어로 '플라잉 플레밍'(flying Fleming)으로 바뀌었다. 영국 선원들은 이를 영어식으로 '떠도는 네덜란드선'(flying Dutchman)으로 불렀다.

영국인들이 네덜란드인들을 싫어할만한 이유는 많았다. 해외 식민지 전쟁에서 네덜란드는 영국의 가장 강력한 경쟁자였고, 1623년에 네덜란드동인도회사가 암본섬의 영국인들을 학살하였으며, 1667년 해전에서 쓰라린 패배를 안겨준 사건도 있었다. 떠도는 네덜란드인이 확실한 근거를 획득한 데에는 18세기 말에서 19세기 사이에 문학작품으로 활자화된 데 힘입은 바 크다. 1798년 영국의 문학가 콜리지와 1813년 월터 스콧이 네덜란드 유령선에 관한 이야기를 출간하였으며, 1821년에는 에든버러의 잡지에도 이야기가 소개되었다. 이 잡지에서는 네덜란드 유령선의 선장이 Van der Decken이라는 이름까지 얻게 되었다. 1822년 Washington Irving의 폭풍의 배에서는 유령선의 활동무대가 허드슨강이 되었고 Wilhelm Hauff(1802-1827)는 1826년 유령선 이야기에서 인도양을 무대로 삼았다. Heinrich Heine(1797~1856)는 1834년 *Memoiren des Herrn von Schnabelevopski* (폰 슈나벨레보프스키의 회상)에 유령선에 관한 중세 전설을 소설화하였다. 바그너는 1841년 이러한 이야기들을 종합하여 '떠도는 네덜란드선'을 작곡하였다. 네덜란드 선장 반 데르 데켄은 희망봉 부근에서 폭풍우를 만났지만, '지구 끝까지 항해하리라'라고 외치며 선원들의 반대를 뿌리치고 희망봉을 돌아 항해를 계속하려 했다. 결국 그는 저주를 받아 희망봉도 돌지 못하고 영원히 바다를 떠돌게 되고, 진실한 사랑만이 그의 저주를 풀 수 있다. 데켄 선장은 노르웨이의 달란트 선장에게 자신의 배에 실린 금은보화를 주기로 하고 그의 딸 젠타와 결혼을 하여 저주에서 풀어나려고 한다. 그러나 에리크라는 약혼자가 있었던 젠타는 두 사람 사이에서 방황하다가, 진실한 사랑이 없으면 평생을 떠돌아야 하는 저주에 빠진 데켄 선장을 가엽게 여겨 그에게 사랑을 느끼게 되어 데켄 선장의 저주를 벗어나게 한다는 얘기다. 이집트인이나 바이킹, 우리 조상들에게 배는 사후 영혼과 내세를 연결해주는 매개체이기도 했다. 떠도는 네덜란드 호는 한편에서는 바다를 유랑하는 선원들의 삶을 상징하기도 하고, 다른 한편에서는 바다에서 발생하는 초자연적 현상을 유령선이라는 이미지로 형상화한 것이기도 하다.[18]

---

18 김성준, 바타비아호의 참극과 유령선 '플라잉더취맨', pp.62-63.

forecastle 선수루, 이물

'앞을 뜻하는 접미사 fore와 누각 / 성(城)을 뜻하는 castle이 결합된 말임에 이견이 없다. SOED에는 "적선의 갑판을 제압하기 위해 누각(또는 城)처럼 선수에 높인 갑판"으로 풀이하고 있다.[19] 이를 이해하기 위해서는 유럽의 선박발달사를 살펴볼 필요가 있다. 유럽 해역에서는 해상 전투도 근접하여 적함으로 난입하여 육박전으로 치르는 게 보통이었다. 따라서 유럽의 선박들은 다른 적함으로부터의 난입을 방지하기 위해 갑판 위에 fighting castle을 구축할 필요가 있었는데, 주로 선수와 선미에 설비하였다. 그러나 선박이 대형화되고 돛대 수가 늘어남에 따라 aftercastle은 사관들의 선실로 사용되게 되어 forecastle만 남게 되었다. L. Clowes 는 *Sailing Ships*(1962)에서 forecastle이 역사적으로 어떻게 변화했는지를 잘 설명하고 있다.

> *Fighting-castle* were erected both forward and aft, but as is shown in the seal of Sandwich, dated 1238, these were at first structures of the most temporary nature, suitably described by the term 'cage-work.'(p.35)···The seal of Dover of 1284 shows fore and after fighting castles of very much more permanent construction than those of the seal of Sandwich of 1238, while in the seal of Poole, from a document of 1325, we find both fore and after castles as completely permanent structure.(p.35)··· As the same time the fore and after castles, as they became more permanent structure, developed separate uses. The forecastle remained a fighting-castle, while the after-castle or summer-castle was extended to provide cabin accommodation for persons of

---

19 *The Shorter Oxford English Dictionary*, p.787.

ℐ

1. forecastle 2. after castle
3. anchor cable

자료 : 佐波宣平, 『海の 英語』, p.150.

importance.(p.37)[20]

전투용 성루(城樓)는 이물과 고물 양쪽에 세워졌지만, 1238년 샌드위치의 문장에 나타난 것과 같이, 이것들은 처음에는 임시적 성격의 구조물로서 말 그대로 '불필요한 작업'이라고 묘사할 수 있다.···1284년 도버의 문장은 1238년 샌드위치의 문장보다 훨씬 더 영구적인 구조물이 된 선수루와 선미루가 설치되었음을 보여주고 있는 반면, 1325년 풀의 문장 속에서는 선수루와 선미루가 완전히 영구 구조물이 되었음을 발견할 수 있다.···이와 동시에 영구 구조물이 됨에 따라 선수루와 선미루는 각각 다른 용도로 발전하였다. 선수루는 전투용 성루로 남았지만, 선미루 또는 하계 성루(夏季 城樓)는 고위직을 위한 선실을 제공하는 것으로 용도가 확대되었다.

forecastle의 fore가 노르웨이 고대어인 *fiuka*(조종하다)와 관련이 있다는 설명도 있다. 사와 센페이의 설명에 따르면, fiuka와 관련된 유럽어로는 프랑스어의 foc(선수 제2사장, jib), 네덜란드어의 fok(앞돛대, foremast), 독일어의 focke(앞돛, foresail), 덴마크어의 fok(앞돛, foresail) 등이 있는데, 15세기 영국 선박에서는 이것이 jib을 가리키기도 했고, bowsprit 아래에 설치된 돛을 의미하기도 했다. 하지만 Sir John Howard(1430?-85)의 기록에는 mast와 fukke가 완전히 다른 돛으로 구별되었다. 그러나 위의 모든 돛들이 선수 부근에 설치되어 선박의 조종에 큰 역할을 하는 돛이라는 점에서 foc, fok, focke, fukke 등으로 불리웠고, forecastle의 fore도

---

20 L. Clowes, *Sailing Ships*, Part I, 1962; 佐波宣平, 『海の 英語』, p.149 재인용.

이들 낱말과 관련이 있었을 것이다. 이밖에 영어에서는 forecastle이 사용된 다양한 용례가 있다.

- a voice from the forecastle : Richard Dana, Jr.의 *Two Years before the Mast*(1840)의 '저자의 서문'에서도 사용된 것처럼, '평선원의 생생한 체험, 또는 체험담'을 뜻한다.
- forecastle rat : 사관이나 선주의 끄나풀 역할을 할 것 같은 하급 선원
- forecastle wireless : 하급 선원들 사이에 떠도는 근거 없는 풍문
- officers who have been promoted from the forecastle : 풋내기 하급 선원에서 시작하여 온갖 역경을 이겨내고 진급한 사관. 이 말은 'officers who have been in through the hawse'와 같은 의미다. 이와 상대되는 사관이 'officers who have come in the cabin-window' : '인맥을 통해 승진한 사관'이다.[21]

foreign 대외의

이 말은 라틴어 *foris*(문), *foras*(집 밖으로), *foranus*(집 밖의) 등의 예에서처럼 '문', '집'과 관련이 있는 낱말이다.[22] 따라서 어느 주체가 다른 주체에 대해 일하는 관계가 foreign이다. 그런데 흥미있는 것은 라틴어 원어에는 g가 포함되어 있지 않았는데, 영어로 유입되면서 g가 삽입되었다는 점이다. 이를 설명하기 위해서는

---

21 佐波宣平, 『海の 英語』, p.150.
22 *The Shorter Oxford English Dictionary*, p.788.

sovereign(통치자, 주권자)과 reign(통치)이 라틴어에서 영어로 유입된 과정을 살펴볼 필요가 있다.

sovereign은 후기 라틴어 superanus(장관)가 프랑스어 souverain으로 채택되고, 이것이 영어로 유입될 때 g가 삽입되었다. reign도 라틴어 regere(지배하다), regnare(지배하다), regnum(왕국, 왕권) 등처럼 reg까지나 어근이었고, 영어로 유입될 때도 ㅎ를 빠뜨리지 않고 reign 형태로 정착되었다. 당초 sovereign이 프랑스에서 사용될 당시에는 so(u)verain, soverein 등으로도 혼용되었는데, 영국에 유입되면서 reign과 의미도 유사하고, 형태(rein, rain)도 유사하여 g를 삽입하게 되어 sovereign으로 정착된 것이다.

foreign도 이와 유사한 현상을 겪었는데, 라틴어 foranus가 영어에 유입될 때 그 의미가 '대외의'라는 관념이 영국인들의 머릿 속에 있었기 때문에 영어 for + reign(다른 왕국에 대해)라는 것으로 혼동하여 라틴어 원어에는 없었던 g를 삽입하여 foreign이 되었던 것이다.[23]

foul anchor 닻줄이 엉킨 닻

닻줄(anchor cable)이 닻장(stock)이나, 닻채(shank), 닻팔(arm), 닻혀(fluke) 등에 엉켜있거나, 닻갈고리가 해저의 장애물에 걸린 상태를 통상 the anchor is foul(or fouled)이라고 한다.[24] 따라서 닻줄이 어떠한 장애물이나 닻의 어느 부위에도 엉켜있지 않는 상태를 clean anchor라고 말한다. 해사영어에서 foul은 뭔가 정상적이지

---

23 佐波宣平, 『海の 英語』, p.152.
24 Smyth, *The Sailor's Wordbook*, p.319.

않은 상태를 가리키는 용어로 널리 이용되고 있는데, 이를 정리해 보면 다음과
같다.

- foul weather : 악천후
- The Foul Weather Breeder : '악천후 생성자'라는 뜻으로 멕시코 만류를
  일컫는 별칭이다.
- Foul Weather Jack : 영국의 John Byron(1723-86)의 별명이다. 그는 George
  Anson의 세계일주에 동참했는데, 칠레 앞바다에서 조난하여 원주
  민에게 잡힌 적도 있었고, 악천후를 자주 만나 '악천후를 몰고 다
  니는 사람'이라는 별명이 붙게 된 것이다. 이는 그의 세계일주기인
  Voyages round the World(1766)에 잘 나타나 있다.
- foul bottom : 배의 속력이 느려질 정도로 해초나 조개류가 많이 붙어 있는
  선저
- foul ground : 닻을 내려도 걸릴 장애물이 없는 해저
- foul B/L : 화물의 수량 부족이나 손상 등이 발생하여 정상적으로 거래될
  수 없는 선하증권(사고 선하증권)
- foul certificate of health : 출항 당시의 항구에서 전염병이 유행하여 선적
  화물을 그대로 도착항에서 하역할 수 없게 되어 유효하게 않게
  된 출항항에서 발행한 선적 화물의 위생증명서[25]

---

25 佐波宣平, 『海の 英語』, pp.153-54.

미국 해군사관학교 정모

한국해양대 해사대학 정모

일본 제국해군의 모자

로이즈 보험증권의 seal

영국 해군의 상사(CPO) 계급장

미국연방상선사관학교 교표

이처럼 영어의 foul은 clean, fair, fine의 상대어로, dirty와 같이, '더러운', '부정한', '부적격의' 등의 뜻으로 쓰인다. 그러므로 foul anchor가 되면 닻줄이 엉켜서 닻을 제대로 쓸 수 없을 뿐만 아니라, 배 자체에도 위험을 초래할 수도 있다. 따라서 foul anchor는 뱃사람에게는 오점 내지 불명예를 뜻하게 된다.[26] 그런데 이상한 것은 미국, 영국, 일본, 한국 등의 해양계 교육기관의 상징이나 모자 등의 장식으로 foul anchor가 널리 이용되고 있다는 사실이다. 그 몇 가지 예를 살펴보면 다음과 같다.

미국 해군이나, 영국의 로이즈, 일본의 제국 해군, 한국해양대학교의 상징물을 만들 때 해사산업계의 상징물인 닻을 이용하면서 단순히 미적인 아름다움을 고려

---

26 Smyth, *The Sailor's Wordbook*, p.319.

하여 닻줄로 닻머리나 닻채를 휘감게 디자인했다는 것은 기이한 일이다. foul anchor는 뱃사람들의 불명예의 상징이기 때문이다. 그러나 이는 최근에 생겨난 습속은 아니다. 로마시대 초기 기독교도들에게는 닻이 굳건함(steadfastness), 희망(hope), 구세(salvation) 등을 상징하기도 했다. 로이즈 해상보험업자들은 부와 번영, 그리고 안전의 상징으로, 그리고 기독교도들에게는 희망과 구세의 상징으로 닻을 상징물로 선택했을 것인데, 그 닻이 clean anchor가 아니라 foul anchor가 되었다는 것은 불명예, 재해, 손실, 불운을 기념하는 것과 마찬가지인 셈이다.[27]

freight 운임, 화물

이 말의 어원은 중세 저지 게르만어와 저지 네덜란드어 *vrecht* 또는 *vracht*인데, 오늘날 독일어의 Fracht, 프랑스어의 fret, 네덜란드어 vracht 등으로 사용되고 있다.[28] vrecht 또는 vracht의 어원은 게르만 고어인 frĕht(賃金)인데, 이 말은 *von*(앞)와 *eigen*(소유하다)이 합쳐진 말이다.[29]

이 말은 해운업의 역사에서 해운업이 해상무역업에서 분화되기 시작했음을 보여주는 상징적인 말로 널리 알려져 있다. 이 말은 1463년 경 '화물 운송을 위해 선박을 빌리는 행위(선박임대차)'를, 1502년 경에는 '선적 화물'을 각각 의미하였다. 1682년에 영국 Norfolk에서 태어난 Uring 선장은 선주로 변신한 대표적인 선장 선주였는데, 그는 자신의 항해기 *The Voyages and Travels of Captain Nathaniel*

27 佐波宣平, 『海の 英語』, pp.157-59.
28 *The Shorter Oxford English Dictionary*, p.804.
29 佐波宣平, 『海の 英語』, p.163.

Uring(1726)에서 cargo와 freight를 엄격하게 구별하게 사용하고 있다. 즉, 우링 선장은 our cargo와 freight wine(또는 logwood) 등과 같이 사용하였는데, 이 때 cargo는 '선주가 자신의 비용으로 무역을 하기 위해 구입한 화물'(goods for owner's account)을, freight는 '운임 취득을 목적으로 운송해주는 타인의 화물'(goods carried merely for hire)을 각각 의미했다.[30] 이는 결국 18세기 초에 영국 상선들이 한편에서는 여전히 해상 무역업을 영위하였지만, 다른 한편에서는 운임만 받고 화물을 운송해주는 해상운송업도 영위했다는 것을 뜻한다. 따라서 영국 해운업에서는 이미 18세기 초에 해운업이 해상 무역업에서 분화되기 시작했다고 할 수 있다.

freight와 같은 계열의 단어로 fraught가 있는데, 이 말의 어원도 vracht이다. faught는 원래 중세 네덜란드어의 vrachten(싣다, 선적하다)의 과거분사형으로 오늘날 영어에서는 동사로는 짐을 싣다, 형용사로는 '배에 실린', '가득 찬', '수반한' 등의 뜻으로 사용되고 있다. 이를테면 a voyage fraught with risk(위험을 동반한 항해), a heart fraught with sorrow(슬픔으로 가득찬 마음) 등이 그 예이다.[31]

---

30 Alfred Dewar, ed., *The Voyages and Travels of Captain Nathaniel Uring*(1726), passim; Fayle, 김성준 역, 『서양해운사』, p. 255.
31 佐波宣平, 『海の 英語』, p.164.

gale 강풍

이 말의 어원은 미상이나 스칸디나비아어에서 유래했거나, 중세 스웨덴어나 노르웨이어의 *galen*(악천후), 고대 노르만어의 *galenn*(미친, 광폭한) 등에서 유래한 것으로 보고 있다. gale이 영어에 도입될 때에는 gale wind의 형태처럼 형용사로 사용되었는데, 오늘날에는 형용사적 용법을 사라지고 명사로만 사용되고 있다.[1]

gale이 주는 어감이나 우리말 번역어인 '강풍'인 점을 고려하면 무척 강한 바람처럼 느껴지지만, 보퍼트 풍력계급으로는 7(moderate gale), 8(fresh gale), 9(strong gale), 10(whole gale)이 해당되어 아직 storm(폭풍) 단계에는 이르지 못한 바람이다. 따라서 범선 시대에는 오히려 뱃사람들이 충분히 버틸 수 있으면서도 뒷바람일 경우에는 '마치 강한 순풍' 정도로 느끼기까지 했다. Shakespeare의 희곡 *The Tempest*(1623)에는 Prospero가 Alonso에게 다음과 같이 말하는 장면이 나온다.

And promise you calms seas, auspicious gales.

---

1 *The Shorter Oxford English Dictionary*, p.825.

And sail so expeditious that shall catch

Your royal fleet far off. (*The Tempest*, V, i, 314-316)

바다는 잔잔하고, 상서로운 순풍이 불어

멀리 떨어져 있는 국왕선(國王船)을

따라잡을 수 있을만큼 빠르게 항해할 수 있을 거라고 약속함세.

Shakespeare의 *The Taming of the Shrew*(1594)에서는 Hortensio가 Petruchio에게 말하는 장면에서 gale을 '행운의 바람'(happy gale)이란 뜻으로 사용하고 있다.

And tell me, sweet friend, what happy gale

Blows you to Padua here from old Verona?(*The Taming of the Shrew*, I, ii, 48-49)[2]

여보게 친구, 어떤 행운의 바람이

자네를 그 옛 베로나에서 이곳 파두아로 데려다 주었는지 말해보게.

gang 하역노동자, 깡패, 갱단

이 말의 어원은 스칸디나비아어에서 유래하였는데, 고대 노르만어의 '행진', '행렬'을 뜻하는 *gangr*(남성형), *ganga*(여성형), 스웨덴어의 '도보', '걸음'을 뜻하는 gång, 네덜란드어의 '도보', '보행', '진행' 등을 뜻하는 gang 등이 그 용례다. 독일어의 gehen(영어의 go)의 과거분사형인 gegangen에도 그 원형이 남아 있다. 이처럼 gang의 본래 의미는 '무리를 지어 걸어가는 사람'을 가리켰다. 하지만 오늘날에

---

2 이상 佐波宣平, 『海の 英語』, pp.164-165.

는 명사로는 '하역노동자', '깡패', '갱단' 등을 가리키고, 동사로 '가다'(go)란 뜻이 남아 있긴 하지만 실생활에서는 거의 사용되지 않고 있다.[3]

Falconer의 *An Universal Dictionary of the Marine*(1789)에는 이 말이 "특정한 업무에 배치되어 해당 업무 담당 사관의 지휘를 받는 선원 가운데 선택된 자들(a select number of a ship's crew appointed on any particular service, and commanded by an officer suitable to the occasion)"이라고 풀이되어 있다. 이 해석에 따르면, gang은 단순히 하역노동자가 아니라 선원 가운데 특정 업무가 할당된 선원들을 가리키게 되는데, 오늘날의 용법과는 사뭇 다르다.[4]

이처럼 스칸디나비아어계의 '도보', '행진' 등의 뜻이었던 gang은 네덜란드인들의 해상활동을 통해 영어에 유입되어 원래의 뜻과는 별로 관계가 없는 '하역노동자', '노무자 무리' 등을 의미하게 되었고, 이들이 대체로 거칠고 사나워 폭력집단에도 전용되었다. SOED에 따르면, gang이 노무자 무리란 뜻으로는 1627년, 폭력조직이란 뜻으로는 1632년에 각각 처음으로 사용된 것으로 확인되고 있다.[5]

gang과 관련된 해사영어로는 gangway(현문, 배사다리)가 가장 널리 사용되고 있는데, 이 말은 말 그대로 '하역노동자들이 하역을 위해 배에 승선하는 데 이용된 길'이란 뜻이다. 이밖에도 극장의 통로나, 국회의 서민원에서 뒤쪽의 평의원 석과 앞쪽의 상석을 연결하는 통로를 의미하기도 했다. 그런데 당초 '배에 오르는 통로'로 사용된 말은 gangboard였다. 범선 시대에 100톤 남짓한 배에 오르는 데는 오늘날의 대형선에서와 같은 대형 gangway가 아니라 자그마한 판재 한 장이면 충분했을 것이다. 따라서 1688년 즈음에 배에 오르내릴 용도로 이용된 나무 판재

---

3 *The Shorter Oxford English Dictionary*, p.830.
4 佐波宣平, 『海の 英語』, p.167.
5 *The Shorter Oxford English Dictionary*, p.830.

는 gangboard였고, 1780년 즈음에 gangway는 화물을 선적한 선박의 화물창에 만들어놓은 좁다란 통로를 의미했다.[6] 따라서 오늘날 우리가 배에 오르내리는 용도로 이용된 것은 애초에는 gangboard였고, gangway는 화물창으로 통하는 통로였으나, 배가 대형화되면서 gangboard는 사라지고, gangway가 현문과 화물창 내로 오르내리는 사다리 모양의 통로를 포괄하게 되었다.

우리말의 깡패도 'gang' + '牌'가 결합된 말로 광복 이후에 사용되기 시작한 것으로 보인다. 조선 시대에는 건달(乾達), 왈패, 왈짜 정도로 허풍이나 속임수 또는 완력으로 겁을 주어 이득을 취하는 정도였다. 건달은 산스크리스트어 간다르바(Gandharva)의 한역 음차인 건달바(乾達婆, 犍達婆)의 축약형으로, 원래는 불교에서 음악을 담당했던 팔부(八部衆)의 하나여서 향신(香神)·후향(嗅香)·향음(香陰)·심향(尋香)·식향(食香) 등으로 의역(意譯)되기도 했다. 불교에서 음악을 담당하던 팔부중이 후시대로 내려오면서 '무위도식하는 자'와 같은 뜻으로 오용되었다. 본래 우리나라 건달들은 폭력이나 흉기를 사용하지 않았는데, 일제 강점기에 일본의 야쿠자(ヤクザ)와 고로스키(ごろつき, 破落戶·無賴) 등 일본에서 도박을 일삼고 흉기 등으로 금품을 갈취하는 불량배들의 생태를 따라하게 되면서 폭력화되었다. 따라서 전통 사회에서의 건달과는 그 행태가 폭력화되자 이들을 일본어의 '싸움', '투쟁'을 뜻하는 'けんか'(喧嘩)와 '새', '닭'을 뜻하는 とり(鳥)가 합해져 싸움닭이란 뜻으로 '겐카도리'라는 새로운 이름이 생겨났지만, 정작 일본어에는 겐카도리라는 말은 없다. 겐카도리는 뒤에 야쿠자나 고로스키의 두목격인 '오야가다'(おやかた、親方)에서 '가다'만 따서 '가다'로 변했는데, 일본어의 'かた'가 어깨(肩)와 발음이 같아 건달을 '어깨'라고 부르기도 했다. 그러다가 광복과 6.25

---

6 *The Shorter Oxford English Dictionary*, p.831.

전쟁을 겪으면서 정치판이 혼탁화 되면서 정치세력과 결탁한 폭력배들을 '정치 깡패'라는 말이 나타나게 되었다.[7] 깡패란 말로 신문 기사를 검색해 본 결과 1953년 4월 14일자 동아일보에 '깡패'란 용어를 처음 사용한 것으로 나타나 있고, 1957년부터 1961년 사이에 정치 깡패의 등장과 함께 널리 퍼진 것으로 확인되고 있다. 동아일보 1957년 6월 8일자에 '정치무대에 등장한 깡패'이란 제하의 기사가 당시의 상황을 잘 보여주고 있다.

> "우리네 사회에 현존하는 깡패, 어깨의 족속들은 우리가 알기에는 사인(私人) 간의 채권채무의 私力執行과 상인군인 등에 이한 음식점 침해를 막는 사적 도수로서 채권자와 음식점주 등에 의하여 이용되어온 것으로 보고 있었는데, 이본 5.25 강연회 방해사건을 계기로 이들은 '새로운 시대의 각광을 받고 정치무대에까지 등장하게 된 것이라고 보여진다. 앞으로도 이와 같이 깡패, 어깨의 류가 정치성을 띤 사건에 이용된다면, 정부 반대파에서는 죽음을 각오함이 없이는 입후보, 기타의 정치적 활동을 할 수 없게 될 것이라 함은 뻔한 일이니, 우리가 이번 사건을 중대시하고 우리나라 민주주의의 앞길을 위하여 집권당의 猛省을 촉구코자 하는 이유는 바로 여기에 있는 것이다."[8]

grog 물에 희석한 럼주

영국의 제독 Edward Vernon(1684-1757)의 일화에서 유래된 말이다. 1740년

---

7 한국민족문화대백과, '건달', in http://terms.naver.com/entry.nhn?docId=566107&cid=46634&categoryId=46634(2024.8.16.)
8 동아일보, 1957. 6.8, 1면 사설.

Admiral Edward Vernon, Old Grog by Thomas Gainsborough[9]

Vernon 제독이 휘하 장병들에게 물에 탄 럼주를 마시게 했는데, 그 제독이 입고 있던 외투의 옷감이 면과 모, 또는 비단을 혼합한 거친 혼합직물(混合織物)인 grogram이었다.[10] 따라서 휘하 장병들이 grogram에서 'ram'을 'rum'으로 바꾸는 상상력을 발휘했고, Vernon 제독이 만들어 배급한 watered rum을 grogrum이라고 불렀다. 이는 결국 Vernon 제독이 만든 럼이란 연상작용을 일으켰기 때문에 그에게 grog라는 별명을 붙였다. 세월이 흐르면서 grog는 Vernon 제독의 별칭이자 그가 처음으로 만들어낸 '물에 희석한 럼주'를 의미하게 되었다.[11]

gunwale 뱃전 상단, 갑판 상부 요판(腰板)

gun(함포) + wale(후판, thick plank)의 합성어로, 범선 시대 함포가 설치된 상갑판상의 두터운 판재를 '함포 후판'(그림 A)이란 뜻으로 gunwale[gʌnl]이라고 불렀던 데서 유래하였다.

오늘날 대부분의 상선은 상부 주갑판의 테두리에 handrail을 설치하기 때문에

9 source : http://en.wikipedia.org/wiki/Edward_Vernon(2024. 8.10).
10 *The Shorter Oxford English Dictionary*, p.893.
11 佐波宜平, 『海の 英語』, p.170.

gunwale이 없는 것이 보통이다. 그 러나 그림에서 보는 것과 같이 예인 선이나 소형선들은 파도의 침수나 선원의 추락 방지를 위해 상갑판 상 단의 둘레를 철판으로 보호하는 구 조물을 설치하게 되는데 이것이 gunwale이다(그림 B). 일본어로는 舷緣(げんえん, 배의 외판 가장자 리), 船緣(ふなべり, 뱃전)라고 한 다.[12]

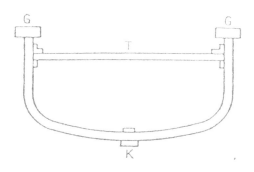

A. 소형선의 gunwale

G=gunwale, K=keel, T=thwart

source : 佐波宣平, 『海の 英語』, p.171

조지프 콘래드의 Youth(청춘)에서 Charlie Marlow가 승선한 Judea 호에 불이 나서 구명보트로 여러 가지 물건을 옮기는 장면에서 gunwale이 사용되고 있다.

Conrad : There were various stores, bolts of canvas, coils and rope; the poop looked like a marine bazaar, and the boats were lumbered to the gunwales.[13]

조미나 옮김 : 거기엔 다양한 비품들과 돛대들과 로프 덩어리들이 있었지. 선미는 마치 해양용품의 잡화시장 같았어. 보트들은 뱃전까지 잡동사니로 가 득 찼어.[14]

저자 옮김 : 거기에는 캔바스, 코일, 로프 무더기를 비롯한 여러 비품들이 널려 있었지. 이물(선미)은 마치 해상 시장 같았고, 구명정은 뱃전 상단 (gunwales)까지 잡동사니로 가득 찼어.

---

12 佐波宣平, 『海の 英語』, p.171.

13 Joseph Conrad, *Youth, Heart of Darkness, The End of The Thether*, p.31; https://books.google.co.kr.

14 조셉 콘래드, 조미나 역, 『청춘 ● 은밀한 동거인』, p.89.

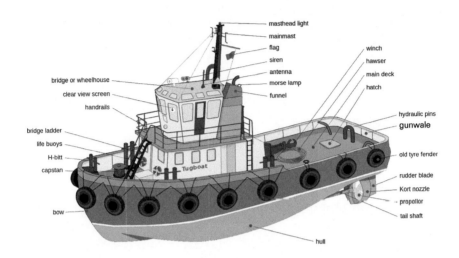

B. 예인선의 구조와 gunwale[15]

    gunwale은 under나 down 등과 함께 쓰여 뱃전에 물이 찰 정도로 배가 기운 상태를 표현하기도 한다. gunwale down이라고 하면 '뱃전 상단이 수면이 닿을 정도로 기운' 상태를 뜻하고, gunwale under라고 하면 '뱃전 상단이 물에 잠길 정도로 기운' 상태를 뜻한다. 따라서 현대의 대형 상선들이 항해 중 이런 상황을 맞닥뜨릴 경우는 거의 없기 때문에 gunwale은 소형 선박이나 보트에서나 볼 수 있는 구조물이 되었다.

gyro 자이로

그리스어의 '원, 고리'를 뜻하는 $\gamma\tilde{v}\rho o\varsigma$(gyros)에서 기원한 말로, 당초에는 여기에 그리스어의 '보다, 관찰하다'를 뜻하는 $\sigma\kappa o\pi\acute{\varepsilon}\alpha$(scopeo)를 합성하여 '지구의 회전을 관찰한다'는 의미의 gyroscope (자이로스코프, 회전체) 형태로 사용되었다.[17] 프랑스의 물리학자 Léon Foucault(1819-1868)가 '회전체의 운동에 관한 법칙'을 발견하였다. 그는 1851년 Foucault pendulum를 사용하여 지구의 자전을 처음으로 실증하였고, 1852년에는 gyroscope

Léon Foucault[16]

를 활용하여 지구의 자전을 관측하였다. Foucalut가 발견한 '회전체의 원리'란 3축의 자유를 갖고 있는 gyro의 회전축은 마치 진자의 진동명과 같이 외력이 작용하지 아니하는 한 항상 우주 공간의 일정한 방향을 가리킨다는 것이다. 그는 이와 같이 3축의 자유를 가진 것을 Gyroscopigue (영어 gyroscope)라고 불렀다. 그러나 당시에는 전기적으로 회전시킬 방법이 없었으므로 gyro에 일정한 회전력을 갖게 할 방법이 없었을 뿐만 아니라 pivot bearing의 구조 자체도 불완전했다.

오늘날 해사용어로 gyro라고 하면 gyrocompass

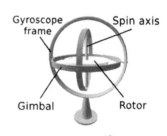

Gyroscope[18]

---

16 http://en.wikipedia.org/wiki/L%C3%A9on_Foucault(2024. 8. 15).

17 *The Shorter Oxford English Dictionary*, p.908.

18 http://en.wikipedia.org/wiki/Gyroscope(2024. 8. 15).

Foucault가 고안한 Gyroscopigue(1852)[19]

를 가리킨다. gyrocompass는 1904년 독일의 Hermann Anschütz-Kaempfe가 최초로 특허를 얻고, 1911년에 rotor 3개를 사용한 gyrocompass를 제작했고, 1910년 미국의 Elmer Sperry(1860-1930) 박사가 Sperry Gyrocompass를 발명하였으며, 영국의 Sidney G. Brown(1873-1948)도 1917년에 Brown Gyrocompass를 발명하였다.[20] 초창기 비행기에서는 선박용 자기 나침반을 사용했으나, 비행기의 속력이 빨라짐에 따라 자기 나침반은 무용지물이 되어 항공기용 compass를 개발할 필요성이 커졌다. 이러한 군사적 목적의 중요성이 커짐에 따라 gyrocompass 사업이 각광을 받게 되었는데, 특히 2차대전 중 미국과 독일이 자국의 Sperry 방식과 Anschütz 방식을 널리 채용함으로써 두 방식이 gyrocompass의 대명사가 되었다.

19 National Conservatory of Arts and Crafts museum(Paris) 전시품. http://en.wikipedia.org/wiki/Gyroscope(2024. 8. 15).
20 이종락, 『항해계기』 제2권, 한국해양대학 해사도서출판부, 1974, p.3.

half-masting a flag 반기(半旗)를 게양하다

오늘날 조의(弔意)를 표하기 위해 반기를 게양하는 것이 관례화되었는데, half-masting a flag이 바로 선박에서 조의를 표하기 위해 '반기'를 게양하는 것을 의미한다. 선박에서 조의를 반기로 표명하게 된 내력에 대해서는 Duff의 *Sea Pie*(1957)에 잘 설명되어 있다.

"조기로 반기를 게양하는 관습은 그리 오래된 일이 아니다. Heart's Ease 호의 William Hall 선장이 1612년 에스키모인들에게 살해되었을 때부터 시작되었다. 당시 Heart's Ease 호는 아메리카 대륙 북단을 돌아가는 이른바 '북서항로'를 찾아 탐사에 나선 2 척 가운데 한 척이었다. 그가 살해되었을 때 Heart's Ease 호가 출항해 버렸고, Heart's Ease 호가 다른 한 척의 배에 합류했을 때 파도에 떠밀린 채 반 조각만 남은 해군기가 선미 쪽에서 발견되었다. 탐사선 2 척이 런던으로 귀환한 뒤에 William Hall 선장의 죽음을 애도하기 위해 반기를 게양했다. 이것이 오늘날 조기로 반기를 게양하게 된 관례로 이어지게 되었다.…

그런데 선박이 조기를 게양하는 것은 역사 초창기 시대부터 있었다. 검은 깃발을 게양하거나, 검정 돛을 올리는 것 등의 방법이 뱃사람들에게 잘 알려져 있었다. 예를 들면, Crete의 Minos 왕에게 해마다 공물로 바쳐야 할 소년 7명과 소녀 7명을 싣기 위해 아테네로 온 배에는 국민적 슬픔을 표시하기 위해 검정 돛을 올렸다.

Theseus가 Minotaur를 죽이고 고향으로 돌아올 때 검정 돛을 내리는 것을 잊어버리자, 그의 아버지 Aegeus가 이를 자신의 아들이 죽은 것으로 착각하여 벼랑에서 바다로 몸을 던져 자살하고 말았다. Aegeus가 빠져 죽은 바다라는 의미로 The Aegean(에게해)라고 명명되었다. 이것은 실제로는 발생하지 않았던 신화 속의 이야기이지만, 슬픔을 표시하기 위해 검정 돛을 게양하는 관습은 고대 세계에서 널리 행해졌다.

이것이 경제적인 이유와, 아주 드물게 사용되는 여유분 돛을 비치하고 다니기에는 공간이 부족한 소형 선박에서는 검정 깃발로 대체되었다. 이렇게 해서 깃발이 점차 널리 사용되었을 때는 바다에서 멀리까지 의미를 전달할 수 있는 가장 간단한 방법으로 인식되게 되었다.

Heart's Ease 호 사건 이후 통상의 위치보다 아래에 기를 게양함으로써 더 빨리 알아볼 수 있었기 때문에 반기 게양이 조의를 전달하는 데 검정 깃발을 게양하는 것보다 더 적당한 방법인 것으로 인식되었다. … 1660년 영국의 왕정복고 이후 Charles I세가 처형된 날인 1월 30일에 조기를 게양하는 것이 관례화 되었다."[1]

hand 일손, 선원

고대 영어에서는 hond나 hand가 혼용되었는데, 이 말은 고대 프리슬란트어 hand나 hōnd, 고대 색슨어의 hand, 고대 고지 게르만어의 hant, 현대 네덜란드어와 독일어의 hand 등의 예에서 보듯이 게르만어 계통에서 공통적으로 사용되고 있다. 그 정확한 어원을 불분명하지만, 우리가 '사람'의 뜻으로 사용되기 시작한 것은 비교적 근대의 일이다. 이를 테면 '행위와 관련하여 사람을 특정할 때'(1590),

---

1 D.V. Duff, *Sea Pie*, 1957, pp.41-42; 佐波宣平, 『海の 英語』, pp.172-173.

'음악가나 작가 본인을 지칭하는 경우'(1655), '손을 사용하여 일하는 사람'(1655), '선박의 각 선원'(1669) 등의 뜻으로 전용되었다.[2]

hand는 해사 관련 문학작품이나 법령집, 해사용어사전 등에 널리 사용되고 있는데, 몇 가지 예를 들어보면 다음과 같다.

- D'ye know where the hands got to?(J. Conrad, *Typhoon*)[3]
- master's duty towards injured or sick hand(Twiss, *The Black Book of the Admiralty*, Vol. I, p.484)
- We're all foc's'le hands(Stevenson, *Treasure Islands*, chapter XI)[4]
- The common use ashore of hand to mean a workman, had its origin at sea.(Colcord, *Sea Languages Comes Ashore*, 1945, p.93)

위의 예에서처럼, hand는 그저 선원, 수부, 일손, 일꾼의 뜻으로 널리 사용되어 왔다. 따라서 foc's'le hand는 평선원, fresh hand나 green hand는 초짜 선원, peck hand는 갑판원을 각각 뜻한다. 그런데 Colcord는 '육상에서는 hand가 노동자를 뜻하는 데, 이는 해상에서 유래하였다'고 적고 있는 데 반해, 사와 센페이는 이보다는 hand가 육해상을 막론하고 '부하'라는 뜻에서 유래했을 개연성 더 크다고 보고 있다. 그는 그 예로 일본어의 手(て)가 人手(ひとで, 남의 손 또는 도움), 手代(てだい, 사용인의 대리인), 手不足(てぶそく, 일손이 모자람), 水手(すいしゅ, 일본 고어로 水夫) 등을 들고 있다.[5] 그러나 SOED에서 hand의 역사적 기원

---

2 *The Shorter Oxford English Dictionary*, p.920.
3 J. Conrad, *Typhoon and other Stories*, p.105
4 Robert Louis Stevenson, *Treasure Islands*, p.90.
5 이상 佐波宣平, 『海の 英語』, p.175.

을 잘 설명해주고 있는 것처럼, hand는 손 → 일손 → 선원으로 그 의미가 확대되어 왔다고 생각하는 것이 합리적이라고 생각한다.

handy size 핸디 사이즈

재화중량톤 2만톤 ~ 3만 5000톤, 흘수 10m 내외의 잡화선을 일컫는데, 코아시 미노루(小芦 捻)는 일본의 IHI가 fortune 타입의 선박으로 2만 5000톤 가량의 표준 살물선을 대량으로 판매하기 시작한 데서 유래한 선형일 가능성이 있다고 추정하였다.[6]

handymax 핸디 막스

재화중량톤 4만톤 ~ 4만 7000톤, 흘수 11.5m 내외의 살물선을 일컫는데, 小芦 捻은 IHI가 future type으로 불렸던 3만 7000톤급 표준살물선을 건조한 것이 기원일 것으로 추정하면서, 1980년 무렵 일본 각 조선소의 건조설비를 감안하여 길이 185m, 흘수 11.5m 한도 내에서 최대의 살물선을 만들기 위해 고안한 선형이라고 밝히고 있다. 한편, 선박이 점차 대형화하면서 handymax 최대 선형으로 재화중량 톤 5만 톤급 선박을 supramax라 하는데, 이는 super-handymax의 축약형이다. 이에 따라 handymax는 4만 톤급 내외의 선박을 지칭하게 되었다.

6 小芦 捻, 「선박의 크기에 따른 명칭의 유래」, 『해양한국』, 1997년 9월호.

harbour 포구, 항

고대 영어에서는 herebeorg로 썼는데, 그 어원은 고대 고지 게르만어나 고대 색슨어의 *heriberga*로 보고 있다. 오늘날 네덜란드어의 herberg(숙소, 피난처)와 독일어의 Herberge(숙소, 피난처)에도 그대로 사용되고 있다.[7] 사와 센페이는 harbour의 어원을 아이슬랜드어 herr(군대) + barg(보호하다, 구하다)/ 고대 게르만어의 heri(군대) + bergan(庇護하다)의 합성어에서 유래한 것이라고 설명하고 있다.[8] 실제로 영어사전에 harbour의 뜻은 '숙박', '숙영지', '피난지', '피난항' 등의 명사와, '구하다', '돕다', '방어하다' 등의 동사로 각각 풀이되어 있다.

harbour의 어원에 대해 영어학사의 권위자인 Henry Bradley(1845-1923)는 다음과 같이 흥미로운 견해를 밝히고 있다.

> The verb to harbour, for instance, formerly meant generally 'to receive as a guest,' 'to give shelter to,' 'to entertain'; but owing to its frequent occurrence in the proclamations which denounced penalties against the harbouring of criminals, it has come to be restricted to denote the sheltering of persons or things that ought not to be sheltered. In the figurative sense, we speak of harbouring evil thoughts, but not of harbouring good thoughts.[9]

동사로서 harbour에 대해 살펴보면, 원래는 대체로 '손님으로 맞이하다', ' 비호하다', '피난처를 제공하다', '환대하다'라는 의미였다. 그러나 '범죄자를 은닉한 (harbour) 경우 벌금을 부과한다'는 포고문에 자주 사용된 결과, '비호해서는 안될

---

7 *The Shorter Oxford English Dictionary*, p.925.
8 佐波宣平, 『海の 英語』, p.176.
9 Henry Bradley, *The Making of English*, pp.190-191. at https://books.google.co.kr.

사람 또는 물건을 숨기다'는 뜻으로 한정되었다. 비유적 표현으로 harbouring evil thoughts(나쁜 생각을 품다)라고는 사용하지만, harbouring good thoughts(좋은 생각을 품다)라고는 하지 않는다.

그러나 이는 어디까지나 harbour의 원뜻에 관한 것이고, 오늘날에는 '포구', '항'의 뜻으로 더 널리 사용되고 있다. 영국의 The Oil in Navigable Water Act(1922)에는 harbour를 다음과 같이 정의하고 있다.

> The expression 'harbour' means any harbour whether natural or artificial, and includes any port, dock, estuary or arm of the sea, any river or canal navigable by sea-going vessels, and any waters in which sea-going vessels can obtain shelter or ship or unship goods or passengers.(12 & 13 Geo. 5, c.39)
>
> harbour는 자연적이거나 인공적이거나를 막론한 모든 항을 의미하고, 항양선이 항해할 수 있는 바다, 강이나 운하의 항만, 도크, 어귀나 후미를 포함하며, 항양선이 어떠한 수역에서든 피난할 수 있고, 화물이나 여객들을 싣거나 내릴 수 있다.

현재 폐지된 이 법률의 정의대로라면 harbour는 port 등을 포괄하는 매우 포괄적인 항 내지는 포구를 의미한다고 할 수 있다. port는 다시 상세히 살펴보겠지만, 라틴어 porta(문)에서 유래하였는데, 라틴어의 항구를 뜻하는 portus도 그 기원은 porta이다. 따라서 port의 본래 의미는 출입구, 문이다. 그런데 라틴어 porta와 portus는 라틴어 동사 portare에서 유래하였는데, 이것이 porta와 portus로 분화된 데는 다음과 같은 이야기가 전하고 있다.

고대 로마에서는 새로 도시를 건설하려고 할 때, 도시 주변에 방어용 성벽을 만들기 위해 가래를 이용해서 둘레를 팠는데, 이 둘레 선을 넘어가는 것은 나중에 완공될 성벽이 적에게 침범되는 흉조라고 여겨 이를 엄격히 금지하였다. 따라서 미래의 성벽이 될 둘레 선 가운데 출입문이 설치될 곳에 둘레 선을 끊을 필요가

있었고, 둘레를 파던 사람들이 가래를 들어서 미래의 출입문 너머로 옮기지 않을 수 없었다. 즉 가래를 옮겨야 하는 곳이 육상의 출입문(porta)이나 해상의 항 (portus)이 되었다. 일본어로 항구는 토박이 일본어로는 みなと는 본래 水門이고, 항구는 港로 썼지만, 오늘날에는 港도 みなと로 쓰는 경우가 더 많다.

독일어에서는 영어 harbour에 상응하는 Hafen이나 Haven이 항구의 뜻으로 사용되고, 영어 port에 상응하는 Förde나 Furt가 작은 포구나 얕은 여울의 뜻으로 사용되고 있다. 이는 영어와 정 반대로 사용하고 있는 셈인데, Bremerhaven, Cuxhaven, Wilhelmhaven 등이 상항으로 유명하고, 잉글랜드에서도 브리튼 섬의 북서해안에 Whitehaven이란 작은 항구가 있다. 덴마크에서는 수도가 København (영어 Copenhagen)인데, 그 어원이 Købe + havn이다. 여기에서 Købe는 독일어의 kaufen(사다), 영어의 cheap과 같은 계열의 단어이고, havn은 독일어의 Hafen이나 Haven에 해당하므로 København은 Kaufenhafen 내지는 commercial port란 의미가 된다. *The Black Book of the Admiralty*에는 코펜하겐이 Kopmanhaven이라고 쓰여 있는데, Kopman은 cheapman → chapman, 즉 상인이란 뜻이다. 영어의 cheap은 고대 영어에서는 본래 ceap나 chep 형태로 사용되었는데, 그 어원이 '매매'(bargain, barter), '가격', '시장' 등을 뜻하는 고대 프리슬란트어의 kap, 고대 색슨어 kop, 네덜란드어 koop, 고대 고지 게르만어인 kouf, 고대 노르만어 Kaup 등이다.[10] 따라서 명사였던 cheap이 점차 형용사로 '값싼'이란 뜻만 남게 되었고, 원뜻으로는 chapman(행상인) 정도만 남아 있다.[11]

---

10 *The Shorter Oxford English Dictionary*, p.319.
11 이상 佐波宣平, 『海の 英語』, pp.178-179.

hatch 화물창 입구, 창구(艙口)

고대 영어에서는 hæćć, hećć로 쓰였고, 중세 저지 게르만어에서는 heck, 중세 네덜란드어에서는 hecke 형태로 각각 쓰였는데, 그 어원에 대해서는 불명확하지만, 대체로 갈고리 *hook*와 관련 있는 것으로 본다. 다만 그 원래 뜻이 '전체 대문 중에 반쪽 문'(half door)이다.[12]

해사영어에서 hatch는 화물창의 개구부(開口部)로서 hatch coaming과 hatch cover로 이루어져 있다. 셰익스피어는 "upon the hatches"(*Richard II*, II, iv, 12-18)와 "under the hatches"(*The Merry Wives of Windsor*, II, I, 89-95)라는 표현을 사용하고 있는, 각각 '갑판 위에'와 '갑판 밑에'라는 뜻으로 사용하고 있다. 오늘날에는 under the hatches는 '선원들이 갑판 밑에서 쉬고 있다'는 듯으로 '비번으로'라는 의미로 쓰이고 있고, under hatches는 선원들 속어로 '죽어서 매장된다'는 뜻이다. Stevenson의 *Treasure Island*에는 Silver 선장이 "Where is he now? Well, he's dead now and under hatches"[13]라고 말하는 장면이 나온다. 이는 "그는 이제 죽어 땅속에 묻혀 있지"라는 뜻이다. 그리고 'go down the hatch'라는 표현은 '해치 밑으로 가서 코가 삐뚤어지도록 술을 마시자'는 뜻으로, 건배를 할 때는 'down the hatch'라고 말하기도 한다. hatch에 상응하는 스페인어 escotilla, 프랑스어의 écoutille, 독일어 Ladeluke(lade + luke : 門, 窓) 등이 모두 '작은 구멍'이나 '터진 입구'에서 '艙口'라는 뜻으로 전화된 말들이다.[14]

---

12 *The Shorter Oxford English Dictionary*, p.931; 佐波宣平, 『海の 英語』, p.180.

13 Robert Louis Stevenson, *Treasure Island*, Chapter XI, p.86.

14 이상 佐波宣平, 『海の 英語』, pp.180-181.

hawse 닻줄 구멍(船首 錨鎖孔), 이물과 닻과의 수평 거리

14세기 앵글로 라틴어에서는 *halse* 형태로 사용되었는데, 이 말은 고대 노르만어의 '목'(neck), '배의 이물(船首)', '로프의 끝' 등을 뜻하는 hals에서 유래하였다. 독일어 Hals와 네덜란드어 hals는 모두 '목'을 뜻한다.[15]

SOED에는 hawse hole을 '배의 선수에 닻줄(cable)이 통과하는 원통 모양의 두 개의 구멍(cylindrical hole, of which there are two in the bow of a vessel, for the cable to run through)'으로, hawse pipe는 '나무를 보호하기 위해 h 모양의 구멍을 만들어 설치한 무쇠(a cast-iron, pipe fitted a h-hole to protect the wood)'로 풀이되어 있다.[16] 이를 보면 hawse pipe는 닻줄 구멍 그 자체를 의미하는 것이 아니었음을 알 수 있다. 하지만 오늘날에는 닻줄 구멍을 칭하는 데 hawse, hawse pipe, hawse hole가 모두 동의어로 통용되고 있다.[17]

hawse가 사용한 용례로는 to come in through the hawse(자신의 능력으로 이뤄

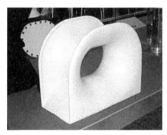

hawse pipe[18]

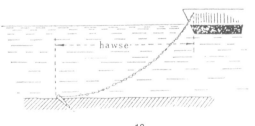

hawse[19]

---

15 *The Shorter Oxford English Dictionary*, p.934.
16 *The Shorter Oxford English Dictionary*, p.934.
17 http://www.thefreedictionary.com/hawsehole(2024. 8. 16).
18 http://en.wikipedia.org/wiki /Hawsehole(2024. 8. 16).
19 佐波宣平, 『海の 英語』, p.183.

내다)가 있는데, 이는 to come in through the cabin-window(일반 선원에서 연고를 찾아 사관으로 승진하다)는 뜻에 대비된다. 여기에서 사용된 hawse는 hawse hole 나 hawse pipe로 써야 했겠지만, 구체적으로 닻줄이 지나는 구멍(錨鎖孔)을 의미하는 것이 아니라 선수 돛대보다 앞쪽, 즉 선수루를 가리킨다.[20]

hawse는 이외에도 '정박선의 선수에서 닻까지의 거리'(distance between her head and the anchors employed to ride her)를 뜻하기도 한다. 이와 관련하여 다양한 표현이 활용되고 있는데, foul the hawse라고 하면, 어떤 선박이 다른 선박의 hawse 안쪽으로 닻을 내리려고 진입한다면, '그 선박이 타 선박의 hawse를 어지럽히는 것(foul the hawse of the vessel)'이 되고, a bold hawse라고 하면 '닻줄 구멍이 수면보다 한참 높이 있는 때'를 말한다. 그리고 clearing hawse라고 하면, 'foul hawse가 된 두 개의 닻줄이 풀린 경우'이다.[21]

여기에서 hawse와 hawser를 그 쓰임새가 정박과 관계된 닻과 정박용 굵은 밧줄을 의미하기 때문에 마치 hawse + er = hawser로 생각할 수 있지만, 이 두 낱말을 전혀 관계없는 말이다. 앞서 살펴본 것처럼, hawse는 노르만 계열의 hals(목)라는 데서 유래했지만, hawser는 '들어올리다'(hoist, raise)를 뜻하는 라틴어 altiare, 프랑스어 hausser 등에서 유래한 남방계 낱말이다.[22] 실제로 닻줄 구멍을 통해 닻에 연결되어 있는 것은 anchor cable 또는 anchor chain은 hawser로 사용할 수가 없다.

---

20 이상 佐波宣平, 『海の 英語』, pp.180-181.
21 Smyth, The Sailor's Word Book, pp.372-373.
22 The Shorter Oxford English Dictionary, p.934.

helm order 조타 명령

helm은 '키'(tiller)라는 명사와 '키를 사용하여 조종하다'는 동사로 각각 사용되는 해사영어인데, helm order는 steering order라고도 한다. helm는 고대 앵글로색슨어에서는 *helma*라고 썼는데, 이는 '손잡이'(handle)를 뜻하는 중부·저지 게르만어의 'helm', 고대 고지 게르만어의 helmo, halmo, 고대 노르만어의 '키'(rudder-stick)를 뜻하는 hjalmvǫlr에 상응하지만, 그 어원은 불분명하다.[23]

오늘날 조타명령은 'port'와 'starboard'라고 하면, 키도 '좌현'과 '우현'으로 각각 돌리고 선수도 그에 따라 '좌현'과 '우현'으로 선회한다. 그러나 조타명령은 오늘날의 기계식 조타기가 도입되기 이전 '키'(tiller)를 사용할 때부터 사용된 만큼 그 의미는 오늘날과는 반대였다. 이를 테면 'tiller'를 사용하던 과거에는 조타명령으로 'port'라고 하게 되면 '키의 손잡이(tiller)를 좌현(port)으로 돌려'라는 뜻이므로, '키판(rudder blade)은 우현쪽으로 회전하게 되어, 선수도 우현으로 선회하게 된다. 이는 오늘날 steering wheel이 아닌 키가 설치된 요트의 경우와 동일하다. 따라서 키를 사용할 경우 port = put the tiller over to port, starboard = put the tiller over to starboard라는 의미의 명령으로 선수를 좌현 또는 우현으로 하라는 명령이 아닌 것이다.[24] 이와 같은 조타명령은 문헌상 1644년까지 거슬러 올라간다. Sir Henry Manwayring이 1644년 편찬한 *Seaman's Dictionary*(1644)에는 다음과 같이 설명되어 있다.

Port the Helme ; Star-boored the Helme : Amid-ship, or right the Helme, terms

23 *The Shorter Oxford English Dictionary*, p.949.
24 refer to A. Ansted, *A Dictionary of Sea Terms*, 1951; cited in 佐波宣平, 『海の 英語』, p.187.

of conding, to direct which way the steeres-man should put the Helme.[25]

　　Port the Helm, Starboard the Helm, Amid-ship이라는 말은 키잡이가 키(helm)를 그 방향으로 돌리라고 지시하는 용어이다.

　　조타명령의 궁극적인 목적은 키를 돌리는 게 아니라 선수를 돌리라는 것이므로, 구래의 조타명령은 종종 혼란을 일으키기 쉬워 사고를 유발하기도 했다. 그에 따라서 1932년 영국해운법(British Shipping Laws)에서 이를 키의 방향과 선수의 방향을 일치시키는 것으로 바뀌었다.

　　"1932년 해상안전및만재규칙(Safety and Load Lines Convention)에서 조타 명령과 관련한 법을 바꾸었다. 이 규칙에 따라 1933년 1월 1일부터 과거의 조타명령을 사용하는 것은 불법(illegal)이 되었다. 이전의 관습이 바뀔 때까지 영국 선박에서는 선수를 우현으로 돌리라는 명령은 'port'였다. 프랑스에서 이에 상응하는 명령은 'tribord'(우현)였다. …런던학교법인(London School Board)과 Lardner 간의 소송 사건에서, 템즈강의 도선사인 Lardner는 선수를 좌현으로 회두시킬 목적이었는데, 프랑스어로 'tribord'라고 명령함으로써 사고가 발생한 데 대한 책임이 있었다. 당시 키를 잡고 있던 프랑스인이 프랑스의 관례에 따라 키를 돌렸고, 배는 우현으로 회두하였고, 충돌 사고가 발생하였다. 미국, 이탈리아, 오스트리아 등을 포함하는 일부 나라들은 영국의 관습을 따랐고, 일부 나라들은 프랑스의 관습을 따랐다. 스칸디나비아 국가에서는 배에 따라 다르게 말했다고 한다. 한 나라의 도선사들은 여러 나라의 배를 조선해야 하는 일이 잦기 때문에 통일된 체계가 필요하다는 주장이 오랫 동안 있어 왔다. 영국식 조타명령에 내재된 모순은 틸러를 사용하던 데서 유래한 것이다."[26]

---

25 Sir Henry Manwayring, *Seaman's Dictionary*(1644); cited by 佐波宣平, 『海の 英語』, pp.187-188.
26 Marsden's Collisions at Sea, 11th ed., in *British Shipping Laws*, vol.4, 1964, p.549; cited by 佐波宣平,

런던학교법인 vs Lardner 간의 소송에서는 Lardner의 패소로 판결이 났다.(The Times, February 20, 1884) 영국식 조타 명령은 영국, 미국, 오스트리아, 이탈리아, 일본 등에서 채택하고 있었는데, 이는 잘못된 용법이라기보다는 다소 불편한 관행이었다. 따라서 영국식 조타명령을 개정하기에 이르렀다. 1928년 영국 런던에서 개최된 국제해운회의에서 조타 명령에 관한 통일안을 마련하였다. 1928년 런던 국제해운회의(International Conference on Shipping)에서는 기존에 해사용어로 좌현과 우현을 가리키는 용어로 사용되던 port와 starboard라는 용어를 더 이상 사용하지 않고 left와 right를 사용하고, 조타명령은 선수를 기준으로 한다고 결의하였다. 이후 영국이 1931년 채택하고, 1932년에 법제화하였고, 프랑스가 1934, 미국이 1936년에 각각 채택하였다.[27] 조타명령이 이렇게 개선되게 된 이유는 단순히 기존 명령이 불편하였기 때문만은 아니었다. 그것은 조타장치가 개선된 것도 한 원인이 되었다. 옛 키는 단순하여, 키잡이와 키판이 반대 방향으로 움직일 수밖에 없는 구조였지만, 기계식 키는 키잡이와 키판이 같은 방향으로 회전하게 되었다. 따라서 우현으로 회두시키기 위해 port라고 명령하는 것은 모순될 수밖에 없었기 때문에 기존의 조타명령을 사용할 필요성이 없어졌던 것이다.[28]

hogging vs sagging 호깅, 상복(上腹) vs 새깅, 하복(下腹)

선체 중앙부가 너울의 머리(波頂)에 올라서서 선체 중앙부가 선수미보다 높이

『海の 英語』, p.188.

27 René de Kerchov, *International Maritime Dictionary*, p.369.
28 佐波宣平, 『海の 英語』, p.191.

치솟은 상태를 hogging이라 하고, 그 반대를 sagging이라 한다. hog은 고대 영어에서는 hogg, hocg 형태로 사용되었는데, 캘트어에 어원을 두고 있는 것으로 알려지고 있다. '돼지'를 뜻하는 웨일즈어 huch나 콘월 지방어 hoch에서 그 기원을 찾을 수 있다. 즉 hogging은 돼지가 머리를 숙이고 있으면 등이 활을 구부린 것처럼 보이기 때문이다. 따라서 영어사전에도 hog는 돼지, 돼지고기 등의 뜻이 제일 먼저 나오고, 호깅의 뜻으로는 사용된 것이 문헌으로 확인된 것은 1790년대에서였다.[29]

sag은 북방계어에 기원을 둔 것으로 보이는데, 고대 노르만어 *sokkva*(꺼지다, 함몰하다)나 중세 저지 게르만어 *sacken*(앉다, 꺼지다)에 기원을 둔 것으로 대략 14세기 후반 영어에 유입되었다. '무게나 압력에 의해 서서히 꺼지거나 가라앉는'의 뜻으로는 1526년, '선박이나 구조물 등에서의 새깅'의 뜻으로는 1753년에 각각 문헌에 처음 사용된 것으로 확인되고 있다.[30] 해사용어로서 to sag to leeward는 '배가 바람에 많이 밀려가다'를, the sag of rope는 '잡아당긴 로프의 중앙부가 느슨해지다'를 각각 의미한다.[31]

그러나 hogging과 sagging이 반드시 해사용어로만 사용되는 것은 아니다. "The ridgepole of the barn is getting to look sort of hogged"(그 헛간의 기둥은 가운데가 둥그렇게 휘어 보인다)라는 표현에서처럼, '가운데가 불쑥 튀어 오른 모양(hogging)이나 '가운데가 푸욱 꺼진 모양(sagging)을 나타낼 때도 사용된다.[33] 현대영어 sag는 '도로 등의 침하', '주가의 하락'을 뜻하기도 한다.

---

29 *The Shorter Oxford English Dictionary*, p.949.

30 *The Shorter Oxford English Dictionary*, p.1874; Harper, *Online Etymology Dictionary*, at http://www.etymonline.com(2024. 8. 10.)

31 佐波宣平, 『海の 英語』, p.362.

32 Source : http://en.wikipedia.org/wiki/Hogging_and_sagging(2024. 8. 10).

33 Joanna Carver Colcord, *Gangway! Sea Language Comes Ashore*, p.70, at https://books.google.co.kr.

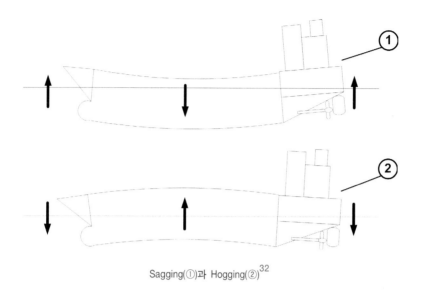

Sagging(①)과 Hogging(②)[32]

hold 짐칸, 화물창

'구멍'을 뜻하는 낱말 *holl*이나 *hole*이 변형된 것으로 동사 hold와는 아무런 관련이 없다. 어원은 네덜란드어의 '내부가 빈', '움푹한' 등의 형용사이자 '구멍', '동굴' 등의 명사로 쓰이는 hol에서 유래했고, 'd'는 네덜란드어가 영어로 유입되면서 불필요하게 추가된 것이다. 영어에서 hold가 화물창으로 사용되기 시작한 것은 1591년 즈음이었다.[34] 이를 보면 hold가 화물창이 된 것은 배 안에 화물을 싣는 장소이기 때문이 아니고, 그것이 배의 주갑판 아래에 '움푹 들어간 곳'이라는 의미에서 화물창이 된 것이다. 그런데 흥미로운 사실은 오늘날 이 낱말은 [hold]라고

---

34 *The Shorter Oxford English Dictionary*, p.973.

발음하는 데 보통이지만, Colcord의 책 *Sea Language Comes Ashore* 초판이 발행되었던 1945년 즈음에는 hold를 "통상 [hole]로 발음(usually pronounced 'hole')"했다는 사실이다.[35] 이는 영국인들이 화물창을 hold라고 적기는 해도, 본래 네덜란드어 'hol'에서 왔다는 것을 오랫동안 기억하고 있다는 것을 뜻한다. 하지만, 오늘날 주요 영어사전에 화물창 hold는 [hould]라고 발음하는 것으로 나타나 있다.

horse latitudes 말 위도, 대서양 아열대 무풍대

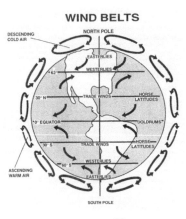

Horse Latitudes[36]

대서양 아열대(위도 20-40도 사이) 무풍지대를 가리키는데, 범선시대 때 유럽에서 아메리카대륙으로 항해할 때 이 해역에 바람이 불지 않자, 배를 조금이라도 가볍게 하기 위해 싣고 가던 말이나 가축을 바다에 빠뜨렸던 데서 유래했다고 한다.[37] SOED에 따르면, 문헌상 1777년에 처음으로 사용된 것으로 확인된다.[38] 애초에는 대서양에서만 해당되었지만, 현재는 대양을 불문하고 아열대 무풍 지대를 일반적으로 'horse latitudes'라고 한다.

---

35 Colcord, *Gangway! Sea Language Comes Ashore*, p.70.
36 http://kinjiki.free.fr/06novembre/21.htm(2024. 8. 10).
37 Smyth, *The Sailor's Wordbook*, p.391.
38 *The Shorter Oxford English Dictionary*, p.987.

hulk 둔중한 배, 노후선

그리스어의 '화물선'(cargo ship)을 뜻하는 $\delta\lambda\kappa\acute{\alpha}\varsigma$(holkas)에서 유래하여 후기 라틴어 hulka(둔중한 상선)로 이어져 유럽의 여러 언어에 정착되었다. 이를테면 고대 프리슬란트어 hulque, 후기 고대고지 게르만어 holko(현대 독일어 hulk), 중세 네덜란드어의 hulke, hulc(현대 네덜란드어 hulk), 중부저지 게르만어의 hulk, holk(e) 등으로 사용되었고, 고대 영어에서는 hulc(12세기에는 hulcus) 등의 형태로 사용되었다. 당초 이 단어는 그리스어의 어원에서처럼, 영어에서도 처음에는 캐릭선과 관련한 큰 배를 의미했다가 1629년에는 '낡아서 사용하기에 적당하지 않은 노후선의 선체나 창고선'(the body of a dismantled ship(worn out and unfit for sea service), retained in use as a store-ship)으로, 그리고 1829년 즈음에는 '배의 선체'(hull of a ship)를 가리키는 용법으로 사용되었다.[39]

사와 센페이는 hulk가 일본에서 '창고선'이나 '감옥선'으로 사용되는 것은 잘못된 번역임을 다음과 같은 예를 들어 설명하고 있다. Charles Lamb(1775-1834)의 *Essays of Elia*(1823-33)에 실린 수필 가운데, Lamb의 친구 'H'가 중죄를 범하고 감옥인 hulk에 넣어지는 일화가 실려 있는데, 일본어 번역자인 도가와 슈코쓰(戸川秋骨)는 이를 '감옥선'으로 번역하였다. 사와 센페이는 Lamb이 언급한 hulk는 '항해하지 않고 닻을 내린 채 감옥으로 사용된 배'를 의미했기 때문에 도가와(戸川)의 번역은 적절하지 않다고 보고 있다. 사와 센페이는 hulk가 '노후선'[40]의 의미로 사용되기 시작한 것은 19세기였고, 그 이전에는 '둔중하고 덩치가 큰 배'라는 의미

---

39 *The Shorter Oxford English Dictionary*, p.994.
40 사와 센페이는 hulk를 '폐선'으로 번역하고 있지만, hulk는 일체 용도가 없는 '폐선'이 아니라 '저장용 탱크'나 '감옥' 등의 용도로 사용되는 배라는 점에서 '노후선'으로 옮기는 것이 적당할 것 같다.

로 주로 사용되었다고 덧붙이면서 다음과 같은 예문을 들고 있다.[41]

> *Agamemnon* : light boats sail swift, though greater hulks draw deep(Shakespeare, *Troilus and Cressida*, 1598-1602, II, iii, 279)[42]
> 아가멤논 : 대형선은 깊이 잠기지만, 소형선은 빠르게 항해한다.

> Even the Hansa viewed with respect and jealousy, the fact Flemish hulks which carried heavy cargoes of English wool to the Flanders port, 뭉 distributed to England and elsewhere the products of craftsmen and artisans of Bruges and Ghent.(Fayle, *A Short History of the World's Shipping Industry*, 1933, p.94)
> 한자 동맹도 중량이 많이 나가는 잉글랜드산 양모를 플랑드르 항구로 운송하고, 브뤼지와 강(Ghent)의 수공업자들과 장인들이 만든 제품을 잉글랜드와 다른 지역으로 분배하는 플랑드르 상선을 질투와 관심을 동시에 갖고 지켜보았다.(Fayle, 김성준 역, 『서양해운사』, p.116)

 hulk와 유사한 말로 hull이 있어 이따금 혼동을 일으키는데, 이 두 낱말은 어원상 아무런 관련이 없다. 이렇게 두 단어가 혼동되고 있는 것은 hulk 자체에 '배', '선체'라는 뜻이 포함되어 있어서 hull의 뜻과 발음이 유사하기 때문이다. 영국 언중이 당초 '둔중한 배'라는 뜻이었던 hulk를 이후에 '노후선'의 뜻으로 주로 사용된 것은 무의식적으로 hull과의 차별성을 부각시키려 했기 때문인지도 모른다.

---

41 佐波宣平, 『海の 英語』, pp.200-201.
42 William Shakespeare, *Troilus and Cressida, in The Plays and Poems of William Shakespeare*, Vol. 8, C. Baldwin, Printer, 1821, p.315, at https://books.google.co.kr.

hull 선체, 선각(船殼), 선체만 물위에 떠있다.

'꼬투리', '콩깍지' 등을 뜻하는 고트어 *hulga*나 고대 영어 *hulu*에서 유래한 것으로 보이는데, 이와 같은 계열로 고대 고지 게르만어의 hulla(머리에 쓸 것)와 hulsa(꼬투리, 현대 독일어의 Hülse), 네덜란드어의 huls(껍질) 등이 있다.[43] 따라서 이 말은 그리스어에서 유래한 hulk와는 달리, 북방계 말이다. hull이 선체를 의미하게 된 것은 바로 '배 자체를 감싸고 있는 것이 곧 선체'이기 때문일 것이다. Smith의 *A Sea Grammar*에는 "hull이란 이물에서 고물까지 돛대나 다른 삭구가 없이 배의 본체나 선체 전체를 의미한다(the hull meant, the full bulke or body of a ship without mast or any rigging from the stem to the sterne)"고 풀이하고 있다.[44]

해사용어에서 'hull insurance'라는 용어가 있는데, 이는 '선체에 발생하는 손해에 한해 담보하는 보험'으로 '선체보험'으로 번역된다. 여기에서 hull은 '돛대, 돛 등의 상부구조와 삭구 등의 의장 일체를 제외한 배의 몸체'를 뜻한다. 또 'hull down'이라는 표현도 있는데, 이는 hull이 수평선 아래로 내려가 보이지 않게 되는 것, 즉 배가 항구를 출항하여 수평선 아래로 멀어져 가라앉게 되는 것을 말한다. 이와 반대로 배가 수평선 너머로 나타나는 것을 'hull out'이라고 한다.

hull은 '물에 떠 있다'(to float or be driven on the hull alone)는 뜻의 동사로도 사용되었다. 오늘날에는 보통 이러한 뜻으로 'heave to'가 사용되지만, Shakespeare 시대에는 hull이 사용되었다. Shakespeare의 *Twelfth Night*(1600)에는 하녀 Maria가 "Will you hoist sail, sir?(돛을 올리실 건가요?)"라고 묻자, Viola가 "No, good

---

43 *The Shorter Oxford English Dictionary*, p.994.
44 John Smith, *A Sea Grammar*, 1627, p.4; cited in 佐波宣平, 『海の 英語』, p.202.

swabber; I am to hull here a little longer(아니. 나는 여기에서 조금 더 떠 있을 거야'(I, v, 216-218)라고 답하는 장면이 나온다.[45] 여기에서 hull은 하릴없이 '물 위에 떠 있겠다'는 의미이다. 따라서 Whall은 여기에서 쓰인 hull을 stay로 해석했다.[46] *Henry VIII*(1612-13)에도 hull이 동사로 사용된 대사가 나온다.

> Thus hulling in
> The wild sea of my conscience, I did steer
> Toward this remedy, whereupon we are
> Now present here together(Shakespeare, *Henry VIII*, II, iv, 200-203)[47]

여기에서 헨리 8세는 부정한 짓을 저지르지도 않은 캐더린 왕비를 몰아내기 위해 "비록 내 양심의 거친 바다에 *머물러 있다(hulling)* 할지라도, 나는 이 치료방안 쪽으로 향해 갔다"[48]고 고뇌에 찬 대사를 하고 있다. 셰익스피어가 해사영어를 매우 풍부하고, 또 정확하게 사용하고 있다는 사실은 곳곳에서 살펴본 바 있는데, 위의 예처럼 해사(海事)와는 아무런 관련 없는 경우에도 적절한 비유와 정확한 용법으로 해사용어를 사용하고 있다. 따라서 '실제 선원으로 오랫동안 승선 생활을 한 경험이 없는 셰익스피어가 이토록 전문적인 해사용어를 적절하게 사용할 수 없을 것이므로, 그가 한때 선원이었을 것'이라는 주장이 나오는 것도 무리는 아니다.

---

45 W. Shakespeare, *Twelfth Night*, in John Payne Collier, ed. by, *The Works; The Text Formed from an Entirely New Collation of the Old, Vol. III, Whittaker & Co.*, 1842, p.344, at https://books.google.co.kr..
46 W.B. Whall, *Shakespeare's Sea Terms Explained*, 1910, p.27; cited by 佐波宣平, 『海の 英語』, p.204.
47 W. Shakespeare, *Henry VIII*, in ed. by George Steevens et al., *The Plays of William Shakespeare*, Vol. XI, London, 1793, p.96, at https://books.google.co.kr.
48 "이렇게 양심의 거친 파도에 부대껴서 지금 이곳에서 문제돼 있는 치료방법에까지 뱃머리를 돌려 닿게 된 것이요." 한로단 역, 「헨리 8세」, 『셰익스피어전집』 II, p.612.

지명에도 Hull이 있는데, 잉글랜드 북동부의 항구가 대표적인 곳이다. 이 항구는 Daniel Defoe의 소설의 주인공 Robinson Crusoe가 아버지의 만류를 무릅쓰고 배를 타고 출항한 항구이다. 이곳의 원래 지명은 Kingston upon Hull인데, 잉글랜드의 Surrey 지방에도 Kingston이 있어 이곳과 구별하기 위해, 북동부의 Kingston upon Hull, 남부의 Kingston-on-Thames라고 불렀다. 그런데 어느 때부터인가 Kingston upon Hull이 Hull로, Kingston-on-Thames가 Kingston으로 각각 부르게 되었다.[49]

hurricane   허리케인, 싹쓸바람

보퍼트풍력계급 12급 이상을 통칭하고 우리말로는 싹쓸바람이라고 하는데, 직접적인 어원은 스페인어의 *huracán*(폭풍, 강풍)과 포르투갈어 *furacão*(폭풍, 태풍)이다. 하지만 이 두 낱말 역시 카리브 지역의 원주민들이 폭풍성 바람을 일컫는 hurakan 또는 furacan에서 기원하였다. 콜럼버스 이후 카리브해에 활동했던 스페인인들에 의해 카리브 원주민들의 말 hurakan(furacan)이라는 말이 유럽으로 전파되었던 것이다. 영어에서는 처음 유입된 16세기 당시에는 hurricano, uracan, furacane 등으로 스페인어와 포르투갈어를 그대로 사용되었다.[50] 셰익스피어의 *Troilus and Cressida*(1598-1602)와 *King Lear*(1603)에는 스페인어인 hurricano 형태로 사용되었다.

49 佐波宣平, 『海の 英語』, pp.204-205.
50 *The Shorter Oxford English Dictionary*, p.999.

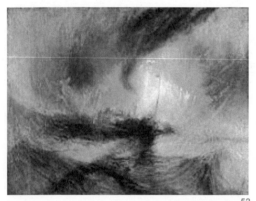

the dreadful spout

Which shipmen do the hurricano call(Shakespeare, *Troilus and Cressida*, V, ii, 168-16
9)[51]

뱃사람들이 허리케인이라고 부르는 끔찍한 물기둥

Blow, winds, and crack your cheeks! rage! blow!

You cataracts and hurricanoes, spout

Till you have drench'd our steeples, drown'd the cocks!(Shakespeare, *King Lear*, III,
ii, 1-3)[52]

불어라. 바람아! 너의 두 뺨이 찢어지도록! 격렬한 분노로 불어라!

그대여, 폭포와 허리케인이여, 물을 뿜어라!

거대한 탑들이 침수하여 풍향계까지 침수시킬 만큼 물을 뿜어라!

Snow Storm : Steam-Boat off a Habour's Mouth(1842)[53]

셰익스피어가 사용한 hurricane
은 단순한 태풍이 아니라 '호우를
동반한 거대한 물기둥'이라는 의
미였다. 실제로 대양항해시 폭풍
우가 불 경우에는 바람뿐만 아니
라 거대한 물기둥이 내리치는 것
을 볼 수 있는데, 영국의 해양화가

51 William Shakespeare, *Troilus and Cressida*, in George Steevens et al., ed. by, *The Plays of William Shakespeare*, London, 1693, p.420, at https://books.google.co.kr.
52 William Shakespeare, *The Tragedy of King Lear*, J.B. Lippincott & Co., 1880, p.171, at https://books.google.co.kr.
53 http://en.wikipedia.org/wiki/J._M._W._Turner(2024. 8. 16).

William Turner(1789-1862)가 그린 Snow Storm(1842)에 잘 묘사되어 있다.

Shakespeare의 작품이 발표된 뒤 한 세대 뒤에 출간된 John Smith 선장의 *A Sea Grammar*(1627)에도 "herricano는 서인도에서 2, 3, 4, 5주 가량 지속되는 폭풍우다. 그러나 그것은 바닷물이 마치 비처럼 날아다닐 정도로 매우 거칠고 물결이 높아 저지 위로 파도가 덮치기도 한다. 그럴 경우 배는 육지 수 리이그(league) 안쪽에서 자라고 있는 저지의 높은 나무 꼭대기 위로 쏠리기도 한다."고 서술하고 있다.[54]

hurricano나 herricano는 이후 약 100여 년 이상 스페인어 철자 그대로 사용되었고, 1769년 Falconer의 *A New and Universal Dictionary of the Marine*에 이르러 hurricane이란 철자로 등재되어 있다.[55] hurricane과 관련된 단어로는 hurricane bird가 있는데, 이는 frigate bird(군함새)를 의미하고, hurricane deck은 일부 증기 여객선에 설치된 경상갑판(light upper deck)이나 플랫폼을 일컬으며, hurricane house는 견시원을 위해 돛대 위에 설치한 피난소를 뜻한다.[56] 또한 Paddy's hurricane이란 해사용어도 사용되는데, dead calm(죽은 듯이 고요함) 상태를 일컫는다. Bisset의 *Sail Ho!*에는 "아일랜드인들은 육상에서처럼 해상에서도 조롱의 대상이었다. '죽은 듯이 고요한 상태(dead calm)를 Paddy's calm'이라고 불렀다."[57]는 구절이 나온다. Paddy는 아일랜드인을 얕잡아 부르는 비어인데, 죽은 듯이 고요하게 되면 범선은 움직일 수 없기 때문에 아일랜드인이 그 무풍의 원인제공

54 John Smith, *A Sea Grammar*, 1627, p.47; cited by 佐波宣平, 『海の 英語』, p.206.
55 William Falconer, modernized and much enlarged by William Burney, *A New and Universal Dictionary of the Marine*(1769), 1830, p.200, at https://books.google.co.kr.
56 *The Shorter Oxford English Dictionary*, p.999.
57 Sir James Gordon Bisset, *Sail Ho!*, 1958, p.54; cited by 佐波宣平, 『海の 英語』, p.208;

자라도 되는 것처럼 그렇게 부르게 된 것이다.

허리케인과 유사한 낱말이 typhoon이 있다. 사와 센페이는 '태풍'을 뜻하는 영어 'typhoon' 역시 동남아시아 지역 토착민의 '大風'이라는 말에서 유래하였다고 했지만, 이는 실제와는 다르다. typhoon은 한자 大風이나 颱風에서 유래한 것이 아니라 그리스 신화에 나오는 거대한 용인 typhon에서 유래하였다.[58]

---

58 정효상, 지구과학산책 : 태풍, at http://navercast.naver.com/contents.nhn?rid＝116&contents_id=12881 (2024. 8.16.)

import 반입, 수입

라틴어의 im(안으로) + portare(운반하다) = importare(안으로 가져오다)는 뜻에서 유래한 말이다. export는 ex(밖으로) + portare = exportare(밖으로 가져가다)는 뜻에서 유래하였다.[1] import와 export는 각각 '반입'과 '반출'을 어원으로 하는데, 외국으로의 '반출입'이 보통 'port'(항구)를 통해 이루어지기 때문에 '수입'과 '수출'로까지 쓰이게 되었다. 따라서 import = im + port로, export = ex + port로 각각 해석하는 것이 보통인데, 이는 잘못이다. 이는 import와 export에 상당하는 독일어 *Einfuhr*과 *Ausfuhr*을 살펴보면 명확해진다. 이 두 낱말은 Ein/Aus + führen(데리고 가다, 이끌다) 또는 + fahren(운송하다)이 합쳐진 말이다. 결국 import나 export는 port(라틴어 portus)가 아닌 important와 같은 계열인 셈이다. important 역시 고대 라틴어 importare에서 유래한 것으로 '의미를 운반해오다'는 것이 원래의 뜻이었다.

영어의 동사 import와 프랑스어의 동사 importer는 ① 들여오다 ② 수입하다는

---

1 *The Shorter Oxford English Dictionary*, p.1033.

뜻 외에 ③ 중요하다는 뜻도 함께 지니고 있다. 이를테면, It does not import much to me(그것은 내게 그다지 중요하지 않다)나, This is the question that imports us greatly(이것은 우리에게 아주 중요한 문제이다)라는 표현이 그 예다.[2]

the insured 피보험자, 보험에 든 자

'보험에 든 자'를 의미하는데, 통상 해사업계에서는 이를 '피보험자'라고 한다. 그런데 이것이 때에 따라서는 '보험계약자'의 의미로도 사용된다는 점에 주의할 필요가 있다. 독일어에서 피보험자를 Versicherte라 하고, 보험계약자를 Versicherungsnehmer (policy undertaker)라고 하여 혼동될 여지가 전혀 없다. 따라서 오늘날 주요 해상보험약관에는 insurer와 insured라고 쓰기도 하지만, 혼동을 피하기 위해 'insured, known as the policy holder'나, 'insurer(underwriter)'라고 명확히 하는 경우가 있다. insured를 contact of insurance라고도 쓰기도 하지만, 이는 독일어 Versicherungsnehmer의 영어 번역어로 보이며, 오히려 policy-holder (보험증권 소지인, 피보험자)가 영어다운 표현이라고 할 수 있다.[3]

insurer 보험인수자, 보험자

영어 insure에는 상호 모순된 두 가지 뜻이 내포되어 있는데, 그것은 '보험에

---

2 佐波宣平, 『海の 英語』, p.210.
3 佐波宣平, 『海の 英語』, p.212.

들다는 뜻과 '보험을 인수하다'는 뜻이 그것이다. '보험에 들다는 뜻으로는 1600년대 초반, 보험을 인수하다는 뜻으로는 1650년대에 사용되었다.[4] 다음은 insure의 상반되는 두 가지 의미로 사용된 용례이다.

- to insure one's house against fire : 집을 화재보험에 든다.
- to agree to insure or underwrite the risk at the premium of 50s. per £100 : 100파운드당 50쉴링의 보험료로 위험을 인수하는 데 동의한다.

이미 insured에서 살펴본 바와 같이, 이와 같은 insure의 뜻에서 보면 insured를 '피보험자'와 '보험계약자'의 의미로 사용하는 것이 당연하다. 그러나 보험계약이라는 것이 해석에 따라 분쟁을 유발할 수 있기 때문에 insured는 '피보험자'로 굳어졌다. 이와 마찬가지로 insurer로 '보험가입자'와 '보험인수자'로 해석이 가능하지만, 보통은 '보험자', '보험인수자', '보험계약자'의 뜻으로 해석된다. 그러나 혼란을 방지하기 위해 underwriter를 병기하거나 풀이하는 경우도 있다. 영국에서 insure가 사용된 가장 오래된 문헌 중 하나인 *Chronyk van Vlaedern*(*Cronicle of the Flanders*)의 용례를 살펴보기로 하자. 롬바르드(Lombards) 상인 세력이 한자동맹의 도시 중 최대 상업항 중 하나였던 브뤼헤를 지배하에 넣었던 14세기 초 브뤼헤에 보험 시장을 형성했던 상황을 보여주고 있다.

On the demand of the inhabitants of Bruges the Count of Flanders permitted, in the year 1310, the establishment in this Town of a Chamber of Assurance, by means of which the Merchants could insure their goods exposed to the Risks of the Sea or

---

4 *The Shorter Oxford English Dictionary*, p.1087.

elsewhere on paying a stipulated Percentage. But in order that an Establishment so useful to Commerce might not be dissolved as soon as formed, he ordered the laying down of several Laws and Regulations which the Assurers, as well as the Assured, are bound to observe.[5]

플랑드르 백작은 브뤼헤의 주민들의 요구에 따라 1310년에 보험인수회를 설립하는 것을 허가했다. 이로써 상인들은 약정한 보험료를 납부하면 바다나 기타 위험에 노출된 상품을 보험에 가입할 수 있었다. 그러나 그는, 무역에 유용한 보험인수회의 설립이 설립되자마자 와해되지 않도록 하기 위해, 피보험자뿐만 아니라 보험인수자들도 준수해야만 하는 몇 개의 법과 규정을 만들라고 지시했다.

interloper 무허가 상인, 맹외선(盟外船)

영어의 inter + lopper가 합성된 말로서 '이해 관계자들 사이에 끼어들어 이익을 가로채는 자'를 가리킨다. 여기에 사용된 inter는 intermeddler(간섭자, 끼어드는 자)에서와 같은 용법이고, lopper 역시 landloper(떠돌이, 방랑자)에서와 같은 용법으로 사용된 것이다. 그런데 interloper가 영어 동사 'interlope' + 'er'이 결합되어 생긴 말로 오해할 수 있지만, 이는 정반대이다. 즉 interloper에서 동사 interlope가 파생된 것이다.[6] 여기서 loper는 leap(뛰어오르다)의 사투리나, 중세 네덜란드어의 loper(달리는 사람, 떠돌이), 또는 고대 게르만어의 hlaufen(뛰어오르다)에 그 어원

5 Frederick Martin, *The History of Lloyd's and of Marine Insurance in Great Britain*, London : Forgotten Books(Original work published in 1876), reprinted in 2013, p.6, at http://www.forgottenbooks.com /readbook_text/The_History_of_Lloyds_and_of_Marine_Insurance_in_Great_Britain_1000242148/0(2024. 8.10)

6 *The Shorter Oxford English Dictionary*, p.1096.

을 두고 있다.[7]

해사용어에서 interloper는 해운동맹이 폐지된 이후에는 거의 사용되지 않지만, 해운동맹이 전성기를 누렸던 1990년대까지는 해운동맹의 이익을 침해하기 위해서 동맹이 배선하는 항로에 끼어드는 '맹외선'(outsider)을 의미했다. 역사적으로 보면, 특허회사인 동인도회사의 독점항로인 동인도항로에 면허장을 발급받지 않고 선박을 배선한 free trader들이 interloper로서 널리 알려져 있다. interloper는 초창기에는 enterloper로 쓰기도 하였지만, 오늘날에는 interloper로만 쓰인다. 해운동맹 측에서는 interloper을 축출하기 위해 전략적으로 저가의 운임의 경쟁선박을 투입하였는데, 이를 fighting ship(투쟁선)이라고 불렀다. 이처럼 손해를 감수한 투쟁선의 투입으로 발생되는 손해는 물론 동맹 전체 회원사가 공동으로 부담하였다. 이는 맹외선의 운항 활동을 직접적으로 방해하고자 하는 것이어서 맹외선에 미치는 타격이 매우 컸다. 그러한 이유에서 미국에서는 1916년 해운법 제14조에서 공공운송인이 운임거치 환급제(deferred rebate system)을 채택하거나 투쟁선 투입을 금지하였다.[8]

in the dog-house 면목을 잃고, 인기를 떨어트리고

17-19세기에 해상운송 분야 가운데 가장 이익이 컸던 사업 중 하나가 노예운송이었다.

영국 리버풀의 경우, 1793-1807년 사이에 연평균 100 척이 노예무역을 위해

---

7 Harper, *Online Etymology Dictionary*, at http://www.etymonline.com(2024. 8. 10).
8 『해운물류큰사전』, pp.124, 1204.

아프리카로 출항하였고, 1803-04년 Enterprise 호가 42%, 1805-1806년 Fortune 호가 116%, Louisa 호가 99%의 수익을 남겼다.[9] 그러나 이익이 컸던 만큼 위험도 커서 선원 중에는 운송 중이던 노예의 손에 살해되는 경우도 적지 않았다. 그 대표적인 사례가 Steven Spielberg 감독이 1997년 영화화한 'Amistad 호' 사건 (1839)이었다. 노예 전용선이 아닌 경우 노예들은 한쪽 발에 쇠사슬을 채우고 연결하여 갑판 위에 위치하도록 하였으며, 선원들이 감시하였다. 선원 중 당직자 들은 야간에도 갑판 위에서 잠을 자야 했는데, 노예들을 감시하다가 이따금씩 갑판 위에 개집과 같이 작은 공간을 만들고 그 안에 들어가 자물쇠를 채우고 잠을 잤다. 선원들은 이를 dog-house라 불렀는데, 이곳에서 잠을 잔다는 것이 그리 유쾌하거나 안락할 수는 없었다. 19세기 중반 노예무역이 금지된 이후에도 in the dog-house란 표현이 남았는데, 그것은 '면목을 잃고', 또는 '인가를 떨어뜨리 고' 등을 뜻하는 속어로 사용되고 있다.[10]

- If you are in the doghouse, someone is annoyed with you and shows their disapproval.
- I'm in the doghouse – I broke Sarah's favorite vase this morning.[11]

---

9 MacInnes, "The Slave Trade," pp.258, 271-272.
10 佐波宣平, 『海の 英語』, p.215.
11 Cambridge Online Dictionary, at http://dictionary.cambridge.org/dictionary/british/in-the-doghouse(2024. 8.10.)

itineraries 기항순서, 航路順, 항로안내서

라틴어 *itinerarium*(여행기, 순서, 여행 祈禱)에서 유래하였는데, 해사용어로는 '기항순서'나 '항로순'을 뜻하는데, schedule과는 다소 다르다. 즉 itineraries는 선박이 기항하는 순서만을 의미하는데 반해, schedule은 기항순서에 도착 및 출항일시까지 정해진 것이다. itineraries는 항로안내서를 의미하기도 하는데, 로마시대의 *Periplus of the Erythraean Sea*(AD 1-3)나, Jan Huyghen van Linschoten(1563-1611)이 펴낸 동인도항로안내서인 *Itinerario: Voyage ofte schipvaert van Jan Huyghen van Linschoten naer Oost ofte Portugaels Indien, 1579-1592*(Travel account of the voyage of the sailor Jan Huyghen van Linschoten to the Portuguese East India, 1596) 등이 그 대표적인 예다. *Periplus of the Erythraean Sea*는 로마 시대의 항해안내서로 인도까지의 항해안내서로서 인도까지 항해하는 동안의 피난항, 정박지, 풍향, 시장, 화물, 토착민 등에 관한 정보를 기록한 것이고, *Itinerario*는 네덜란드의 상인으로서 포르투갈의 영향력 하에 있었던 인도 Goa의 Vincente da Fonseca 대주교의 비서로 1583년 임명되어 1589년까지 인도에 머물렀던 Linschoten이 자신의 실제 경험을 바탕으로 동양에 관한 여러 정보를 아우른 종합 안내서라고 할 수 있다. 이 책은 네덜란드어 초판이 발행된 지 불과 2년 뒤인 1598년에 영역되어 영국 동인도회사의 설립에 영향을 미치기도 했다.[12]

---

12 佐波宣平, 『海の 英語』, p.216.

jack tar 보통선원

인명 Jack + 배 건조 및 수리용 송진 tar가 결합된 낱말로 영국의 보통선원 (sailor)을 통칭하는 용어다. Jack은 원래 John의 애칭으로 프랑스어의 Jacques에 해당하는데, 영국의 선원(sailor)들을 통칭하는 대명사로 사용되기도 했다.[2] Jack이 뱃사람을 가리키는 대명사가 된 데에는 다음과 같은 흥미로운 설명이 있다. "Jack 은 jacket의 축소형인데, 대략 1600년 즈음에 사용되었다. tar가 덧붙게 된 것은 선원들이 jacket과 trouser에 타르를 칠하여 방수 처리하던 관습이 있었 다. 따라서 어떤 선원이 결국 '타르 가 칠해진 재킷(tarred jacket or jack)'을 입게 되었고, 재치있는 어 떤 사람이 그를 Jack tar라고 부르기 시작했다."[3] 하지만 사와 센페이는

Flag of Great Britain(1707-1801)[1]

1 http://www.know-britain.com/general/union_jack.html(2024. 8. 15).
2 *The Shorter Oxford English Dictionary*, p.1123.

"이러한 설명이 재미있긴 하지만, 근거가 없다"고 보고 있다.

또한 Jack만으로도 잉글랜드 국기인 St. George 기와 스코틀랜드 국기인 St. Andrew 기가 교차된 대영제국(Great Britain) 깃발을 가리켰다. 1707년 잉글랜드가 스코틀랜드가 통합 왕국을 이루면서 잉글랜드 국기와 스코틀랜드 국기를 합친 깃발을 Union Flag이라고 불렀다. 그러나 잉글랜드의 빨간 십자가를 전면에 내세우다보니, 스코틀랜드의 하얀 십자가가 배면으로 사라지면서 십자가가 단절되어 버려 스코틀랜드인들은 이 깃발을 사용하는 것을 꺼려했다. 그래서 1801년까지 Union Flag은 주로 영국의 선박에서 주로 사용되었는데, 이 때 이 깃발은 선수의 깃대인 Jack staff에 매달아 휘날렸기 때문에 선원들은 이 Jack staff에 휘날리는 Union flag을 'Jack'이라 불렀다. 그러다가 1801년 잉글랜드와 스코틀랜드 연합 왕국에 아일랜드가 합병되어 아일랜드 국가인 St. Patrick 깃발이 합쳐지면서 오늘날 Union Jack이 탄생하게 되었다. 영국 의회가 Union Jack을 영국 국기의 공식 명칭으로 채택한 것은 1908년이었다. 1921년에 Ireland가 독립했지만, St. Patrick 십자가를 제거하지 않고 그대로 남아 현재까지 사용되고 있다.[4]

Jack이 보통선원의 통칭이었다는 것은 이해할 수 있는 일이다. SOED에 따르면, 대략 1659년에 Jack이 보통 선원을 가리키는 용법으로 사용되었다. 그런데 어느 시점에선가 Jack에 tar가 덧붙여졌다. SOED에는 Jack tar가 한 낱말로 sailor를 통칭하게 된 것은 1781년이다.[5] tar는 '소나무에서 나오는 송진'으로 목조 범선의 외판의 방수와 방식(防蝕)을 위해 사용되었던 중요한 재료다. 이 tar가 어떻게 선원을 통칭하게 되었는지에 대해 사와 센페이는 다음과 같이 설명하고 있다.

---

3 R.G. Lowry, *The Origins of Some Naval Terms and Customs*, p.31; cited by 佐波宣平, 『海の 英語』, p.218.
4 http://www.know-britain.com/general/union_jack.html(2024. 8. 15).
5 *The Shorter Oxford English Dictionary*, pp.1123-1124 .

영어에 다음과 같은 속담이 있다.

- Never spoil a ship for a ha'porth(halfpennyworth) of tar!
- Don't lose the ship for a pennyworth of tar!
- 한 푼 어치 타르를 아끼려고 배 한 척을 망치지 마라!

영국의 일부 지방에서는 ship 대신 sheep을 사용하기도 한다. 이는 예로부터 양의 피부에 생긴 베인 상처에 벌레가 생기지 않도록 하기 위해 tar를 바르는 관행이 있었다. 따라서 원래는 "약간의 타르를 아껴 발라놓고 양을 죽이는 것 같은 우를 범한다"고 훈계하는 속담이 있었다는 주장도 있다.[6] Shakespeare의 *As You Like It*(III, ii, 63)에도 "they are often tarred over with the surgery of our sheep"(우리 양의 외상에 자주 타르를 바르곤 했다)는 표현이 쓰이고 있다. Johnson의 주장처럼, 원래는 sheep이었던 것이 발음의 유사성에서 ship으로 바뀌어 해사용어가 된 것은 아니다. 이를테면 다음 표현을 보자.

> Every hair a rope-yarn and every drop of his blood Stockholm tar.
> 머리카락 한 올 한 올이 밧줄 가닥 같았고, 그의 피 한 방울 한 방울이 스톡홀름 산 타르 같았다.

이는 '타고난 뱃사람'을 가리키는 것인데, 여기에 쓰인 tar는 목조 범선에서는 없어서는 안되는 선용품이었다. 따라서 tarry sailor라고 하면 '타르 투성이 뱃사람'이란 뜻이다. 이처럼 tar 자체만으로도 '뱃사람'을 지칭하기도 했다. 이를테면 Jolly

---

6 A. Johnson, *Common English Proverbs*, p.71.

tar(건장한 뱃사람)나 old tar(나이든 뱃사람) 등이 예다.[7]

Jacob's ladder 야곱의 사다리, 줄사다리

Jacob's Dream Artwork
at Abilence Christian Univ., USA[8]

『구약성서』창세기에 따르면, 야곱은 이삭과 리브가 사이에 태어난 쌍둥이 중 하나로 형은 '에서'라고 불렀다. 야곱의 성질은 온화했지만, 상당히 교활하기도 했다. 어머니와 함께 살면서 가축을 키우는 것을 즐겼다. 형 에서가 배고파 할 때를 이용하여 팥죽 한 그릇으로 형으로부터 상속권을 양보 받았다(창세기 27:30-33). 그리고 아버지 이삭이 나이 들어 실명하자 어머니 리브가와 짜고, 아버지를 속여 상속권을 손에 넣는 데 성공하였다. 하지만 형 에서의 분노와 복수를 두려워하여 혼자서 집을 떠나 브엘세바에서 600 마일 떨어진 메소포타미아의 하란에 사는 숙부 '라반'에게로 향하게 되었다. 가던 도중 해기 져 유숙하려고 그곳의 돌 하나를 주어 베개 삼아 누워 자다가 다음과 같은 꿈을 꾸게 된다.[9]

---

7 佐波宣平, 『海の 英語』, p.218.
8 http://en.wikipedia.org/wiki/Jacob's_Ladder(2024. 8. 15).
9 佐波宣平, 『海の 英語』, p.219.

"꿈에 본즉 사닥다리가 땅 위에 서 있는데 그 꼭대기가 하늘에 닿았고 또 본즉 하나님의 사자들이 그 위에서 오르락내리락 하고 또 본즉 여호와께서 그 위에 서서 이르시되 나는 여호와니 너의 조부 아브라함의 하나님이요 이삭의 하나님이라 네가 누워 있는 땅을 내가 너와 네 자손에게 주리니 네 자손이 땅의 티끌 같이 되어 네가 서쪽과 동쪽과 북쪽과 남쪽으로 퍼져 나갈지며 땅의 모든 족속이 너와 네 자손으로 말미암아 복을 받으리라 내가 너와 함께 있어 네가 어디로 가든지 너를 지키며 너를 이끌어 이 땅으로 돌아오게 할지라 내가 네게 허락한 것을 다 이루기까지 너를 떠나지 아니하리라 하신지라 야곱이 잠이 깨어 이르되 여호와께서 과연 여기 계시거늘 내가 알지 못하였도다."(창세기 28:12-16)

Jacob's ladder란 표현은 이처럼 성서에 기원을 오랜 용법이지만, 배에서 줄 사이에 나무 발판을 끼워 만든 사다리를 Jacob's ladder라고 부르기 시작한 것은 그리 오래된 일이 아니다. SOED에 따르면, '갑판에서부터 삭구를 오르내릴 목적으로 나무 발판이 있는 줄사다리'를 Jacob's ladder라고 부르기 시작한 것은 1840년이다.[10] 오늘날 상선에서는 Jacob's ladder의 주된 용도가 흘수 검정(draft survey)할 때 주로 사용하기 때문에 draft ladder라고도 한다.

jettison 투하(投荷)

라틴어의 jactatio(내던짐, 팽개침. 동사는 jacere), 고대 프랑스어의 getaison, 앵글로-프랑스어의 getteson 등에 기원을 두고 있는데,[11] 악천후를 만나 선박이 침몰

---

10 *The Shorter Oxford English Dictionary*, p.1125.
11 *The Shorter Oxford English Dictionary*, p.1132.

위험에 처했을 때 적하, 선박의 일부, 선박의 속구, 의장품 및 저장품 등을 바다에 버리는 행위를 말한다. jettison이 성립하기 위해서는 선박과 화물의 공동의 이해가 관여해야만 한다. 따라서 해적 등에게 습격을 당해 강제로 화물을 투하하는 것은 jettison에 해당하지 않는다.

이러한 투하 관행은 해사업계에서 오래되었다. 『구약성서』의 「요나서(Jonah)」와 『신약성서』의 「사도행전(The Acts)」에 그 예가 보인다.

But the Lord sent out a great wind into the sea, and there was a mighty tempest in the sea, so that the ship was like to be broken. Then the mariners were afraid and cried every man unto his god, and cast forth the wares that were in the ship into the sea, to lighten it of them.(Jonah, I:4-5)

주께서 바다 위로 큰 바람을 보내시니 바다에 태풍이 일어나서 배가 거의 부서지게 되었다. 뱃사람들은 두려움에 사로잡혀 저마다 저희 신들에게 부르짖고 저희들이 탄 배를 가볍게 하려고 배 안에 실은 짐을 바다에 내던졌다 요나는 벌써부터 배 밑창으로 내려가 누워서 깊이 잠들어 있었다.(요나서 I:4-5)

And as we laboured exceedingly with the storm, the next day began to *throw* the freight *overboard*; and the third day *cast out* with their own hands the tacking of the ship.(The Acts, XXVII:18-19)

우리가 풍랑으로 심히 애쓰다가 이튿날 사공들이 짐을 바다에 풀어 버리고 사흘째 되는 날에 배의 기구를 그들의 손으로 내버리니라.(사도행전 27:18-19)

위의 사도행전의 기사는 바울이 죄수들과 함께 시돈으로부터 배에 태워 이탈리아로 보내어지는 도중 크레타 섬 남쪽 앞 바다에서 조난을 당했을 때의 일이다. 그런데 이 경우는 공동해손이 성립하지 않기 때문에 해난 관계자인 선박소유자도 화물 주인도 어떠한 보상도 받을 수 없었다. 당시 로마법에서는 선박을 구조할 수 없을 때에는 피해자가 보상을 청구할 수 없도록 정해져 있었기 때문이다. 흥미로운 것은 1611년 King James Bible이 출간되고 난 뒤 350여년이 지난 1961년도 판 『개역신약성서(New English Bible)』에서는 throw-overboard와 cast out이 모두 jettison으로 바뀌었다는 것이다. 사와 센페이 교수는 이를 남방어계에서 유래한 jettison이 북방어계인 영어에 채택되는 데 장구한 세월이 흘렀다는 점에서 흥미로운 일로 받아들이고 있다.

해법 가운데 가장 오래된 해법은 에게해의 Rhodos 섬의 해상무역의 관습을 기록해 둔 Lex Rhodia de lactu(The Rhodian Law of Jettison)인데, 이름에서 알 수 있는 바와 같이 '투하'가 당시 해상 상관행의 중심적인 쟁점이었음을 알 수 있다. 이 글은 로마의 법률가이자 Marcus Aurelius 황제의 법률 선생이었던 Lucius Volusius Maecianus(c.110-175)가 2세기 중반에 쓴 짧은 글인데, 그 내용은 다음과 같다.

Petition of Eudaemon of Nicomedia to the Emperor Antonius:

Our lord Antonius, the Emperor: Having suffered a shipwreck in Icaria we have been plundered by the public service officials [tax collector] who reside in the Cyclades.

Antonius answered to Eudeamon:

I am the master of the world, but custom is the master of the sea. Let the issue be judged according to the maritime law of the Rhodians in matters where no law of ours states to the contrary.

This is also what the devine Augustus had decided.

안토니우스 황제에게 보내는 니코메디아의 에우다에몬의 청원:

우리의 주인이신 안토니우스 황제 폐하. 이카리아에서 배가 좌초하였는데, 키클

라데스에 주둔하는 稅吏에게 약탈을 당했습니다.

안토니우스 황제가 에우데아몬에게 답하셨다:
나는 세계의 지배자이긴 하지만, 관행이 해상의 지배자다. 그 문제는 우리 제국의 법이 없는 문제에 대해서는 로도스 해법에 따라 판단하도록 하라.

이것이 황제의 결정이다.

이 사례로부터 기원후 2세기 중반 경 해상 관행에 적용되는 어떤 규정(rules)이 존재했었고, 그것을 '로도스 해법'(Lex Rhodia)이라고 불렀다는 것이다. 그러나 이 규정이 이름처럼 전적으로 로도스에서 유래된 것만은 아니었다. 그것은 페니키아 시대 때부터 수 세기에 걸쳐 내려온 동지중해 해역의 해상 관행 전체를 로도스 해법이라는 이름으로 불렀던 것이다.[12] Fayle도 "로마인들 조차도 '투하'의 원칙을 로도스 인들로부터 차용한 것이라고 생각하고 있었다"고 밝히면서, 다음과 같은 인용문을 제시하고 있다. "어느 로마의 법률가는 "로도스 법은 배를 가볍게 하기 위하여 화물을 바다에 버렸다면, (선주와 화주의) 공동의 이익을 위해 희생된 것에 대해 공동으로 부담하는 것이 옳다고 규정하고 있다"고 말하고 있다."[13]

로도스 해법에 이어 정리된 해법으로서 널리 알려진 것은 지중해 해역의 해상 상관행을 정리한 Les Bones Costumes de La Mar(The Good Customs of the Sea)이다. 이 해사법은 중세 초 이베리아 반도의 카탈로니아를 중심으로 이루어지던 상 관행을 정리한 것인데, 14-15세기 잉글랜드에서 편집된 *The Black Book of*

---

12 Myron H. Nordquist and John N. Moore, eds. by, *1994 Rhodes Paper : Entry into Force of the Law of the Sea Convention*, Maritime Nijhoff Publishers, Netherlands, 1995, pp.29-30.
13 Fayle, 김성준 역, 『서양해운사』, p.72.

the Admiralty, 제3권에 수록되어 있다. 여기에는 '투하'와 관련된 조항이 여러 군데 나타나고 있는데, 그 중 대표적인 문장을 살펴보면 다음과 같다.

> lo senyor de la nau es tengut que no *git* ne faca *gitar*; en tro que l'mercader haia gitada alquna cosa;
>
> the managing owner of a ship is bound not to commence nor cause to be commenced any *jetson*, until the merchant has cast overboard something;[14]
>
> 선박의 관리 선주는 상인이 뭔가를 던져버리기 전까지는 어떠한 '투하'(jetson)를 개시하거나, 개시하도록 조치를 취하면 안된다.

위의 인용문에서 확인할 수 있는 것처럼, 카탈로니아어로 git는 '투하', gitar는 '투하하다'이다. 이어 12세기 영국에서 집대성된 La Commune d'Oléron(Rolls of Oléron)이다. 이 법은 첫 남편인 프랑스의 Louis VII세와 함께 제2차 십자군 원정에서 참전하고 돌아온 Eleanor of Aquitaine 여왕이 1160년 경 처음으로 반포하였는데, 주요 내용은 프랑스 북부의 올레롱 섬 해역의 해상 상관행을 편집한 것으로 로도스 해법에 기반하고 있었다. Eleanor는 루이 7세와 이혼하고 잉글랜드의 Henry II세와 재혼하였는데, 헨리 2세가 죽고 큰 아들인 Richard I세(1157-99)가 왕위를 잇고 제3차 십자군 전쟁에 참전하고 있는 동안 12세기 말에 잉글랜드에 공표하였다. 이후 Henry VIII가 이를 The Judgement of the sea, the Masters, of Marines, and Merchants, and all their doings라는 제하로 출판하였다.[15] 올레롱 해법에서는 '투하'가 gitezon이나 gest로, '투하하다'는 giter로 표기되었다.

올레롱 해법 외에 중세 북유럽의 해법으로는 Wisby Stadslag van Sciprechte

---

14 Twiss, ed. by, *he Black Book of the Admiralty*, Vol. III, pp.148-149.

15 http://en.wikipedia.org/wiki/Rolls_of_Ol%C3%A9ron(2024. 8. 15).

(Wisby Town-Law on Shipping)과 Codex Dantischensis(Dantzic Ship-Law)가 있다. 비스비해법은 13세기 이래 Hanseatic League의 중심 도시 중 하나였던 스웨덴 Gotland 섬의 항구인 Wisby 항에서 13세기 후반 집대성된 해법이고, 단찌히 해법은 오늘날 폴란드의 Gdansk를 중심으로 이루어진 해상 관행을 집대성한 해법으로 두 해법 모두 *The Black Book of the Admiralty* 제4권에 수록되었다. 비스비해법에서는 제10장의 제목이 Van Werperde(Of Jettison)인데, 서두에 "Should a ship be on the sea in such distress, that the shippers of goods must cast overboard(*werpen*)"라고 시작하며 장 전체를 '투하'에 대해 다루고 있다. 단찌히 해법에서는 "they must engage light skiffs in order to lighten out the cargo, what they cost the ship and cargo shall pay just as jettison-money(*werpen ghelde*)"라는 문장이 나온다. 이 두 북유럽의 해법에서는 모두 독일어계의 'werpen(현대 독일어의 werfen, 던지다)'이 사용되어 올레롱해법과 로도스해법에서 라틴어계의 git, gitegon, gest, jacere, gitar, giter 등이 사용된 것과 대조된다. 그러나 Edward III세(1312-1377) 시대부터 Henry VI세(1421-1471) 시대에 걸쳐 잉글랜드에서 집대성된 *Liber Niger Admiralitatis*(The Black Book of the Admiralty)에서는 이따금 라틴어계인 getteson과 jettison이 사용되고 있다. 결국 15세기 경까지 게르만어와 라틴어가 함께 잉글랜드에서 사용되었으나, 결국 라틴어계인 jettison이 최종적으로 승리했다고 할 수 있다.

'투하'는 일본의 『廻船式目』에도 나오는 용어인데, 刎荷(ふんに)라고도 했다. "큰 바람이 불어 배가 어려움에 처하게 되면 위에 있는 짐을 버리고, 심할 때는 돛대를 잘라내야 하는데, 이러한 이치를 알지 못하는 것은 아주 어리석다고 한다"는 이야기가 『니오미 옹의 야화(二宮翁夜話)』에 나온다.[16]

---

16 佐波宣平, 『海の 英語』, pp.220-222.

jetty 돌제(突堤), 둑

jettison과 같이 '던지다'를 뜻하는 고전 라틴어 *jacere*와 *jactare*에서 유래하였는데, jetty 자체는 프랑스어의 *jeter*(던지다)의 과거분사형으로 '항구나 건물 등에서 튀어나온 부분'을 가리켰다.[17] 즉 jetty의 본래 의미는 thrown out, 즉 던져진 부분, 튀어나온 부분, 돌출 등을 의미했다. 일본인들은 이를 '突堤'(とってい)로 번역하였는데, 그 어원까지 고려한 제대로 된 번역어라 하지 않을 수 없다.

Largs Bay Jetty at Adelaide, Australia

Rock jetty at Rhode Island, USA

Lumut jetty, Malaysia[18]

영어에는 라틴어 jacere에서 기원한 단어들이 많이 있는데, 그 몇 가지 예를 살펴보면 다음과 같다.[19]

adjective	ad(앞) + jective	명사 앞에 놓이는, 형용사
ejaculation	e(밖으로) + jaculation	엉겁결에 밖으로 나오는, 절규, 射精

---

17 *The Shorter Oxford English Dictionary*, p.1132 .
18 http://en.wikipedia.org/wiki/Jetty_(web_server)(2024. 8. 10).
19 佐波宣平, 『海の 英語』, pp.223-224.

ejection	e(밖으로) + jection	신체 밖으로 나오는, 배설물
injection	in(안에) + jection	가운데 투입되는, 주사
interjection	inter(사이에) + jection	사이에 투입되는, 감탄사
object	ob(향해) + ject	자신을 향해 있는, 대상, 목적
project	pro(앞에) + ject	앞으로 던져지는, 계획, 설계
rejection	re(뒤로) + jection	뒤로 던지는, 기각, 부결
subject	sub(밑에) + ject	영주 아래에 몸을 맡기는, 신민

jury mast 임시 돛대

닻이나, 돛대, 키 등이 풍랑이나 사고로 파손되거나 잃어버렸을 때, 임시 닻, 임시 돛대, 임시 키를 장치할 수 있는데, 이를 jury anchor, jury mast, jury rudder라고 한다. 여기에서 jury는 고대 프랑스어 *ajurie*(aid)에서 어두어미 'a'가 탈락된 i(u)were 또는 iuerie에서 유래한 것으로 jury mast는 문헌상 1616년에 처음 사용된 것으로 확인되고 있다.[20] 이와 관련하여 사와 센페이는 다음과 같이 설명하고 있다. 라틴어의 동사로 '열심히 돕다'는 뜻의 adjutare가 있는데, 영어 aid의 어원이 된 말이다. 이 adjutare가 프랑스로 유입되어 ajurie가 되어 relief 또는 help의 뜻으로 사용되었다. 이것이 근세 초 잉글랜드로 유입되어 jury(임시변통의, 응급의)가 되었다는 것이다. 이는 영어어원학자인 Skeat(1835-1912)의 설이다.[21]

---

20 *The Shorter Oxford English Dictionary*, p.1144.

사와 센페이는 두 가지 설을 더 소개하고 있는데, 하나는 jury(배심원)에서 왔다는 설이다. jury mast는 일시적으로 사용하는 돛대이므로 본격적인 상설재판관이 아니라 분쟁 사건의 심리 및 평결을 하는 일시적인 배심원과 비슷하다는 점에 '배심원'을 뜻하는 jury를 그대로 형용사로 사용하였다는 것이다. 이는 Garrison의 주장인데, 그는 jury mast가 오랜 기간 사용되면서 jerry mast로 변질되었다고 보았다.[22] jerry는 '하급의', '저급의', '날림의' 등을 뜻하는데, jerry-built라고 하면 '날림 공사의'라는 뜻이고, jerry shop이라고 하면 '싼 선술집'이 된다. 그러나 이는 배심원을 뜻하던 jury가 형용사가 되고, 이것이 jerry로 변질되었다고 보는 언어학자는 많지 않다.

마지막으로 '부상'을 뜻하는 injury에서 in이 탈락하여 jury만 남게 되어 jury mast는 '부상당한 돛대'라는 의미였다는 것이다.[23] 그러나 이것도 그리 설득력이 있어 보이지 않는다. 사와 센페이는 세 가지 설을 소개하면서도 '배심원'(jury) 설과 '부상'(injury) 설은 말할 것도 없고, adjutare 설도 "하나의 추론에 불과하다"면서, jury mast의 어원은 불분명하다고 밝히고 있다.[24] 그러나 SOED를 기준으로 한다면, adjutare 설이 정설에 가깝다고 할 수 있다.

21 Walter William Skeat, *An Etymological Dictionary of the English Language*, p.312, at https://archive.org/stream/etymologicaldict00skeauoft(2024. 8. 15.)

22 Webb Garrison, 'Jerry-Built,' in *Casual Lex : An Informal Assemblage of Why you Say What We Say*.

23 Jerry Cartwright, "Jerry-Built to Jury-Rigged," in *Motor Boating & Sailing*, Volume 148, Number 2, August 1981, N.Y., p.19.

24 佐波宣平, 『海の 英語』, pp.225-226.

keel 용골, 평저선

중세 영어에서는 kele로, 고대 노르만어에서는 *kjolr*이나 *keluz*로 사용되었는데, 선박을 건조할 때 선저부에 길이 방향으로 길게 까는 용골을 가리켰다.[1] 오늘날 해사영어에서 keel은 선박의 용골을 가리키지만, 평저선이나 석탄운반선이란 뜻으로도 사용되었다. 그러나 예전에는 '선박' 자체를 의미하기도 했다. 영어 keel에 상응하는 독일어는 Kiel인데, 고대 독일어에서 용골은 Kjolr로 사용하였고, 선박은 Kjoll이나 Kiol을 사용하였다. 하지만 두 단어가 비슷하여 점차 하나로 통합되어 오늘날에는 Kiel로 통일되어 '용골'이란 뜻으로 쓰이고 있다.

잉글랜드의 앵글로색슨 Aetherred II세(978-1016) 시대의 고문서에는 라틴어로 "si adveniat coel vel hulcus et ibi jaceat 4 denarii ad telonum"(만약 coel(배) 또는 hulcus(피예인선)가 도착하여 세관 앞에 은화 4 디나리를 집어 넣으면)이란 문장이 있는데, 여기에서 coel이 영어 keel의 오래된 형태라고 할 수 있다. Henry VIII세 시대의 법률 (23 Henry VIII, c18, 1531)에는 다음과 같은 문장이

---

1 *The Shorter Oxford English Dictionary*, p.1147 .

보인다.

> Many shippes, keiles, cogges, and botes-haue heretofore had their franke passages-vpon the said riur.

이 문장에서 shippes(ships), keiles(keels), cogges(cogs), botes(boats) 등이 열거된 것으로 보아 keil(keel)이 선박의 한 종류였고, 크기가 ship보다는 작고, cog나 boat보다는 컸음을 알 수 있다. 1951년에 출판된 Ansted의 책에는 "Saxons invaded England in caels(Saxon 족이 cael을 타고 잉글랜드를 침입했다)"는 예문이 나오는데, 색슨 침입기인 5세기에는 cael(keel)이 일반 선박을 의미했음을 알 수 있다.[2] 비스비해법(Wisby Stadslag van Sciprechte)에서는 'kele'(keel) 형태로 사용되었는데, 여기서는 일반 선박(vessel)을 의미하였다.[3] 오늘날 함대의 의미로 사용되는 a fleet가 이따금 many keels로 대용되기도 했고, keelege라는 용어가 '정박세', '입항세'라는 의미로 사용되었다는 점을 감안하면 keel은 잉글랜드에서는 선박의 한 종류일 뿐만 아니라, 그것이 일반적으로 널리 사용되어 ship처럼 선박의 일반 대명사처럼 된 것이 아닌가 한다.

Burwash에 따르면, keel은 본래 영국에서 만든 배로 Newcastle형, Humber 형, 또는 Yorkshire형 및 Norfolk형과 같이 세 종류가 있고, 각각의 선창 구조가 다른 종류의 선박과 구별되었다.[4] 실제로 근대 잉글랜드의 Tyne 강과 Wear 강으로 석탄을 옮기는 평저선과, Tyne에서부터 Norfolk까지 잉글랜드 동해안에서 사용되

---

2 A. Ansted, *A Dictionary of Sea Terms for the use of Yachtmen, Amateur Boatmen, and Beginners*, p.135, at https://archive.org/stream/dictionaryofseat00anstiala#page/n1/mode/2up(2024. 8. 15.)
3 Twiss, ed. by, *The Black Book of the Admiralty*, Vol. IV, pp.390-391.
4 Dorothy Burwash, *English Merchant Shipping, 1460-1540*, pp.141-142,

던 소형선을 keel이라고 불렀던 것처럼, cael, ceol, kiol, kioll, kjoll, kiel, keel은 모두 폭이 넓은 소형 평저선을 가리켰다.

knot 노트, 선박의 시간당 속력 단위

중세 영어에서는 *cnotta*로 쓰였는데, 중세 저지 게르만어의 *knotte*, 중세 고지 게르만어의 knotze, 네덜란드어의 knot가 모두 같은 어원을 갖고 있다. 본시 게르만어계에 이 낱말들은 '마디'(knob, knot)를 뜻했다.[5] 이처럼 당초 '매듭'을 뜻했던 knot가 오늘날 선박의 시간당 속력단위로 사용되게 된 내력에 대해서는 비교적 잘 알려져 왔다. McEwen과 Lewis가 편찬한 *Encyclopedia of Nautical Knowledge*(1953)에는 다음과 같이 설명하고 있다.

Knot : chip-log line에 47ft 3inch(14.402m)마다 구분한 매듭에서 유래하였다. 28초에 이 매듭이 나간 수가 배가 항해한 속력을 가리켰다. 따라서 'ship makes 10 knots or at rate of 10 nautical miles per hour(1시간에 10노트 또는 1시간 10마일을 항해했다)'와 같이 배의 속력 단위가 되었다. 해상에서 거리는 knot

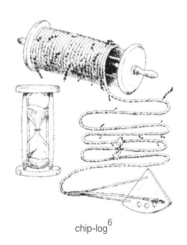

chip-log[6]

5 *The Shorter Oxford English Dictionary*, p.1161.
6 https://svmshippingblog.wordpress.com(2024. 8. 20.)

라고 쓰지 않고 언제나 mile을 사용했다.[7]

여기에서 chip-log line은 doppler-log 등의 기계식 선박속력측정장치가 개발되기 이전에 사용된 선속측정장치다. 여기에서 chip은 wood chip(木片)을 뜻하는데, 그림에서 보는 것처럼, 반경 15cm 정도의 얇은 목제의 4分圓, 즉 부채꼴 모양의 얇은 목판을 가리킨다. 이 부채꼴 모양의 4분원의 둥근 가장 자리는 구멍을 뚫어 납으로 메워져 있다. 이것을 바다 속으로 던지면 chip이 부채를 거꾸로 세운 모양으로 물속에 흘러가도록 되어 있다.

chip을 사용하기 전에는 작은 나무 막대를 밧줄 사이에 끼워 사용했는데, 나무 막대를 사용했기 때문에 log라고 불렀다. line은 길이 약 150 fathom(274.5 m)의 밧줄인데, 보통은 일정한 간격(47ft 3inch)으로 천으로 매듭을 표시하였다. 그림에서 보는 것처럼, log-line 끝에 사분원의 목편이 연결되어 있고, log-line은 reel이라고 불리는 '얼레'에 감겨 있기 때문에 chip이 물속에 투입되어 흘러가면 line이 얼레에서 풀려나가도록 되어 있다. 이 log-line에는 chip으로부터 계산하여 배 길이의 약 ⅔ 지점에 하얀 천이 묶여 있는데, chip으로부터 하얀 천까지의 길이를 stray line이라 불렀다. 선속 측정은 log-line의 하얀 천으로부터의 거리를 기준으로 측정하였으므로 이 하얀 천이 log-line의 측정 기준점이 된다. log-line에는 이 흰 천으로부터 계산하여 47ft 3inch마다 매듭을 지어 놓았는데, 기준 천으로부터 첫 번째 47ft 3inch인 곳에는 하나, 두 번째 47ft 3inch인 곳에는 매듭 두 개 등과 같이 매듭의 수를 늘려나가서 매듭의 개수가 5개가 되면 다시 하나로 돌아간다.

7 W.A. MacEwen and A.H. Lewis, *Encyclopedia of Nautical Knowledge*, Cornell Maritime Press, 1953, p.27; cited by 佐波宣平, 『海の 英語』, p.230.

이렇게 매듭을 지어놓는 것은 log-line이 일정 시간에 흘러가는 거리를 계산하여 쉽게 선속을 계산하기 위해서였다. 우리가 배의 선속의 단위로 knot라고 하는 것은 바로 이 매듭에서 유래한 것이다.

여기에서 매듭간의 간격을 47ft 3inch로 하게 된 것은 배가 1시간(3600초)에 1 해리(6080ft)를 항해할 경우 1노트가 되므로, 28초에는 어느 만큼의 거리를 가는지를 비례식으로 계산해낸 것이다.

- 3600초(1시간) : 6080 ft = 28초 : X ∴ X = 47ft 3inch

따라서 28초용 모래시계를 사용할 경우, 매듭의 간격은 47ft 3inch를 사용해야 하고, 만약 14초용 모래시계를 사용할 경우에는 매듭의 간격을 23ft 7.7inch(7.2m)로 해야 한다. 여기서 28초용 모래시계를 long glass, 14초용 모래시계를 short glass라고 불렀는데, 어느 것을 사용하거나 log-line을 물속에 떨어뜨리고 모래시계를 엎어놓고 다 흘러내릴 때까지 흘러간 매듭의 수가 곧 배의 속력이 된다. 그런데 사와 센페이는 knot와 mile이 같은 뜻은 아니라고 밝히고 있는데, 그 이유는 nautical mile은 지구의 중심에서의 원주에서 1′에 상응하는 지표면상의 평균거리를 의미하기 때문이다.[8]

Smyth는 "knot와 mile이 항해용으로는 동의어로 사용되고 있다(the words knot and mile are synonyms)"[9]고 밝히고 있고, Ansted는 "선속의 단위인 knot는、해리와 동의어로는 전혀 사용되지 않는데, 이는 잘못이다(*knot*, a nautical mile per

---

8 佐波宣平, 『海の 英語』, pp.230-232.
9 Smyth, *The Sailor's Word-Book*, p.426.

hour, is a measure of speed, but is not infrequently, though erroneously, used as synonym with a nautical mile)"[10]고 적고 있다. 이에 반해 Layton은 "knots per hour란 표현은 결코 사려 깊은 뱃사람들은 결코 사용하지 않는다. 왜냐하면 동어 반복적이고 비논리적이기 때문이다(Knots per hour. An expression never used by careful seamen, being tautological and illogical)"[11]라고 주장하고 있다. 결론적으로 얘기하면, 현재 항해학에서 mile은 거리 단위이고, knot는 선속 단위라는 점만 다를 뿐 나타내는 실제 길이는 같다고 할 수 있다. 즉, 지리학적 mile은 지구원주 (약 4만 75km=2만 1600mile)를 360°로 나눈 값을 다시 60′으로 나눈 값 1.8554km = 1mile이고, 1knot는 배가 한 시간에 1mile = 1.852km 항해한 속력 이기 때문에 1knot = 1mile per hour = 1.852km이다.

know the ropes 요령을 익히다

범선 시대에 대형범선에는 다양한 종류의 돛을 장비하고 있었다. 따라서 이 다양한 돛들을 자유롭게 운용하기 위해서는 돛대와 가름대에 달려 있는 수많은 종류의 로프를 구별하고, 그 운용법을 알아야만 했다. 따라서 로프를 잘 구별하고 운용법을 알고 있으면 범선의 조선법을 잘 아는 것으로 간주되었다. 여기에서 to know the rope라고 하면 '요령을 익히다'는 뜻으로 사용되었는데, 오늘날에는 일반용어로 get the hang of과 같은 뜻으로 널리 사용된다. 이와는 달리, Bisset은

---

10 Ansted, *A Dictionary of Sea Terms*, p.140, at http://www.ebooksread.com/authors-eng/a-ansted/a-dictionary -of-sea-terms－for-the-use-of-yachtsmen-amateur-boatmen-and-begin-ala/page 15-a-dictionary-of-sea-terms－for-the-use-of-yachtsmen-amateur-boatmen-and-begin-ala.shtml(2024. 8. 20.)

11 Layton, *Dictionary of Nautical Words and Terms*; cited by 佐波宣平, 『海の 英語』, p.233.

다음과 같은 홍미로운 의견을 제시하고 있다.

"육상인들에게 범선은 '로프 천지'(maze of rope)로 보였지만, 뱃사람들은 그 용도에 따라 halliard : 돛을 위아래로 올리고 내리는 줄, sheet : 돛의 각도를 조절하는 아딧줄, clewline : 돛을 접을 때 가로 돛의 돛 가장자리를 끌어올리는 줄, shroud : 중간 돛대의 삭구 아래 끝을 받치는 줄, buntline : 가로돛 자락을 치켜 올리는 줄, downhaul : 돛 내림 밧줄, roband : 돛을 돛대에 고정하는 짧은 밧줄, stay : 돛대 고정용 굵은 밧줄 등을 사용하였다. 뱃사람들 사이에서는 rope란 단어를 사용하는 것을 피했는데, 이는 교수형을 할 때 "교수자의 머리를 잡아 올리는 줄 (hangman's hempen haul)"이나 '태형에 사용되는 채찍(flogging with a rope' end)'을 뜻했기 때문이었다.[12]

---

12 James Gordon Bisset, *Sail Ho!*, 1958, pp.70-71; cited by 佐波宣平, 『海の 英語』, pp.233-234.

landsman 시골뜨기, 초보선원

land + man의 합성어로 seaman과 대조하여 "승선 경험이 없는 보통 선원(the rating who had never been at sea)"[1]으로서, SOED에 따르면, 문헌상 1666년 처음으로 사용된 것으로 확인되고 있다.[2] 하지만 landsman 자체는 과거나 오늘날이나 기본적으로 세 가지 의미로 사용되고 있다.

첫째는 육상 생활자를 가리킨다. Fayle이 "The seaman's life, especially on small ships, has inevitable elements of hardness, and landsmen's criticisms of conditions afloat are sometimes vitiated by ignorance as well as by sentimentality"[3]라고 썼을 때, landsman은 육지 생활자라고 옮길 수 있다.

둘째는 seaman의 상대어로서 '배에 타고 있지만 뱃사람이 아닌 자'를 뜻한다. 본래의미의 seaman은 '선박에 승선하여 해상 고유의 노동에 종사하는 자'로 한정

1 Smyth, *The Sailor's Word-Book*, p.431.
2 *The Shorter Oxford English Dictionary*, p.1174 .
3 Fayle, *A Short History of the World's Shipping Industry*, pp.286-287; 그러나 이 문장의 전후 행간을 잘 읽으면 '육지 출신의 풋내기 선원'으로 해석할 수도 있다. 김성준 역, 『서양해운사』, p.354.

된다. 따라서 Stevenson은 'John Hunter and Richard Joyce, owner's servants, landsmen'[4](선주의 하인으로 선원이 아닌 John Hunter와 Richard Joyce)라고 표현했던 것이다.

셋째는 육상에서 갓 승선한 초보선원을 뜻한다. Ansted는 landsman을 "보통 선원 중 2급 선원(second class ordinary seaman)으로 이전에 승선 경험이 없는 자를 의미한다"[5]고 풀이하고 있다.

larboard 좌현, 미뒤

오늘날의 port에 해당하는 '좌현'을 의미하는데, 이의 어원을 설명하는 데는 세 가지 설이 있다. 하나는 프랑스어로 '좌현'(left side)을 뜻하는 bas bord(현대 프랑스어의 babord)가 변질되었다는 설이다. 프랑스어의 좌측인 bas bord가 lower bord가 되고, 이것이 larboard가 되었다는 것이다. 이 설에 따르면, starboard는 프랑스어 stri-bord 또는 tri-bord(좌현)에서 유래한 것이다.[6]

두 번째는 '조타수의 뒷전'(the side at the back of the steerman)인 baecbord에서 유래하였다는 것이다. 실제로 중세영어에서 좌현을 *baecbord*라고 했는데, 글자 그대로 '조타수의 뒷전'(back bord)를 뜻한다.[7] 이는 오늘날 좌현을 뜻하

---

4 Robert Louis Stevenson, *Treasure Island*, Chapter 18.

5 Ansted, *A Dictionary of Sea Term*, at http://www.ebooksread.com/authors-eng /a-ansted/a-dictionary-of-sea-terms－for-the-use-of-yachtsmen-amateur-boatmen-and-begin-ala/page－15-a-dictionary-of-sea-terms－for-the-use-of-yachtsmen-amateur-boatmen-and-begin-ala.shtml(2024. 8. 20.)

6 The Gentleman's Magazine and Historical Chronicle, Volume LIX, London, July, 1789, p.992; Layton, *Dictionary of Nautical Words and Term*.

7 Douglass Harper, *Online Etymology Dictionary*, 2001-2024, at https://www.etymonline.com/search?q=larboard.

는 이탈리아어 babordo, 스페인어 babor, 프랑스어 babord, 네덜란드어 bakboord, 독일어 Backbord 등이 back의 흔적을 간직하고 있다.

세 번째는 lade(화물을 싣다) + bord(현)의 합성어인 ladebord(짐을 실을 현)에서 유래하였다는 설이다. 영어어원학자인 Skeat는 "1660년 R. Cotgreave가 런던에서 발간한 *A French and English Dictionary*에는 프랑스어 babort가 a larboard side of a ship(배의 좌현)이라고 풀이되어 있고, 1627년 J. Minsheu가 편집한 The Guide Into the Tongues에도 larbord로 수록되어 있다. 중세 영어에서는 laddebord로 쓰였고, 책자에 따라 ladde-bord나 latherbord로도 쓰였다."[8]고 설명하고 있다. 결론적으로 larbord란 낱말의 직접적인 어원은 'lade + bord'라는 것이 공인된 설이다.[9]

latitude 위도

라틴어의 *latus*(넓은, 널찍한)에서 유래하였는데, 유럽의 주요언어에서 위도는 프랑스어 latitude, 스페인어 latitud, 독일어 Latitüde 등으로 쓰이는데, 모두 라틴어 latus에서 유래한 것이다.[10] 경도 longitude는 라틴어 *longus*(긴, 먼)에서 유래하였는데, 16세기 영어에서는 height를 쓰기도 했다.

선위 측정이 어려웠던 범선 시대 항해사의 업무 중 어려운 3개의 L(The three

8 Walter W. Skeat, *An Ethymological Dictionary of the English Language*(1910), reprinted 2005, Dover Publications, p.329.

9 Douglass Harper, *Online Etymology Dictionary*, 2001-2024, at https://www.etymonline.com/search?q=larboard.

10 The Shorter Oxford English Dictionary, p.1182.

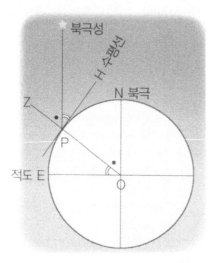

그림 A. 북극성 고도를 이용한 위도 측정[11]

L's)이 있었는데, 그것은 log(선속), lead (수심), latitude(위도)가 그것이었다.[12] 이 가운데 latitude는 '북극성'(Polaris)이 있어서 어느 정도 정확하게 측정할 수 있었다. 이를테면 15세기 중엽 포르투갈의 뱃사람들이 아프리카 서해안을 탐사할 때에도 위도는 그럭저럭 엇비슷하게 측정할 수 있었다. 원측의(astrolabe)나 직각기 등으로 북극성의 고도를 측정하면 북극성의 고도가 곧 대략의 위도가 되었다. 북극성은 거의 북위 90도 지점에 있기 때문에 지구의 각 지점에서 북극성을 보는 각도가 곧 해당 지점의 위도와 같게 된다. 이를 도시화해서 설명해 보면 다음과 같다.(그림 A)

① 선분 NO // 선분 ★P

② ∠NOP = ∠★PZ

③ ∠NOE = ∠ZPH = 90°

④ ∴ ∠★PH(북극성 고도) = ∠POE(위도)

해의 고도를 측정하여 위도를 알아내는 방법은 이보다 더욱 복잡하여 15세기

---

11 김우숙, 『세상을 바꾼 항해술의 발달』, p.67.

12 Frank C. Bowen, *Sea Slang*, 1930, p.140. 이에 대해 Layton은 look-out, lead, latitude를 3 L로 보았다. Layton, *Dictionary of Nautical Words and Terms*. cited by 佐波宣平, 『海の 英語』, pp.238-239.

말 포르투갈에서 개발되었다. 이
를 도시화해서 설명해 보면 다음
과 같다.(그림 B)

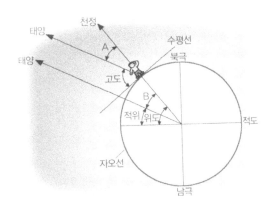

① 천정(天頂) ⊥ 수평선

② ∠A = ∠B

③ 90° - H(sun) = A

④ 천정 A° 일 때의 태양의 적
위(d)를 Almanac에서 찾음.

그림 B. 태양을 이용한 위도 측정[13]

⑤ 태양의 적위 d + A = Lat.

이처럼 태양의 고도를 측정하여 위도를
계산해내기 위해서는 태양의 적위(d,
declination)를 계산해 놓은 천측력(Almanac)
이 필요했다.[14] 천측력(Almanac)은 1478년
Abraham Zacuto(1452-1515)라는 유태계
스페인인에 의해 유럽에 처음으로 소개되었
다. 살라망카에서 태어난 Zacuto는 1492년
스페인의 유태인 축출로 인해 포르투갈의
리스본으로 이주하여, 포르투갈의 궁정 천
문학자가 되었다. 그는 살라망카에 머물렀

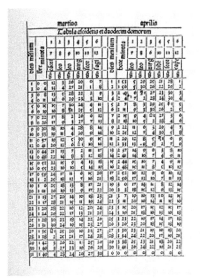

Zacuto's *Almanac*
http://en.wikipedia.org/wiki/Abraham_Zacuto

---

13 김우숙, 『세상을 바꾼 항해술의 발달』, p.67.
14 김성준, 『영화에 빠진 바다』, pp.156-157.

을 때인 1478년 경 헤브류어로 작성한 *Ha-hibbur Ha-gadol*(הҳיבור הגֿדול, *The Great Book*)은 살라망카를 기준으로 태양과 달, 5개의 혹성의 위치를 나타내는 일련의 표로 나타낸 것이다. 1481년 Juan de Salaya와 Zacuto는 이 표를 카스틸리아어로 번역에 착수하였고, 포르투갈의 Joao II의 왕실 의사이나 자문관인 José Vizinho에 의해 라틴어로 번역되어 1496년 *Tabulae tabularum Celestium motuum sive Almanach perpetuum*(Book of Tables on the celestial motions or the Perpetual Almanac)이라는 제목으로 출판되었다.[15]

Zacuto의 *Almanac*은 원양항해술을 크게 발전시켰다. 경도의 측정은 이보다 훨씬 어려워 1760년 John Harrison이 정밀시계인 Chronometer를 제작하고, 이를 James Cook이 시험항해에서 실증함으로써 비교적 정확하게 측정할 수 있었다. 정확한 시간을 측정함으로써 경도를 측정하는 원리를 설명하면 다음과 같다.

지구는 360도이므로 15도마다 1시간씩 시차가 발생하게 된다(15 = 360도 / 24시간). 이는 곧 4초마다 경도 1분의 차이가 난다는 것이고, 경도 1분은 60마일이므로 이는 곧 시간 1초마다 15마일의 차이가 난다는 점을 이해해야 한다. 먼저 출항지(0° 56′ 3″ E)의 태양정중시(태양이 최고도에 도달했을 때의 시간)를 측정하고 이때 정밀시계를 12시로 맞춘다. 출항 후 이틀째 선박에서 태양정중시를 측정한다. 만약 태양정중시가 11시 59분 48초였다면, 12초 x 15마일 = 180마일이기 때문에 배의 경도는 기준자오선보다 3분 동쪽에 있다는 것을 의미한다. 즉 배의 경도는 출발지 기준자오선 0° 56′ 3″ E + 3′ = 0° 59′ 3″ E가 된다.

만약 배의 위치상 태양정중시가 12시 1분 15초였다면, 배의 경도는 기준자오선보다 75초 x 15마일 = 1125마일= 18′ 45″ 서쪽에 있다는 것을 의미한다. 따라서

---

15 http://en.wikipedia.org/wiki/Abraham_Zacuto(2024. 8.20.)

배의 경도는 기준자오선 0° 56′ 3″ E - 18′ 45″ = 0° 37′ 18″ E가 된다.

lee 풍하, 바람이 불어 가는 쪽

고대 영어 hleo, 또는 hleow, 고대 프리슬란트어 hli, 고대 색슨어 hlea 등으로 쓰였는데, 이는 모두 고대 노르만어의 *hle*에서 유래한 것이라고 한다.[16] 영어어원학자인 Skeat는 "lee는 스칸디나비아어에서 유래한 것으로 보이며, lew라는 철자로 일부 지역에서 지금도 사용되고 있는데, 아마도 아이슬랜드어의 '풍하'를 뜻하는 hle에서 유래한 듯 하다."[17]고 적고 있다. L.P. Smith도 "lee는 항해 용어 외에는 그다지 사용되지 않는 반면, 그 이전 형태인 lew는 '보호'(protection), '피난처'(shelter), 특히 '바람으로부터 보호' 등과 같은 옛날 의미 그대로 지방어로 아직도 사용되고 있다."고 적고 있다.[19]

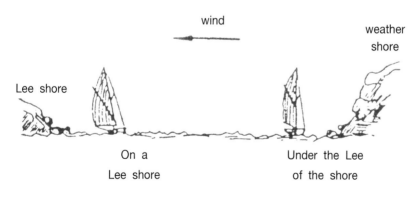

그림 A. Lee Shore and Weather Shore[18]

16 *The Shorter Oxford English Dictionary*, p.1194.
17 Skeat, *An Etymological Dictionary of the English Language*, p.335.
18 佐波宣平, 『海の 英語』, p.243.
19 L.P. Smith, *Words and Idioms*, 1943, p,7, cited by 佐波宣平, 『海の 英語』, pp.241-242.

lee를 이해하기 위해서는 weather(풍상)와 함께 살펴볼 필요가 있다. 그림 A처럼, 바람이 우측에서 좌측으로 불고 있을 경우, 바람이 불어오는 쪽에 위치한 배는 weather side가 되고, 바람이 불어가는 쪽, 즉 좌측에 위치한 배는 lee side가 된다. 또 바람이 불어오는 쪽의 해안을 weather shore, 바람이 불어가는 쪽의 해안을 lee shore라고 한다. 성경의 『신약성서』의 사도행전(The Acts)에도 'under the lee of Cyprus', 'under the lee of Crete'라는 표현이 나오는데, 이는 '키프러스 섬 그늘 아래', '크레테 섬 그늘 아래'라는 의미이다. 그런데 on a lee shore라고 하면 '~의 풍하에 서다'는 의미가 되어 under the lee of와 상반되는 뜻이 된다. Stevenson의 *Treasure Island*에는 "I'm a poor old hulk on a lee shore"(나는 풍하에 선 낡고 가엾은 노후선이지)라는 표현이 나온다.[20]

또한 lee tide와 weather tide도 자주 쓰이는 표현인데, lee tide는 풍하로 흘러가는 조류이고, weather tide는 바람에 거슬러 흘러가는 조류이다.(그림 B) 그러므로

그림 B. Lee Tide and Weather Tide[21]

20 Robert Louis Stevenson, *Treasure Island*, pp.19-20.
21 佐波宣平, 『海の 英語』, p.243.

lee tide보다는 weather tide가 바람과 조류가 합쳐서 파도가 거칠게 일기 마련이다. 현대 해사용어로는 lee way란 용어가 널리 사용되는데, 이는 바람의 영향에 의해 가고자 하는 침로에서 벗어난 '풍압 편위'를 말한다.[22]

letter of marque 나포면허장

적선을 검선하고, 나포할 권한을 부여하기 위해 해군성 장관 또는 해군경(Lord of the Admiralty)이 상선이나 사나포선에게 발부한 나포면허장이다.[23] 원래 나포 면허장은 국왕이 국민들에게 적절한 조치를 취하지 않으면 적선에 포획당할 위험 이 있을 경우에 대비하기 위해 적선을 포획할 권한을 부여한 허가장이었다. 그러 나 후대에 전쟁이 일어났을 때 해당 선박이 해적선이 아님을 증명하는 용도로도 발행되었다. 오늘날 letter of marque로 주로 사용되고 있는데, 과거에는 letter of mart나 marke 형태로도 쓰였다. 여기에서 marque, marke, mart의 어원은 고대 영어 *mearc* 또는 *merc*(현대 영어의 mark)이다. 이 mearc나 merc는 '경계'(boundary) 를 뜻하는 인도-유럽어계의 어근 merg에서 유래하였는데, 고트어의 marka, 고대 노르만어의 mǫrk, 고대 고지 게르만어의 marc(h)a, 고대 색슨어의 marka(네덜란 드어의 mark), 고대 프리슬란트어 merke 등이 모두 같은 계열의 낱말들이다.[24] 이와는 달리 사와 센페이는 "marke나 mart가 market(시장)의 단축형으로 원뜻 은 '경계', '가장자리'이며, market은 프랑스어의 margo(경계), 고트어의 marka(해

22 佐波宣平, 『海の 英語』, pp.242-243.
23 Smyth, *The Sailor's Wordbook*, p.440.
24 *The Shorter Oxford English Dictionary*, p.1279.

Letter of Marque issued by James Madison, 1812[27]

안), 아이슬랜드어의 mörk(삼림), 영어 margin(주변) 등과 같은 계열의 낱말"[25]이라고 설명하고 있다. 그러나 market은 라틴어 mercatus(상인)에서 유래한 낱말이어서, 이것이 marque, marke, mart의 원래 말인지는 불분명하다. 분명한 것은 letter of marque(marke)나 letter of mart가 같은 의미로 사용되었고, 영어에서 사용된 최초의 용례가 Edward III세 때인 1354년에 'letter of marque and reprisal' 형태로 사용되었다는 점이다. 당시 letter of marque and reprisal은 "a licence granted by a sovereign to a subject, authorizing him to make reprisals on the subjects of a hostile state for injures alleged to have been done to him by the enemy's army"를 뜻했다.[26] 이 의미를 곱씹어 보면 reprisal만으로도 충분히 면허장

---

25 佐波宣平, 『海の 英語』, p.244.

26 *The Oxford English Dictionary*, 2nd ed. Clarendon Press, 1989, at http://en.wikipedia.org/wiki/Letter_of_marque(2024. 8. 25.)

의 내용을 포괄할 수 있기 때문에 군이 marque를 삽입하지 않아도 무방했을 것이다. 그런데 정작 중요한 낱말처럼 보이는 reprisal은 없어지고, 그저 letter of marque로 사용되고 있다. 이는 marque에 면허장의 의미를 포괄하는 중요한 의미가 내포되어 있기 때문이라고 추정할 수 있다.

현재 SOED 등에서 mark와 market의 어원을 mearc와 mercatus로 각각 다르게 설명하고 있지만, 그 어원의 시작은 '경계'에서 시작된 것이 아닌가 추정해 본다. 즉, 시장의 본질적인 행위인 교환과 교역의 원초형태라고 할 수 있는 이른바 '침묵 교환'(silent exchange)이 한 부족과 다른 부족 사이의 '경계'에서 이루어졌었다는 것이다. 앞서 살펴본 유럽의 여러 언어들로 미루어 보면 고대 세계에서 침묵 교환이 삼림이나 해안 등에서 주로 이루어졌음을 추정할 수 있는데, 이것들이 부족간의 자연적인 경계를 이루었을 것이기 때문이었을 것이다. 교환이나 교역의 원초적 형태는 폭력이나 강제성이 뒤따르는 약탈에서도 찾을 수 있는데, 약탈에 의해 다른 부족의 진귀한 산물이 알려지게 되면 점차 평화적인 교환이나 교역이 지속적으로 이루어지게 되는데, 그 장소가 두 지역의 부족간의 경계에서 이루어지게 되는 것은 자연스러운 일이다. 따라서 letter of marque에서 marque는 땅의 경계나 국경을 넘어 타 부족 사이에서 이루어지는 원시적 교역 형태로, 종종 약탈로 이어지기도 했을 것이다.[28] 그러므로 letter of marque and reprisal은 '교역및보복면허장' 정도가 될 것이다.

나포면허장은 1354년 첫 용례가 나타난 이래 이후 500여년간 서유럽 전역에서 발부되었다. 그 최대 활동지역은 대서양이었고 아메리카의 식민지에 타격을 주었다. 따라서 Benjamin Fanklin(1796-90)이 프랑스 정부에 자국의 corsair들에게 나

27 https://www.piratedocuments.com/Letters%20of%20Marque/american_schooner_1814.htm(2024. 8. 25.)
28 佐波宣平, 『海の 英語』, p.244.

261

포면허장을 발부하는 것을 중단하도록 요청했지만, 영국과의 전쟁 발발로 성사되지 못했다. 프랑스혁명이 발발하고 국민의회(Convention nationale, 1792. 10 – 1795. 10))가 사나포행위를 금지하였으나, 1795년 8월 Thermidor 반동으로 다시 합법화되었다. 크리미아전쟁 뒤 1856년 파리회의에서 7개국이 파리선언(Paris Declaration)으로 사나포행위를 폐지를 선언하고, 이후 45개국이 추가로 이를 인준하면서 사나포행위는 공식적으로 사라졌다.[29]

lifeboat 구명정

좌초와 같은 선박 사고가 발생할 경우에 대비하여 선박에 장비하고 다니면서 선원들의 목숨을 구하기 위해 침몰이나 전박되지 않도록 고안된 소형 선박을 말한다. Smyth의 *The Sailor's Word-Book*에는 '구명정을 1787년에 사망한 Samuel Graves 제독이 개발했는데, 1824년부터 1865년까지 구명정 덕분에 약 1만 4980명이 목숨은 건졌다'고 소개되어 있다.[30] 그러나 영국의 경우, 구명정의 역사는 이보다 훨씬 더 길다. 리버풀(Liverpool Common Council)의 Dock Master인 William Hutchinson이 1776년에 Formby beach에 구명정을 배치한 것이 영국 최초였다.[31] 이는 오늘날 배에 탑재하고 다니던 것과는 달리 구명정이 배치되어 긴급 상황이 출항하여 선원들 구조 업무에 종사하게 한 것이다. 최초의 불침식 (non-submersible) 구명정은 1784년 런던의 소형선인 coach선 제작자인 Lionel

---

29 http://en.wikipedia.org/wiki/Letter_of_marque(2024. 8. 25.)
30 Smyth, *The Sailor's Wordbook*, p.443.
31 Barbara & Reginald Yorke, *Britain's First Lifeboat Station, Formby, 1776 – 1918*, Alt Press; Liverpool's National Maritime Museum Exhibition and Archives.

Henry Greathead & William Wouldhave

The Original Lifeboat(1790)[32]

32 http://nowweknowem.com/2014/01/henry-greathead(2024. 8. 25.)

Lukin(1742-1834)에 의해 개발되었는데, Lukin은 20피트급 노르웨이형 yawl을 개조하여 구명정을 만들어 특허를 획득하였다.

이즈음 Tyne 하구에서 종종 무서운 해난사고가 발생하였고, 육상에 있는 사람들이 보는 앞에서 다수의 선원들이 조난되어 익사하는 사고가 빈발하였다. 그 대표적인 사고가 1789년 뉴캐슬 선적의 Adventure 호 좌초 사고였다. 그래서 1787년 South Shield에 the Gentleman of the Law House라는 이름의 협회가 창립되어 구명정의 설계에 상금을 걸어 설계안을 모집 하였다. 이 현상공모에 Henry Greathead(1757-1818)와 William Wouldhave (1751-1821)가 각각 참여하였다. Greathead가 제작한 구명정은 1790년 1월 29일 Tyne 강에서 시험 운항하였다. Wouldhave가 제작한 구명정은 구리로 건조된 것으로 cork를 활용하여 전복되지

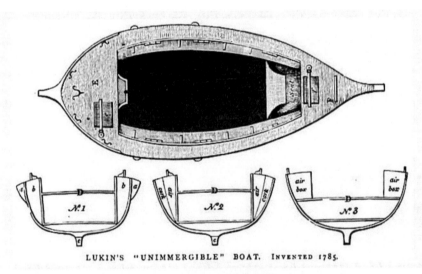

LUKIN'S "UNIMMERGIBLE" BOAT. INVENTED 1785.

Lionel Lukin의 Boat(1785)[33]

않도록 설계되었다. 시험 운항에서 Greathead와 Wouldhave가 건조한 구명정은 요건을 충족하지 못했지만, 협회는 Henry Greathead와 William Wouldhave에게

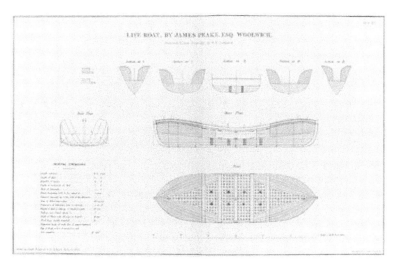

Beeching-Peake Lifeboat

© National Maritime Museum, London

각각 1 guinea씩 현상금을 지급하였다.[34] 그리고 두 사람의 설계안으로부터 각각의 장점을 취합하여 하나의 설계안을 만들어 Greathead에게 제작하도록 의뢰했다. Greathead는 *The Original* 艇을 제작하여 1790년부터 서비스를 개시하였고, 이와 동일한 설계의 구명정 31척이 추가로 건조되었다. 21피트짜리 구명정인 Original 艇은 코르크 재킷을 입은 선원 12명이 노를 저어 운항하였다. 그는 Lloyd's 회원사의 협력과 Duke of Northumberland의 자금을 지원받아 본격적으로 구명정 건조 사업을 시작하였다. 제1호로 1789년 진수한 구명정 Northumberland 艇은 Edinburgh 호의 조난 사고 시 선원 7명의 생명을 구조하게 되었다. 이후 Lloyd's의

---

33 http://todayinsci.com/L/Lukin_Lionel/Lionel%20Lukin%20-%20History%20of%20the%20Life-Boat%20and %20It's%20Work.htm(2024. 8. 25.)

34 Kevin Rahill, "One-Hundred and Fifty Years of Lifeboating in North Wicklow," *The Journal of Greystones Archaeological & Historical Society*, Volume 6, 2010, at http://www.greystonesahs.org/gahs/index.php/journals /293(2024. 8. 25.)

유력자 J.J. Angerstein의 도움을 받아 이 사업은 순조롭게 성공의 길을 걷게 되었다.[35]

1807년에는 Lukin이 Lowestoft 강에서 사용할 목적으로 *Frances Ann* 艇이라는 제작하였는데, 비록 Frances Ann 艇이 Greathead의 설계도대로 건조되지는 않았지만, 42년 동안 운항하는 동안 300명의 인명을 구조했다. 824년에는 Man 섬의 선원인 Sir William Hillary가 National Institute for the preservation of Life from Shipwreck을 설립했는데, 이것이 1854년 Royal National Lifeboat Institute로 개칭되었다. 오늘날과 같이 선박에 탑재하는 구명정은 1851년에 제작되었다. 이 해에 James Beeching(1788-1858)과 James Peake(1797-1860)가 공동으로 Beeching-Peake SR(self-rigging) 구명정을 만들었는데, 이것이 National Institute for the preservation of Life from Shipwreck가 주관한 '신형 구명정' 현상 공모에서 280여 건 중 1등으로 당선되어 현상금 100파운드를 받았다. 이 구명정이 협회의 표준구명정으로 채택되었다.[36] 중국의 경우, 1854-1940년까지 장강에 구명정이 배치되어 활동하고 있었다고 한다.[37]

liner 정기선, 전열함

통상 line + er이 합쳐 특정 항로를 줄을 그어(line) 정기적으로 왕복 운항하는 배(er)를 뜻하는 것으로 이해하는 것이 통설이지만, 이는 잘못이다. Smyth의 *The*

---

35 佐波宣平, 『海の 英語』, p.244.

36 "RNLI through time," Royal National Lifeboat Institute, 2009, at http://en.wikipedia.org/wiki/Lifeboat_(rescue)(2024. 8. 25.)

37 C.R.G. Worcester, *The Junkman Smiles*, London, 1959, pp.146-147.

*Sailor's Word-Book*에 따르면, "line of battle ships. Also, a designation of such packed or passenger ships as trade periodically and regularly to and from ports"[38]라고 풀이하고 있어서, '전열함'과 '정기선' 두 가지 의미로 사용되고 있음을 알 수 있다. Falconer도 "Line, a general name given to the arrangement or order in which a fleet of ships of war are disposed to engage an enemy"[39]라고 하여 'line이란 적과 싸우는 전함의 함대가 배치된 전열을 일컫는 일반적 명칭'이라고 풀이하고 있고, Bowen도 "Liner. The old name for a line-of-battleship long before it came to have its usual modern meanings"이라 하여 'liner는 근대적 의미로 사용되기 이전에 전열함을 일컫는 옛 명칭'[40]이라고 풀이하고 있다.

이와 같은 사전적 풀이를 참조하면, 오늘날 '정기선'이란 뜻으로 사용되고 있는 liner는 어느 항해 구간에 선박들이 마치 전함이 전열(line)을 갖추어 항해해 가는 것처럼 편대에 포함되어 정기 왕복항해'하는 데서 유래된 말임을 알 수 있다. 이전에 '전열함'에 사용되었던 line-of-battleship 또는 liner가 항해하는 모습에서 유래된 것이지, 특정 구간을 선을 긋는 것처럼 정기적으로 항해하는 것에서 유래했던 것이 아닌 것이다.[41] 오늘날 '정기선'은 '공표된 정기적 일정표에 따라 특정된 항구 사이의 항로에 투입되어 운항되는 선박[42]을 의미하는 것으로 사용되고 있다.

이와 같은 역사적 유래를 고려한다면, Maersk Line, MSC Line, Japan Line, K-Line 등의 해운회사들이 liner가 아니라 line을 회사명에 사용되고 있는 것도 이해될 수 있다. Rudyard Kipling(1865-1936)의 'The Liner She's A Lady'는 정기선

38 Smyth, *The Sailor's Word-Book*, p.448.
39 Falconer, *An Universal Dictionary of the Marine*, 1780, p.177.
40 Bowen, *Sea Slang*, p.83.
41 佐波宣平, 『海の 英語』, p.248.
42 한국해사문제연구소, 『해운물류큰사전』, p.1002.

을 시제(詩題)로 한 해양시로 널리 알려져 있다.

The Liner She' A Lady

The Liner she's a lady, an' she never looks nor'eeds···
The Man-o'-War's 'er 'usband, an' 'e gives 'er all she needs;
But, oh, the little cargo-boats, that sail the wet seas roun',
They're just the same as you an' me a-plyin' up an' down!

The Liner she's a lady by the paint upon 'er face,
An' if she meets an accident they count it sore disgrace.
The Man-o'-War's 'er 'usband, and 'e 's always 'andy by.
But, oh, the little cargo-boats, they got to load or die!

The Liners she's a lady, and 'er route is cut an' dried;
The Man-o'-War's 'er 'usband, an' 'e always keeps beside;
But, oh, the little cargo-boats that 'aven't any man,
They've got to do their business first, and make the most they can!

The Liner she's a lady, and if a war should come,
The Man-o'-War's 'er 'usband, and 'e 'd bid 'er stay at home;
But, oh, the little cargo-boats that fill with every tide!
'E'd 'ave to up an' fight for them for they are England's pride.

The Liner she's a lady, but if she wasn't made,
There still would be the cargo-boats for 'ome an' foreign trade.
The Man-o'-War's 'er 'usband, but if we wasn't 'ere,
'E wouldn't have to fight at all for 'ome an' friends so dear.

정기선은 귀부인이다

정기선은 귀부인이다. 한눈을 팔지도 않고 곁눈질도 않는다.
전함은 남편이오, 그녀가 원하는 것은 모두 준다.
하지만 가련한 짐배, 비 내리는 바다 위를 달리고
너와 나처럼 여기저기 우왕좌왕한다.

정기선은 귀부인이다. 얼굴을 말끔히 화장하고
사고라도 나며는 이것은 큰 일, 나라 안의 소문이 좋지 않다.
그러므로 남편인 전함이 언제나 곁에 붙어 다닌다.
하지만 가련한 짐배, 짐 싣는 일이 고작. 그것이 싫다면 죽을 수밖에.

정기선은 귀부인이다. 항로도 미리 정해져 있다.
남편인 전함이 언제나 호위를 한다.
하지만 가련한 짐배, 아무도 곁에 없다.
일만 해야 한다. 힘껏 일해야 한다.

정기선은 귀부인이다. 전쟁이 일어나면 집에 있으라고 남편인 전함이 지시내린다.
하지만 가련한 짐배, 조수타고 언제나 출발한다.
그러나 전함이 그들을 위해 싸워 준다. 하기야 짐배는 영국의 자랑이니까.

정기선은 귀부인이다. 하지만 그녀가 없어도 상관이 없다.
내외무역에 활약하는 짐배가 있으니까,
전함은 정기선의 남편이다. 하지만 우리 짐배가 있으니까 전함도 있다.
짐배가 없다면 전함이라도 나라 위해 동포 위해 싸울 일 없다.[43]

이 시가 발표된 1894년은 세계무역의 중심 무대였던 북대서양 항로가 유럽으로부터의 이민 운송으로 번창하였고, 이로 인해 정기선(liner)이 그 기능을 명확하게 발휘하여 부정기선(tramp)과는 구분이 되었던 시기였다. 하지만 이 시대에 세계 최고의 해운국가였던 영국에서 이와 같은 Kipling의 서민적 사상을 찾아볼 수 있다. 여기에서 정기선은 귀부인 또는 유한마담 즉, 쓸데없는 장물처럼 표현되었고 정말로 나라를 사랑하고 국민의 이익에 공헌하는 것은 끊임없는 위험과 비바람을 맞으면서도 초라한 세상을 악착같이 가난하게 살아가는 짐배(cargo-boats)로 표현하고 있어 다분히 특권계급에 대한 비판적인 의견이 표출되고 있다. 이 시에서 모음 앞에 'h' 가 일부러 생략되어 있는 것도 이것이 서민(vulgar)이 부르는 노래로 만들어졌다는 것을 이야기하고 있다.[44]

list 배의 기울기

어원은 불분명하지만, 영어의 lust(욕망), lustful(음탕한), 독일어의 Lust(쾌락), lusting(유쾌한) 등과 같은 어족의 단어로 추정되고 있다. *Online Etymology Dictionary*에 따르면, to please, desire, wish, like 등을 의미하는 중세 영어 *lysten*이 변형되어 1620년 대에는 lust로 사용되었다.[45] 실제로 영어 古書에서는 '선박의 기울기'를 the lust of a ship이라고 표현하였다.[46] 『신약성서』 요한복음 3:8에도 list가 사용되었는데, 그 두 가지 영문 번역어를 비교해 보면 위와 같은 설명이 근거가 있음을 확인할 수 있다.

---

43 이재우 편역, 『해양명시집』, pp.175-177.
44 佐波宣平, 『海の 英語』, p.249.
45 Harper, *Online Etymology Dictionary*, at http://www.etymonline.com(2024. 8. 25.)
46 佐波宣平, 『海の 英語』, p.251.

- The wind bloweth where it listeth.(King James Bible, 1611)

- The wind blows where it lists.

- The wind blows where it will(King James Bible 2000)

- The wind blows where it pleases.(Holman Christian Standard Bible, 2002)

- The ind blows where it wishes.(New American Standard Version, 1971)

- The ind blows where it wants.(Jubilee Bible 2000)

- 바람은 제가 불고 싶은 대로 분다.(공동번역 및 새번역 성경)

위의 영어성경 원문들을 비교해 보면, 1611년 King James Bible에 list의 옛 철자인 listeth로 쓰인 것을 최신 번역본들은 will, please, wish, want 등으로 옮겼고, 한글번역본도 '(바람이) 불고 싶은대로'라고 풀이했다. list는 배의 기울기뿐만 아니라 일반 영어에서도 널리 사용되고 있다.

- The ship has a port list. 배가 좌현으로 기울어 있다.

- The list increased rapidly until she lay on her beam-end. 배가 들보가 수직이 될 정도가 될 때까지 급격히 기울었다.

- He walks with a list. 그는 옆으로 삐딱하니 기울어 걷고 있다.

- He's got quite a list on. 그는 꽤 취했다.[47]

---

47 佐波宣平, 『海の 英語』, p.250.

Lloyd's 로이즈, 로이즈보험인수업자조합

Lloyd's Coffee House를 개장하고 운영한 *Edward Lloyd*(1648?-1713)의 '姓'에서 유래한 용어로, 정식명칭은 The Corporation of Lloyd's다. 따라서 우리말로는 '로이즈보험인수업자조합'이나, 그냥 '로이즈'라고 해야 한다. '로이즈'는 세계 최대의 해상보험시장으로서 우리나라의 현대해상화재보험이나 삼성해상화재보험 등과 같은 보험회사가 아니라, 보험업자들의 조합(society)이다. 영국에서 해상보험사업이 회사가 아닌 '로이즈'라는 보험업자들의 조합에 의해 이루어지게 되고, 이것이 세계해상보험시장을 주도하게 된 것은 독특한 그 역사적 내력 때문이다.

Lloyd's Coffee House는 1689년 2월경 영국 런던의 Tower Street에 문을 열었다. Edward Lloyd가 설립한 로이즈 커피 하우스에는 선주, 해상보험업자, 보험 중개인, 선박 중개인, 해운 대리인 등이 출입하였다. 이곳을 중심으로 활동하던 보험업자들이 성장하여 오늘날 세계 최대의 해상보험 시장인 로이즈(Lloyd's)를 형성하기에 이르렀고, 부보된 선박의 등급을 매긴 『선박명부』를 발간하는 과정에서 Lloyd's Register of Shipping이 탄생하였다. 또한 커피 하우스의 운영자는 출입자들에게 해상 무역에 관한 정보를 제공하기 위해 1734년부터 *Lloyd's List*를 발간하였는데, 이 신문은 오늘날 세계 최고(最古, 最高)의 해사언론으로 성장하였다. 말하자면 로이즈 커피 하우스는 세계 해운업의 산파역을 담당했다고 할 수 있다.

로이즈 커피하우스는 1691년에 체신국 본부(General Post Office)가 자리잡은 Lombard Street 16번지로 이전하면서 성장하기 시작하였다. 당시 로이즈 커피 하우스를 운영하고 있던 에드워드 로이드는 1695년에 해상 무역과 관련한 단골들에게 해상 무역과 관계된 정보를 제공하여 손님들을 모으기 위해 한 매 짜리 소식지인 *Lloyd's News*를 주 3회 발행하기 시작하였다. *Lloyd's News*는 당시 발간되던 *Post-Boy*, *Flying Post* 등에 실린 선박 입출항 소식과 화물 동향을 그대로 전재한 것이었으나, 1697년 2월 23일 76호로 종간하였다.[49] 로이즈 커피 하우스에서 선

Lloyd's Building(2011) at Lime Street, London[48]

박 경매가 처음으로 이루어진 것은 1700년 2월이며, 이후 몇 년 동안 해군본부가 경매에 내놓은 나포선과 전리품, 기타 개인 선박과 포도주 등을 경매하는 중심지 가운데 하나로 성장하였고, 1710년경에 이르면 런던에서 가장 중요한 사업 장소가 되었다. 1720년대에 이르면 Royal Exchange와 로이즈 커피 하우스를 중심으로 활동하던 개인 보험업자들이 해운과 관련된 거의 모든 손실을 인수하였다.

당시 해상 보험 거래는 흔히 office-keeper로 알려진 해상보험 중개인들이 주로 담당하였는데, 이들이 피보험자와 보험업자를 연결해주고 수수료를 받았다.[50]

선박 보험은 일반 보험에 비해 부보액이 크므로 개인 보험업자 한 사람이 위험을 모두 인수한다는 것은 불가능하다. 따라서 해상보험 중개인은 로얄 익스체인지나 커피 하우스 등을 돌아다니면서 보험을 인수할 사람을 물색하여 보험가액(保險價

---

48 http://en.wikipedia.org/wiki/Lloyd%27s_building(2024. 8. 30.)
49 Lloyd's New가 종간한 데에는 퀘이커교도(Quakers)에 대한 誤報가 관련된 것으로 보이지만, 퀘이커교도가 의회에 냈다는 청원장이 남아 있지 않기 때문에 구체적으로 어떤 사건인지는 알 수 없다. 1697년 2월 24-26일자 Protestant Mercury에 퀘이커교도들이 귀족원에 "자신들은 시중에 떠도는 소문과는 아무 관계가 없으며, <로이즈 뉴스>는 다음 호에 정정 기사를 내야 한다."는 청원을 냈다는 기사가 실려 있다. <로이즈 뉴스>는 1696년 9월 17일에 발간된 8호부터 Bodleian Library에 소장되어 있다. Charles Wright & E. Fayle, History of Lloyd's, p.24.
50 초기에는 중개인(broker)에 대한 인식이 좋지 못해 보통 office-keeper란 용어를 사용하였으며, 1700년경이 되면 office-keeper는 보통 해상보험중개인을 가리키게 되었다. D.E.W. Gibb, Lloyd's of London, p.19.

額)이 충족되었을 때 보험증권을 발부하게 된다. 그러나 만약 보험가액을 모두 인수할 개인 보험업자가 나타나지 않을 경우에는 중개인의 입장에서는 거래를 성사시키기 위해 거짓 이름을 증권에 기입하고 싶은 유혹에 빠지게 된다. 이와 같은 사례는 비일비재했을 것으로 보이지만, 선박이 사고가 나지 않을 경우에는 드러나지 않기 때문에 그렇게 큰 문제가 되지는 않았다.

그러나 Vansittart 호 사건으로 이와 같은 문제점이 적나라하게 노출되었다. 1700년 초 반지타르트 호가 멸실되었으나, 부보액 중 200파운드가 지불되지 않았다. 왜냐하면 200파운드를 인수한 사람이 실존 인물이 아니었기 때문이다.[51] 이와 같은 문제점을 근본적으로 해결하는 방법은 자본금이 큰 조합이나 법인이 해상보험을 취급하도록 하는 것이다. 1717년 8월 로얄 익스체인지 내에 Mercer's Hall Subscription으로 알려진 단체가 결성되어 개인보험업자가 장악하고 있던 선박보험을 취급하려고 시도하였다. 머서즈 홀 섭스크립션은 100만파운드의 자본금 모집이 완료되자, 1718년 1월 25일 300여명의 서명을 받아 선박과 해상보험을 취급할 수 있도록 특허장을 발부해 달라는 청원을 추밀원에 접수하였다. 이에 런던에서는 Sir Gilbert Heathcote의 주도 하에 375명이 반대 청원을 냈고, 브리스틀에서도 John Day 시장의 주도하에 111명이 반대 청원을 제출하였다.[52] 양측의 청원을 검토한 Sir Edward Northey(Attorney-General)와 Sir William Thompson(Solicitor-General)은 3월 12일 "유럽의 어느 나라도 선박보험을 취급하는 단체가 없다."는 이유로 머서즈 홀 섭스크립션 측의 청원을 기각하였다.[53] 그러나 머서즈 홀 측은

---

51 Gibb, *Lloyd's of London*, p.22.
52 Gibb, *Lloyd's of London*, p.27; Wright & Wright, *History of Lloyd's*, pp.44-45.
53 Wright & Fayle, *History of Lloyd's*, p.46. 물론 17세기 말에도 해상보험을 취급하는 단체를 설립하려는 움직임이 있었다. 윌리엄 3세가 즉위한 뒤 프랑스와의 전쟁으로 약 100여척의 선박이 나포 또는 침몰되어 100만파운드에 달하는 피해를 입게 되자 하원은 1694년 2월 27일 '상인보험업자 법안'(Merchants Insurers Bill)을 성안하였으나 상원에서 부결된 바 있다.

엘리자베스 시대에 발부된 광물 채굴특허권을 갖고 있던 한 단체의 특허권을 매입하여 1719년 3월부터 선박과 화물 보험을 인수하기 시작하였다.[54] 머서즈 홀은 해상보험을 인수한 최초의 단체라고 할 수 있으나, 엄밀하게 얘기하면 불법 영업을 하고 있었다고 할 수 있다. 왜냐하면 그들이 인수한 특허장은 '광물채굴에 관한 특허장이었기 때문이다.

단체가 정식 특허장을 확보하여 선박보험을 취급하기 시작한 것은 '남해거품사건'이 터진 후인 1720년에 이르러서였다. 1720년 6월 22일 정부는 '거품법'(Bubble Act)[55]을 통해 Royal Exchange Assurance Corporation과 London Assurance Corporation 등 보험회사 두 곳을 설립하라는 특허장을 발부하였다. 두 보험 회사는 해상보험을 취급한 최초의 특허 회사가 되었다. 단체가 해상보험을 취급하게 되었다는 것은 해상보험업이 하나의 전문 산업으로 성장하였음을 보여주는 단적인 예였다. 그러나 거품법에서 로얄익스체인지보험과 런던보험 두 회사만이 해상보험을 취급할 수 있도록 규정하였던 것은 아니었다. 거품법에는 세 가지 형태로 해상보험을 취급할 수 있도록 허용하였다. 첫째, 개인 보험업자나 특정인이 보험증권을 발행하거나 선박을 저당잡고 돈을 빌려줄 수 있다. 둘째, 어떤 개인이나 특정인이 단체나 조합의 소속원으로서 동업으로 또는 단체로, 또는 단체나 그 개인이 위험을 부담하는 조건 하에 보험증권을 발행하거나 선박을 저당잡고 돈을 빌려줄 수 있다. 셋째, 로얄익스체인지보험과 런던보험 이외의 단체나 동업조합은

---

54 Mercer's Hall Subspcription 측에 특허권을 매각한 단체는 Governors and Court of Assistants and Societies of the Mines Mineral Royal and Battery Works이다. 이 단체는 1568년 엘리자베스로부터 광물채굴권에 관한 특허권을 발부받아 설립된 Governors, Assistants and Commonalty of the Mines Royal과 Governors, Assistants and Society of the Mines Royal이란 두 단체가 1714년 Mines Royal Mineral and Battery Works로 통합된 단체였으나, Mercer's Hall측이 매입할 당시에는 거의 유명무실해진 상태였다. Wright & Fayle, *History of Lloyd's*, pp.47-48.

55 6 Geo. I, c.18.

선박이나 해상 보험을 인수할 수 없고, 선박을 저당잡고 돈을 빌려줄 수 없다. 말하자면 거품법은 로얄익스체인지보험과 런던보험, 그리고 자기 비용으로 위험을 인수하는 개인 보험업자들만이 해상보험을 취급할 수 있도록 허용한 것이다.[56]

흔히 거품법은 로이즈와 두 특허보험회사에 해상보험의 독점권을 인정한 것으로 얘기되고 있지만, 실제로는 그렇지 않았다. 거품법으로 해상보험을 인수할 수 있도록 허용된 사람이 반드시 로이즈 커피 하우스에 출입해야만 할 필요는 없었다. 거품법은 로얄익스체인지보험과 런던보험 이외의 단체나 사단, 조합 등이 해상보험을 취급하는 것만을 금지하였다. 두 보험회사는 1721년 4월에 화재보험과 생명보험을 취급할 수 있는 특허장을 받았으나, 곧 자본금 부족으로 어려움을 겪게 되어 해상보험보다는 화재보험과 생명보험에 치중하게 되었다. 게다가 이 두 특허회사들은 고율의 보험요율을 부과했고, 선가가 1만파운드 이하인 선박보험을 인수하기를 자주 거부하였다.[57] 그 결과 18세기 내내 해상보험의 대략 90%는 개인 보험업자들이 인수하였다.[58]

개인 보험업자들의 주 활동무대가 된 곳이 바로 로이즈 커피 하우스였다. 물론 다른 커피 하우스를 무대로 활동하던 보험업자들도 보험증권을 발행하기는 하였다. 이를테면 세관(Custom House) 인근에 위치해 있던 Sam's Coffee House도 1786년 말까지 해상보험업자들이 화물과 여객 수송에 대해 선장들과 사업을 논의하는 장소로 이용되고 있었다.[59] 그러나 18세기 내내 실질적으로 선박 경매와 해상보험 업무가 이루어지고, 선박 중개인들과 해상보험 중개인들의 주된 휴식처가 된 곳은 로이즈 커피 하우스였다. 로이즈 커피 하우스는 1713년 설립자인 에드워드 로이

---

56 Gibb, *Lloyd's of London*, p.32.
57 Armstrong, J. & Bagwell, P.S., "Coastal Shipping," p.167.
58 Wright & Fayle, *History of Lloyd's*, p.67; Gibb, *Lloyd's of London*, p.33.
59 Fayle, *A Short History of the World Shipping Industry*, p.209.

드가 사망하고 난 뒤 운영권이 여러 사람에게 넘어갔지만, 해운 관계자들과의 유대는 지속적으로 강화되었다. 로이즈 커피 하우스가 로이즈로 성장하는 데는 커피 하우스의 운영자와 고객간의 상호 협조가 절대적인 역할을 했다.

로이즈 커피 하우스는 이미 18세기 초에 선박 매매에 전문화되어 있었다. 1711년에 선박 15척에 대한 경매가 로이즈 커피 하우스에서 이루어진다는 공고가 게재되었고,[60] 1719년 3월 3일과 7일에는 선박 중개인 사뮤엘 에이레(Samuel Eyre)가 "오후 3시부터 로이즈 커피 하우스에서 선박을 경매한다."[61]는 광고를 내기도 했다. 선박 매매는 로이즈 커피 하우스에서 계속 이루어지기는 했지만, 거품법 이후 점차 해상보험이 중요성을 띠게 되었다. 1720년 이후부터 로이즈 커피 하우스의 단골 손님들이 해상보험업계를 지배하기 시작하자 로이즈 커피 하우스는 1720-30년대 동안 이미 해상보험의 본산으로 알려지게 되었다.[62]

로이즈 커피 하우스 내에서 해상보험 업무의 비중이 커져가자 선박의 입출항 동향과 화물 가격 등에 대한 정보 등을 다룬 신문에 대한 필요성이 늘어났다. 물론 로이즈 커피 하우스에는 당시 발간되던 신문들이 대부분 비치되어 있었지만, 신문 구독이 강제적이었던 데 비해 정작 해상보험업자나 해운업자들에게 필요한 정보는 기껏해야 선박 경매에 대한 광고기사 정도만이 게재되는 실정이었다. 그리하여 커피 하우스의 운영자는 1734년 4월경 영국의 주요 항구에서 외국 무역에 종사하는 선박들의 입·출항 동향을 전하는 한 매 짜리 소식지인 *Lloyd's List*를 발간하기에 이르렀다.[63] <로이즈 리스트>는 처음에는 주간으로 발간되다가

---

60 cited by Gibb, *Lloyd's of London*, p.18.
61 *The Daily Courant*, Mar. 3 & 7, 1719.
62 Wright & Fayle, *History of Lloyd's*, p.ii.
63 <로이즈 리스트>는 1740년 1월 2일 560호 이후 것만이 남아 있어 제1호가 언제 발간되었는지는 정확하게 알 수 없지만, 대략 1734년 4월경인 것으로 추측되고 있다. Wright와 Fayle은 비록 당시 소유주였던 Thomas Jemson이 1734년 2월 15일에 사망하였지만, 로이즈 리스트를 창간하기

L

1737년부터 주 2간으로 바뀌었고, 1837년 이후 현재까지 일간으로 발행되고 있다.

토마스 젬슨(Thomas Jemson)에 이어 로이즈 커피 하우스를 운영하게 된 리처드 베이커(Richard Baker)는 당시의 다른 신문들처럼 영국 내 각 항구에 통신인(correspondent)을 둔 것으로 보인다. 하지만 현재 남아 있는 자료상으로는 1788년에 영국과 아일랜드 주요 항구에 통신인을 두었다는 기록이 가장 오래된 것으로 확인되고 있다. 1792년 당시 28개 항구에 32명이 주재하고 있었던 것으로 나타나 있다.

로이즈 커피 하우스와 <로이즈 리스트>가 정부와 해사 관계자들로부터 인정받게 된 계기는 '젠킨스 선장의 귀'(Jenkins' ear) 사태로 촉발된 스페인과의 전쟁(1739-47)이었다. 1739년 11월 버논(Vernon) 제독이 스페인령 아메리카 식민지인 포르토벨로(Portobello)를 점령했다는 소식이 1740년 봄 상선 선장에 의해 로이즈 커피 하우스에 전해졌다. 로이즈 커피 하우스의 지배인인 베이커는 이 소식을 즉시 월폴(Robert Walpole, 수상재임 1721-42)에게 전하였고, 하루 뒤에 통신선이 도착하여 승전보가 사실임을 확인시켜 주었다.[64] 이것을 계기로 로이즈 커피 하우스의 영향력이 증대하게 되었고, 1750년에 이르면 <로이즈 리스트>는 선박뉴스(Ships News)에서 가장 권위 있는 신문으로 인정받기에 이르렀다.

까지 그가 많은 준비를 했을 것으로 보았다. Wright & Fayle, *History of Lloyd's*, pp.71, 73.

64 당시 *Gentlemen's Magazine* 1739-40년 3월 11일자에 게재된 기사는 다음과 같다. "롬바드 가에 위치한 로이즈 커피하우스의 지배인인 Baker 씨가 Vernon 제독이 포르토벨로를 점령했다는 소식을 Sir Robert Walpole에게 전하였다. 이는 이와 관련하여 처음으로 알려진 소식이었고, 후에 사실로 밝혀졌다. Sir Robert Walpole은 그에게 선물을 내리라고 명하였다. Baker 씨는 자메이카에서 출항한 Titchfield호의 Gardner 선장으로부터 이 소식을 전해들었다고 한다. 자메이카에서 (통신선인) Triumph 호(Renton 선장)와 함께 출항한 Titchfield 호는 Triumph 호보다 하루 빨리 도버항에 도착하였다"(cited by Wright & Fayle, *History of Lloyd's*, p.79). 포르토벨로 점령에 대한 Vernon 제독의 1739년 12월 2일자 공식보고서는 *Gentleman's Magazine*, 1740, Vol. X, Mar. pp.124-125에 실려 있다.

로이즈 발전의 두 번째 단계는 Lloyd's Register Book를 발간한 것이다. 로이즈 커피 하우스가 해상보험의 중심지로 자리잡으면서 처음으로 치르게 된 전쟁이었던 스페인전쟁과 오스트리아 왕위계승전쟁(1740-48)으로 로이즈 커피 하우스의 해상보험업자들은 상당한 타격을 입었다. <로이즈 리스트>에 게재된 것을 기준으로 하면, 1741년에 107척, 1744년 307척, 1747년 457척, 1748년 297척의 영국 선박이 멸실된 것으로 나타났다.[65] 이 손실의 상당 부분이 로이즈의 개인 해상보험업자에 의해 보전되었다. 따라서 해상보험업자들은 자신이 인수한 선박에 대한 정보를 정확하게 파악하여 보험료를 결정하고자 했다. 그리하여 로이즈 커피 하우스에 출입하던 해상보험업자들이 조합(society)을 결성하고 자신들이 인수한 선박의 등급을 명시한 『로이즈선박명부』를 발간하기에 이르렀다. 현존하는 가장 오래된 『로이즈선박명부』인 1764-65-66년판에 이 조합이 1760년에 결성되었다고 명시되어 있는 것으로 미루어 최초의 『로이즈선박명부』는 1760년에 이미 간행되었을 것으로 추정되고 있다.[66] 『로이즈선박명부』는 1760년경부터 처음에는 2년마다, 그리고 몇 년 뒤에는 매년 발간되어 조합원들에게 배포되었다. 이 『로이즈선박명부』에는 선명, 선장 이름, 선적항, 톤수, 선주, 건조일, 의장품 등을 기재한 다음, 선체와 의장품의 상태에 따라 선박의 등급을 부여하였다.[67]

　『로이즈선박명부』는 몇 가지 점에서 중요한 의미가 있었다. 우선은 『로이즈선

65　Gibb, *Lloyd's of London*, p.39.

66　Wright & Fayle, *History of Lloyd's*, p.85. 1760년판이 설사 간행되었다 하더라도 그것은 여러 보험업자들이 사적으로 작성해 놓은 선박에 관한 정보를 한 데 모아놓은 것에 불과했을 가능성이 크다.

67　총 1500여 척이 등재되어 있는 1764-65-65년판에는 선체는 A, E, I, O, U로, 의장품은 G(good), M(middling), B(bad)로 구분하여 등급을 부여했고, 1768-69년판에는 선체는 a, b, c로, 의장품은 I, II, III, IV로 구분하여 등급을 부여하였으며, 1775-76년판에는 최고등급의 선박에는 A1 등과 같이 분류하였는데, 이러한 분류방식은 현재까지 로이즈선급(Lloyd's Register)에서 그대로 사용되고 있다.

박명부』를 커피 하우스의 운영자가 아니라 그곳의 출입자들이 주축이 되어 만들었다는 점이다. 따라서 『로이즈선박명부』는 처음부터 커피 하우스의 소유물이 아니라 커피 하우스에 출입하는 다수의 해상보험업자들의 공유물이 되었다. 또한 『로이즈선박명부』를 발간하기 위해 조합이 결성되었고, 『로이즈선박명부』를 관리할 위원회가 임명되었다. 이는 로이즈 커피 하우스를 무대로 활동하던 해상보험업자들이 정식 단체(formal corporation)를 형성하기 위한 첫 단계였다.[68]

로이즈 해상보험업자들이 정식 단체를 형성한 것은 1771년에 이르러서였다. 롬바드 가의 로이즈 커피 하우스 내에서 내기 보험과 투기 등이 성행하자 명성에 타격을 입을 것을 우려한 일부 출입자들이 사업 장소를 옮기기로 결정하였다. 이들은 1769년 3월 21일 포프스 헤드 앨리(Pope's Head Alley) 5번지에 뉴 로이즈 커피 하우스(New Lloyd's Coffee House)를 개설하고, 운영을 옛 로이즈 커피 하우스의 웨이터였던 토마스 필딩(Thomas Fielding)에게 맡겼다. 그러나 새 로이즈 커피 하우스는 낡고 비좁았기 때문에 1771년 12월 13일 해상보험업자, 중개인, 상인 등 79명이 100파운드씩 출자하여 새로운 사업장소를 물색하기로 결정하였다. 1774년 3월 4일 출자자들은 총회를 열고 필딩을 수석 웨이터로 영입하고 토마스 테일러(Thomas Tayler)를 동업자로 참여시키며, 새로운 규칙을 제정하거나 규칙을 수정하기 위해서는 출자자 중 12명이 일주일 전에 사전 통보를 한 뒤에 총회를 개최할 수 있다는 등의 사항을 의결하였다.[69] 이로써 출자자들은 새 로이즈 커피 하우스의 공동 소유주가 되었고, 새 로이즈는 정식 법인이 되었다. 새 로이즈는 총회 다음날인 3월 5일 폐점하고, 3월 7일 로얄 익스체인지에 입주하

---

68 선박의 건조 기준을 정하고, 선박을 검사하고 인증해 주는 선급 가운데 가장 오래된 로이즈선급(LR, Lloyd's Register)이 바로 여기에서 유래하였다. 로이즈선급의 발전에 대해서는 *Annals of Lloyd's Register*(London, 1884) 참조.

69 Wright & Fayle, *History of Lloyd's*, pp.117-118.

였다.

한편, 롬바드 가의 옛 로이즈 커피 하우스는 1772년 이후 얼마 동안 <로이즈 리스트>를 간행하는 등 사업을 계속하였으나, 1783-86년 사이의 어느 시점에선가 폐점하였다.[70] 그에 따라 1788년 말까지 *New Lloyd's List*를 간행하여 오던 새 로이즈 커피 하우스는 1789년 1월 1일부터 <로이즈 리스트>로 제호를 환원하여 계속 간행하였다.

정식 단체를 구성한 로이즈는 1779년 1월 12일 총회에서 로이즈의 해상보험 통일증권을 제정하기에 이르렀다. 해상보험증권은 이미 중세의 피사, 피렌체, 제노바, 베네치아 등에서도 사용되었지만, 보험 인수자와 선박 소유자가 개별적으로 맺은 사적 계약에 지나지 않았다. 해상보험 통일증권이 제정됨으로써 해상 보험업자가 떠안아야 하는 잠재적인 사고 위험과 선박 소유자가 부담하는 금전적인 손해가 보험약관이라는 일정한 양식 속에서 조화를 이루게 되었다. 이는 곧 해상 보험이 더 이상 투기적인 사업의 지위에서 벗어났음을 뜻한다. 이런 의미에서 로이즈의 해상보험 통일증권은 해상보험업의 독립이 완성되었음을 상징적으로 보여주는 단적인 예였다.

새 로이즈는 미국독립전쟁과 프랑스전쟁을 겪는 동안 어려움을 겪기도 했지만, 한 번도 지불불능 상태에 빠지지 않아 해상보험 분야에서 확고한 위치를 차지하였다. 로얄 익스체인지에 입주하고 몇 년이 지나자 새 로이즈 출자자들이 해상보험에 관한 모든 문제를 규제하여 국가 내에서 유력자가 되었고, 해군본부는 해운 보호와 관련된 모든 문제에 대해 로이즈에 자문을 요청하기도 하였다. 정부 내에서 영향력이 증가하자 로이즈의 회원(member) 수가 급증하였다.[71] 1771년 79명에

---

70 Wright & Fayle, *History of Lloyd's*, pp.107, 124.
71 로이즈의 회원이란 개념은 1800년 이전에는 없었다. 설립 초기에는 누구나 새 로이즈에 출입할

불과했던 로이즈 회원 수가 1774년 4월에는 179명으로 늘어났고, 1793년에는 수백 명(several hundreds), 1810년에는 1400-1500명, 1813년에는 2000여 명으로 추산되었다.[72] 1810년까지 런던에서 처리된 해상 보험은 1억파운드가 넘었고, 이 가운데 상당수가 로이즈에서 처리되었다.[73]

로이즈가 해상보험에서 차지하는 영향력이 증대하자 이에 대항하는 세력이 출현하였다. 1806년 Globe Insurance Company가 해상보험을 할 수 있도록 허용해 달라는 청원을 제출하였으나, 기각되었다. 그러나 1810년 2월 28일 런던 상인들이 500만파운드에 달하는 자본금으로 해상보험회사를 설립하겠다는 청원을 의회에 제출하자 글로브 인슈어런스 컴퍼니도 청원을 다시 제출하였다. 14명으로 구성된 조사위원회(의장 Manning)는 최종보고서에서 특정회사에만 해상보험증권을 발부할 권한을 준 거품법을 폐지해야 한다고 의회에 건의하였다. 그러나 의회는 이 법안을 토론 없이 기각하였다. 이듬해 법안이 다시 상정되었으나 상정 여부를 묻는 투표에서 26 : 25로 기각되었다.[74] 이로써 로이즈는 1946년 Assurance Companies Act에서 개인이 해상보험 증권을 발부할 수 있는 권한을 제한할 때까지 해상보험 업무를 거의 독점하다시피 하였다. Lloyd's는 1871년 영국 의회의 Lloyd's Act에 의해 조합(corporate)로서의 지위를 인정받았다.

수 있었으나, 점차 출입하는 사람들이 많아지자 커피하우스 내에 출자자들만이 출입할 수 있는 전용실을 만들고 연간 20파운드의 회비를 납부한 사람에게만 출입을 허용하였다. 그러다가 1800년 4월 2일 총회에서 로이즈의 회원(member)이 될 수 있는 사람을 '상인, 은행가, 보험업자, 보험중개인'으로 한정한데 이어, 같은 해 8월에는 기존 회원 6명의 추천을 받고 15파운드의 회비를 납부한 사람에게만 전용실을 출입할 수 있도록 허용했다. Wright & Fayle, History of Lloyd's, pp.120, 215

72 Wright & Fayle, History of Lloyd's, pp.174, 218, 276.

73 Ronald Hope, New History, p.255.

74 1810년의 사태에 대해서는 Wright & Fayle, History of Lloyd's, Chapter XI 참조.

locker 선박 비품 보관함

lock + er이 결합되어 '자물쇠(lock)를 걸어두는 곳'이라는 의미인데, 그 어원은 불명확하나 플랑드르어에 *loker*가 있는 것으로 미루어 저지 네덜란드어에서 유래된 것으로 추정된다.[75] 중세 영어에서는 lokken 형태로 사용되었다.[76]

오늘날에는 육상에서도 locker가 널리 이용되지만, chain locker(닻줄 보관소), paint locker(페인트 보관소), sail locker(돛 보관소) 등의 예에서처럼 본래는 해사용 어였다. 영어 표현 중 Not a shot in the locker는 '탄환이 창고에 한 발도 없다'는 의미이므로 뱃사람끼리의 속어로 '한 푼도 없다'는 뜻이다. to go to Davy Jone's locker는 'Davy Jones의 창고로 간다'가 직역이지만, 뱃사람 사이의 속어로는 '배에서 실수로 바다에 빠져 죽는다'는 뜻이다. 이 말은 1751년 Torbias Smollet(1721-1771)이 출간한 소설 *The Adventure of Peregrin Pickle*에 등장하는 Davy Jones의 이름에서 유래하였다. '바다의 정령'(spirit of the sea)인 Davy Jones은 '심해저의 모든 악령들을 주재하는 무서운 악령으로 허리케인이나 좌초와 같은 해난사고가 발생하는 전날 밤에 배의 삭구 등에 출몰한다고 한다. 따라서 1803년 무렵 뱃사람들이 해저(bottom of the sea)를 Davy Jone's locker라고 부르기 시작하였다고 한다.[77]

두 개의 단체나 이해집단간의 교섭이 막혀 서로 한 발자국도 나아가지 못하고, 해결 전망이 전혀 없을 때 deadlock 상태에 빠졌다고 한다. IT 업계에서는 '다중 프로그래밍 시스템(MPS)에서 하나 또는 그 이상의 프로세스가 수행할 수 없는

75 *The Shorter Oxford English Dictionary*, p.1230.
76 Harper, *Online Etymology Dictionary*, at http://www.etymonline.com(2024. 8. 30.)
77 Harper, *Online Etymology Dictionary*, at http://www.etymonline.com(2024. 8. 30.)

어떤 특정 이벤트를 기다리고 있는 상태로, 망에서는 사용 가능한 버퍼가 없어 일단의 노드들이 패킷을 전송할 수 없는 상태'를 의미하기도 한다.'[78] lock-out이 사용자가 노동자들을 일터 밖으로 내보내고, 공장을 폐쇄하는 것을 말하는 것처럼, lock은 명사로는 '자물쇠'와 '빗장'이고, 동사로는 '졸라매다', '폐쇄하다'는 뜻이다.[79]

log 항해일지, 선속 측정기, 항정계(航程計), 측정기

영어의 log(통나무)에서 유래하였는데, log 자체의 어원은 불분명하다. SOED에는 앵글로 라틴어의 loggiare(나무토막으로 베다)와 loggum(통나무) 등의 낱말이 1205년과 1306년에 사용된 용례가 있음을 밝히고 있고,[80] *Online Etymological Dictionary*에는 고대노르만어에 '베어진 나무토막(felled tree)이라는 의미로 lag이 사용되었다고 설명하고 있다.[81]

'나무'(log)가 선박운항에서 가장 중요한 선속, 항정, 일지를 모두 포괄하게 되었다는 것은 매우 재미있는 주제다. 시대적으로 본다면, log는 log-board(logbook) → chip-log → log 등의 순서로 해사용어로 전화된 것으로 보인다. 유럽의 항해가들은 항해 중 중요한 지점을 통과했거나, 암초나 얕은 해역 등을 만나게 되면 이를 기록해두는 관행이 있었다. 15세기 포르투갈과 스페인의 항해가들이 이와 같은 기록을 상세하게 기록했고, 콜럼버스는 1492년 1차 항해 때 항해일지를

78 deadlock(교착상태), at 한국 정보통신기술협회, IT용어사전, at www.naver.com.
79 佐波宣平, 『海の 英語』, p.255.
80 *The Shorter Oxford English Dictionary*, p.1232.
81 Harper, *Online Etymology Dictionary*, at http://www.etymonline.com(2024. 8. 30.)

Monthes and daies of the month.	Latitude G.	M.	Corse	Leages	Winde	The 23 of March, Cape S. Augustine in Brasill being 16 leags east from me, I began this accopt.
March 24	7	30	N.N.E.	25	East	
25	5	44	N. by E., norly	36	E.b.N.	Compasse varied 9 deg. the South point westward.
26	4	1	N. by N. (?)	35	E.b.N.	Compasse varied 8 deg. the South point westward.
27	2	49	N.	24	E. ⋅ N.	
28	1	31	N. easterly	26	E. ⋉ N.	
29	1	4	N.N.W.	9	N.E.	Compasse varied 6 deg. 40m the South point westward.
31	0	0	N.b.W.	21	E.N.E.	Observation, the Pole above the Horizon.

log-board of 1593 in John Davis' The Seaman's Secrets(1594)[82]

매우 충실하게 작성하기도 했다. 16세부터 18세기에 이르기까지 유럽의 뱃사람들은 당직 중 얼마나 항해했는지를 파악할 수 있도록 나무 판(log-book)에 표로 만들어 놓고 여기에 기입했다. log-board는 위도, 침로, 항해거리, 풍향과 풍속, 나침반의 자차와 편차 등을 일목요연하게 표로 만들어 놓은 흑판(blackboard)이었다. 17세기 후반에 log-board가 종이에 인쇄되어 책으로 묶여 나오게 되면서 log-book이라고 부르게 되었고,[83] 1825년 즈음에는 간단히 log라고 부르기에 이르렀다.[84]

선속 측정계를 log라고 부르게 된 것은 선속 측정도구인 ship-log에서 유래하였다는 것은 두말할 나위가 없다. 유럽의 항해가들은 선박의 침로를 기준점(cardinalpoint) 중의 한 점 이상으로 변경할 때, 배가 항해한 거리를 위도를 기준으로 남북방향과 출발지에서부터 동서방향의 변화로 결정할 수 있었다. 뱃사람들이 이를 쉽게 파악할 수 있도록 1390년 경 잉글랜드에서 Traverse Table이란 것이

82 Hewson, *A History of the Practice of Navigation*, p.172.
83 Hewson, *A History of the Practice of Navigation*, pp.172-176.
84 *The Shorter Oxford English Dictionary*, p.1232.

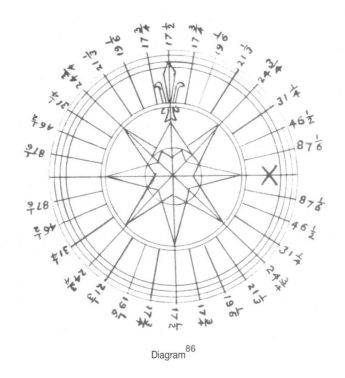

Diagram[86]

도입되었고, 곧 diagram 형태로 진화하였다. 이 diagram을 보면 출발지에서 항해한 거리와 위도 정도만 파악할 수 있지 경도는 확인할 방법이 없었다.[85] Traverse Table이든 diagram이든 배가 얼마나 항해했는지 또는 배의 현재 위치가 어디인지를 확인하기 위해서 침로와 항해거리를 알아야 했는데, 침로는 나침반으로 확인할 수 있었고, 항해거리는 시간당 배의 속력을 측정하여 하루 24시간을 곱하면 1일 항해거리를 구할 수 있었다.

유럽의 뱃사람들이 나무토막에 줄을 매어 달아 물에 던져 선속을 측정했는지는 알 수 없지만, 우리가 ship-log라고 부를 수 있을 만한 기기가 발명된 것은 15세기

85 May, *A History of Marine Navigation*, p.10.

말~16세기 초 포르투갈의 Bartolomeu Crescêncio였고, Dutchman's log는 1623년에 이르러서야 개발되었다. Dutchman's log에는 담배갑만한 사각형 청동판에 log의 개수를 바로 속력으로 환산할 수 있는 표가 새겨져 있었다. 유럽의 뱃사람들은 ship-log를 오랫동안 사용해 왔지만, 책에 소개된 것은 1574년 William Bourne가 출판한 *A Regiment for the Sea*에서였다.[87] 이 책에 소개된 ship-log도 새로운 것이 아니라, 반지름 9 inch(22.9cm) 정도의 원형 나무판에 불과했다. 17세기 초반 어느 시점에선가 원형 나무판은 사분원의 나무판, 즉 chip-log으로 대체되었다. 1644년 Manwayring이 출판한 *Seamans Dictionary*에 소개된 A Log-line에 대한 해설기사를 보면 boord라는 판이 사용되었음을 알 수 있는데, 이 boord가 사분원의 chip-log이다.[88] log-line에 매듭을 지어 표시를 하게 되었음을 확인할 수 있는 최초의 문헌 기록은 1632년 Champlain의 *Les Voyages de la Nouvelle France Occidental*이다.

이로부터 선속을 재던 단순한 나무토막이던 log가 선속을 측정하는 ship-log가 되고, 나무토막이 chip-log로 대치되었으며, 매듭을 지어 거리를 표시하던 log-line이 사용되게 되었음을 알 수 있다. 문제는 나무토막을 사용하던 ship-log나

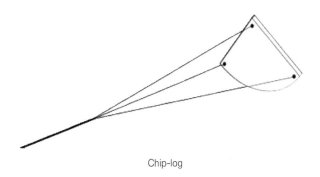

Chip-log

86 May, *A History of Marine Navigation*, p.11.
87 http://en.wikipedia.org/wiki/Chip_log(2024. 8. 30.)
88 佐波宣平, 『海の 英語』, p.256 재인용.

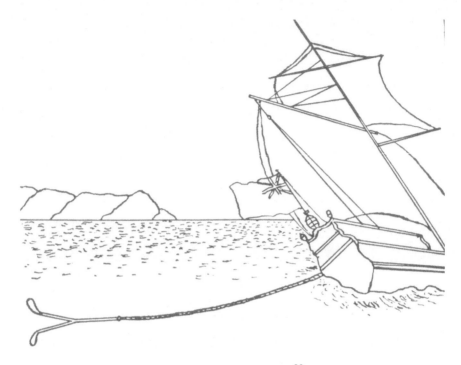

Henry de Saumarez's log(1725)[89]

chip-log를 사용하던 ship-log나 log-line이나 정확성이 떨어진다는 것이다. 보다 정확한 선속을 측정하기 위해 다양한 제안이 나왔는데, 1604년 Robert Norton은 나무-외륜(wooden paddle wheel)을 사용할 것을 제안하였는데, 그는 이러한 생각을 Jacques Besson이 1569년에 쓴 문서에서 아이디어를 얻었다고 밝혔다. 한편 Henry de Saumarez는 Shovel 제독의 지중해 함대의 참사는 선속을 정확히 측정하지 못한 데 기인한 것으로 보고, 1715년부터 1729년 사이에 rotator식 선속 측정기를 실험하기도 했다.[90] 비록 이 실험은 그리 성공적이지 못했지만, 훗날 doppler

89 May, *A History of Marine Navigation*, p.113.
90 May, *A History of Marine Navigation*, pp.110-112.

log의 선구라고 할 수 있다.

이상의 고찰로부터 log가 항해일지, 선속측정기, 항정계, 측정기 등으로 다양하게 사용되게 된 것은 기본적으로 항해의 주요 사항을 기록하던 log-board와 선속측정기인 ship-log에서 유래하였음을 알 수 있다.

longshoreman 하역인부, 짐꾼

along + shore + man이 결합된 말에서 'a'가 탈락된 말이다. 말 그대로 '해안을 따라 일하는 사람'으로 배에서 짐을 부리고 싣는 사람, 즉 하역인부를 의미한다. SOED에는 longshore의 첫 문헌적 용례가 1822년으로 나타나 있는 것을 고려하면,[91] longshoreman은 비교적 근대적 용어임을 알 수 있다. longshore는 글자 그대로 '해안 사람', '뭍사람'을 뜻하는데, 이 말에는 다소 경멸적인 의미가 내포되어 있다. 이는 선용품이나 식량을 충분히 보급하지 않고 배를 출항시킨 longshore shipowners들에 대한 뱃사람들의 반감의식이 반영된 것이다.[92]

91 *The Shorter Oxford English Dictionary*, p.1236.
92 Smyth, *The Sailor's Word-Book*, p.455.

marine 바다의, 해병, 상선대

라틴어의 '바다'를 뜻하는 *mare*(여성형), *marinus*(남성형)에서 유래한 낱말로 고대 프랑스어 marin(여성형 marine)을 거쳐 영어에 유입되었다. SOED에 따르면, '바다의'(connected with the sea)의 의미로는 1551년, 상선대(the shipping, fleet) 등의 의미로는 1669년, '해병'의 의미로는 1690년에 각각 사용된 첫 용례가 문헌적으로 확인되고 있다.[1]

유럽의 주요 언어에서 '바다'와 관련된 단어는 노르만어에서 유래한 sea와 라틴어의 mare로 구별되는데, 명사는 sea로, 형용사는 주로 mare에서 유래한 marine이나 maritime이 사용되고 있다. 이러한 구별이 대부분의 유럽어에서는 분명한데, 독일어에서는 See와 Meer가 모두 명사로 함께 사용되고 있다. 로마군이 게르마니아 지역을 평정하고 라틴어 mare가 유입되면서 게르만어 mari가 되었는데, 당시는 바다와는 관계없는 '늪'이란 뜻으로 사용되었고, 노르만어계의 See는 그 이후에 유입되었다. 로마의 역사학자 Tacitus의 Germania에 따르면, '바다'는 고대 게르만

1 *The Shorter Oxford English Dictionary*, p.1279.

사회에서는 '자신들과 반대 세계로서의 해양(adversus oceanus), '미지의 바다'(ignotum mare), '미지의 대양(oceanus incognitus)으로 인식되었다. 게르만 부족은 원래 내륙 농업부족으로서 그들의 일상생활은 늪과 관계가 아주 깊지만, 바다와는 아주 소원한 관계였다. 심지어 독일어의 Meer가 Mord(죽음)의 유의어이고, Nordsee(북해)는 원래 Mordsee(죽음의 바다)였다고 주장하는 학자도 있다.[2]

아이슬랜드	saer (바다)	라틴어	mare (바다)
덴마크	sö (바다)	이탈리아	mare (바다)
스웨덴	sjö (바다)	스페인	mar (바다)
네덜란드	zee (바다)	프랑스	mer (바다)
독일	See (바다)	독일	Meer (바다)
영국	sea (바다)	영국	marine, maritime (바다의)

바다로 진출할 수 있는 수단인 '배'가 유치했던 시대에 바다를 무섭고 죽음과 연관지어 생각했던 것은 세계 어느 민족에게나 공통적인 현상이다. 중국에서도 '海'는 '晦(그믐, 어둠)'와도 통하고, 암흑의 세계이기도 했다. 『唐詩全書』에 수록된 잠삼(岑蔘)의 시 '送張子尉南海'(장자위를 남해로 떠나보내며)란 시에 '海暗三山雨, 花明五嶺春'(바다는 三山의 비에 어두운데, 꽃은 五嶺의 봄에 밝다)란 싯귀에서 보듯,[3] 육상의 다채로운 경관과는 대조적으로 해상의 어둡고 칙칙한 풍광이 그려져

---

2 Gustav Goedel, *Etymologisches Wörterbuch der deutschen Seemannssprache*, Verlag von Lipsus & Tischer, 1902, ss,328-329.; F. Kluge: *Etymologisches Wörterbuch der deutschen Sparache*, Berlin, 1924, s.325.
3 김달진, 『唐詩全書』, 민음사, 1990 & 1997.

있다. 이는 비단 중국인들이나 게르만족에게만 국한되는 것은 아니다. 그리고 이들이 '바다'를 어둡고 암울하게 인식했던 것은 미지의 것에 대한 인간의 두려움과 공포에서 비롯된 것이지 바다 그 자체에 대한 두려움과 공포 때문이 아니었다. 1420년경부터 엔리케 왕자가 아프리카 해안을 탐사할 때도 Bajador 곶에 1434년에야 도달할 수 있었다. 엔리케 왕자의 거류지인 포르투갈 남단의 Sagres에서 Bajador 곶까지 700마일 정도로 13노트로 항해할 경우 이틀 반나절이면 충분히 도달할 수 있는 거리인데, 15세기 중반 포르투갈인들은 무려 15년 가까이 분투해야 했다. 이는 크게 두 가지 이유 때문이었는데, '암흑의 녹색바다'(green sea of darkness)에 대한 두려움과 열대 바다의 뜨거운 열기로 인해 바다가 끓고 얼굴이 타 버릴 것이라는 공포감이 주원인이었다.[4] 그러나 이것은 바다에 대한 두려움이 아니라, 미지의 세계에 대한 인간의 본능적인 두려움에 기인한다. 바다뿐만 아니라, 동굴이나, 높은 산, 깊은 물, 어둠 등은 그것 자체 때문이 아니라, 그것에 대해 알지 못하기 때문에 두려운 것이다. 그 반례가 지중해이다. Mediterranean Sea(지중해)는 글자그대로 medi(가운데) + terra(땅)으로 '땅 사이의 바다'라는 의미로서 로마인들은 지중해를 mare nostrum(우리들의 바다)라고 불렀을만큼 친근한 바다였다. 유럽인들에게 두려움이 대상이 되었던 것은 지브롤터의 '헤라클레스의 기둥'[5] 너머의 미지의 대서양이었다.[6]

---

4 김성준, 『해양탐험의 역사』, p.26.
5 원래 지브롤터 해협의 서쪽해안에 마주하고 있는 암괴를 헤라클레스의 기둥이라고 하였다. 하나는 빨갛고 다른 하나는 흰색이었으며 흰색은 석회석으로 후에 잘려서 팔리고 말았다. 한편 헤라클레스는 Jupiter와 Alcmena 사이의 아들로 그리스 신화에서도 유명한 용사이다. 지브롤터를 넘어선 대서양이 세계의 서쪽 경계라고 생각하게 된 것은 구약성서 『민수기(Numbers)』34장 6절에 "서쪽 경계는 대해가 경계가 되나니 이는 너희의 서쪽 경계니라"라는 구절에서 그 유래를 찾을 수 있다.
6 佐波宣平, 『海の 英語』, pp.264-265.

mariner 뱃사람, 선원, 해원

고전 라틴어의 *marinus*에서 유래하여 중세 라틴어에서는 marinarius로 사용되었고, 고대 프랑스어에서는 marinier, 앵글로 프랑스어에서 mariner라는 철자로 사용되었다.[7] 영어에서 '뱃사람이나 해원'을 뜻하는 용어는 mariner 외에도 matelot, companion, seaman, shipman 등이 있는데, 이 용어들의 유래를 간략하게 살펴보면 다음과 같다. 로마법에서는 nau(선박)와 관련된 nauta가 일반적으로 사용되었는데, 그 의미상 nauta는 '선원'과 '선주'를 모두 가리켰던 것으로 미루어 이 시기는 선주가 곧 선원으로서 해상무역을 했던 관행이 남아 있었음을 알 수 있다. 이탈리아의 Amalfi 해법에서는 nauta보다 mariner가 더 자주 사용되었다. 이것이 보다 일반화되어 '선원'이라고 할 경우에는 대부분 mariner를 사용하였다. 중세의 Oleron 해법에서는 mariner, mariner, matelot이 사용되었고, *The Black Book of the Admiralty*에는 maryner, marriner 등의 철자로 기록되었다. 영국에서 '선원'을 mariner로 사용하기 시작한 것은 16세기이고, 그 이전에는 종종 companion이 사용되기도 하였다.

Twiss 경이 편집한 *The Black Book of the Admiralty*에는 "companion이란 말이 16세기에 mariner란 말에 자리를 내어주게 된 것으로 보이는데, mariner는 노르만어의 번역어이다"라고 설명되어 있다.[8] '선원'을 companion(동료)이라고 친근하게 부르는 것은 이미 Amalfi 해법에서 사용된 바 있다. Amalfi해법 제9조에는 'cucumque naitarum vel sociorum'(선원 또는 종료 중의 어떤 사람에게)라는 표현이 있다. 여기에서 사용된 sociorum은 라틴어 *socius*(동료, 혈육, 조합원)의

---

7 *The Shorter Oxford English Dictionary*, p.1279.
8 Twiss, ed. by, *The Black Book of the Admiralty*, Vol. I, p.89, note 4.

복수속격으로 당시에는 선원과 선장과 함께 해상무역조합의 일원이었다. 하지만, 노예를 선원으로 승선시킨 고대의 법이 조금이라도 남아 있는 한 '선원'을 '동료'라는 표현으로 사용하는 경우는 그렇게 일반적인 것이 아니었다고 할 수 있다. Oleron 해법에서는 선원을 mariniers, mariners 이외에도 compagnouns, conpaignons, compahons 등으로도 표현했다.[9] 다음은 Fayle이 인용한 Oleron 해법의 인용구다.

　　"선장은 배가 항구에 머물며 출항할 때를 기다리고 있을 때에는 'ship's company (선중, 船衆)'과 상의하지 않고 출항해서는 안 된다. 선장은 선중들에게 다음과 같이 물어야만 한다. '여러분, 날씨가 어떻다고 생각하십니까?' 만약 선중 중 일부는 '날씨가 나쁘다'고 말하고, 일부는 '날씨가 좋다'라고 대답했다면, 선장은 다수의 의견에 따라야만 한다; 만약 선장이 이렇게 하지 않아서 배를 잃게 되었다면, 그가 가진 재산의 한도 내에서 배와 화물의 주인에게 변상해야만 한다. 이것이 이 경우의 Oleron 해법의 판정이다."[10]

　　Fayle은 여기에서 사용된 Ship's company를 "배에 타고 있는 상인, 여객, 선원을 총칭한다"고 설명하고 있어서 단순히 선원만을 의미하는 것은 아니다. 따라서 compagnouns, conpaignons, compahons는 단순히 '선원'이나 '선박승조원'만을 의미하는 것이 아니라, '상인, 승객, 해원, 선원 등 선박 동승자 전원을 의미하는 것이다. 한편, '선원', '해원'을 친근한 용어로 부른 또다른 예로는 북유럽의 Schiffkynder, Schiffkinder가 있다. 이 말은 게르만어로 ship-boy라는 뜻으로 중세 한자동맹의 배의 선원(crew of the ship)을 가리켰다.[11]

9　佐波宣平, 『海の 英語』, pp.266-267.
10　Fayle, *A Short History of the World Shipping Industry*, p.72; 김성준 역, 『서양해운사』, p.89.
11　http://en.wikipedia.org/wiki/Schiffskinder(2024. 8. 20.)

이상에서 살펴본 것처럼, 16세기 이후 영국에서는 mariner가 '선박 승무원'인 '선원'을 의미하는 일반용어가 되었지만, 이것만으로 충분하지 않았던 것 같다. Shakespeare의 희곡을 보면, mariner, sailor, seaman, shipman 등이 자주 사용되고 있다.

> But cried 'Good seaman!' to the sailors.(Shakespeare, Pericles, Act IV, Scene I, 54)

셰익스피어가 mariner, sailor, seaman, shipman을 어떻게 구분하여 사용했는지는 불분명하다. Smyth는 'mariner가 sailor 보다 상위의 개념'이었던 것으로 보고 있다. 즉 'mariner는 able seaman이었고, sailor는 ordinary seaman'이었다는 것이다.[12]

master 선장

라틴어 *magister*(지휘자, 감독자, 스승)에서 유래한 낱말로 고대 프랑스어의 maistre(현대 maitre)로 채택되어 유럽어에 널리 퍼졌다. 즉 고대 영어에서는 magister, 고대 프리슬란트어의 māster, 고대고지 게르만어의 meister, 고대노르만어의 meistri 등으로 사용되었다.[13]

Fayle은 로마의 해운업에 대해 다음과 같이 설명하고 있는데, 이를 보면 magister는 선장이라기보다는 관리 선주(managing ship-owner)에 가까웠음을 알

---

12 Smyth, *The Sailor's Wordbook*, p.468.
13 *The Shorter Oxford English Dictionary*, p.1286.

수 있다. "로마 시대 모든 선주들은 navicularii marini(선주조합)에 등록해야 했다. 로마의 선주들 중 많은 사람들이 자본가들이었기 때문에 배의 운항에는 관여하지 않고, 배를 다른 사람에게 빌려주어 운항했다. 이 경우 용선자도 '선주조합'의 조합원으로 등록해야 했다. 각 선주들은 배마다 gubernator와 magister를 태워 배를 운항했는데, gubernator는 항해선장이었고, magister는 사업관리인이었다. magister는 화물이나 짐을 운송할 계약을 맺고, 화물의 운임과 여객의 배삯을 받고, 비품과 수리 여부를 감독하였으며, 만약 배를 용선 하겠다는 사람을 찾기 어려울 경우에는 선주의 비용으로 물건을 사고 팔기도 했다. 그러나 일부 선주들은 자기 자신이 사업 대리인으로 직접 승선하기도 하였고, 매우 드물게는 자기 자신이 항해 선장으로 나서기도 하였다. 배를 여러 명이 공동으로 소유하고 있을 때에는 공동 선주들이 공동 선주 가운데 한 사람을 관리 선주(managing owner)로 지정하는 것이 관례였다. 관리 선주는 자기가 직접 magister로 활동하거나 공동 선주들을 대신하여 한 사람을 고용하였다. 선주가 배에 자신의 노예를 승선시키는 경우를 제외하고는 뱃사람들은 오늘날과 마찬가지로 고정급을 받았고, 중세 시대처럼 모험 항해에서 얻어진 이익금을 분배받지 않았다."[14]

master가 오늘날과 같이 자신이 승선하는 배에 지분을 갖고 있지 않은 채 단순한 운항자로서 선주로부터 임금을 받는 고용 선장이 된 것은 근세 이후의 일이다. 근세 이전에는 항해의 지휘와 관리를 맡는 사람이 동시에 배의 지분을 갖고 있는 것이 보통이었다. *The Good Customs of the Sea*에 senyor de nau라고 표현된 경우가 그 예인데, Twiss는 senyor de nau를 managing owner로 번역하고 있다.[15] senyor

---

14 Fayle, *A Short History of the World Shipping Industry*, pp.58-59; 김성준 역, 『서양해운사』, pp.73-74.
15 Twiss, ed. by, *The Black Book of the Admiralty*, Vol. III, pp.50-51,

de la nau가 해상운송무역의 전면에 서서 일하는 중요한 존재였다는 것은 중세 지중해 해상무역에서 놓칠 수 없는 하나의 특징이었고, 그들 중 많은 사람은 자신이 약간의 선박지분을 가지는 동시에 지분선주(持分船主)로부터 항해무역 제반에 관해 위임을 받고 있는 사실상의 선주 또는 운송인이었다. 그러나 어쨌든 당시의 여건상 선박을 관리하기 위해서는 배에 직접 타 해상을 항행하고 또한 항해무역을 주재한 사람으로서 한편으로는 현재의 선장에 가까운 기능도 떠맡을 수밖에 없었다. 또한 senyor de la nau 밑에는 단순히 항해기술상의 임무를 맡는 notxer(항해선장)이 있었지만, 이것은 오히려 현재의 mate, master's mate(선장補)에 상당하는 사람이라고 생각할 수 있다. 요컨대 중세 지중해 해상무역에서 senyor de la nau는 현재 우리들의 입장에서 보면 '선주'이기도 하고, '선장'이기도 했다. 이와 같이 master가 '선장' 이외에 '선주'를 의미하기도 한다. Fayle이 "흔히 선박 소유권의 일부를 소유하고 있었던 master들은 잉글랜드의 '항해-선장'(sailing-master)이라기보다는 중세의 '파트로누스'(patronus)나 '관리 선주'(managing owner)에 가까웠다."[16]고 언급한 것은 이와 같은 역사적 맥락을 정확히 짚은 것이라고 할 수 있다. 그런데 Twiss는 이를 단 한 차례 번역어를 제시하고 있을 뿐인데, 엄밀하게 얘기한다면 senor de nau가 오늘날의 managing owner와는 근본적으로 차이가 있다. 즉 오늘날의 managing owner는 통신의 발달로 인해 선박에 직접 승선할 필요가 없게 되었다는 점이다.

이처럼 master에 '선주'와 '선장'이라는 두 가지 뜻이 내포되어 있기 때문에 문장이 쓰이진 시기와 전후맥락에 따라 해석해야 하는데, 그것이 해사산업에 문외한들에게는 상당히 어려운 일이다. Shakespeare의 *The Tempest*에 다음과 같은 Gonzalo가 읊는 The Hint of woe라는 시가 나온다.

---

16 Fayle, *A Short History of the World Shipping Industry*, p.134; 김성준 역, 『서양해운사』, p.164.

Is common ; every day some sailor's wife,

The **master**s of some merchant and the merchant,

Have just our theme of woe.(Shakespeare, *The Tempest*, II, i, 3-6)

세상의 일상사지만, 매일 몇몇 선원들의 아내,

일부 상인들의 master들과 상인들이

우리와 똑같은 슬픔을 갖고 있다네.

　여기에서 문제가 되는 것은 master의 번역어이다. 사와 센페이는 일본이나 독일어의 셰익스피어 번역 작품에서 master를 '선장'으로 번역하고 있는 것은 잘못이라고 주장하고 있다. 그는 다음과 같은 근거를 들었다. 첫째, Gonzalo가 말하고 있는 '비탄', '슬픔'은 선박이 조난당하여 육상에 있는 사람들이 겪게 되는 '슬픔', '비탄이다. 만약 master를 선장이라고 풀이한다면, master of the merchant는 '상인의 선장'이 되어 어색한 문장이 된다. 만약 merchant를 상선으로 옮겨 '상선의 선장'으로 할 경우에도 선원의 아내와 상인으로 선박의 조난으로 슬픔을 겪게 되는 존재임에 비해, '상선의 선장'은 조난을 당한 선박의 선장이라는 의미여서 어색하게 된다. 왜냐하면, 여기에서 master of the merchant는 선박의 조난으로 인해 슬픔을 겪는 육상의 거주자여야 하기 때문이다. 둘째, Schmidt가 펴낸 *Shakespeare-Lexicon*에 따르면, 이 시의 masters of some merchant를 the owners of some trading ship으로 풀이되어 있다. 따라서 이 시의 master는 '선장'이 아니라 '선박소유자' 내지 '선주'여야 한다. 그렇게 하면 '선원의 아내, 선박 소유자, 상인' 3자가 선박의 조난으로 슬픔을 겪게 되는 사람으로서 해석의 일관성일 갖게 된다는 것이다.[17]

---

17 佐波宣平, 『海の 英語』, pp.268-269.

mate 항해사

어원적으로는 영어의 mess(음식)와 같은데, 라틴어의 *mittere*(보내다)의 목적격 분사형 *missum*(보내어진)이 '부엌으로부터 보내어진 물건', 즉 '음식', '요리'라는 뜻으로 프랑스어 mets로 유입되어 이것이 영어의 mess로 정착되었다.[18] mate 자체는 중저지 게르만어로는 mate 또는 gemate로 사용되었고, 플랑드르어로는 gemaat, 네덜란드어로는 maat 등으로 사용되었는데, 글자 그대로 *messmate*(밥 벗, 밥을 함께 먹는 동료)라는 뜻이었다. 따라서 mate는 mess의 변형태인 것이다. 해사영어에서는 1496년 master's mate로 처음 사용되었다.[19] 당시에는 배가 그다지 크지 않았기 때문에 mate가 선장 부재시에 선장역을 대신할 한 사람이면 족했다. 따라서 mate는 master's mate 한 사람만 존재했다. Falconer의 *An Universal Dictionary of the Marine*에도 "mate는 선장 부재시에 선박을 지휘하는 사관으로 항해 중에는 선장과 당직을 나누어 섰다. 선박의 내적 관리는 물론, 침로 유지, 선원 관리 등에 관한 모든 일을 관할했다"[20]고 적고 있다.

The Gotland Sea Laws에서도 gesellen van der trafelen이란 표현이 나온다. Travers Twiss는 이를 messmate of the table로 풀이하고 있는데, 말 그대로 '식탁에서 함께 식사하는 동료'라는 뜻이다.[21] 오늘날 상선의 항해사들을 chief mate, second mate, third mate 등으로 부르는 게 일반적인데, 아무런 직함 없이 mate만으로 칭할 때는 chief mate를 뜻하게 된다. 이를테면 선박에서 화주로부터 화물을 인수했음을 입증하는 서류로 발급하는 Mate's Receipt(본선수취증)는 화물 담당사

---

18 佐波宣平, 『海の 英語』, p.273.
19 *The Shorter Oxford English Dictionary*, p.1289.
20 William Falconer, *An Universal Dictionary of the Marine*, 1780, p.192.
21 Twiss, ed. by, *The Black Book of the Admiralty*, Vol. IV, pp.94-95.

관인 1등항해사가 발급하는 것으로 여기에서 mate는 chief mate를 의미하는 것이다. 이는 Stevenson의 *Treasure Island*에 잘 표현되어 있다.

he had none of the appearance of a man who sailed before the mast, but seems like a mate or skipper, accustomed to be obeyed or to strike.[22]

그는 보통선원으로 배를 탔던 모습이라고는 전혀 없었고, 오히려 남들을 복종하도록 만들거나 때리는 데 익숙한 일등항해사나 소선장이었던 것처럼 보인다.

he's too free with the crew to be a good officer. A mate should keep himself to himself - shouldn't drink with men before the mast![23]

그는 선원들과 너무 격의 없이 지내는 것으로 보아 훌륭한 사관이라고는 할 수 없다. 일등항해사는 보통선원들과 함께 술을 마시지 말아야 하며, 그들과 거리를 유지해야만 한다.

Stevenson이 *Treasure Island*를 출간한 것이 1883년인데, 위의 두 문장을 보면 19세기 말까지도 mate가 보통선원과는 명확히 구별될 정도로 지위가 높은, 즉 선장에 준한 고급선원이었음을 알 수 있다. 그러나 mate가 처음에는 master's mate로만 쓰였으나, 선박이 대형화되면서, 17세기 전기에는 surgeon, gunner, carpenter, trumpeter 등에도 각각 mate가 생겼는데, 이때는 각각 선의보(補), 포수보, 선목보, 나팔수보 정도로 번역할 수 있겠다. 서두에서 mate가 'messmate'(식사동료)에서 유래하였다는 점을 언급했는데, 이와 유사한 낱말들이 꽤 많다.

---

22 Robert Louis Stevenson, *Treasure Island*, p.3.
23 Robert Louis Stevenson, *Treasure Island*, p.71.

- companion(동료, 친구) = com(같이) + panis(라틴어의 빵) = 같이 빵을 먹는 사람
- Genoss(친구) = genießen(누리다, 향유하다)에서 유래. 맛있는 것을 함께 향유하는 동료
- symposium(공동연구, 토론회) = sym(같이) + posis[라틴어 potare(마시다)에서 유래]가 합쳐서 함께 술을 마시며 하는 공동연구나 토론회[24]

matelot 선원, 마도로스, 외항선원

영어에서는 그리 널리 사용되지 않은 낱말로 SOED에는 matelote가 등재되어 있는데,[25] "프랑스어의 sailor를 가리키는 matelot에서 유래하였으며, 포도주, 양파, 버섯으로 만든 소스를 곁들인 생선 요리"라고 풀이되어 있다.[26] 이에 대해 *Collins English Dictionary*에는 '해사용어로 sailor'라고만 간략하게 풀이되어 있다.[27] 1867년에 출간된 Smyth의 *The Sailor's Word Book*에서도 matelot은 찾아볼 수 없다. matelot의 어원은 게르만어에서 유래되었는데, 독일어의 *Matrose*, 네덜란드어의 *matroos*, 스웨덴어와 덴마크어의 *matros*, 프랑스어의 *matelot* 등으로 서유럽권 언어에 널리 채택되었다.

오늘날 '선원', '외항선원'을 뜻하는 의미의 matelot은 네덜란드인들의 해양활동

---

24 Harper, *Online Etymology Dictionary*, at http://www.etymonline.com(2024. 8. 10.)
25 사와 센페이는 "영어 matelot이 '뱃사람'을 뜻하는 선원들 사이의 속어"라고 설명하고 있다. 佐波宣平, 『海の 英語』, p.273.
26 *The Shorter Oxford English Dictionary*, p.1289.
27 *Collins English Dictionary*, Harper Collins Publishers, 1991 & 2003.

과 더불어 일본에 전해지고, 그것이 우리말에도 유입되었다는 것이 정설이다. 네덜란드어 matroos는 중세 네덜란드어 mattenoot에서 유래하였다.

- matte = 독일어 maat와 영어 mate와 같은 계열로 '식사를 같이하는 동료'
- noot = 독일어 Genoss와 마찬가지로 '식사를 함께 하는 동료'

이를 보면 mattenoot은 '식사를 같이하는 동료'라는 뜻이 두 가지가 결합된 말임을 알 수 있는데, mattenoot → matteroot → matteroos → matroos으로 변화하였다. 네덜란드인들이 나가사끼의 데지마(出島)를 중심으로 일본인과 접촉하는 과정에서 일본에 전해졌다. 당시 일본인들은 matroos가 マタロス로 들렸던 것 같다. 1793년 고바야시 잇사(小林一茶, 1763-1828) 라는 시인이 쓴 시에 "マタロ スが 故鄕を 泣く 明かたに"[마타로스가 고향이 (그리워) 울고 있다. 새벽에]라는 시귀가 있다.[28] 그러나 후대에 マドロス로 정착되었다.

마도로스가 우리말에 유입된 것은 일제 강점기였다. 1929년 4월 17일자 동아일보에 '三 당수의 인물'이라는 기사에서 영국 보수당의 뽈드윈 당수를 소개하면서 "마도로스 파이프는 늘 빙글빙글 웃으면서 각료의 음모를 듯고, 그 부조리를 담배 연기와 함께 소멸시키는 것은 신뢰할만한 특질이다."는 문장이 나온다. 1932년 7월 18일자 동아일보에도 개성의 푸로레타리아극단 대중극장의 소식을 전하면서 "민병휘 작 마도로스와 웨트레스" 극본이 선정되었다고 전하고 있다. 해외송출이 활발해졌던 1960년 대 이전 주요 일간지에 기재된 '마도로스' 관련 기사 몇 가지를 소개해 보면 다음과 같다.

---

28 이상 佐波宣平, 『海の 英語』, p.274.

- 나는 **마도로스**나 대양을 건너는 사람들이 오랫 만에 육지에 가까이 다다러 항구 밖을 들어올 때에 갈매기 나는 것을 보는 것이 무엇에도 비길 수 없이 감회가 깊다는 말을 들었다. 미상불 갈매기는 마도로스에게 문자 없는 시를 준다.(채만식, 여름 그리운 산 그리운 바다, 동아일보, 1934. 7.11)

  동아일보, 1935. 2. 1)

- 시 : **남포의 삼정**

조벽암(趙碧岩)

其二, **마도로스**

마스트 꼭댁이에 켜졋든 란포가 떨어저 개진 후 해여진 걸래쪽 같은 만국기만이 세차게 펄렁인다.

폭풍은 아직도 끄치지 안헛다.

물결은 배 변두리와 돌축대와 그러고 물결과 물결이 서로 부다쳐 어둠은 흔든다.

이국의 낯서른 포구에 불시의 닻을 나리고 驛然한 폭풍의 밤은 가슴이 저리도록 서그픈가보-

노령화물선의 기름에 저른 선원들은 금붕어의 입같은 퍼-런 등달린 골목으로 몰켜 간다.

챙없는 모자에 손을 대어 군인 같이 인사를 하고 껄 껄 껄 너털우슴을 치며 紅娘을 얼싸안어 요행히도 돌아와 다은 이날의 행복을 노래한다. **마도로스**!

부라보-!

노래를 불러라 술을 마서라 이 탁자! 이곳에는 시계가 없느니라 말 없이 짙어가는 밤!

밖에는 아직도 바람이 세고비까지 창을 두다린다.(동아일보, 1935. 9. 6)

- **포파이의 동상** - **마도로스 파이프**를 입에 물고 팔뚝에 배닻을 그린 용사 표파이 군은 만화영화의 팬의 인기자이다. 인기자의 동상이 금번 텍사스 주 크리스탈 씨티에 서게 되었다.(동아일보, 1939. 2.3)

- **바다의 아침**, 보성중학 지창익

하눌과 접촉한 새파란 수평선 위로 자애의 햇발이 살며시 소사오릅니다.

흘러가는 求愛의 물결들이 수만흔 파동을 지어 와르륵-싹-

바람에 흔들리는 뱃돛에 강남 찾는 제비의 재재기는 아침 오-이는 새날을 맞이하는 **마도로스**의 거룩한 한때이외다.(동아일보, 1939. 12.22)

- **시인과 시대성**(3), 김광섭

…더군다나 구름이 부서진다거나 해야의 깃발이 어떠타거니 **마도로스** 파이프가 어떠느니 하는 신시대의 시인에 잇어서는 더욱 알 수 없는데, 신문에 나타나는 시들은 이런 경향이 대부분이니 더욱 놀라지 안흘 수 없다.…(동아일보 1940. 3. 15)

- 山村閑題 宮村記 其四, 이무영 : …양서방도 시대사조를 막을 길이 없든지 드디어 빗을 내서 모자도 사고 구두도 한켜레 사신고 명함도 박이고 일금 90전을 던지어 **마도로스 파이프**로 한 개 삿다.(동아일보, 1940. 4. 5)

이상의 기사들을 통해 알 수 있는 것은, 1930년대 선원으로서 마도로스와, 마도로스 파이프가 거의 동시에 한반도에 유입되었음을 알 수 있다. 해방 직후까지도 하나의 직업군으로서 선원을 마도로스라고 지칭하는 용례보다는 마도로스 파이프라는 용례가 훨씬 많이 쓰였다. 1947-50년 사이에는 '마도로스'가 곧 '마도로스 파이프'를 의미하기도 했다. 다음은 그 몇 가지 예다.

- 具 지사는 **마도로스 파이푸**로 연다라 연기를 피우며 석유 등잔불 밑헤서 오진근 원장으로부터 상세한 학원 상황을 청취하고…(동아일보, 1947. 4. 17)

- 스타-린 심경은 奈何? **마도로스**나 하대 피시지요! 권모술책이 紫煙 속에 몽롱! (동아일보, 1948. 7.9)

- 우리 이 배로도 일본에 가서 술먹고 있지요. **마도로스**를 문 비대한 선장이 기염을 토한다.(이무영, 한려수도순항기(중), 경향신문, 1947. 7. 17)

마도로스 위스키 광고
자료 : 경향신문, 1953. 2. 5

1953년에는 협동기업사에서 '마도로스 위스키'를 출시하여 경향신문 등에 광고를 게재하기도 했다. 이를 통해 보면 일제식민지시대에 증기선이 한반도를 드나들면서 일본인 선원들을 통해 마도로스란 말이 한반도에 전해졌을 것으로 추정해 볼 수 있다.

마도로스란 말이 인구에 널리 회자되기 시작한 은 해외 송출선에 우리나라 선원들이 승선하기 시작한 1960년대 이후의 일로 추정된다. 우리나라 선원이 해외 선주의 선박에 승선한 것은 1960년 6월 그리스 선적의 Lamylefs 호가 처음이었고, 1964년부터 선원의 해외송출이 본격화되었다.[29] 초창기 해외송출은 통신장과 같은 일부 직급이나, 기존 외국 선원과의 혼승이 보통이었기 때문에 선내에서 마도로스란 말이 일반적으로 널리 쓰일 여건은 아니었던 것으로 보인다. 1960년대 중후반 마도로스를 소재로 한 영화와 가요들이 속속 제작되었는데, 마도로스란 말이 일반에 널리 퍼지게 된 것은 무엇보다도 이들 영화와 가요 등을 통해서일 것

영화 〈마도로스 박〉 포스터(1964)[30]

---

29 해양수산부 외, 『우리선원의 역사』, pp.199-201.
30 *http://jack2110.blog.me/80132223270*(2024. 8. 10.)

으로 보인다. 경향신문 1964년 6월 8일자 기사에 박노식 주연의 <마도로스 박> (감독 신경균)에 대한 다음과 같은 기사가 실려 있다.

> "흥미만을 좇은 오락물 마도로스 박 - 몬테 크리스트에다 서부극을 가미한 스타일의 액션 드라마다. 노장에 속하는 신경균 감독이 오랜 만에 만든 영화로 노장답잖게 꽤 潑剌한 젊은 기백을 화면에 불어넣고 있다. 밀수단에 가담했으나 뜻밖에 간첩과 관련되어 사경을 면한 박노식이 15년간의 해양 생활 끝에 다시 돌아와 자신을 사지에 몰아넣었던 일당, 즉 간첩들을 차례차례 해치운다. 이를테면 일대 복수편 ─. 신 감독은 꽤 안간힘을 썼으나, 연출의 밀도가 아쉽고, 사진관에서 찍은 기념사진같은 평면을 줄기차게 늘어놓은 촬영이 영화를 감점시킨다. 마도로 스로는 적역인 박노식의 열연과 더불어 구슬픈 가락의 주제가가 4곡이나 깔리는 등 흥미만을 좇는 변두리 관객에겐 안성마춤인 오락편으로 그럭저럭 재미는 있다. (아시아극장 상영)"

마도로스 박은 마도로스를 소재로 한 최초의 영화였다. 이 영화의 주제가는 오기택이 불렀는데, 1965년 동백아가씨 등과 함께 '日色調 一掃'의 대상가요로 지정되어 금지곡이 되었다. 흥미로운 것은 1964년 영화 <마도로스 박>이 개봉 되기 이전인 1941년에 백년설이 부른 '(외항선원) 마도로스 박'이란 노래가 발표 된 적이 있었다는 점이다. 대체적으로 1967년부터 우리가 오늘날 마도로스란 말에서 떠올리는 '외항선원'의 의미로 사용된 예를 많이 발견할 수 있다.[31]

---

31 경향신문(1967. 1. 26); 동아일보(1967. 7.17) 등.

외항선원 마도로스 박(1941) 반야월 작사 / 김교성 작곡 / 백년설 노래	마도로스 박(1964) 반야월 작사 / 손목인 작곡 / 오기택 노래
망각의 항구에 무르녹은 수박등 달빛 젖은 돛대에 마도로스 박이다 저 섬을 돌아가면 수평천리 몇 굽이 기타를 퉁기면서 아 ~ 휘파람 분다 별 뜨는 항구에 찰랑대는 꽃물결 순정으로 가득 찬 마도로스 박이다 저 별을 바라보면 고향산천 그리워 향수를 삼키면서 아 ~ 휘파람 분다 닻줄을 감으며 흘러가는 항구냐 순정으로 가득 찬 마도로스 박이다 파도를 넘어서면 수평선이 몇이냐 햇빛을 치받으며 아 ~ 휘파람 분다	의리에 죽고사는 바다의 사나이다 풍랑이 사나우면 복수에 타는 불길 꿈 같이 보낸 세월 손을 꼽아 몇몇 해냐 얼마나 그리웁던 내 사랑 조국이냐 돌아온 사나이는 아 ~ 그 이름 마도로스 박 인정은 인정으로 사랑은 사랑으로 한 많은 내 가슴에 술이나 부어다오 바다를 주름잡아 떠돌은지 몇몇해냐 얼마나 사무치던 못잊을 추억이냐 돌아온 사나이는 아 ~ 그 이름 마도로스 박

Mayday 국제무선조난신호

1948년 제정된 국제해상충돌예방규칙(Regulations for preventing collisions at sea, 1948)의 Rule 31 Distress Signals의 (e) A signal sent by radiotelephony consisting of the spoken word "Mayday"(무선전화로 조난신호를 할 경우 Mayday를 함께 사용한다)고 규정하고 있다. Mayday가 조난신호로 사용되게 된 유래는 1923년으로 거슬러 올라간다. 당시 런던의 Croydon Airport의 senior radio officer였던 Frederick Stanley Mockford(1897-1962)이 긴급상황이 발생할 경우 항법사들과 지상의 관계자들에게 신속히 긴급상황을 알릴 수 있는 말을 생각해 달라는 요청을 받았다. 당시 런던의 Croydon Airport와 파리의 Le Bourget Airport간에 항공교통량이 많았기 때문에 그는 '저를 구조해주세요'를 의미하는 프랑스어 m'aider를 영어발음대로 적은 Mayday를 제안했다. 1927년

International Radiotelegraph Convention of Washington에서 이 제안이 받아들여져 모르스부호 SOS를 음성으로 발신할 때는 Mayday를 사용하기로 결정되었다. 해상이나, 육상을 막론하고 위급상황 발생시 'Mayday, Mayday, Mayday'를 3회 반복한 뒤 긴급상황을 말하도록 하고 있다.[32]

Mayday 이전에는 CQD와 SOS가 모르스부호로 널리 사용되었다.

CQD는 1912년 국제부선통신규칙에 의해 SOS로 교체된 신호로, 이전에는 SOS와 같은 임무를 수행하고 있었다. 이것을 'Come, Quick, Danger', 'Come, Quickly : Distress', 'Come Quick : Drowning'이라는 약어로 해석하는 사람이 많지만,[33] 이것은 억지해석이다. CQD는 Marconi가 설립한 Marconi International Marine Communication Company가 1904년 1월 7일 Circular 57에서 채택한 조난신호로, 모르스부호로는 '— ● — ● — ● —— ● ●'이다. 육상 무선에서는 전통적으로 프랑스어 sécurité의 첫 두 음절인 sécu를 따 CQ를 긴급신호로 사용했었는데, 마르코니 회사가 여기에 '조난신호'(distress)라는 것을 알리기 위해 'D'를 덧붙였던 것이다.[34]

조난신호로 널리 알려져 있는 모르스부호 SOS는 아무런 의미 없이 가장 빨리 타전할 수 있는 부호 3개를 조합한 것이다. 즉, S는 단음 3회, O는 장음 3회이므로, SOS는 '● ● ● —— — ● ● ●'으로 긴급상황에서 가장 빨리 타전하기 쉬운 모르스부호의 조합인 것이다. 일부 자료에서 이를 'Save Our Ships', 'Save Our Souls', 'Suspend Other Services'의 약어처럼 이야기하는 경우가 있지만, 이것도

---

32 http://en.wikipedia.org/wiki/Mayday(2015. 2. 10.)
33 ref. Robin Gardiner & Dan van Der Vat, *Riddle of the Titanic*, Orion, 1995, p.120.
34 http://en.wikipedia.org/wiki/CQD(2015. 2. 10.)

억지해석에 지나지 않는다. CQD가 이미 사용되고 있음에도 불구하고, 새로운 긴급조난신호로 SOS가 등장하게 된 데에는 신호가 약할 경우 CQ가 오인을 불러 일으키기 쉬웠기 때문이다. 이를 개선하기 위해 독일의 Notzeichen이 SOS를 제안 하였고, 독일에서는 1905년 4월 1일부터 조난신호로 SOS를 채택하였다. 1906년 11월 3일 베를린에서 개최된 제2차 International Radiotelegraph Convention에서 조난신호로 SOS가 채택되었고, 1908년 7월 1일부터 발효되었다. SOS는 1999년 GMDSS(Global Maritime Distress and Safety System)이 도입되기 전까지 국제조난 신호로 큰 역할을 하였다.

1912년 4월 14일(일요일) 오후 11시 45분 타이타닉호가 처녀항해로 미국으로 향하던 중 New Foundland 근해에서 조난당했을 때 처음에는 CQD가 발신되었고, 이어서 SOS가 발신되었다. 타이타닉호가 조난한 1912년 4월 14일은 국제무선통 신규칙(SOS)이 실시되기 이전이었다. 따라서 정규 해상조난신호는 CQD였다. 이 러한 이유로 타이타닉호로부터 먼저 CQD가 발신되었고, 이와 병행하여 규칙시 행전인 SOS가 발신되었던 것이다. 즉, CQD와 SOS는 모두 같은 역할을 수행하는 조난신호로 순서에 의한 의미 차이는 없는 것이다. 이러한 연유로 타이타닉호의 조난은 SOS를 발신한 최초의 해난사고였다는 점에서도 역사적 의미가 있다.[35]

Mercator 메르카토르

항해용 해도로 사용되는 메르카토르 해도를 제작한 지도제작자이다. 메르카토 르는 1512년 3월 5일, 오늘날 벨기에의 안트베르펜 인근의 루펠몬데(Rupelmonde)

---

35 佐波宣平, 『海の 英語』, p.279.

에서 제화공 후베르트 더 크레메르(Hubert de Cremer)와 에머렌티아나(Emerantiana) 부부의 4남 2녀 중 막내아들로 태어나 헤라르드 더 크레메르(Gerard de Cremer)라는 이름으로 불렸다. 1526년과 1528년에 각각 부친과 모친을 여읜 크레메르는 사제였던 삼촌 기스베르트(Gisbert)의 도움으로 성장하였다. 그는 1530년 루뱅 대학(University of Leuven)에 입학하여 이름을 라틴식인 헤라르뒤스 메르카토르(Gerardus Mercator)로 개명하였다. 그의 성 크레메르는 플랑드르어로

Gerard Mercator

'행상인'을 뜻했는데, 'Mercator'는 그에 해당하는 라틴어였다. 오늘날 그의 이름은 Gerard Mercator라는 영어식 이름으로 널리 알려져 있는데, 이는 그의 벨기에식 이름과 라틴식 성을 결합한 것이다. 당시 루뱅 대학에는 당대 최고의 수학자이자 지리학자인 게마 프리시우스(Gemma Frisius, 1508 - 1555)가 재직하고 있었는데, 메르카토르는 이곳에서 그와 사제의 연을 맺었다. 루뱅 대학에서 수학하는 동안 메르카토르는 철학과 수학, 천문학과 우주학 등을 배웠고, 1532년에 석사학위를 마쳤다.

1536년 8월 루뱅의 부유한 미망인의 딸인 바르베 쉘레켄스(Babra Schellekens)와 결혼한 메르카토르는 1537년에 <성지 전도>(a Map of the Holy Land)를 단독으로 출간한 데 이어, 1538년에는 그의 최초의 세계전도를 발간하였다. 심장 모양의 이 세계 전도에서 메르카토르는 신대륙을 남아메리카(Americae pas merdionalis)와 북아메리카(Americae par septentrionalis)로 각각 구분하였다. 신대륙을 아메리카로 명명한 사람은 링만(Martias Ringmann)과 발트제뮬러(Martin Waldsëmuller)였는데, 그들은 1507년 *Cosmographiae Introductio*(『天地學入門』)을 발간하면서 새로 발견된 대륙을 아메리고 베스푸치가 발견하였으므로 '아메리고의

땅이란 뜻으로 America 또는 Amerige라고 명명할 것을 제안한 바 있었다.[36] 그러나 아메리카 대륙을 각각 남아메리카와 북아메리카로 나누어 부르기 시작한 것은 메르카토르의 1538년 <세계전도>가 처음이었고, 아메리카란 명칭이 널리 퍼지게 된 것도 이 지도 덕분이었다.[37]

메르카토르는 1540년에는 자신이 직접 측량한 <플랑드르 지도>(Map of Flanders)를 발간했고, 이듬해인 1541년에는 그의 최초의 지구의를 제작하였다. 직경 420mm의 이 지구의는 그의 스승 프리시우스가 제작한 지구의 보다 약 28.85%나 더 많은 지표면이 묘사되어 있을 뿐만 아니라, 당시까지 제작된 그 어떤 지구의 보다 상세한 것으로 평가되고 있다. 또한 이 지구의에는 지극점(geographical pole)과는 떨어진 지점에 자극점(magnetic pole)이 표시되어 있는데,

Mercator의 세계지도(1538)

36 김성준, 『해양탐험의 역사』, p.100.
37 Marten & Cuyvers, "Gerard Mercator : Measuring Heaven and Earth", 『해양평론』, 2012, p.15.

이는 그가 지구자장에 대해 잘 알고 있었음을 의미한다.[38] 한편, 이 지구의와 함께 제작한 천구의는 코페르니쿠스의 이론에 기초해 제작된 최초의 천구의였다는 점에서도 의의가 있었다.[39]

16세기 중엽은 저지대 지방에서는 정치적 · 종교적으로 격동의 시기였다. 메르카토르는 1543년 삼촌인 기스베르트의 장례식에 참석하기 위해 고향인 루펠몬데를 방문하던 길에 이단 혐의로 체포되어 7개월간 수감되어야 했다. 이 기간 동안 그는 이단 혐의에 대해 고문을 받아야 했는데, 그로서는 다행히도 전 루벵대학의 학장을 역임했던 피에르 드 코르테(Pierre de Corte, 1491-1567)와 당시 루벵대학의 학장이었던 프랑스우 반 좀(François van Som) 등의 도움으로 풀려날 수 있었다. 감옥에서 풀려난 메르카토르는 사분의(quadrant)와 원측의(圓測儀, astrolabe, 일본의 全圓儀) 등을 포함하여 천측관측기구를 만드는 데 집중하였다. 그는 1551년 오늘날 독일 지역인 율리히-클레베-베르그 백작(Duke of Jülich- Kleve-Berg)인 빌헬름(Wilhelm, 1516-1592)의 초청을 받아 뒤스부르크(Duisburg)로 이주한 1550년대 초까지 지구의 한 작품을 제작했을 뿐이다. 메르카토르는 이후 40여년 동안 빌헬름의 궁정에 머물면서 그의 유명한 <메르카토르 세계전도>(1569)와 <지도책>(Atlas, 1595) 등을 제작하였다.

그러나 그는 78세이던 1590년 뇌졸증으로 쓰러져 언어구사능력과 신체

Mercator의 지구의(1541)

38 Martens & Cuyvers, "Gerard Mercator", p.10.
39 Andrew Taylor, 손일 역, 『메르카토르의 세계』, 푸른길, 2007, p.138.

Mercator의 *Atlas*의 표지

의 일부 기능을 상실하게 되었다. 메르카토르는 1594년 12월 2일 사망하였는데, 이때까지 <지도책> 제작에 전력을 쏟았다. 뒤스부르크의 시장을 역임했고, 메르카토르의 벗으로서 그의 전기를 쓴 발터 김(Walter Ghim)은 메르카토르에 대해 "온화한 성품과 성실한 삶을 산 뛰어나고 훌륭한 사람"이었다고 평가했다.[40] 그의 평생의 역작인 *Atlas sive Cosmographical Meditationes de Fabrica Mundi et fabricati Figura*(아틀라스-우주의 창조와 창조된 대로의 우주에 관한 우주지리학적 명상)

은 그의 사후 1595년 그의 막내아들 루몰드(Rumold)에 의해 세 번째 권이 발간되었다. 오늘날 지도책을 의미하는 Atlas란 낱말을 처음 사용한 사람은 메르카토르였는데, 그는 <지도책>(*Atlas*) 서문에 '지구를 떠받치고 있는 그리스 신화의 거인 아틀라스(Atlas)에서 따 왔다'고 밝히고 있다.[41]

메르카토르가 해양사에 끼친 가장 큰 공헌은 '항로를 직선으로 도시할 수 있는 1595년 세계지도'를 제작하였다는 것이다. 1564년 클레베 백작의 궁정 지도제작자로 임명된 메르카토르는 창세기와 세계의 주요 역사 연대기, 세계 전도를 모두 포괄하는 방대한 '다편 우주형상학(multi-part cosmography)' 작품을 구상하고 있었다. 이 야심찬 계획은 <연대기> (Chronology) 가 1569년에 간행되고, <아틀라스> 전체 5권 중 3권까지 간행되었다. 따라서 그의 원래 계획은 달성되지 못했지

40 cited by Mark Monmonier, 손일 역, 『지도전쟁』, 책과함께, 2006, p.60.
41 cited in Taylor, 『메르카토르의 세계』, p.322.

만, 그 계획의 일부로 18개의 부분 지도로 구성된 <세계 지도>를 제작하게 되었다. 이 18개의 부분 지도를 결합하면 123.5 x 202.5㎝가 되어 전체 넓이가 2.5㎡에 이른다.[42] 따라서 축적은 대략 2000만 분의 1에 해당한다. 메르카토르가 이 세계 지도를 어떻게 제작했는지는 알려지지 않고 있는데, 분명한 것은 그가 이 지도를 항해용으로 사용될 것을 염두에 두었다는 점이다. 이는 지도의 원명이 <항해자들이 사용할 수 있도록 새로 수정되고 증보된 지구 전도>(*Nova et Aucta Orbis Terrae Descriptio ad Usum Navigantium Emendate Accommodata*)인 것으로 확인할 수 있다. 학자들의 연구에 따르면, 메르카토르는 3차원의 입체형상인 지구를 2차원인 평면에 도시하고, 항해자들의 침로를 직선으로 나타내기 위해 다음과 같은 과정을 걸쳐 1569년 세계 지도를 제작하였다. ① 지구상에 점으로 표시된 항정선(rhumb line, loxodromes)을 사각의 경위선망 위에 옮겨 그린다. ② 이어 이 항정선이 일직선이 되도록 경·위도선 사이의 간격을 조정한다. 이는 결과적으로 고위도 지방의 면적을 크게 확대하는 결과를 초래하였다. 그러나 지구상의 두 지점 간의 각도는 지구 위에서의 각도와 일치하게 되었다. 이는 결과적으로 항해용으로 제작한다는 메르카토르의 본래 목적에 따라 항정선이 직선으로 나타낼 수 있게 했다. 실제로 메르카토르는 1569년 세계 지도에 대서양, 인도양, 태평양 등 각 대양별로 항정선을 교차선으로 그려 넣어 항해자들이 쉽게 침로로 활용할 수 있도록 하였다.

이처럼 메르카토르가 당초 의도한 대로 메르카토르 도법에 따라 제작된 해도에서는 특정 두 지점 간을 직선으로 잇는 선이 곧 침로가 되므로 항해용으로 이용하기에 적합하다는 장점이 있다. 그럼에도 불구하고 메르카토르 해도는 고위도 지방의 면적을 실제보다 크게 왜곡한다는 단점이 있었다. 특히 메르카토르

42 Monmonier, 『지도전쟁』, chap.4.

해도에서는 극지방을 거의 표시하지 못한다. 메르카토르 당대부터 19세기에 이르기까지 극지방을 항해하는 일이 거의 없었으므로, 그의 해도를 항해용으로 이용하는 데는 아무런 실질적인 문제는 없었다. 그렇지만, 초기에는 메르카토르 해도가 항해용으로 널리 보급되지 못했다. 이는 크게 두 가지 이유 때문이었다. 첫째, 항정선 항법으로 항해하기 위해서는 선위를 정확하게 알고 있어야 했는데, 정확한 선위측정은 18세기 말 이후에나 가능했기 때문이다. 항해자들은 15세기 말부터 비교적 정확하게 위도를 측정할 수 있었지만, 경도는 18세기 말 크로노미터가 보급되고 난 뒤에야 측정할 수 있었다.

둘째, 자침의 지역적 편차가 상존하고 있었기 때문이다. 당시 선박들은 자침로

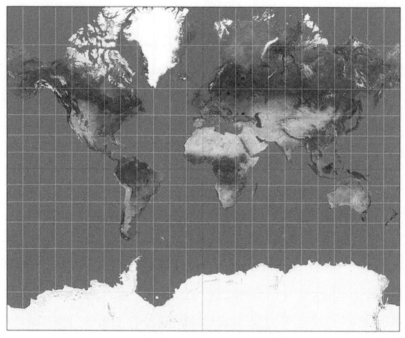

메르카토르해도에 나타낸 지구 위성사진[43]

---

43 http://en.wikipedia.org/wiki/(2024. 7. 8.)

를 기준으로 하여 항해하는 것이 보통이었는데, 출발점의 위치에서 일정한 자침로로 항해할 경우 항해하는 과정에서 편차가 작용하여 도착 지점에 큰 오차를 초래할 수 있었다.

이와 같은 두 가지 이유 때문에 그가 만든 해도는 당대는 물론 이후에도 상당기간 동안 항해용으로 널리 보급되지 못했다. 그러나 1630년 대에 이르면 해도용으로 판매되는 대다수 해도는 메르카토르 도법에 따라 제작된 것이었고, 편차와 경도 문제가 해결된 18세기 후반에 이르러 '진정한 의미의 표준 해도'로 자리잡았다.

merchantman 짐배, 상선

영어 merchant + man의 합성어로 사전적으로는 '상인'과 '상선' 두 가지를 모두 의미할 수 있지만, '상선'으로 더 광범위하게 쓰인다.[44] 사와 센페이는 merchantman은 "상인으로 번역해서는 안된다"[45]고 주장하기도 한다. 여기에서 merchant는 라틴어의 *mercari*(trade, traffic, deal)에서 유래한 낱말이고, man은 고대 게르만어 *manwaz*에서 유래하였는데, 고대 색슨어·스웨덴어·네덜란드어·고대고지게르만어의 man, 게르만어의 Mann, 고대 노르만어의 maðr, 덴마크어의 mand, 고트어의 manna 등의 동족어다.[46]

그런데 merchant 자체만으로도 '상선'을 의미하기도 했다. 고대 세계에서는 대

---

44 *The Shorter Oxford English Dictionary*, p.1308.
45 佐波宣平, 『海の 英語』, p.281.
46 Harper, *Online Etymology Dictionary*, at http://www.etymonline.com(2024. 7. 10.)

부분의 선박이 merchant carrier(상인운송업자)였고, 해상운송은 무역의 일부분이었다. 즉, 무역업과 해운업이 분화되지 않고 한 데 이루어졌기 때문에 순수하게 운임취득을 목적으로 운항하는 carrier for hire(他貨 운송업자)가 일반화되지 않았다. 다시 말하면 상인이자 선주, 선장이 직접 선박에 승선하여 해상운송을 하는 게 보통이었는데, 이때 선주이자 선장은 자신들의 정체성을 merchant로 인식하는 게 일반적이었다. 따라서 상인을 뜻하는 merchant가 그대로 '상인이 타고 있는 배', 즉 '상선'을 의미하기도 했다. 또 한 가지 생각해야 할 것은 해사영어에서 merchant는 근세 초까지도 대부분의 해법에서 단순한 육상의 상인이 아니라, subré cargue, super cargo, Superkargo(화물관리인)을 의미했다는 점이다. 당시의 상인 즉, 화물관리인은 굉장히 특이한 존재여서 황천 또는 불가피한 사유에 의해 투하(投荷)가 필요한 경우 관리선주(senyor de la nau)는 우선 화물관리인들에게 상황을 설명하고 동의를 구한 다음 화물관리인이 스스로 자신의 화물 일부분을 바다에 투기(投棄)한 이후에 투하(投荷)를 진행할 수 있었다.[47] 또한 관리선주가 항해 중에 도구 등을 위해 자금이 필요한 경우, 이에 필요한 금액을 갖고 있는 화물관리인은 관리선주에게 자금을 융통해야 할 의무가 주어졌다.[48] 따라서 화물관리인의 용어로서 mercator, mercader, marchan, merchant(상인)라고 하였지만, 단순하게 상품을 싣고 선박에 동승하는 상인과는 커다란 차이가 있었다.[49]

merchantman에서의 man은 East Indiaman, Dutchman, Guineaman, man-of-war 등의 예에서 볼 수 있듯이, '배'를 뜻한다. 역사적으로 사용된 시점상으로 가장 먼저 등장한 man-of-war는 14세기 말에 soldier를 뜻했는데, 15세기 말에 vessel

47 Les Bones Costumes de la Mar, 50 & 54, in *The Black Book of the Admiralty*, Vol. III.
48 Les Bones Costumes de la Mar, 61, in *The Black Book of the Admiralty*, Vol. III.
49 佐波宣平, 『海の 英語』, p.280.

equipped for warfare(전함)란 뜻으로 사용되기 시작했다. man이 ship을 뜻하게 된 것은 주로 merchantman 등과 같은 합성어로 사용되기 시작하던 15세기 말 이후다.[50]

metacenter 경심(傾心)

물 위에 떠 있는 물체가 기울었을 때의 '회전중심'을 metacenter라고 하는데, 선체운동학 측면에서 보면 선박이 외력의 작용으로 소각도 경사했을 때 이동한 부심에서 세운 수선과 선박의 중심선이 만나는 점이다. metacenter의 어원에 대해서는 세 가지 설이 있다.

첫째, meta를 라틴어 *meta*(한도, 경계)로 보아 meta(한계) + centrum(중심)이 결합해 '중심의 한계점'으로 보는 견해다. 단위 meter는 바로 이 meta에서 유래한 것이다.

둘째, meta를 그리스어의 μετά(meta, 변화)로 보아, '변화하는 중심점'으로 보는 견해다. metabolism(신진대사), metagenesis(세대교체), metamorphose(변형, 변태) 등에서의 meta는 그리스어에서 유래한 것이다.

셋째, meta를 그리스어의 μετά(meta, 사이의, 중간의, 접하여, 함께)로 보아, '두 중심점의 교점'으로 보는 견해다.[51]

그 어원을 어느 것으로 보나, '경심'으로서의 metacenter의 의미에 부합된다. metacenter는 선박의 안정성에 매우 중요한 요소다. 선박의 중량 W는 중심

50 Harper, *Online Etymology Dictionary*, at http://www.etymonline.com(2024. 7. 10.)
51 佐波宣平, 『海の 英語』, p.283.

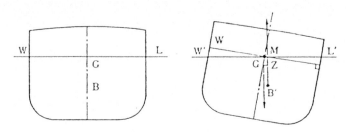

자료 : 佐波宣平, 『海の 英語』, p.283.

G를 지나는 아래쪽 수직방향으로 작용하고, 부력은 부력중심(center of bouyancy) B를 지나 윗쪽 수직방향으로 작용한다. 그림과 같이 선박이 똑바로 서있을 때는 G와 B는 동일 수직선상에 있지만, 선박이 기울어져 있다면 부력중심은 B'가 되고 중력과 부력은 각각 G와 B′를 지나는 화살표로 나타낸 수직선 방향으로 작용한다. 따라서 G와 B′ 사이에 수평거리 GZ가 생기고 G를 지나는 수직선과 B′를 지나는 수직선은 일치하지 않게 된다. 여기에서 GZ는 지렛대 역할을 하고, 선박의 안정성에 아주 중요한 거리이다. 선박이 θ 만큼 기울어질 경우 B′를 지나는 수직선이 선박이 똑바로 서있을 때의 G를 지나는 중심선과 만나는 점을 M이라고 하면, 이 선박의 복원력은 GM(metacentric height)에 의해 결정된다. 이 M이 경심(metacenter)이다. GZ, GM, θ, W 사이에는 $W \cdot GZ = W \cdot GM \ \sin\theta$ 관계식이 성립한다. 이렇게 복잡하게 계산하지 않더라도, M이 G보다 위에 있을 경우에는 배가 경사하더라도 원상태로 돌아가는 힘이 작용하여 배는 안정상태에 있다. 그러나 G가 M보다 위에 있을 경우에는 배가 경사하게 되면 더 경사하려는 힘이 작용하여 배는 불안정한 상태에 있게 되고, M과 G가 같으면 평형상태에 있게 된다.[52]

---

52 양시권 · 김순갑, 『선박적화』, p.191.

midshipman 수습사관, 해군사관생도

영어 mid + ship + man의 합성어로 당초 '당직중 선박의 중앙에 배치되었던 데서 유래'한 말인데, 1601년 경에 처음으로 사용된 용례가 확인되고 있다. 지위 면에서는 상사(Cheif petty officer)와 소위(sub-lieutenant=ensign) 사이에 위치해[53] 우리말로 번역하면 '수습 사관'또는 '해군 소위'에 해당한다. 해군사관생도는 officer cadet이라고 부른다. Smyth 제독의 *The Sailor's Word-Book*을 보면, midshipman에 대해 다음과 같이 설명하고 있다.

> "해군본부에 의해 임명된 수습 사관(또는 해 군 소위). 1년의 승선경력과 시험을 통과해야만 midshipman에 임명될 수 있다. midshipman으로 영국 해군에 6년간 복무하고, 2회의 엄격한 시 험을 통과해야만 해군 대위(lieutenant)가 진급할 수 있다.[55]

midshipman의 주된 임무는 "선박의 중앙에 배 치되어 명령을 전달하고, 총탄을 운반하며, 고물 (선미)에서 포갑판으로 명령을 중계하는 것"이었 다. 영국 수병들 사이에서는 midshipman을 middy라고 약칭하는 것 이외에 snotty(콧물 투성

midshipman of the Royal Navy(1799) by Thomas Rowlandson[54]

53 *The Shorter Oxford English Dictionary*, p.1322.
54 http://en.wikipedia.org/wiki/Midshipman(2024. 8. 1.)
55 Smyth, *The Sailor's Word-Book*, p.479.

이)나 wart(혹)로도 불렸다. "나이 어린 해군소위들이 콧물을 옷소매로 닦곤 했는데, 이를 방지하기 위해 단추를 소매 자락에 달기도 했던 데서 snotty란 속어가 탄생했고, wart는 얼굴에 여드름 같은 것이 난 것을 빗대어 표현한 것"이다.[56]

mile   마일

라틴어의 *mille*(1000)에서 유래한 말로 로마의 mille은 mille passus(천보)와 같다. 로마 마일이 유럽 전역으로 전파되어 고대 노르만어의 mila, 고대고지 게르만어의 mil(l)a(현대 독일어 mille), 중세 네덜란드어의 mile(현대 네덜란드어의 mijl), 스페인어의 milla, 프랑스어의 mile 등으로 사용되었다.[57]

mille passus에서 passus는 영어 pace의 어원으로 로마의 passus는 보통 인간의 보폭이 아니라 geometrical pace 또는 great pace(큰 보폭)였다. 고대 로마의 척도 단위에는 pes(약 1ft), gradus(2.5 pes), passus(2 gradus) 등이 사용되었고, 1 passus 는 길이로 5ft(1.53m)에 상당한다. 따라서 mille passus는 보폭으로 1000걸음이 아니라 2000 걸음에 해당한다. 미터법으로 말하면, 로마의 mille passus는 1.5km 였으므로 현재의 1마일 = 1.6093km와 대체로 같았다. 오늘날 mile에는 sea-mile 또는 nautical mile(해리) = 1.8532km와 land-mile(육리) = 1.6093km가 널리 쓰이고 있다.[58]

미터법이 세계표준도량형으로 채택된 오늘날에도 선박과 해상에서는 왜 해리 (nautical mile, NM)를 사용할까? 먼저 미터법은 10진법을 사용하지만, 경위도에

---

56 Lovette, *Naval Customs, Traditions and Usage*, pp.196 & 218.
57 *The Shorter Oxford English Dictionary*, p.1323.
58 佐波宣平, 『海の 英語』, p.284.

서는 60진법을 사용한다는 사실을 이해할 필요가 있다. 경위도의 1′은 1.85553 m[= 4만 75km ÷ 360 ÷ 60 ÷ 60]인데, 이를 지리리(地理里, geographical mile) 라고 한다. 프랑스혁명기에 미터법이 도입되었는데, 북극에서 적도까지 거리의 1000만 분의 1 = 1m로, 위도 45°에서 자오선 1′ = 1NM로 정의했다. 이에 따라 1000만m의 (圓球의) ¼을 60진법으로 환산한 길이인 1851.85m[= 1000만 ÷ 90 ÷ 60] = 1NM이 되었다. 이는 지구상의 위치를 경위도로 표시할 때 1′과 같기 때문에 선박과 해상에서 사용하기에 편리하고 과학적이다. 따라서 1929년 세계수로총회에서 세계표준으로 채택되었다. 결국 1852m는 경위도상의 1′의 거리임과 동시에 선박이 1시간에 1NM을 이동하는 속력인 1노트와 거리상으로는 같은 것이다.

mizzen 세대박이 돛배의 뒷돛대

오늘날 상선에서는 돛대가 몇 개인가가 문제가 되지 않지만, 범선인 경우에는 돛대가 몇 개인가에 따라 그 크기와 속력이 달라지게 된다. 돛대가 세 개인 세대박이 돛대인 경우 주돛대(main mast)를 기준으로 그 이물쪽 돛대는 앞돛대(fore-mast), 고물쪽 돛대는 뒷돛대(mizzen mast)라 한다. 그런데 영국인들이 뒷돛대를 왜 mizzen mast라 부르게 되었는지 아직까지 정설이 없는데, 몇 가지 설을 소개하면 다음과 같다.

1) *middle-size* 설 : 돛대의 크기를 대중소로 분류할 때 mizzen은 중간에 해당하여 라틴어의 medium(중간의)을 채택하여 이것이 이탈리아어 mezzana, 프랑스어 misaine, 영어 mizzen이 각각 되었다는 것이다.

2) *middle position* 설 : 프랑스어 misaine는 선수(bowsprit나 jib)와 주돛대

(mainmast나 main sail) 사이에 위치한 데서 유래되었다.

3) *middle line* 설 : 다른 돛은 모두 갑판의 가로 방향으로 펼쳐지는 데 반해, mizzen은 배의 중심선을 따라 펼쳐진 데서 유래했다.

4) *balance of adjustment* 설 : mizzen은 선박의 평형 상태를 유지하고, 조타수의 수고를 덜어주는 데 도움이 되는 돛이므로, 아라비아어의 '균형', '조정'을 뜻하는 mizan에서 유래했다.[59]

어느 설이 맞는 지는 학자에 따라 의견이 분분하지만, 분명한 것은 mizzen이 '중간'을 뜻하는 이탈리아어 mezzano의 여성형인 *mezzana* 형태가 프랑스어의 misaine, 영어의 mizzen으로 각각 분화하였다는 것이다. SOED에 따르면, mizzen이 처음 문헌적으로 사용된 것은 1465년이다.[60] mizzen의 연원을 더 추적해 보면, '중간'을 뜻하는 라틴어 *medianus*가 카탈로니아어의 mitjana로 전해지고, 이것이 고대프랑스어 migenne가 이탈리아어 mezzana의 영향을 받아 프랑스어 misaine가 되고, 이것이 영어 mizzen이 되었다고 한다.[61]

흥미로운 사실은 이탈리아어 mezzana와 프랑스어 misaine는 모두 '앞돛대'(fore-mast)를 의미하여 '뒷돛대'를 의미하는 영어 mizzen과는 상반된다는 주장이 있다는 점이다. 이에 대해 "배가 커지면서 두 번째 돛대를 세울 때 이탈리아와 프랑스에서는 main mast 앞에 세우고 각각 mezzana와 misaine이라고 불렀기 때문에 foremast가 되었지만, 상대적으로 이탈리아와 프랑스보다 후대에 mizzen이 유입된 영국에서는 이미 두 대박이 돛배인 당두리 양식을 사용하고 있었던 탓에

---

59 佐波宣平, 『海の 英語』, p.287.
60 *The Shorter Oxford English Dictionary*, p.1340.
61 Harper, *Online Etymology Dictionary*, at http://www.etymonline.com(2024. 7. 10.)

main mast 후방에 돛대를 세우고 이것을 mizzen이라고 불렀다"고 설명한다. 그러나 이 설명도 확실하지 않은 것은 Skeat에 따르면, 이탈리아어 mezzana는 '후갑판부의 돛, 즉 misen-saile'을 의미하기 때문이다.[62]

monsoon 계절풍

'항해나 순례에 적당한 계절(appropriate season for a voyage or pilgrimage)'을 뜻하는 아랍어 *mawsim*이 포르투갈어 monção, 네덜란드어 monssoen(현대 네덜란드어 moesson) 등으로 전파되어 1580년대에 영어 monsoon으로 정착하였다. 아랍어 mawsim 자체는 'to mark'를 뜻하는 아랍어 *wasama*에서 유래하였다고 한다.[63] 이와 같은 유래를 생각하면 monsoon은 아랍어권에서 '인도양 여름철의 남서풍(4 ‒ 10월)과 겨울철(10 ‒ 4월)의 북동풍에서 부는 계절풍'을 의미했음을 알 수 있다.

유럽의 경우, 계절풍은 고대 그리스의 항해가이자 상인인 Hippalus가 기원후 50년경 발견하였다고 알려져 왔다. *Periplus of the Erythraean Sea*에 따르면, 그는 매년 7월부터 9월에 걸쳐 서풍이 분다는 사실을 알아내고, 이것을 이용하여 소아시아의 아이올리아(Æolia)에서 인도양으로 직항하였다고 한다. 사와 센페이는 "라틴어 hippalus가 '서풍'을 뜻하는 것은 그 발견자인 Hippalus를 기념하기 위한 것"[64]이라고 설명하고 있다. 이는 Gaius Plinius Secundus (Pliny the elder, 23 ‒ 79)의 설에 따른 것이다. 대 플리니우스는 Hippalus가 지중해에서 홍해를 거쳐 인도

---

62 Walter W. Skeat, *A Concise Etymological Dictionary of the English Language*, p.331.
63 *The Shorter Oxford English Dictionary*, p.1351; Harper, *Online Etymology Dictionary*, at http://www.etymonline.com(2024. 7. 10.)
64 佐波宣平, 『海の 英語』, p.293.

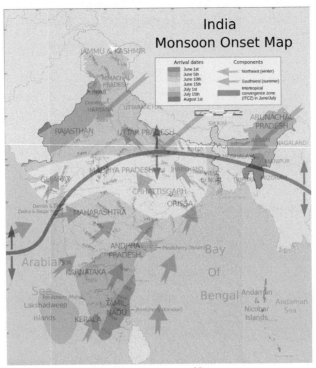

인도양의 monsoon[65]

양으로 가는 항로를 발견한 것이 아니라 남서계절풍을 발견하여 이를 Hippalus라 부르게 되었다고 썼다. 그러나 이 설은 역사가 Federico De Romanis와 André Tchernia에 의해 논박되었다. 그들은 "대 플리니우스가 남서풍을 hippalus라고 한 것을 마치 Hippalus가 발견한 것으로 생각한 것은 그 발음에서 유래한 오해로, 헬레니즘 시대에 이미 인도양의 남서풍의 존재는 알려져 있었고, 당시에는 Hypalus라고 썼는데, 항해가인 Hippalus와의 발음의 유사성으로 인해 로마 시대 에 이르러 Hippalus가 널리 쓰이게 되었다"고 밝혔다.[66]

---

65 en.wikipedia.org/wiki/Monsoon(2024. 7. 10.)

66 Federico De Romanis and André Tchernia, *Crossings: Early Mediterranean Contacts with India*, New Delhi,

ANUAL WINDS - GREECE - MAP OF ETISIAI

Χάρτης στον οποίο φαίνεται πως δημιουργούνται οι "Ετησίαι" άνεμοι (Μελτέμια),
από το υψηλό βαρομετρικό (Η) των Βαλκανίων και το χαμηλό (L) της Μικράς Ασίας.
Εάν τα κέντρα αυτά ευρίσκοντο πλησιέστερα, θα εδημιουργείτο καταστρεπτικός Κυκλώνας.

에게해의 etesian[67]

유럽에서 비교적 일찍부터 계절풍으로 알려져 있던 것은 그리스의 *ἐτήσιος*
(etesius, 라틴어로 etesiae, 영어로 etesian)이었는데, 그리스어 *ἔτος etos*가 '年', '해'
를 뜻하므로 *ἐτήσιος*은 '연중 부는 바람'이란 뜻이 된다. 이 바람은 에게해 방면
에서 매년 7월 중순부터 약 6주간 계속 불어오는 북서풍이다. 배와 항해장비가
유치한 상태였던 로마시대에 이집트로부터 곡물을 싣고 돌아오는 배는 이 북서풍
때문에 항해가 매우 어려웠다.[68]

1997, cited at http://en.wikipedia.org/wiki/Hippalus(2024. 7. 10.)
67 http://en.wikipedia.org/wiki/Etesian(2024. 7. 10.)
68 佐波宣平, 『海の 英語』, p.293.

327

muster roll 승조원 명부

muster roll의 muster는 라틴어 *monere* 또는 *monstrare*에서 유래했는데, 후기 라틴어 monstrare에는 '展示', '演技', '리뷰'를 뜻했다. 이것이 고대 프랑스어 moustre(현대 프랑스어 montre)가 되고 이것으로부터 중세영어에서 mostre로 쓰이다가 muster가 되었다.[69] 영어 muster는 '장정을 소집하다', '점호하다'의 뜻으로 쓰이고 있고, 해사용어로는 '승조원을 모아 인원조사를 하다'라는 의미를 갖게 되었다.

1730년 영국에서 제정된 법률(2 Geo. II, C. 36)에 따라 선박은 모든 승조원 전원의 성명 및 계약 임금을 기재한 승조원 명부를 준비하고 비치해야 했다. 이러한 관행은 상당히 오래되어 중세 지중해의 해법전인 Les Bones Costumes de la Mar의 제110조에 "pus que sera scrit en capbreu"(그 이름이 승조원 명부에 기입된 후)라는 문장이 나온다. 여기에서 capbreu는 카탈로니아어로 '승조원 명부'를 뜻하는데, 이는 라틴어의 caput(머리, 주요인물) + brevis(짧은, 간결한)으로부터 기인했다고 한다.[70]

라틴어 monere는 '주의하다', '충고하다', '가르치다'를 뜻하는 동사인데, 이로부터 monstrum(경고, 예조), monstrate(지시하다, 가르치다) 등이 파생되었다. 영어 monster(괴물)와 demonstration(광고, 선전, 시위운동) 등이 이와 동족어다. demonstration은 정부 또는 당사자를 비난하고 무책임한 행동을 하면 나쁜 결과에 직면할 것이라고 '경고하는'(monere) 행위로, 시위에 사람들의 이목을 집중시키기 위해 '요괴'나 '괴물'(monstrum, monster)을 앞세우거나 분장을 하는 것은 자연스러운 일이다.

---

69 *The Shorter Oxford English Dictionary*, p.1377.
70 Twiss, ed. by, *The Black Book of the Admiralty*, Vol. III, p.219, note. 4

다음으로 roll은 '두루마리', '기록'을 뜻하는데, 영국에서 the master of roll은 '기록소 장관', hundred rolls는 '토지대장', payroll은 '임금지불장부' 등을 뜻한다. 따라서 muster roll은 '승조원 인원 조사용 명부'가 원뜻이다. 영국 선원의 속어로 to muster your bag은 '당신의 위장을 소집한다', '음식물을 토해내다'란 뜻이므로 '배멀미를 하는 것'을 의미하게 되었다.[71]

---

71 佐波宣平, 『海の 英語』, pp.294-295.

navigation 항해

라틴어 *navis*(배)에 어원을 두고 있는데, 동사형이 navigare, 명사 기본형이 navigatio, 주격 명사형이 navigationem이다. 여기에서 라틴어 동사 navigare는 navis(배) + agere(조종하다 또는 인도하다)가 결합된 말[1]로 역사적으로 크게 다음과 같은 세 가지 용법으로 사용되었다. 첫째는 '배를 타고 한 곳에서 다른 곳으로 이동해 가는 행위'(to go from one place to another in a ship)를, 두 번째는 '배를 조선하거나 지휘 또는 조종하는 행위'(to sail, direct, or manage a ship)를, 세 번째는 '수로를 통해 상품을 운송하는 행위'(to convoy goods by water)를 가리키는 용어로 사용되어 왔다.[2]

영어 navigation은 프랑스어 navigation을 거쳐 영어에 유입되었다.[3] 사와 센페이는 1066년 노르망디 공작 윌리엄의 잉글랜드 정복 이후 프랑스어의 영향이

---

1 *Oxford English Dictionary*, 2nd ed., Vol. X, p.259.
2 각 용법으로 문헌에 처음으로 사용된 연대는 1588년, 1670년, 1795년이다. *Oxford English Dictionary*, p.259.
3 Harper, *Online Etymology Dictionary*, at http://www.etymonline.com(2024. 7.15.)

강해지면서, 'nav'를 어근으로 하는 언어들이 영어에 많이 유입되고 밝히고, 그 예로 navy, naval, navicular, nautical, nautics, navigation 등이다.[4] 라틴어에서는 u와 v의 구별이 없었기 때문에 발음편의에 따라 혼용되었다. SOED에 따르면, 영어에서 navigation의 문헌상 첫 용례는 1527년이다.[5]

---

4 佐波宣平, 『海の 英語』, p.296.
5 *The Shorter Oxford English Dictionary*, p.1389.

orlop 최하갑판(最下甲板)

네덜란드어 *overloopen*(to run over)에서 유래한 말인데, over는 영어의 over이고, loopen은 영어의 leap에 상당한다.[1] 따라서 네덜란드어 overloopen의 명사형이 overloop(복도, 갑판)이다. 네덜란드어 de overloop van een schip은 영어로 a deck of a ship이다.

네덜란드어로 '위를 달리다'를 뜻하던 overloppen이 갑판, 그것도 최하 갑판이 된 것은 '화물창의 위를 달릴 수 있도록 펼쳐져 있는 갑판이기 때문이다.' 네덜란드어 overloop이 영어로 유입되면서 over-lop이 되고 최종적으로 orlop으로 정착하면서 화물창 바로 위 갑판, 즉 '최하갑판'이 되었다. 전함에서는 화물창의 beam(가로들보) 위의 갑판을 의미했고, 상선에서는 흔히 'temporary deck'(임시 갑판)을 의미하기도 했다.[2] 과거에는 lower deck와 second deck에 대해서 orlop을 사용하여 각각 first orlop과 second orlop이라고 했지만, 오늘날에는 lowest deck만을 orlop이라고 부르고 있다.[3]

1 *The Shorter Oxford English Dictionary*, p.1464.
2 Smyth, *The Sailor's Wordbook*, p.509.

outport 外港

영국의 전통적인 용어이며, 주요 세관청 소재지인 런던 이외의 모든 항구를 지칭하였다. 근세 영국의 해운정책사에서 유명한 cinque port(五港)도 잉글랜드 해협을 따라 늘어서 있는 Dover, Hastings, Hythe, Romney, Sandwich 5개의 외항을 가리켰다. 결국 영어의 outport는 주요 항구인 '런던이 아닌 나머지 항구'를 지칭하고, 브리튼 섬의 서해안의 대표적인 항구인 Liverpool조차도 영국에서는 outport이다. 1872년 1월 20일자 *Daily News*에 다음의 문구가 있다. "Liverpool is the great outport of England. - the place where people go who are about to leave the country." 오늘날 outport는 다음과 같이 두 가지로 사용되고 있다.

(1) 보다 일반적으로는 주요 항구에 대한 보조항을 지칭한다.
(2) 해상운송계약에 정해진 특정항구 이외의 항구를 지칭한다.[4]

overhaul 분해 점검 및 정비

over + haul(끌어당기다)의 합성어인 것이 명백하지만, 저지 게르만어에서 유래된 것으로 보이며, 현대 독일어 *überholen*이 그 어원에 해당한다. 오늘날 overhaul은 기계나 자동차 등의 점검 및 정비를 뜻하는 말로 널리 사용되지만, 원래는 해사용어에서 기원한 말이다. 해사용어로 overhaul은 다음과 같은 세 가지 의미로 사용되

---

3 佐波宣平, 『海の 英語』, p.298.
4 佐波宣平, 『海の 英語』, p.299.

었다.

1) to release and separate the blocks of a tackle : 도르래를 느슨하게 풀어주다.

2) to pull asunder in order to examine in detail(1705) : 자세히 검사하기 위해 흩어놓다.

3) to overtake, come up with(1793) : 따라 잡다.[5]

Stevenson의 *Treasure island*에는 "Bill's been overhauled a'ready," said he, "nothin' left"라는 문장이 나온다.[6] 원래 해적이었던 Bill 선장이 뇌졸중으로 급사했을 때 그가 몸에 지니고 있던 비밀지도 한 장을 훔치려고 한 무리의 해적이 그의 숙소를 습격해 온다. 그런데 해적이 도착했을 때, Bill 선장의 몸을 누군가가 샅샅이 뒤져 소지품이 모두 없어진 상태였다. 위 문장은 비밀지도를 훔치려고 해적이 Bill 선장의 몸을 뒤지고 난 뒤 한 말이다. 여기에서 overhaul은 분해 및 정비라는 뜻으로 사용된 것이 아니라, '샅샅이 조사하는 것'이란 의미로 사용되었다.

---

5 *The Shorter Oxford English Dictionary*, p.1482.
6 Robert Louis Stevenson, *Treasure Island*, 1884, chapter 5, p.39.

Panamax; Neo-Panamax 파나막스; 네오-파나막스

재화중량톤 5만톤 - 8만톤, 흘수 12m 내외의 살물선이나, 파나마운하를 통과할 수 있는 최대 크기로 5000 TEU 내외의 컨테이너선을 일컫는다. 1970년대에 일본에서 건조되기 시작한 5만 7000톤급 살물선으로 파나마 운하의 길이 320m, 너비 34m, 깊이 13m 짜리 갑문을 통과할 수 있는 최대 선형이라는 뜻에서 파나막스라는 이름을 얻었다.[1]

2016년 6월 제2의 파나마운하가 개통되었는데, 갑문의 크기가 길이 427m, 너비 55m, 깊이 18.3m로 기존 갑문보다 크게 확장되었다. 제2의 파나마운하를 통과할 수 있는 최대 선형은 길이 366m, 너비 51.25m, 깊이 15.2m의 제원을 갖춘 배로, 컨테이너선으로는 1만 4000 TEU급, 일반화물선으로는 12만톤급 선박이 이에 해당하는데, 이 선형의 배를 Neo-Panamax 또는 New Panamax라 한다.

---

1 小芦 捻, 「선박의 크기에 따른 명칭의 유래」, 『해양한국』, 1997년 9월호.

passport 여권

영어 pass + port의 결합어로 '문 또는 항구를 통과하다'는 의미인데, 그 어원 자체는 중세 라틴어 *passare*(걸어가다, 통과하다) + porta(문)이 결합되어 이탈리아어 passaporto와 프랑스어 passeport가 되고, 1500년 즈음 영어에 유입되었다.[2]

pier 잔교

12세기 앵글로 라틴어에서는 pera로 쓰였고, 중세 영어에서는 per로 쓰였으나, 그 어원은 불명확하다.[3] 그러나 Douglas Harper는 '라틴어 *petra*(돌)의 속어 petricus에서 고대 프랑스어 pire(breakwater)가 되고, 이것이 중세 라틴어 pera가 되었다'고 설명하고 있다.[4] 우리나라에서 jetty와 pier는 흔히 혼동되는데, 이를 쉽게 이해하려면 jetty는 그 모양에서 유래된 것이고, pier는 재료에서 유래했다는 차이가 있지 '돌제', '잔교' 등 용도는 같다고 생각하면 될 것이다.

사와 센페이도 pier가 프랑스어의 pierre(돌)의 축약형이라고 설명하고 있다. 그는 다음과 같이 설명하고 있다.

---

2 *The Shorter Oxford English Dictionary*, p.1524.
3 *The Shorter Oxford English Dictionary*, p.1581.
4 Harper, *Online Etymology Dictionary*, at http://www.etymonline.com(2024. 7. 20.)

"라틴어 petra(돌, 바위, 제단), 프랑스어 pierre(돌), 영어 petrify(석화하다)와 petroleum(petra:돌 + oleum:기름, 석유), Peter Pan 등은 모두 예수의 제자 '베드로' (돌)에서 만들어진 말들이다. 『신약성서』 마태복음 16장 18절에는 다음과 같은 구절이 나온다. And I also say unto thee, that thou art Peter, and upon this rock I will build mu church.(English) = Et moi je te que tu es Pierre, et sur cette Pierre je bátirai moon Eglise.(French) = 또 내가 네게 이르노니 너는 베드로라 내가 이 반석 위에 내 교회를 세우리니 음부의 권세가 이기지 못하리라. 즉, 예수가 가장 사랑했던 베드로는 영어로는 Peter, 프랑스어로는 Pierre가 되는데, Pierre는 프랑스 어의 보통명사 pierre(돌)와 같은 철자다. 즉 예수는 베드로와 같은 견고한 믿음을 기초로 하여 자신이 죽은 뒤에 자신의 가르침 내지 교회를 세우고 싶다는 의지를 피력한 구절이다. 요한복음 1장 42절에도 Thou art Simon the son of John ; thou shalt be called Cephas(which is interpretation, Peter) = 예수께서 보시고 이르시되 네가 요한의 아들 시몬이니 장차 게바라 하리라 하시니라 (게바는 번역하면 베드로 라. 여기에서 보는 바와 같이, 아랍어 Cephas는 그리스어 $\pi\epsilon\tau\rho o\alpha$, 이탈리아어 Pietro, 프랑스어 Pierre, 영어 Peter와 같이 돌을 의미한다. 해사용어 pier는 바로 프랑스어 pierre(돌, 베드로)에서 나온 말이다."[6]

Lake Mapourika in NZ pier

Canoe Pier at Ontario

Southend Pier in England[5]

5 http://en.wikipedia.org/wiki/Pier(2024. 7. 25.) 세계 최장 목재 pier로 2158m임.
6 佐波宣平, 『海の 英語』, p.307.

pilot 도선사

그리스어의 πηδόν(*pēdon*, 타, 타판)으로부터 유래하여, 중세 라틴어 pilotus와 이탈리아어 pedot(t)a를 경유하고 프랑스어 pilote를 통해 1530년 즈음 영어에 유입되었다.[7] 항만·운하·해협·내해 등에서 항해위험이 큰 수역을 통행하는 선박에 대해 해당 수로의 항행을 잘 알고 있는 사람이 안내를 해 줄 경우 이와 같이 수로의 안내를 직업으로 삼고 있는 사람이 도선사다. 일본에서는 水先人(みずさきにん, 또는 수로안내인)이라고 한다. 우리나라에서는 수선인시험규칙이 1952년에 제정된 것으로 미루어 해방 후에는 수선인이라는 일본식 명칭을 사용했음을 알 수 있다. 그러나 1961년 12월 6일에 도선법(법률 제812호)이 제정된 것으로 미루어 1950-60년대 초에 도선사라는 명칭을 사용하기 시작한 것으로 보인다. pilot는 일반적인 의미의 승조원이 아니다. 사와 센페이는 pilot의 어원에 대해 다음과 같이 흥미롭게 설명하고 있다.

"Shakespeare의 희곡 작품에서 pilot가 10여 곳에 사용되었는데, 일본의 번역문에는 이를 수로안내인 또는 도선사가 아니라 '타수', '선장', '船頭' 등으로 옮기고 있다. Othello 2막 1장에 다음과 같은 대사가 나온다. 'His bark is stoutly timber'd and his pilot of very expert and approv'd allowance. 이 대사는 오델로 장군이 장병을 이끌고 본국 베니스로부터 바다를 건너 멀리 사이프러스 섬에 원정을 떠났던 배를 사이프러스 섬의 아군들이 마중하는 장면에 나온다. 여기에서 배에 타고 있는 pilot 는 말할 필요도 없이 일시적 고용 형태로 수로를 안내하는 pilot가 아니다. 승조원의 일원으로서 베니스로부터 선박에 승선해 있는 lodeman이다. 따라서 일본인 번

---

7 *The Shorter Oxford English Dictionary*, p.1585.

역가들이 이를 '船頭', '타수', '선장'으로 표현한 것은 적절하다고 할 수 있다.[8] 이에 반해 Macbeth 1막 3장에 나오는 'Here I have a pilot's thumb, Wrack'd homeward he did come'라는 대사 속의 pilot에 대한 일본 번역문에는 '수로안내인'으로 번역한 것이 대부분인데, 이는 부적절한 번역이다. '귀국 도중의 항해로 난파하여 사망했다'라고 한다면, 이것이 오늘날의 도선사나 수로안내인이 아닌 것은 분명하다. 달리 말하면 이곳에서의 pilot는 고유한 의미의 승조원으로 본선의 항해조종 임무를 맡는 lodeman 즉, '타수'로 보아야 할 것이다.[9] 스페인어 piloto에 도선사와 항해사, 비행기 조종사, 운전사 등 다양한 의미로 사용되고 있다는 점을 감안하면 pilot를 선원, 내지 타수로 해석하는 것이 이해하지 못할 일도 아니다. 원래 선박 고유의 승조원이었던 pilot 중에서 하선하여 육상에 거주하고, 특수 접안 수로에서의 선박 안내를 업으로 하는 사람들이 나타났다. 외양 항행선이 점차 대형화되어 단순히 승조원으로서의 항해사로는 접안수로의 통항이 위험해졌기 때문이다. 그리하여 pilot라는 호칭은 해운업에서는 전문적인 수로안내에 종사하는 업종에만 사용되게 되었다. 현재의 pilot가 그것이다. 따라서 동일하게 'pilot'라고 쓸지라도 Shakespeare 작품에서의 pilot와 현재 일반적으로 사용하는 pilot와는 의미가 전혀 다르다."[10]

이렇게 선박의 승조원으로서 선원 중 1명이었던 pilot가 육상의 '도선사'로 전업하게 된 역사적 과정을 살펴보면 다음과 같다. 1492년 콜럼버스의 기함 Santa Maria 호에는 콜럼버스가 captain-general, 선주인 Juan de la Cosa가 sailing master (항해선장), Sancho Ruiz가 pilot로 각각 승선하였고, Pinta 호에는 Cristobal Garcia 가, Niña 호에는 Pedro Alonso(Peralonso) Niño가 각각 pilot로 승선했다.[11] "콜럼버

---

8 오화섭 역 「오셀로」에서는 이 대사의 pilot를 '선원'으로 번역하였다. '배야 튼튼하죠. 선원들도 익숙하고 경험이 많으니까 문제없을 걸요.' 『셰익스피어전집』 I, p.273.
9 이종수 역 「맥베스」에서는 '뱃길잡이'로 해석하였다. '이것 귀국하다 파선을 당한 뱃길잡이의 엄지손가락이야.' 『셰익스피어전집』 I, p.409.
10 佐波宣平, 『海の 英語』, pp.308-309.

스의 대서양 항해 이후 아메리카 무역이 크게 늘어나고, 선박 수요가 해운산업이 호황을 누릴 수 있도록 자극제가 되었기 때문에 배를 소유하고 운항하는 데 전업하는 사람들이 많아졌다. 흔히 선박 소유권의 일부를 소유하고 있었던 master들은 잉글랜드의 sailing-master라기보다는 중세의 patronus나 managing owner(관리 선주')에 가까웠다. 항해에 관한 모든 사항은 pilot가 도맡았다. pilot는 contramaestre나 mate들을 통해 자신의 명령을 선원들에게 전달하였다. 그렇지만 한 사람이 master와 pilot의 역할을 하는 경우도 있었다. captain이라는 말은 호송선의 군사 지휘관(military commander)이나 보수를 받지 않고 자신의 배에 동승한 선주를 부르는 호칭이었다.”[12] 이를 보면 16-17세기 즈음에도 pilot가 육상에 거주하는 도선사가 아니라 선원으로서 선박에 승선하는 사람이었음을 알 수 있다.

그러나 17세기가 경과하면서 선원의 일부였던 pilot는 점차 도선사로서 육상의 해기전문직으로 자리를 잡아가기 시작하였다. 1627년 J. Smith의 *A Sea Grammar*에서 'The pilot when they make land doth take the charge of the ship till he bring her to harbour'[13]라고 정의되어 있다. 18세기 중엽에 가서 pilot는 일부는 여전히 '승선하는 선원'을 가리키기도 했지만, 더 흔하게는 '도선사'를 지칭하게 되었다. 1769년에 초판된 Falconer의 *An Universal Dictionary of the Marine*에서는 'the officer who superintends the navigation, either upon the sea coast or the main ocean. It is, however, more particularly applied by our marines to the person charged with the direction of a ship's course, on, or near the sea-coast, and into the roads, bays, rivers, havens, &c, within his respective district'[14] 라고 설명되어

---

11 Robert Fuson, trans. by, *The Log of Christopher Columbus*, pp.224-227.

12 Fayle, *A Short History of World Shipping Industry*, pp.133-134; 김성준 역, 『서양해운사』, p.164.

13 J. Smith, *A Sea Grammar*, p.34; cited by 佐波宣平, 『海の 英語』, p.310.

14 Falconer, *An Universal Dictionary of the Marine*, p.214.

있다.

19세기 말에 이르러 pilot는 선원의 지위를 상실하고 '전업 도선사'가 되었다. 1894년 제정된 영국해운법(The shipping Act, 1894)에서 'pilot'는 master(선장)과 apprentice(실습사관)과 함께 선원(seaman)의 범위에서 제외되었다.

pilot 외에 lodeman이 수로안내인을 의미하는데, 이 말은 노르만어에서 유래하였다. 노르만어 lode는 lead(안내하다)를 의미하는데, 영어 lodestone(waystone, 천연 자석)와 lodestar(북극성) 등이 여기에서 유래된 말이다. 독일어로 '수로안내인'을 Lotse(혹은 Leitmann)라고 하는 것도 lodeman과 동일계열이다. 영국 선원들의 속어 loc man이 '수로안내인'을 의미하는 것은 location(위치) + man(사람) 또는 local(지방의) + man(사람)으로부터 유래한다.[15]

pipe 호루라기, 호각

라틴어의 의성어 *pipare*(삐삐 소리를 내다)에서 유래하여 고대 노르만어의 pipa, 고대고지게르만어의 pfifa, 중부 네덜란드어와 중부저지게르만어의 pipe(현대 네덜란드어 pijp)를 거쳐 고대 영어 pipe가 되었다.[16]

pipe는 해사용어로는 갑판장 등이 휘하 선원들에게 명령을 내릴 때에 사용하는 호루라기 즉, 호각이다.

- to pipe all hands to work (호각을 불어 총원에게 작업을 시킨다)

---

15 佐波宣平, 『海の 英語』, p.311.
16 *The Shorter Oxford English Dictionary*, p.1589.

- to pipe away ; to pipe down (호각을 불어 일을 마칠 것을 명령한다)
- to pipe the side for officers (현문을 출입하는 장교에 대해 호각을 불지 않는다)

위의 용례를 보면, pipe는 작업, 소집, 점호 등을 할 때 신호용으로 사용하는 것이지, 여흥과 기분전환에는 사용하지 않음을 알 수 있다. Shakespeare의 Titus Andronicus, 제4막 3장에 다음과 같은 대사가 있다.

> And, Kinsmen, then we may go pipe for justice.
> 자! 친척 여러분, 우리는 *휘파람*을 불며, 정의의 여신을 찾으러 가세.[17]

위의 국문 번역자는 pipe를 '휘파람'으로 옮기고 있으나, 이는 whistle과 혼동한 데서 기인한 잘못된 번역이다. to whistle for는 '휘파람을 불어 ~을 찾는다'는 숙어지만, to pipe for라는 숙어는 없다. 사와 센페이는 이 문장을 "친지 여러분, 호각을 불며 정을 찾아 떠납시다"라고 번역하고 있다. 그는 또한 whistle은 '기구로서 피리를 사용하는 경우 이외에도 휘파람을 부는 경우도 포함하고 있는 듯하다'고 덧붙이고 있다.[18]

---

17 정병준 역, 「타이터스 앤드로니커스」,『셰익스피어전집』 I, p.50.
18 佐波宣平,『海の 英語』, p.314.

pirate 해적

그리스어 πειρα(peira, 시도, 공격)에서 유래하여 라틴어 *pirata*(해적, 선원)가 되어 1300년 경 영어에 유입되었는데 영어 peril(위험)도 동족어다.[19] Shakespeare 의 The Merchant of Venice 1막 3장에 다음과 같은 시구가 나온다.

there be land-rats and water-rats, land-thieves, and water-thieves, - I mean pirates.(게 다가, 물-쥐, 땅-쥐, 땅-도둑, 물-도둑, 즉 해적이 있단 말이요).[20]

Plimsoll mark 만재흘수선

만재흘수선(load water-line, load line)은 선박의 현측에 그려진 표식으로 영국에 서 만재흘수선 제도 확립에 공헌한 Samuel Plimsoll(1824-1898)의 이름에서 유래 하였다.

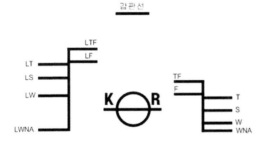

S: 하기 만재흘수선
W: 동기 만재흘수선
WNA: 동기북대서양 만재흘수선
T: 열대 만재흘수선
F: 하기 담수 만재흘수선
TF: 열대 담수 만재흘수선

19 Harper, *Online Etymology Dictionary*, at http://www.etymonline.com(2024. 8. 10.)
20 김종출 역, 「베니스의 상인」, 『셰익스피어전집』 III, p.273.

하지만, 만재흘수선 및 만재흘수표를 Plimsoll이 처음으로 창안한 것은 아니다. 선박에 적재할 수 있는 최대 흘수를 선박에 표시해야 한다는 규정을 1255년 베네치아해법에서도 찾아볼 수 있다. 베네치아에서는 만재흘수표로 '십자가'(crux) 모양을 선박의 외판에 표시하도록 했다. 여기에서는 만재흘수표가 수면 하로 잠기는 것을 허용한 깊이는 선령과 관련하여 다음과 같이 규정하였다.

> "선박 또는 2 miliaria 이상의 길이를 가진 목제 용기(lignum)는 십자가를 넘어 수면 하 $2\frac{1}{4}$ ft까지 적화가 가능하다. 단, 처음 닻을 펼쳐 항해한 날로부터 계산하여 5년을 경과하지 않은 선박에 대한 것이다. 선령이 5~7년의 선박은 2ft, 선령이 7년을 넘은 선박은 $1\frac{1}{2}$ ft까지 적화가 허용된다. 이를 위반한 선장은 선박 또는 목제 용기로부터 얻은 적화운임 중 법규를 넘어서 적하한 것에 대한 운임의 2배를 당국 (베네치아)에 납부하여야 한다."[21]

십자가를 만재흘수표로 정한 기원은 당시 베네치아가 십자군에 의해 번영한 해항도시라는 것으로 추정되지만, 정설이라고는 할 수 없다.[22] 다만, 현재 로이즈선급(LR)이 사용하고 있는 만재흘수표는 십자가로 만재흘수표를 정한 베네치아와 거의 동시대에 해사행정을 행했던 지중해의 Sardinia인의 방법이었다. 과적을 단속하기 위해 만재흘수선을 준비하는 조치는 북유럽의 Wisby 해법에도 나타나 있다.

> "배를 용선하려면 이를 두 사람의 원로원 의원에게 고지하여야 한다. 2인의

---

21 J. M. Pardesus, *Collection de Lois Maritimes*, tome 5, Paris, 1834, p.43; cited by 佐波宣平, 『海の 英語』, p.316.
22 D. Masters, *The Plimsoll Mark*, London, 1955, pp.5-6; cited by 佐波宣平, 『海の 英語』, pp.316-317.

원로원 의원은 이 업무를 위해 원로원으로부터 선발된 사람으로 선장과 협의하여 배의 어느 높이까지 선적할지를 결정한다. 이것에 의해 사람들은 만재흘수선(*löninge vliyen, load-line*) 이내로 화물을 적재하게 된다. 어떠한 사람도 이것을 넘어서 적재하는 것은 허용되지 않는다."[23]

하지만 이 규정은 이후 흐지부지 되어버렸고, 만재흘수선 제도도 별다른 진전이 없었다. 겨우 영국의 민간해사단체 Lloyd's Register Committee가 "선창 깊이 1 피트가 늘어날 때 마다 건현 3인치를 남겨야한다"(3 inches of side to the foot of hold)는 원칙에 의해 과적을 단속한 정도이다. 사람들이 19세기 후반 Samuel Plimsoll이 주도한 '만재흘수선' 도입 운동은 갑작스럽게 시작되었다. 브리스틀 태생인 Plimsoll은 일찍 고향을 떠나 점원 생활을 한 뒤 1853년에 런던에서 석탄상인이 되려고 시도하여 한 동안 고생한 뒤 어느 정도 자리를 잡았다. 1865년 Plimsoll은 자유당원으로 평민원 선거에 입후보하여 낙선하고 1868년에 Derby의 자유당 소속 평민원의원에 선출되었다. 이 때 Plimsoll은 석탄상인(coal merchant)으로 이름이 알려져 있었고 상당한 재산을 소유하고 있었다. 당시 영국 의원 명부(Parliamentary Companion)에도 그의 직업은 "coal merchant"라고 기재되어 있다.[25] 국회의원에 선출되기 전까지 Plimsoll은 해운업에는 이렇다 할 지식이 없었

Samuel Plimsoll[24]

23 Wisby Town-Law on Shipping, in T. Twiss, ed. by, *The Black Book of Admiralty*, Vol.IV, 1876, p.399.
24 http://en.wikipedia.org/wiki/Samuel_Plimsoll(2015. 3. 10.)
25 W. S. Lindsay, *History of Merchant Shipping and Ancient Commerce*, Vol. 3, London, 1876, p.474; cited by

James Hall[26]

다. 만재홀수선의 실질적인 창안자는 Tynemouth 출신의 James Hall이었다. Plimsoll이 의원으로 선출되기 1년 전인 1867년 11월 Newcastle의 선주였던 James Hall은 *The Shipping World*라는 잡지에 당시 빈발한 해양사고에 대한 경고와 해난을 방지하기 위한 대책을 주제로 한 장편의 글을 발표하였다. 이것이 동기가 되어 1869년 Newcastle and Gateshead Chamber of Commerce 에서는 Merchant Shipping and Navigation Bill을 제출하게 되었다.

다음해 1870년 2월 J. Hall은 런던의 Westminster Palace Hotel에서 개최된 연합상업회의소 연차총회에 Newcastle의 상업회의소를 대표하여 출석하였고, Merchant Shipping and Navigation Bill에 대해 보고하고 6개의 결의안을 발표하였다. 아래 인용문은 만재홀수선 설치의 필요성에 대한 James Hall의 언급이다.

"여러분들이 잘 알고 있는 바와 같이, Lloyd's에서는 각 선박이 선창의 깊이 1ft에 대해 건현 3inch를 유지하도록 하는 원칙을 시행하고 있습니다. 하지만 이것도 경갑판선에는 적용되지 않습니다. 한편, 선창 깊이 1ft에 건현 3inch라는 원칙은 정부가 정부 화물을 상선에 적재할 때에 한정하여 강제시행하고 있습니다. 이것을 보면 정부에서는 정부 화물을 국민의 생명보다 중요하게 취급하고 있는 것 같습니다. 우리 Newcastle 상업회의소로서는 하나의 법률로 기준을 정하는

佐波宣平, 『海の 英語』, p.317.
26 twmuseum.org.uk(2024. 8. 10.)

것이 바람직하지 않다면 조선업자, 검사인, 무역성의 검사관 3자에 의해 하나의 선(a line)을 결정하는 것이 필요하다고 봅니다. 그리고 3자에 의해 결정된 사항은 무역성에 반드시 보고를 했으면 합니다. 아무리 현명하고 공정한 관청을 설치하더라도 하나의 선을 결정하는 것보다 더 중요한 것은 없다고 생각합니다. 나의 생각으로는 선박의 해상안전을 보장하는 한도를 결정하는 하나의 선을 정해야 한다고 생각한다.”

이날 Westminster Palace Hotel에서 개최된 연합상업회의소 연차총회는 Plimsoll의 생애에서 잊을 수 없는 역사적 대사건이었다. 정부 파견 대표자로서 그 자리에 출석한 몇몇 의원 중 James Hall의 연설을 경청하며 강단을 바라보는 콧수염을 기른 곱슬머리의 중년신사가 있었다. 중년 신사는 Samuel Plimsoll이었고, 그는 만재흘수선 도입 운동을 열정적으로 주도하였다. Hall의 연설에 큰 감명을 받은 Plimsoll은 Westminster Palace Hotel의 연차총회로부터 13개월 후 1871년 2월 의회에 그의 이름으로 Merchant Shipping Survey Bill을 제출하였다.

1870년까지는 해사 문제에 전혀 관심을 갖지 않았던 그가 평민원 의원에 당선된 이후 한 사람의 박애주의적인 선주 Hall[27]의 제안을 그대로 받아들여 그것을 입법화하는 데 앞장섰다. 그것을 사려 깊게 아울러 최선의 기획으로 진행하였다. Plimsoll은 1870년 상기 법안이 철회된 후 1871년에도 같은 법안을 제출하여 실패하였고, 1873년 *Our Seamen : An Appeal*이란 책자를 통해 과적의 문제점을 설명하고 만재흘수선의 도입을 강조하였다.[28] 이 책에서 그는 몇 가지의 중대한 과오를

---

27 James Hall은 1870년대 어려운 가정형편의 아이들을 우수한 선원으로 양성하기 위해 잉글랜드 최초의 '상업용 훈련선'(industrial training ship)인 Wellesley 호의 운영을 주도한 사람이기도 했다. : William Hayward, *James Hall of Tynemouth : A Beneficent Life of a Busy Man of Business*, 2 Volumes, Hazell, Watson and Viney, 1896.

범하기도 했는데, 이 때문에 나중에는 비방죄로 고발을 당하기도 했다. 이는 해사 문제에 관심을 가진 지 얼마 되지 않은 그가 이 안건으로 공을 세우려고 서둘렀던 탓일 것이다. 1874년 Plimsoll은 다시 법안을 제출하였지만, 3표(170:173) 차로 입법에 실패하였다. 1875년 7월에는 Benjamin Disraeli(1804-1881)와 언쟁을 벌여 발언취소와 퇴장명령을 받고, 1주간 출석정지를 받았다.

그러나 Plimsoll의 집요한 노력은 성과를 거두게 되었다. Plimsoll에 의해 재촉을 받아 정부가 제출한 법안(Unseaworthy Ships Bill)이 1875년 8월 6일 평민원을, 8월 10일에는 귀족원을 통과하였다. 1876년 상선법(Merchant Shipping Act, 1876, 19&40 Vict., cap.80)이 바로 그것으로, 이 법은 한 국가가 만재흘수선을 받아들인 최초의 법률이다. 만재흘수선에 관한 법률조문을 기재하면 아래와 같다.

27. With respect to the marking of the load-line of British ships employed in the coasting trade, the following provisions shall have effect;

(1) The owner of every British ship employed in the coasting trade on the coasts of the United Kingdom (except the ships under eighty tons register employed solely in that trade) shall before proceeding to the sea from any port, mark upon each of her sides amidships, or as near thereto as is practicable, in white or yellow on a dark ground, or in black on a light ground, a circular disc twelve inches in diameter, with a horizontal line eighteen inches in length drawn through its centre;

(2) The centre of this disc shall indicate the maximum loadline in salt water to which the owner intends to load the ship, untill notice is given of an alteration.

---

28 Samuel Plimsoll, *Our Seamen : An Appeal*, at https://archive.org/details/ourseamenanappe00plimgoog.

하지만 1876년 상선법에서는 중요한 만재흘수선의 위치를 선주 각자의 자율에 맡긴 관계로 실질적인 효과가 없었고, 1890년 개정법(An Act to amend the Merchant Shipping Acts relating to Loadline)에서 각 선박의 만재흘수선은 필히 무역성의 검사를 거쳐 정하도록 하였다. 따라서 만재흘수선은 커다란 강제력을 갖게 되었다. 이후 만재흘수선은 1930년에는 국제만재흘수선협약으로까지 발전하여 제2차 세계대전 후에는 더욱 국제적인 제도로 자리 잡았다. 예를 들어 1954년에는 니카라구아, 대한민국, 말레이시아 등의 국가도 국제협약에 참가하였다. 결국 만재흘수선의 개념은 베니스, 사르디니아 해법 등에서 찾아 볼 수 있을 정도로 오랜 역사를 가지고 있지만, 이것이 나라의 제도로서 실현되어 강제력을 갖고 시행된 것은 그래 오래되지 않았다. 증기선의 출현에 의해 종래의 범선 해운에 큰 변화가 생긴 것과 더불어 증기선에 의한 해운경영도 아직 궤도에 오르지 못해 혼란을 겪고 있었고, 빈번한 해난사고를 방지하기 위해 19세기 후반 국가 전체에 강제력을 갖는 해사제도로서 만재흘수선 제도가 확립된 것이다. 하지만 이 제도의 창안자는 James Hall이었고, Hall의 구상을 Plimsoll이 차용하여 이를 입법화한 데 지나지 않았다. 따라서 Plimsoll에 대해서는 'Plimsoll은 이론가가 아닌 실제적인 고안을 가진 실제가(實際家)', '기회주의자', 'Plimsoll이 노력하고 공헌한 위대한 해운 개혁이 그가 착상한 것이 아니라는 것은 놀랄만한 사실이다'는 등의 혹평을 받고 있기도 하다. 다시 말하면 James Hall의 착상을 갑작스럽게 Samuel Plimsoll이 빼앗았기 때문에 'Plimsoll mark'는 오히려 'Hall mark'라고 부르는 게 바람직할지도 모른다.[29]

하지만 이러한 사실로 인해 Plimsoll의 공적을 비난할 수는 없을 것 같다. 그가

---

29 Masters, *The Plimsoll mark*, p.92; cited by 佐波宣平, 『海の 英語』, p.320. 'hallmark'는 보통명사로서 '각인'이지만, 'Plimsoll mark'에 대해 'Hall mark'를 비유적으로 표현하고 있다.

당시에 "Sailor's friend"라는 애칭으로 선원들로부터 불리웠고, 후세의 사람들이 만재흘수선을 Plimsoll mark라고 부르는 것은 Plimsoll이 이를 입법화하는 데 열정과 노력을 기울였기 때문일 것이다.[30]

pool 공동계산

기업연합에 의한 공동계산을 말하며, 해상보험에서는 재보험과 관련하여 종종 사용되고 있다. 영어의 pool은 크게 '물 웅덩이', '당구와 비슷한 놀이', '공동 출자' 등 세 가지 의미로 사용되는데, 해사용어 pool은 프랑스어 *poul*(암탉, 암컷 새, 도박에 건 돈, 도박에 쓰는 돈을 넣는 병)에서 유래하였다. 즉 고대 프랑스어의 '암탉'을 뜻하는 piolle에서 유래한 프랑스어 poule이 영어 pool이 되었다. 당초 이것은 1690년대에 '여럿이 내기를 하는 카드 놀이'였으나, 1848년에는 '당구와 비슷한 놀이'를 뜻하는 용어로 사용되었다. Douglas Harper는 해사용어 pool의 역사적 유래에 대해 다음과 같이 설명하고 있다.

> "Pool의 개념은 프랑스어 *jeu de la poule*(암탉 맞추기 놀이)에서 유래하였던 듯한데, 이 놀이는 사람들이 암탉에게 뭔가를 던져 암탉을 맞춘 사람이 이기는 것이었다. 뒤에 '돈을 걸고 하는 놀이'라는 관념이 덧붙었다. '공동 사업 자금'(collective stake)이란 뜻으로는 1869년에 처음으로 사용되었고, '공동 자원 유보금'(common reservoir of resource)이란 뜻으로는 1917년부터 사용되었으며, '의무나 기술을 공유하는 사람들의 집단'이란 의미로는 1928년부터 사용되었다."[31]

---

30 이상 佐波宣平, 『海の 英語』, pp.316-320.
31 Harper, *Online Etymology Dictionary*, at http://www.etymonline.com/search?q=pool.(2024. 7.10).

사와 센페이도 이와 같은 설을 지지하고 있는데, 그의 설명을 요약해보면 다음과 같다.

"pool의 어원은 프랑스어의 poule(암탉, 암컷 새, 도박에 건 돈, 도박에 쓰는 돈을 넣는 병)이다. 나는 이것을 K. Giese의 *Seefrachttarifvesen*(1919), s.91, 각주를 통해 알 수 있었다. 즉 도박을 할 때 각 참가자는 제각각 자신의 판돈을 맡기고, 놀이 주관자가 이것을 맡아 하나의 병 속에 넣어두며, 주사위, 화투, 트럼프, 마작 등의 승패 결과에 따라 병 속에서 모아둔 돈을 꺼내 각각의 비율에 따라 각 참가자에게 분배한다. 이 판돈을 넣어두는 병(poule)과 연관되어 합동계산제도를 pool이라고 말하게 되었다. 그러면 왜 '암탉'의 뜻하는 poule이 '도박 돈을 넣는 병'으로 바뀌었을까? 도박은 암탉으로부터 얻은 달걀이라고 생각하기 때문일 것이라고 하는 것이 어원학자들의 설이다. 또한 프랑스어 poule은 라틴어 pullus(젊은 동물, 수컷)의 여성형 *pulla*, 그리고 그리스어 $\pi\omega\lambda o\varsigma$(poros)에서 유래하였다."[32]

SOED에 따르면, '합의에 따라 분배할 공동의 자산을 내 놓는 것'이라는 의미로 1879년에 처음 사용되었으며, 이는 '암탉'을 뜻하는 프랑스어 poule에서 유래했다.[33] 그런데 Harper는 앞에서 인용한 '놀이'로서의 pool에 앞서 '공동계산의 뜻으로 pool이 1871년에 처음 사용되었다고 별도의 항목에서 설명하고 있다.[34]

해사산업계에서 pool은 정기선 업자들이 일정한 규약을 마련하여 동업의 이익을 유지하고자 하는 것을 목적으로 하는 것이다. 미국에서는 카르텔이라고 하는

---

32 佐波宣平, 『海の 英語』, p.322.
33 *The Shorter Oxford English Dictionary*, p.1628.
34 Harper, *Online Etymology Dictionary*, at http://www.etymonline.com(2024. 8. 10.)

대신에 pool이라고 하고 있으니, 엄격한 뜻에서 pool이란 이윤을 배분하기 위한 공동계산 협정이다. 경영합리화만을 목적으로 하는 이익공동체에서도 그 주요 내용을 이루고 있으나, 반드시 시장을 통제하기 위한 카르텔에 한정되는 것은 아니다. 할당 카르텔의 한 형태인 이익분재 카르텔에서는 참가기업의 모든 수입을 공동금고에 집중시켜서, 그것을 일정한 할당률에 따라 분배하거나, 생산비에 해당하는 기본원가와 협정한 카르텔 가격과의 차액을 공동금고에 집중시키고, 나중에 일정한 할당률에 따라 분배한다.[35] 우리나라의 경우, 한일정기선사 모임인 한국근해수송협의회가 2002년까지 pool 제를 운영해 왔으나 2004년에 와서 유명무실해졌다.[36]

이처럼 pool은 해사산업계에서는 과거의 유산처럼 치부되는 경향이 있었으나, 2000년대 후반부터 2015년 현재까지 해운불황이 지속되고 있는 상황에서 부활의 조짐을 보이고 있다. 日本海事新聞(2015. 2.12)의 보도에 따르면, 그리스의 Star Bulk Carriersm Golden Union Shipping과 C Transport Maritime, 노르웨이의 Golden Ocean Group, 벨기에의 Bocimar International 등 5개 선사가 총 150척 정도의 cape pool을 형성하였다. 이는 전세계 케이프사이즈 벌크선대의 10%에 해당한다. 또한 미국의 Scorpio도 건화물선 시황 침체와 유가 하락에 따른 운임 하락에 대응하고, 6만재화중량톤급 ultramax 벌크선의 경쟁력을 높이기 위해 다른 선주들과 pool 결성을 추진하고 있는 것으로 알려졌다. 유조선 시장에서는 일본의 MOL이 2014년 11월 자사선 30척, 아사히 탱커 4척, 칠레 우루토라나부 6척, 미국 OSG 10척 이상이 참여하는 Clean Product · Tanker Alliance를 결성한

---

35 『해운물류큰사전』, p.1245.
36 오세진, 한일항로 운항선사의 항로 및 서비스 차별화 전략에 관한 연구, 한국해양대학교 대학원 석사학위논문, 2008. 2, p.40.

바 있다.[37]

port 항, 좌현

라틴어 *portare*(옮기다)에서 porta(문)와 portus(항)가 분화되었는데, 라틴어 *portus*가 영어 port의 어원이다.[38] 고대 로마에서는 새롭게 도시를 계획할 경우 주변에 성벽을 만들기 위해 삽으로 예정선을 파두었는데, 그 예정선을 발로 넘는 것은 완공될 성벽이 적에게 침범되는 흉조라고 하여 엄금하였다. 따라서 몇 개의 성문을 만들 곳은 예정선을 중단할 필요가 있었고, 그 장소에서는 사람들은 삽을 어깨로 들어서 옮겼다. 이와 같은 유래에서 porta(문)와 portus(항)가 portare에서 유래된 것이다.

스칸디나비아의 fjord는 빙하의 침식에 의해 만들어진 깊은 협곡이 급격하게 바다에 인접하여 만들어진 후미인데, fjord로부터 j를 없애면 ford가 된다. Ford는 '강어귀'다. 독일어에서도 Förde는 '협만(峽灣)'이고, 발음은 fjord에 매우 가깝다. 영어에서는 f와 ph의 발음이 같기 때문에 h를 무성음으로 보고 f 대신 p를 사용하고, 어미 d는 t와 거의 비슷하게 발음되기 때문에 d 대신에 t를 사용하여 ford를 바꿔 쓰면 port가 된다. 이 port가 '강어귀'나 '항'이라는 것은 두말할 필요가 없다. 현대영어 firth(하구, 협만)도 ford와 동족어다. port의 모음 'o'를 'u'로 치환하고, 'p'를 'f'로 되돌리면 port는 furt가 된다. Furt는 독일어로 '얕은 여울'을 뜻하는데, Ochsenfurt와 Frankfurt의 furt가 바로 여기에 해당한다.[39] 재미있는 것은 독일의

37 한국해양수산개발원, 해운시황포커스 통권 244호, 2015. 2. 9-2.13.
38 *The Shorter Oxford English Dictionary*, p.1631.

Ochsenfurt는 영어 Oxford와 같고, Bosporus 해협의 Bosporus(그리스어)도 영어로 번역하면 Oxford다(Bos＝ox ＋ porus＝ford).[40]

해사용어 port는 '항'이라는 뜻 외에 선박의 '좌현'을 뜻하는 낱말로 자주 사용된다. 원래 영국에서는 좌현을 larboard라고 하고, 우현을 starboard라고 하였으나, larboard와 starboard가 혼동하기 쉬워 종종 사고를 유발했기 때문에 larboard를 port로 고쳐 부르게 되었다는 것은 잘 알려진 사실이다. larboard는 중앙타가 도입되기 이전 유럽의 선박들은 현측 타(side rudder)를 사용했고, 대체로 오른쪽에 현측 타를 장착하는 게 보통이었기 때문에 항구에 배를 댈 때는 현측 타의 방해를 받지 않는 좌현 쪽으로 계류하는 게 보통이었다. 따라서 배의 좌현은 '짐을 싣는 현'이라는 듯으로 ladde-borde라고 썼던 것이 larboard가 되었다.[41] 그렇다면 larboard가 어느 시점에서 port로 대체되었을까? 사와 센페이는 "영국에서는 1844년 11월 22일 해군 명령, 미국에서는 1년 3개월 후인 1846년 2월 18일 해군의 포고에 의한 것으로 볼 수 있다"고 밝혔다.

1844. (UK) Admiralty Order 22, Nov. The word 'port' is frequently···substituted for the word 'Larboard', and as···the distinction between 'Starboard' and 'Port' is so much more marked than between 'Starboard' and 'Larboard', it is their Lordship's direction that the word 'Larboard' shall no longer be used.

1846, US Navy Department Notice, 18 Feb. It having been repeatedly represented

---

39 佐波宣平, 『海の 英語』, pp.322-323.
40 http://global.britannica.com/EBchecked/topic/74782/Bosporus(2024. 8. 15.)
41 Harper, *Online Etymology Dictionary*, at http://www.etymonline.com(2024. 8. 20.)

to the Department that confusion arised from the use of words 'larboard' and 'starboard',
in consequence of their similarity of sound, the word 'port' is hereafter to be substituted
for 'larboard'.

해군의 명령으로 용어의 사용을 제한하였다는 것은 1840년대 중반까지 좌현을
의미하는 용어로 larboard가 일반적으로 널리 사용되었다는 것을 의미하기도 한
다. 실제로 Richard H. Dana, Jr.(1815-1882)가 1840년에 발표한 *Two Years before
the Mast*에서는 '좌현'을 지칭할 때는 항상 larboard가 사용되고 있고, port는 전혀
사용되지 않았다. 하지만 port는 larboard보다 혼동되지 않고 사용하기 편하기
때문에 시간이 지남에 따라 군함만이 아닌 상선에서도 일반적으로 사용되게 되었
다.

어찌되었든 larboard를 폐지하고 port를 사용하기로 한 것은 영국과 미국의 해
군이다. 해군이 larboard를 port로 대체할 때는 그만한 이유가 있었을 것이다. L.P.
Smith의 *Words and Idioms*(1943)에 따르면, "port는 1844년 영국해군 법령이 나오
기 수 세기 전에 '좌현'의 의미로 사용되었다." 1844년 영국의 해군 명령에서도
'Port는 지금까지도 종종 Larboard 대신에 사용되어 왔다'고 명시되어 있다.[42]
1789년에 출판된 William Falconer의 *An Universal Dictionary of the Marine*에도
'Port is also a name given, on some occasions to the larboard, or left side of
the ship'이라고 설명되어 있다.[43]

이상으로부터 port가 larboard를 대체하게 된 것은 1844년과 1846년에 영국과

42 이상 佐波宣平, 『海の 英語』, pp.324-325.
43 William Falconer, *An Universal Dictionary of the Marine*.

미국의 해군에 의해 아무런 근거 없이 이루어진 것이 아니고, 이미 몇 세기 전부터 larboard와 함께 '좌현' 또는 '타를 좌현으로 밀다'는 의미로 사용되어 왔던 port를 선택하게 된 것이다. 해군에서는 명령으로 port가 larboard를 대체하였지만, 상선에서는 서서히 대치되었다.

현재 국제적으로 공통적으로 사용되는 선박등화제도는 선수 마스트-백등, 우현-녹등, 좌현-홍등이다. 이것은 1847년 12월 15일 영국 해군 소속의 기선에 채택된 규칙으로 이듬해인 1848년에 프랑스, 스페인, 프로이센, 미국, 덴마크 등이 도입함으로써 오늘날 국제 공통의 해사제도로 오늘날까지 이어지고 있다. port를 빨간색으로 하게 된 것은 Port wine에서 기인했다는 설이 유력하다.[44] Port wine은 북쪽 포르투갈의 Douro alley에서 만들어지는 포도주로 맛이 달콤하여 보통 식후에 마신다. 이 와인은 포르투갈의 도시인 Porto에서 수송되기 때문에 이 지역으로부터 수송되는 와인은 port가 아닌 porto라고 불린다.[45]

premium 보험료

라틴어 *praemium*(전리품, 이익, 보상)이 직접적인 어원이나, 라틴어 praemium 자체는 prae(~전에) + emere(취하다)의 합성어이다. 영어에는 '특정한 행위에 대한 보상'이라는 의미로 1601년 처음 사용되었고, 보험과 관련해서는 1660년대 이탈리아어 premio에서 유래하였다. 오늘날 '최상품'을 뜻하는 의미로는 '버터'의

---

44 佐波宣平, 『海の 英語』, p.327.
45 포트와인[Port wine, Porto wine], 사진으로 보는 전문조리용어 해설, 2008.8.25., 백산출판사, at www.naver.com(2024. 8. 15.)

품질과 관련하여 1925년 즈음 처음 사용되었다.[46]

인기가 많은 공연이나 경기는 표를 미리 판매한다. 인기가 많은 만큼 판매가는 액면가보다 높기 마련이어서 대개 할증료가 붙는다. 이 할증료를 일반적으로 premium이라고 한다. 이를 통해 보면, premium의 원래 의미는 '예매권'이라고 할 수 있지만, 후에는 예매권에 붙는 '할증료'를 의미하게 되었다. '보험료'를 premium이라고 하는 것은 보험계약성립과 동시에 보험업자가 보험계약자로부터 보험료를 받아 이후에 보험사고가 발생했을 경우 보험금을 지급하는 즉, 보험금의 지급에 앞서 보험료를 받기 때문이다.[47]

Fayle은 근대 해상보험의 기원에 대해 다음과 같이 설명하고 있다. "근대적인 의미에서의 해상보험이 14세기까지 거슬러 올라가 제노바·피사·피렌체에서 시행되고 있었다는 명확한 증거가 있다. 이 점에서는 서부 이탈리아 도시국가들이 베네치아보다 훨씬 앞서 있었다. 이는 아마도 롬바르디아인(Lombards)들이 일찍부터 금융업을 발전시켰고, 단순한 상인이 아니라 자본가이자 재정가에 가까웠던 부유층들이 형성되어 있었기 때문일 것이다."[48]

privateer 사나포선, 사나포업자

영어 private(개인의) + eer(행위자)의 합성어로[49] '공적인 지위에 있지 않은 사

---

46 *The Shorter Oxford English Dictionary*, p.1656; Harper, *Online Etymology Dictionary*, at http://www. etymonline.com(2024. 8. 20.)

47 佐波宣平, 『海の 英語』, p.329.

48 Fayle, *A Short History of the World Shipping Industry*, p.79; 김성준 역, 『서양해운사』, p.98.

49 *The Shorter Oxford English Dictionary*, p.1674.

적인 개인으로서 적선을 나포하는 권한을 가진 자 즉, 사나포선 또는 사나포업자를 가리킨다. 일본에서는 이를 私掠船(しりゃくせん)으로 번역하고 있으나, 이들이 무작위로 아무 선박이나 '사적으로 약탈하는 것은 아니다. 정부로부터 나포면허장(letter of marque)을 발부받아 자국과 교전상태에 있는 적국의 선박을 나포할수 있을 뿐이다. 따라서 사략선이라기보다는 사나포선으로 옮기는 것이 적절하다고 생각한다.

그런데 영어 private가 라틴어 *privare*(빼앗다)에서 유래했다는 점이다. privare의 형용사형이 privatus인데, 이 낱말은 '빼앗긴'과 '개인의' 의미를 동시에 갖고 있다.[50] privatus를 명사로 사용할 수도 있는데, 이 경우 '사적 생활을 하는 개인'(man in private life)을 뜻하며 이는 '정부와 관계되지 않은 개인'을 의미했다. 즉 '공적 생활을 빼앗긴, 혹은 공적 생활에서 물러난 사람이 곧 privatus(영어 private)였던 것이다. 영어 private은 1590년대에 private citizen을 뜻하는 단어로 유입되었고, privateer는 1664년 private man of war의 형태로 처음 사용되었다.[51] privateer를 독일어로는 Kaperschiff(kapern = 잡다, 포획하다 + schiff=배) , 프랑스어로는 corsair라 한다.

사나포선은 그 역사적 유래가 오래 되었다. 고대 로마의 Cato(234-149 BCE)와 Cicero (106-43 BCE) 시대에는 '정규군 이외의 누구도 적병을 공격할 권리를 갖고 있지 않다'고 정해져 있었다. 그러나 그 후 로마인들은 민간인도 적을 약탈할 목적으로 단체를 조직하는 것을 인정한 아테네의 Solon(640?-560? BCE)의 법률을 채택하게 되었고, 이러한 생각이 19세기 전반까지 이어져 왔다. 민간인에게 전시

---

50 『라틴-한글사전』, p.683.
51 *The Shorter Oxford English Dictionary*, pp.1673-1674; Harper, *Online Etymology Dictionary*, at http://www.etymonline.com(2024. 7. 20.)

해상에서 적선과 적의 재산에 대한 포획을 정부가 면허한 최초의 예는 영국의 Henry III세 시대인 1243년 프랑스군에 대해 실시되었던 것이며, 2통의 면허장이 주어졌다. 단, 포획재산의 절반은 국왕에게 헌상할 의무가 있었다.

16세기 말에 스페인과 스페인으로부터 독립한 네덜란드 간의 전쟁에서 Waterhuizen(바다의 거지)의 활동이 두드러졌다. Waterhuizen은 선박 한 척에 사나포 면허장을 발행하는 것이 아니라 스페인 해군을 공격하기 위해 네덜란드의 상선과 어선의 선원과 선주들이 조직했다는 점에서 약간의 차이가 있지만,[52] 스페인의 입장에서 보면 네덜란드의 privateer와 다름없었다. 16-18세기에 이르기까지 주요 전쟁마다 유럽의 각국 정부는 자국의 민간선박뿐만 아니라 중립국 상선에도 상선 나포면허장을 발급했다. 그러나 18세기가 되면 사나포 면허장은 자국 상선에만 한정하여 발급되었고, 크림전쟁 이후 파리선언: 해상법의 요의에 관한 선언 (Declaration pour regier divers points de droit maritime, 1856)에서 사나포선을 전면적으로 금지하였다. 파리선언의 당사국은 영국, 프랑스, 오스트리아, 프로이센, 러시아, 터키, 사르디니아가 조인했지만, 이후 다수가 가입하여 25개국이 조인하였다. 미국은 이에 참가하지 않았지만, 실제로는 조약의 근본적인 내용을 따르고 있었기 때문에 이후 보편적인 해상국제법이 되었다. 1856년 파리선언에서는 전시 해상포획에 관한 4가지 원칙을 확립하였다.

1. 사나포선이 폐지되었다.
2. 중립선에 선적된 적화(敵貨)는 전시금제품(戰時禁制品) 이외는 포획할 수 없다.
3. 적선(敵船)에 선적된 중립국의 화물은 전시 금제품 이외는 포획할 수 없다.

---

52 青木榮一, 최재수 역, 『시파워의 세계사』①, p.196.

4. 봉쇄는 실효적으로 이루어져야 한다. 다시 말하면, 적국의 해안에 접근하는 것을 실제로 방지할 수 있는 함선을 배치하지 않으면 봉쇄는 성립하지 않는다는 것이다.

이 선언은 중립국간의 상업의 자유를 최대한으로 보장해야 한다는 정신이 깔려 있었다. 이와 같은 선언이 이 시기에 성립한 것은 첫째로, 크리미아 전쟁에서 중립국의 지위에 있던 스칸디나비아 제국의 압력에 의해 이미 크리미아전쟁 중에 파리선언의 제1원칙이 실제로 이루어져 있었기 때문이다. 둘째로, 해상포획의 원칙에 관하여 종전부터 대립하고 있던 영국과 프랑스가 전쟁 중에 협력관계에 있어 공통의 입장을 취하였다. 그러나 셋째로, 가장 중요한 것은 영국의 국민경제가 자유방임의 무역정책을 채용하는 단계에 도달하여 전통적인 해군력에 의한 중립상업에 대한 간섭정책을 완화환할 수 있는 조건이 성숙되어 있었기 때문이다.[53]

protest = sea protest = ship's protest 해양사고보고서

라틴어 *protestari*(declare formally, testify)에서 유래하여 고대 프랑스어 protester를 경유하여 1440년 영어에 "공식적으로 선언하다"는 의미로 유입되었다. 영어 protest의 원래 의미는 '자신의 무죄를 주장하다'(to protest one's innocence)였다.[54]

---

53 파리선언 [Declaration of Paris, Panser Deklaration, Déclaration de Paris] (21세기 정치학대사전, 한국사전연구사), at www.naver.com(2024. 7. 20.)
54 Harper, *Online Etymology Dictionary*, at http://www.etymonline.com(2024. 7. 20.)

해사용어로 '해양사고보고서'를 뜻하는 용어로는 1755년에 첫 용례가 확인되고 있다. SOED에서는 다음과 같이 정의하고 있다.

> Protest : a written declaration made by the master of a ship, attested by a justice of the peace or a consul, stating the circumstances under which injury has happened to the ship or cargo, or under which officers or crew have incurred any liability[55]
>
> **해양사고보고서** : 선장이 선박이나 화물에 발생한 사고한 상황이나, 사고에 사관 이나 선원이 어떠한 책임이 있는지를 진술하여 치안판사나 영사의 확 인을 받아 제출한 보고서

일본에서는 protest를 '海難報告書(かいなんほうこくしょ)'라고 말하는데, 우리나라에서도 1999년까지 공식적으로 '해난보고서'라고 썼다. 그러나 1999년 8월 6일 해난심판원의 명칭을 '해양안전심판원'으로 변경하면서 2000년대 초부터 '해난'을 '해양사고'라고 부르게 되었다. 2002년 발간된 『해운물류큰사전』에는 해난, 해난보고서, 해난사고, 해난심판법 등의 항목이 등재되어 있는 한편, '해난심판 ⇒ 해양안전심판을 보라고 설명되어 있다. 이는 1999-2002년 사이에 우리나라에서 해난보고서가 해양사고보고서로 바뀌어 사용되기 시작했음을 보여준다.[56]

어쨌든 해양사고보고서는 단순한 보고서가 아니다. 해양사고(海難)가 발생하는 것은 불가항력에 의한 것이고, 또한 자신들의 책임이 아니기 때문에 자신들에게 책임을 돌려서는 안 된다는 취지로 책임의 소재를 명확히 하기 위해 선장 또는 이를 대신한 사람이 작성하고 서명하여 관공서에 제출하는 공식 보고서이다. 이에

---

55 *The Shorter Oxford English Dictionary*, p.1693.
56 『해운물류큰사전』, pp.1325-1327.

대해서는 W. Falconer가 아주 적절하게 설명하고 있다.

> Protest, an instrument, drawn up in writing, and attested before a justice of peace, by the master and a part of the ship's crew after the expiration of a voyage, describing the severity of the said voyage, occasioned by tempestuous weather, heavy seas, and insufficient crew, or any other circumstances by which the ship has suffered, or may suffer, either in her hull, masts, rigging, or cargo. It is chiefly intended to shew, that such damages or misfortunes did no happen through and neglect or ill conduct of the master or his officers.[57]

해양사고보고서 : 항해종료 뒤 선장과 해당 선박의 선원의 일부가 치안판사에게 제출하는 문서로, 악천후, 황천, 선원 부족에 의해 발생한 당해 항해의 어려움이나, 당해 선박이 선체, 돛대, 의장, 화물 등에서 손상을 입게 된 상황을 기술한 것이다. 이 보고서는 그와 같은 피해나 재난이 선장이나 사관들에 의해서거나, 또는 그들의 부주의나 과실에 의해 발생한 것이 아니라는 사실을 보이는 것을 주목적으로 한다.

purser 사무장

그리스어 $\beta\upsilon'\rho\sigma\alpha$(birsa, 짐승가죽)로부터 유래하여 라틴어 *bursa*(주머니)로 사용되다가 영어에 정착하였다. 오늘날까지도 지갑은 가죽으로 만드는 것이 일반적인데, 재료 자체가 지갑을 의미로 전화된 것이다. SOED에 따르면, '선박에 승선하여

---

57 William Falconer, *An Universal Dictionary of the Marine*.

선박의 비품, 출납 등을 담당하는 사관이란 의미로 1458년에 처음 사용되었다.[58] bursa(지갑)으로부터 '회계원'을 의미하는 bursar, disburser, burse magister가 파생되었고, 이들 낱말로부터 'purser'가 만들어지지만 16세기로부터 17세기에 걸쳐 영국에서는 purser는 오히려 군함의 회계원을 의미하였고, 상선에서는 회계원을 cape-merchant라고 하였다. 이처럼 purser는 적어도 17세기경에는 적하·화물의 접수, 인도 등의 모든 것을 담당하고, 이에 대해 선주로부터 책임을 지고 있었다.[59] 하지만 점차 이러한 업무는 선장에게도 옮겨지고, purser는 선용품의 조달, 선원의 수당 등 금전출납만을 담당하거나 여객선에서 승객들의 편의를 총괄하는 게 보통이다.

현재의 purser에 상당하는 직책은 중세 이탈리아의 상선에서 scribanus라고 불리는 사관의 일원에 속했다. scribanus는 라틴어 scribere(쓰다)로부터 유래하였는데, '서기'에 상당한다. Fayle은 중세 Amalfi 해법에 기록된 scribanus의 임무에 대해 다음과 같이 전하고 있다.

"서기 또는 '스크리바누스'(scribanus)는 아주 중요한 사람이었다. 지분명부(share-register)·화물목록·회계장부와 같은 장부들을 기록하고 보관하는 것이 그의 임무였다. 이런 장부에는 각 선주들이 보유하고 있는 지분, 각 상인들이 소유한 화물과 운송하는 화물에서 각 상인들이 차지하는 지분, 선원 명단, 모험 사업의 지출 비용과 영수증 따위가 기록되어 있었다. 조합원 이외의 사람으로부터 받은 운임과 여객들의 배삯을 포함하여 화물을 매매함으로써 벌어들인 모든 이익금은 조합원 공동 계정으로 들어갔다. 왕복 항해가 끝나면 법원에서 회계장부를 공증받은 다음, 순익은 선주·상인·선원들이 지분에 따라 나누어 갖게 된다."[60]

58 *The Shorter Oxford English Dictionary*, p.1713,
59 佐波宣平, 『海の 英語』, pp.336-337.

Purser와 유사한 직책으로 'paymaster'가 있는데, 여객선에서도 간혹 paymaster가 있지만 원래는 해군의 직책이었다. 영국 해군에서 purser라고 할 경우에는 원래 승조원 급식 사관(commissariat officer)을 의미하였고, 회계원(paymaster)을 의미하지는 않았다. purser가 해군 승조원의 봉급·임금 지불에 관여하게 된 것은 1825년의 법률(6. Geo., IV, C.18)이 시행된 이후이고, 1842년의 법률에는 'paymaster and purser'가 이러한 임무를 수행하는 것으로 정해졌다. 단, 1852년 이후에는 군함 내에서의 금전출납은 다시 paymaster의 일로 복귀되어 현재까지 이르고 있다. 미국 해군의 경우를 살펴보면, 해군 창설 이래 1860년까지 purser란 직명이 있었고, 승조원의 급식료·의복 관리, 금전출납을 담당했다. 하지만 1860년 이후에는 이 호칭을 없애고 paymaster라고 부르게 되었다. Purser는 선박에 승선하더라도 고유의 승조원이 아니고, idler로서 야간 당직 제외자였다. Purser가 선원 간의 속어로 'pound-and-pint idler'라고 불린 것도 고기 1 lb(0.45kg), 식료품 1 pint(0.57litre)라도 절약해야 하는 '사무장'의 업무의 특성에서 유래한 것이다.[61]

---

60 Fayle, 김성준 역, 『서양해운사』, p.84.
61 佐波宣平, 『海の 英語』, p.338.

quarantine   검역, 검역소, 검역정선(檢疫停船), 검역선

라틴어의 quadraginta(40)에서 유래하여 영어에서는 15세기 경 '예수가 40일간 보낸 사막'이란 의미로 quarentyne이란 말로 쓰였고, 1520년대에는 '남편 사후 미망인이 남편의 집에 40일간 머무를 수 있는 기간'이란 의미로 quarantine이 사용되었다.[1] 오늘날 에는 검역, 검역정선, 검역소, 검역선 등으로 널리 사용된다. 40을 뜻하는 라틴어에서 기원한 quarantine의 어원은 예수의 40일간의 고행에서 찾을 수 있다. 이를 라틴어 quadraginta라고 불렀는데, 이는 예수가 황야에서 40일 낮과 밤 사이에 악마로부터 온갖 유혹과 시련을 받아가며 절식과 기아에 고통 받은 이야기(마태복음 4장 1-11절)와 이와 관련되어 행해지는 사순절(Lent)에 근거하고 있다.

1. 그때에 예수께서 성령에게 이끌리어 마귀에게 시험을 받으러 광야로 가사
2. 사십 일을 밤낮으로 금식하신 후에 주리신지라

---

1 Harper, *Online Etymology Dictionary*, at http://www.etymonline.com(2024. 7. 20.)

3. 시험하는 자가 예수께 나아와서 이르되 네가 만일 하나님의 아들이어든 명하여 이 돌들로 떡덩이가 되게 하라

4. 예수께서 대답하여 이르시되 기록되었으되 사람이 떡으로만 살 것이 아니요 하나님의 입으로부터 나오는 모든 말씀으로 살 것이라 하였느니라 하시니

5. 이에 마귀가 예수를 거룩한 성으로 데려다가 성전 꼭대기에 세우고

6. 이르되 네가 만일 하나님의 아들이어든 뛰어내리라 기록되었으되 그가 너를 위하여 그의 사자들을 명하시리니 그들이 손으로 너를 받들어 발이 돌에 부딪치지 않게 하리로다 하였느니라

7. 예수께서 이르시되 또 기록되었으되 주 너의 하나님을 시험하지 말라 하였느니라 하시니

8. 마귀가 또 그를 데리고 지극히 높은 산으로 가서 천하 만국과 그 영광을 보여

9. 이르되 만일 내게 엎드려 경배하면 이 모든 것을 네게 주리라

10. 이에 예수께서 말씀하시되 사탄아 물러가라 기록되었으되 주 너의 하나님께 경배하고 다만 그를 섬기라 하였느니라

11. 이에 마귀는 예수를 떠나고 천사들이 나아와서 수종드니라(마태복음 4장)

　　사순절은 부활절 전까지 여섯 번의 주일을 제외한 40일 동안의 기간을 말한다. 약 4세기경부터 시작되었는데, 예수가 세례를 받은 뒤 40일 동안 황야에서 금식을 하고 사탄의 유혹을 받으며 보낸 기간을 기념해 생긴 관습이다. 금식의 규칙은 매우 엄격하다. 예를 들어 동방정교회는 하루에 해가 진 다음에 한 끼 식사만 허용하며, 육식은 물론 생선과 달걀도 40일 내내 금한다. 하지만 다른 그리스도 교회에서는 그 규칙이 점차 느슨해졌다. 그래서 요즘은 사순절 기간 동안 특정한 음식, 즉 좋아하는 음식을 피하고 작게나마 개인적 희생을 치르도록 하는 정도로 바뀌었다. 사순절의 주된 정신은 참된 자아를 추구하고 영적인 준비를 갖춘 뒤에 부활절을 맞아 예수의 부활을 축하하려는 데 있다. 사순절에는 엄격한 단식을 해야 하기 때문에 사순절 이전의 화요일은 대대적으로 잔치를 벌이는 날이 되었다. 지금도 미국의 뉴올리언스 같은 지방에서는 Mardi Gras, 즉 '기름진 화요일'에

잔치를 벌인다. 시순절이라는 말은 사실 성서에 없다. 시순절을 뜻하는 영어 단어 Lent는 '봄날'이라는 뜻의 영어 고어인 lencten에서 나왔다. 초기 그리스도교도들은 그 기간을 테사라코스테(Tessarakoste)라는 그리스어, 혹은 쿠아드라게시마(Quadragesima)라는 라틴어로 불렀는데, 둘 다 '40번째'라는 뜻이다.[2]

quarantine의 또 다른 기원은 영국의 Magna Carta이다. 1215년에 제정된 Magna Carta에서는 남편 사후 미망인이 남편의 집에 머물 수 있는 기간을 40일로 정하고 있다.

> et maneat in domo mariti sui per quadraginta dies post mortem ipsius, infra quos assignetur ei doe sua(Magna Carta, VII)
> 부인은 남편의 사망 후 40일 간은 남편의 집에 머물 수가 있고, 그 기간에 지참금이 그녀에게 양도된다.

여기에서 "per quadraginta dies"는 '40일 간'이다. 또한 14~15세기에 베네치아에서는 위생국에 명령하여 터키 지방으로부터의 질병 유입을 막기 위해 해당수역으로부터 입항하는 선박을 항구 바깥에서 정선시키고 선내 검역을 하는 제도를 만들었는데, 이를 이탈리아어로 quarantina라고 불렀다. 세계적인 베스트셀러 작가 Dan Brown은 *Inferno*(『인페르노』)에서 "베네치아에로 들어오는 모든 선박에게 짐을 하역하기 전 40일 동안 앞바다에 정박해 대기해야 한다는 칙령을 내렸다. 오늘날까지 이 40이라는 숫자(이탈리아어로는 quaranta) quarantine이라는 불길한 단어의 어원으로 남아 있다."[3]고 설명하고 있다.

2 사순절 [Lent], 『바이블 키워드』, 2007.12.24, 도서출판 들녘, at www.naver.com.

Quarantine flag(Yellow Jack)

이로부터 quarantine은 소정의 검역이 종료되고 배에 입항허가가 날 때까지 육상과의 접촉이 전부 차단된다는 의미로, 예수의 황야에서의 시련 기간 40일 또는 과부가 남편 사후 그의 집에 체류하여 지참금의 양도를 받는 기간인 40일(quadraginta), 이탈리아 도시국가의 검역 제도 quarantina로부터 quarantine이라는 단어가 만들어졌음을 확인할 수 있다. 국제신호기 Q(황색인 까닭에 Yellow Jack이라고도 부른다)를 게양한 선박은 그 선박이 검역 중으로 입항허가를 기다리고 있다는 것을 의미하며, QQ 신호기를 올린 경우에는 질병전염의 위험성이 있는 선박을 의미한다.[4]

quarter master = Quarter Jack 당직자, 조타수

quarter master의 quarter의 원래 뜻은 ¼이다. 원래 군대의 주둔지에서 전체 병사의 ¼(quarter)이 불침번을 섰던 관행이 있었던 데서 이 호칭이 나왔다. 영어 quarter에는 ¼ 외에 '당직'이라는 뜻이 있지만, 널리 활용되고 있지는 않다. 그러나 quarter가 원래 '¼'과 '당직'을 뜻했고, quarter master, quarter gunnar, le premier quart 또는 quart de tribord(우현당직), le second quart 또는 quart de

---

3 Dan Brown, 안종설 옮긴, 『인페르노』 II, 문학수첩, 2013, p.121.
4 佐波宣平, 『海の 英語』, p.340.

babord(좌현당직) 등의 직책이 모두 갑판원에 한정되어 있었다. 따라서 영어의 quarter master는 본래 '선임 당직자'를 뜻했고, 대부분 상선에서는 당직자 중 조타수가 선임 당직을 맡았기 때문에 quarter mater = 조타수라는 말이 유래하였다. 주요 유럽어에서 ¼, 당직, 조타수를 각각 어떻게 부르는지 비교해보면 다음과 같다.

	$\frac{1}{4}$	당직	조타수
영어	quarter	quarter	quarter master
프랑스어	quart	quart	quartier-mestre
독일어	Quart	Quartier	Quartier-meister
네덜란드어	Kwart(ier)	Kwartier	kwartier-merster

quarter에는 '부서', '숙소', '거주구역', '하숙' 등의 뜻도 있는데, 이것은 '주둔지에 있는 병사의 ¼' → '숙소', '하숙' → '임시거처'의 발전 과정을 거쳤다. 중세 봉건 제도하에서 농작물의 '¼'을 토지소유주에게 상납할 의무가 있는 경작지도 quartere라고 불렀다.[5] 또한 "Quarters!"는 '부서 배치!'라는 뜻이다.[6]

이상에서 quarter master의 quarter는 부서원의 '¼'이 원뜻이었지만, 해사용어 quarter master가 언제 무렵부터 사용되기 시작했는지는 확실하지 않다. 1627년에 출판된 J. Smith의 *A Sea Grammar*에도 "화물창 안의 화물을 싣고, 정돈하고, 고르는 일뿐만 아니라, 당직 중 당직자들을 지휘하는 책임을 맡고 있다"고 설명되어

5 T. Twiss, ed. by, *The Black Book of the Admiralty*, Vol. II, p.367, note 4.
6 佐波宣平, 『海の 英語』, pp.340-341.

있다. SOED에는 '병사들에게 주둔지를 제공하고, 식량과 탄환 등의 공급을 책임지는 장교'라는 의미로는 1600년, '¼의 권한을 할당받은 사람'이라는 의미로는 1685년으로 첫 문헌 용례 사용연도가 각각 적시되어 있다.[7] 따라서 위의 두 문헌을 기준으로 하면 quarter master가 해사용어로 사용되기 시작한 것은 대체로 17세기 초반으로 추정할 수 있다.

quay 안벽, 부두(埠頭)

고대 캘트어 *kagio*(둘러싸다)에 기원을 둔 갈리아어 caium(5세기)이 중세 프랑스어 chai(12세기, 현대 프랑스어 quai)를 거쳐 13세기 중엽 영어에 유입되어 kay, key, keye, caye, cai 등으로 사용되다가 1690년대에 '안벽', '부두' 등의 의미로 사용되었고, 18세기까지도 key로 주로 쓰였으나, 프랑스어 quai의 영향을 받아 quay가 되었다.[8] 캘트어 kagio의 동족어로 웨일즈어 cae(담, 울타리)와 콘월어 ke (울타리)가 있었다.[9] Twiss가 편집한 *The Black Book of the Admiralty*에는 다음과 같은 문장이 나온다.

Also of oysterys and muskelys that comyn [in boat] to the **key** of the forseyd toun of Gippeswich to sellyn,[10]

판매하기 위해 Gippeswich의 위에서 언급한 마을의 key(cay)로 배에 실려 들어오

---

7 *The Shorter Oxford English Dictionary*, p.1726.
8 *The Shorter Oxford English Dictionary*, pp.1151 & 1727.
9 Harper, *Online Etymology Dictionary*, at http://www.etymonline.com(2024. 7. 20.)
10 Le Domesday de Gippewyz(The Domus Day of Gippeswich), in Twiss, ed. by, *The Black Book of the Admiralty*, Vol.II, p.161.

Osprey Quay of Portland Marina, UK[11]

Circular Quay, Sidney, Australia[12]

는 굴과 개복치에 대해서도 역시…

이 문장은 Edward I(1239-1307) 때 Gippeswich에 반포된 해사관계법 Le Domesday de Gippewyz(The Domus Day of Gippeswich) 중 한 조항의 일부인데, 13세기 말-14세기 초에 해당한다. 이 법안의 프랑스어 원문의 au cay de la dite vyle de Gippewyz을 Twss는 the key of the forseyd toun of Gippeswich로 옮겼다. 프랑스어 cay와 Twiss가 번역한 key는 현대 영어 quay이다. 1789년 개정판이 출간된 Falconer의 *An Universal Dictionary of the Marine*에는 key가 '(quai, Fr.), a long wharf'의 뜻으로 등재되어 있을 뿐 quay는 등재되어 있지 않다.[13]

11 http://www.fgould.com/uk-europe/projects/portland-marina-osprey-quay/(2024. 8. 10.)
12 http://www.destination360.com/australia-south-pacific/australia/sydney/circular-quay(2024. 8. 10.)
13 W. Falconer, *An Universal Dictionary of the Marine*., A New Edition and Corrected, 1789.

rhumb line = loxodrome 항정선

'항정선'을 뜻하는데, rhumb line에서 rhumb는 포르투갈어와 스페인어의 침로 (course) 또는 방향(direction)을 뜻하는 rumbo 또는 rumo에서 유래하였고, loxodrome는 1624년 수학자 윌브로드 슈넬(Willebrord Snell, 1580-1626)이 그리스어의 $\lambda o \xi o \varsigma$(loxos, 비스듬한)와 $\delta \rho \acute{o} \mu o \varsigma$(dromos, 달리다)를 합하여 조어한 것이다.[2] 항정선 개념을 처음으로 사용한 사람은 포르투갈의 페드로 누네스(Pedro Nunes, 1502-1578)였다. 그는 1537년

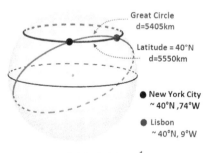

대권과 항정선 비교[1]

---

1 Muhamammad Hassan Qazi, Design of an efficient & weather resistant flight path moduel for guidance of a UAV, Unpublished Master of Guidance, Navigation and Control, Institute of Space Technology, Pakistan, December 2015, p.20 Fig. 3.3. at https://www.researchgate.net/publication/307477485_ DE SIGN_OF_AN_EFFICIENT_WEATHER_RESISTANT_FLIGHT_PATH_MODULE_FOR_GUIDANCE_ OF_A_UAV.(2025. 1.20)
2 Monmoiner, 『지도전쟁』, p.20.

Treaty defending the Sea Chart(해도옹호론)에서 선박이 어떻게 지구상의 두 지점 간을 나선형 항로를 따라 항해하는 지에 대해 설명하고, 이 나선형 항로를 항정선이라고 불렀다. 누네스는 이 항정선이 지구상 두 지점 간의 최단거리라고 생각했는데, 지구상 최단 거리는 대권(Great Circle)이라는 점에서 이는 명백한 오류였다. 하지만 역사상 처음으로 항정선의 개념을 사용하고, 또 이를 실제 항해에 활용했다는 점에서 의의가 있었다.[3]

항해학에서 대권(Great Circle)은 구의 중심을 지나는 선으로 원을 자를 때 생긴 반원의 구면 위에 생기는 원을 말하고, 구의 중심을 지나지 않는 선으로 자를 때 생긴 원을 소권(smal circle)이라 한다. 항정선과 대권을 비교해 보면, 항정선은 지구 표면에 있는 모든 자오선과 같은 각도로 만나는 곡선을 항정선이라 한다.[4] 항정선과 대권을 비교해 보면, 지구 자오선과 일정한 각도로 만나는 침로로 항해하는 항정선 항로보다는 지구 중심축을 지나는 지구상의 표면을 따라 항해하는 대권 항로가 지구상 두 지점 간에 최단 거리임을 알 수 있다. 그러나 적도에 가까운 저위도 부근에서는 항정선 항로와 대권항로가 큰 차이가 없기 때문에 대권항법은 보통 고위도 지방을 항해할 때 주로 활용한다.

누네스가 제시한 항정선의 개념을 지도에 도시한 사람이 바로 메르카토르였다. 그는 1569년 세계지도를 제작하기 28년 전인 1541년에 신성로마제국의 칼 5세(Karl V)의 의뢰를 받아 지구의(globe)를 제작하였는데, 이 지구의에 항정선이 바람장미를 중심으로 수십 개의 나선이 모든 방향을 펼쳐진 모습으로 표시되어 있다. 이것으로 보아 그가 항정선의 개념을 이해하고 있었고, 또 항해 문제에 관심을 가졌음을 보여준다.[5] 나아가 메르카토르는 항해 문제를 해결하려

---

3 May, *A History of Marine Navigation*, G.T. Foulis & Co., 1973, p.183.
4 윤여정, 『지문항해학』, pp.11-12.

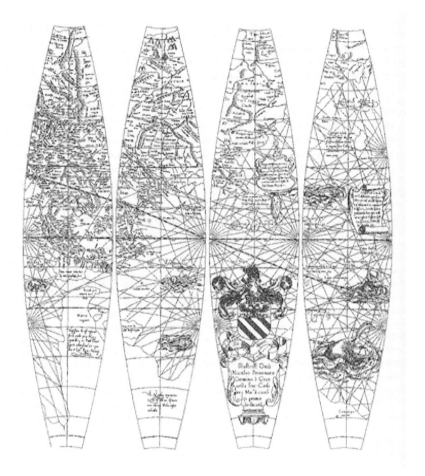

메르카토르의 지구의(1541)

고 고심했음을 보여주는 사료도 있다. 그는 1546년 2월 23일, 루뱅대학 수학시
학우였던 앙투안 페레노 드 그랑벨(Antoine Perrenot de Granvelle, 1517-1586)
추기경에게 보낸 편지에 다음과 같이 썼다. "배의 침로를 정확하게 측정하면

5 Monmonier, 『지도전쟁』, p.22.

측정된 위도는 종종 실제보다 크거나 때로는 더 작게 된다. 측정된 위도가 정확하면 거리가 부정확해진다. … 항해와 해도에 대해서는 할 일이 아주 많다. … 만약 내가 (현재 맡고 있는) 무거운 책임에서 벗어난다면 이 문제를 연구하고 적절히 해결할 것이다."[6] 1569년 세계 지도는 위와 같은 결심을 실행에 옮겨 메르카토르가 항정선을 직선으로 도시함으로써 본격적인 항해용 해도로 활용하기 위해 제작된 것이었던 셈이다.

메르카토르 해도가 항해용으로 제작되었음에도 불구하고, 당시대인들은 그 유용성을 제대로 인식하지 못했다. 메르카토르가 세계 지도를 제작하고 30년이 지난 뒤인 1599년 영국의 수학자이자 지도제작자인 에드워드 라이트(Edward Wright, 1561-1615)가 <항해학에서의 특정한 오류들)(*Certain Errors in Navigation*)이라는 책자에서 메르카토르의 도법을 상세하게 논술하고, 거리 왜곡을 수정할 수 있는 일련의 표를 만들고 그의 도법에 따라 영국 최초의 세계 전도를 제작하여 메르카토르 해도의 항해용으로서의 유용성을 알리고자 했다.[7] 이보다 10년 전인 1589년 경 영국의 수학자 토마스 해리엇(Thomas Harriot, 1560-1621)은 라이트보다 한발 더 나아가 형상의 왜곡을 보정하는 로그탄젠트 공식을 발전시켰으나, 간행하지 않는 바람에 외부에 알려지지 못했다. 그 뒤 영국의 수학자 헨리 본드(Henry Bond, C.1600-1678)가 1645년에 메르카토르 도법에 대한 대수적 해석을 하고, 이를 수학적으로 입증하였다.[8] 메르카토르 해도에서 항정선이 직선으로 표시된다는 사실이 수학적으로 입증되기까지 거의 80여년이 소요된 셈이다. 이는 당시에는 아직 미적분학이 발달하지 않아 대수적으로 입증해야 했기

6 cited by Taylor, 『메르카토르의 세계』, pp.261-262.
7 Hewson, *A History of the Practice of Navigation*, 1983.
8 Monmonier, 『지도전쟁』, chap. 5.

때문이다. 오늘날에는 비교적 간단한 수식으로 이를 입증할 수 있다.

지구 곡면상의 항정선이 메르카토르의 해도에서 직선으로 표현되는 과정을 수학적으로 설명하면 다음과 같다. 이를 입증하기 위해서는 먼저 두 가지 기본 전제에 대한 이해가 선행되어야 한다. 첫째, 지구상의 자오선이 메르카토르 해도에서도 직교하는 경·위도선으로 표현된다는 점과, 둘째, 항정선은 지구상의 모든 자오선과 같은 각도로 만나는 곡선이라는 점이다.[9] 그러면 항정선이 메르카토르 해도에서도 경·위도선과 일정한 각도로 만나는 어떤 선으로 표현되었을 것이므로 그 곡선(c, curve) 위의 한 점의 좌표를 $c(t) = (x(t), y(t))$로 가정하자. 여기에서 $c(t)$가 위선과 이루는 각을 α라고 하면, $\tan\alpha = \frac{y'(t)}{x'(t)}$로 정의할 수 있다. 이는 $y'(t) = \tan\alpha \cdot x'(t)$로 표현할 수 있는데, 이를 부정적분하면 $y(t) = \tan\alpha \cdot x(t) + b$가 된다. 이를 간단하게 다시 쓰면 $y = m \cdot x + b$가 되어 1차방정식의 전형적인 형태가 된다. 이는 메르카토르의 해도에서 특정 지점 c에서 시작되는 선이 직선임을 뜻한다. 결국 지구 곡면상의 항정선이 메르카토르 해도에서 직선으로 도시된 것이다.

메르카토르 해도가 간행되고 난 뒤 상당 기간 동안 널리 보급되지 못한 데는 또 다른 이유가 있었다. 그것은 16-18세기 탐험 시대에 유럽인들이 가장 광범위하게 찾고자 했던 항로는 북서·북동항로였는데, 메르카토르 해도는 고위도 지방의 형상을 크게 왜곡시켰기 때문이다.[10] 그러나 오늘날 바다를 항해하는 전문 항해자이건 요트를 타는 아마추어 항해자이건 아니면 항해를 모르는 일반인이건 간에 해도에서 선박의 침로를 구하는 것은 간단한 문제가 되었다. 메르카토르 해도 위에 원하는 두 지점을 삼각자로 직선으로 잇고 연필로 선을 그으면 그만이다.

---

9 윤여정, 『지문항해학』, p.12.
10 Pat Almond, "Mercator : The Man who straightened out the World", *Sea Frontier*, July-August, 1980, pp.234-239.

이것은 항해사적으로 아주 중요한 의미가 있었다. 메르카토르 해도가 제작되기 이전에 항해사들이 이용했던 해도는 그저 육지의 형상을 본 따 그린 '포르톨라노 해도'(portolano chart)였다. 이 해도는 위선과 경선이 없고, 학술적인 참고문헌이나 범례도 없었으며, 선원들이 항해하면서 새로 발견된 지역이 추가되는 것이 고작이었다. 포르톨라노 해도상의 직선을 지구 곡면 위로 옮길 경우 일련의 나선형으로 표시될 것이므로 해도상의 직선을 따라 항해하면 원하는 목적항에 도달할 수 없게 된다. 지중해나, 북해, 발트 해 등 유럽 인근의 바다를 항해할 경우에는 큰 문제가 없었지만, 대양항해를 하게 될 경우 이는 치명적일 수가 있었다. 따라서 이와 같은 문제를 피하기 위해 18세기까지 항해자들은 위도를 따라 정동 또는 정서 방향으로 항해하였다. 이렇게 지구 표면을 둘러싼 평행선인 위도를 따라 항해함으로써 항해자들은 지구 곡면의 왜곡 현상을 피할 수 있었다.[11]

이와 같은 거등권 항법으로 정확히 목적항까지 항해하기 위해서는 항해 거리를 정확하게 추측하는 것이 관건이었다. 그러나 범선이 대양을 항해할 때 조류와 바람에 따라 선속이 들쭉날쭉할 수밖에 없기 때문에 거리를 잘못 추측할 경우 자칫 대참사로 이어질 수 있었다. 그 대표적인 예가 1629년 네덜란드 동인도선 '바타비아 호' 사건이었다. 1629년 네덜란드 동인도 선 바타비아 호는 희망봉을 돌아 자카르타의 경도에 이를 때까지 정동으로 항해하던 중 거리를 잘못 추산하여 오스트레일리아 서해안의 산호초에 좌초하여 생존자 270여 명 중 115명이 살해되는 대참사를 겪었다.[12] 또 다른 참사로 1707년 잉글랜드의 '지중해 함대 좌초 사건'을 들 수 있다. 1707년 지중해에서 작전을 수행하다가 잉글랜드로 귀환 중이던 쇼벌 (Cloudesley Shovel) 제독 휘하의 지중해 함대가 잉글랜드로 귀환하던

---

11 Taylor, 『메르카토르의 세계』, p.58.
12 Mike Dash, 김성준 역, 『미친 항해』, 혜안, 2012.

중 경도 측정의 오류로 영국 남단 쉴리 섬 부근 해안에 좌초하여 배 4척과 승무원 2천여 명이 사망하였다. 그러나 메르카토르의 해도가 해도상의 두 지점을 직선으로 잇는 선을 선박의 침로로 이용할 수 있도록 함으로써 항해사의 발전에 크게 기여하였다.

roads 정박지

'말을 타다'를 뜻하는 고대 노르만어의 reið, 중세 네덜란드어 red, 고대 프리슬란트어 rēd에 어원을 두고 있으며, 고대 영어에서는 rād 형태로 사용되었다. 이를 보면 영어 road의 어원은 ride와 같은 계열의 낱말임을 알 수 있는데, 그렇다고 해서 해사용어 roads가 road(길)의 뜻에서 파생되었다고 생각해서는 안된다. road 자체가 '정박지'라는 뜻으로 먼저 사용되고 있었다. 프랑스어 rade, 스페인어 rada, 네덜란드어 rede, 독일어 Reede 등도 모두 '정박지'라는 뜻임을 보면, roads는 분명한 해사용어라고 할 수 있다. SOED에 따르면, '해상에서의 정박지'(narrow stretch of sheltered water)의 뜻으로는 14세기 초,[13] '도로', '길'의 뜻으로는 Shakespeare의 Henry IV에서 처음 사용된 1596년, '승마'의 뜻으로는 1613년, '기마병에 의한 습격'의 뜻으로는 1665년에 각각 문헌적 첫 용례가 확인되고 있다.[14] 영어 raid도 road와 같이 ride에서 유래한 것임을 알 수 있다.[15]

roads가 '정박지'를 뜻하게 된 직접적인 어원은 14세기 초 'where ships can lie

---

13 Harper, *Online Etymology Dictionary*, at http://www.etymonline.com(2024. 8. 20.)
14 *The Shorter Oxford English Dictionary*, p.1838.
15 Douglass Harper, *Online Etymology Dictionary*, at http://www.etymonline.com/search?q=roads.(2024. 7. 20)

at anchor'라는 의미로 사용된 데서 비롯되었다.[16] 그러므로 riding light는 '배가 정박할 때 거는 등', 즉 '정박등'을 의미한다. Shakespeare의 희곡작품 중에 road는 '큰길'(highway), '정박지', '여행'(journey), '침략'(inroad, raid) 등의 4가지 의미로 각각 사용되고 있다. '여관'이나 '숙소'를 뜻하는 roadhouse가 road(길) 옆에 세워져 있는 house(집)라는 뜻에서 온 것으로 착각해서는 안 된다. '배가 안전하게 머무를 수 있는 곳'(road)에 세워져, 여행객들을 재우는 '집'이었기 때문에 roadhouse가 된 것이다. Road money라는 용어도 사용되었는데, 이것은 중세부터 근세에 걸쳐 수병을 강제로 모집하기 위해 영국 해군 당국이 항내 경찰과, 배에서의 숙박비 등에 지급했던 선불금이었다. 여기에서도 road는 '정박지'라는 뜻이었고, '도로'라는 뜻이 결코 아니었다.

그런데 흥미로운 것은 당초 '정박지'를 뜻했던 road가 어느 순간 '도로'에 길을 내주고, 정박지를 뜻할 때에는 roadstead라는 새로운 낱말이나 roads와 같이 복수형을 사용하게 되었다는 점이다. Hampton Roads(U.S., Virginia), Margate Roads(England, Kent), Royal Roads(U.S., Washington), Yarmouth Roads(England, Norfolk) 등의 예에서 보이듯이, 현재 정박지나 정박항의 지명은 단수형이 아니라 복수형을 취하고 있다. 사와 센페이는 이것이 셰익스피어가 희곡을 쓰면서 road를 위에서 살펴본 것처럼 4가지 다른 의미로 사용하게 된 데서 비롯된 차별화 현상에 기인한 것이라는 추론을 제시하고 있다.[17] 그의 설명이 옳다면, roads는 '들어온 돌에 쫓겨난 박힌 돌'인 셈이다.

---

16 Douglass Harper, *Online Etymology Dictionary*, at http://www.etymonline.com/search?q=roads.(2024. 7. 20)
17 佐波宣平, 『海の 英語』, pp.346-349.

roaring-forties 격랑의 40°대

대서양 남위 40°~50° 사이의 폭풍 수역대를 말한다. 이 수역에서는 하계와 동계에 기압이 급변하여 북서방향으로부터 폭풍이 분다. 이 시기는 유럽으로부터 Cape Horn을 경유하여 오스트레일리아로 항해하는 것이 어렵다. a roaring night (폭풍우 치는 밤), a roaring applause(우뢰와 같은 박수 갈채)와 같이 roar는 '사자의 포효소리'에서 유래한 의성어이다. Forties는 대서양의 남위 40° 대를 의미했지만, 오늘날 roaring forties는 대서양 남위뿐만이 아니고 북위 40°대와, 태평양의 남위 40°대 수역을 모두 가리킨다. 위와 같은 고유한 의미 이외에 '사업이 아주 번창한 시가'를 Roaring forties라고도 부르는데, New York의 Fortieth Street와 Fiftieth Street 사이에 있는 Broadway 부근의 번화가를 일컫는다.

roaring-forties 만큼 유명하지는 않지만, howling 또는 furious fifties(울부짖는 50°대)도 있다. 이 용어는 '19세기 남반구를 항해한 포경선 등이 40°대보다 고위도 인 50° 대의 남반구의 바다를 howling 또는 furious fifties라고 불렀던 데서 유래한 것으로 추정된다.'[18]

dog-barking navigation이란 표현도 사용되고 있는데, 이 용어는 미국에서 연안 선을 경멸하여 부르는 것으로 직역하면 '개 짖는 항해'다. 이것은 연안항행선이 육상의 개 짖는 소리를 언제든지 들을 수 있을 정도로 해변에서 가까운 연안 수역만을 항해하고, 풍랑이 거친 외양(外洋)에는 출항하지 않는 것을 얕잡아 부른 데서 유래하였다.

18 John E. Oliver, *The Encyclopedia of World Climatology*, Springer, 2005, p.471.

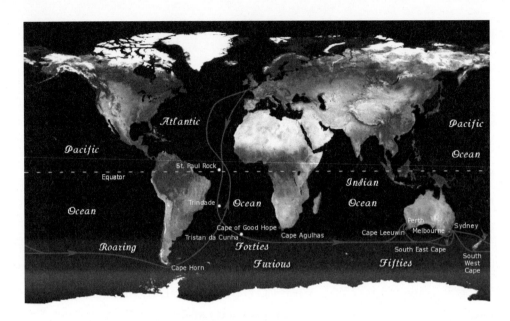

격랑의 40°대를 활용한 Clipper Route[19]

rolling   옆질, 횡요(橫搖)

영어 roll은 라틴어 rota(바퀴)의 살을 뜻하는 rotula의 변형인 *rotulus*에서 유래한 말로 고대프랑스어 rolle, roulle(현대 프랑스어 rôle)를 거쳐 1300년 경 영어에 유입되었다.[20] 우리나라 해사산업계에서 rolling은 원어 그대로 '롤링'이라고 하지

19 http://en.wikipedia.org/wiki/File:ClipperRoute.png(2024. 8. 10.)
20 *The Shorter Oxford English Dictionary*, p.1842; Harper, *Online Etymology Dictionary*, at http://www.etymonline.com(2024. 8. 1.)

만, 토박이말은 '옆질'이다. 북한에서는 '가로동요'라고 부른다고 한다.

보통 'rolling'이라고 하면 원형 형태의 물건을 좌우로 회전시키는 것이지만, 배의 경우에는 선체가 '회전'을 하면 큰 문제가 발생한다. 선체의 rolling은 복원력과 관련이 있기 때문에 엄격히 제한을 하고 있고, 이 한계치를 넘어선 rolling은 선박의 침몰을 야기하게 된다. 그래서 rolling을 방지하기 위한 장치가 고안되었다. Anti-rolling tank(횡요 방지 탱크)로 선박의 중앙하부 양측에 평형을 위한 물탱크를 설치하고 각각의 탱크에 절반 정도의 물을 채운다. 두 개의 물 탱크는 서로 연결되어 있어 물은 상호 이동이 가능하다. 선박이 기울어지면 탱크의 물은 낮은 쪽으로 흘러가지만, 탱크를 연결하는 파이프가 좁게 되어 있어 물의 이동은 지연되게 된다. 예를 들어 선박이 왼쪽으로 기울어지면 탱크의 물은 왼쪽으로 이동하지 않고 대부분 오른쪽(왼쪽으로 이동하는 시간지연으로 인해)에 남게 되어 선박의 횡요가 상쇄되게 된다. 이러한 횡요 방지장치를 생각할 수 없었던 시절에는 선원들이 이를 대신할 수밖에 없었다. 선박이 심하게 rolling을 하게 되면 선저부의 자갈이 바람 방향으로 이동하기 때문에, 자갈을 바람이 불어오는 쪽으로 이동시키기 위해 폭풍우 속에서 필사의 노력을 하였던 것이다.

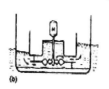

장승욱 작가는 배와 관련한 토박이 우리말을 정리하였는데, 미처 알지 못했던 우리 토박이말을 널리 소개하는 것도 의미가 있는 것 같아 여기에 전문을 소개한다.

"옛날, 그러니까 황당선(荒唐船)이나 이양선(異樣船)이

Anti-rolling Tank[21]

21 http://wiki.eworldship.com/index.php?edition-view-3285-1(2024. 8. 1.)

황당하게 나타나기 전에는 돛대가 몇 개인가가 배의 크기를 말했다. 외대박이, 두대박이, 세대박이가 그것이다. 돛대가 한 개 있는 외대박이는 야거리, 두 개인 두대박이는 만장이, 같은 두대박이지만 쇠못을 쓰지 않고 만든 고깃배는 닷배라고 하고, 바다로 다니는 큰 나무배는 당도리라고 한다. 통나무를 파서 만든 작은 배는 마상이나 쪽배라고 하는데, 구유처럼 생겼다고 구유배라고도 한다.

거룻배는 돛을 달지 않은 작은 배고 나룻배는 사람과 짐을 싣고 나루를 건너다니는 배, 너벅선은 너비가 넓은 배, 물윗배는 강에서 다니는 몸이 낮고 바닥이 평평한 배를 말한다. 배를 움직이는 데 필요한 기관이나 돛, 노 같은 것이 아무것도 없는 멍텅구리배도 어쨌든 물위에 뜨니까 배 취급을 받기는 받는 모양이다.

배의 앞쪽은 이물, 뒤쪽은 고물이라고 하는데, 이물은 밑앞, 고물은 밑뒤나 꽁지부리라고도 한다. 이물의 맨 앞에 바깥으로 뾰족하게 나온 부분은 묘시 또는 칼치라고 불린다. 또 노를 기준으로 해서 오른쪽 뱃전을 노앞, 왼쪽 뱃전을 노뒤라고 한다. 뱃전은 배의 양옆 가장자리 부분이고, 배쌈은 뱃바닥의 가를 빙 둘러싸서 붙여 올린 배의 벽을 가리킨다. 배의 겉을 두른 널을 삼이라고 하는데, 배쌈은 뱃삼이 변한 말인지도 모르겠다. 돛단배의 이물과 고물에 배에 오르내릴 때 디디도록 깐 널은 덕판이라고 하고, 덕판과 뱃바닥 사이의 공간은 구세안이라고 한다. 잡은 물고기를 산 채로 넣어 두는 칸은 물갓이나 물칸, 뱃사람들이 잠을 자는 칸은 맏간이나 한장이라고 하는데, 맏간은 배의 고물의 첫째 칸이라고 해서 붙은 이름이다.

배의 돛을 달아 올리고 내리는 줄은 마룻줄이나 용총줄이고, 배가 정박할 때 떠내려가지 않도록 묶어두는 줄을 버릿줄, 밀물이나 썰물에 밀리지 않게 고물에 달아 두는 돌은 몽깃돌, 배를 멜 때 배와 부두의 벽이 직접 부딪치지 않도록 다는 통나무는 밴두리라고 한다. 물이 새지 않게 배의 널빤지에 난 틈을 메우는 데 쓰는 물건을 박이나 뱃밥이라고 하는데, 주로 대를 훑어 나온 부스러기인 대깔이 박으로 쓰였다고 한다. 배에서 물을 퍼내는 바가지는 파개나 파래박으로 불린다. 얼음 깨어 뱃길을 만들면서 배를 젓는 일을 골배질이라고 하는데, 장대에 도끼의 날을 달아서 골배질에 쓰는 도구는 싸리라 부른다. 배가 좌우로 흔들리는 것은 **옆질**, 앞뒤로 흔들리는 것은 뒷질이라고 한다.

노를 빼놓을 수가 없다. 노의 손잡이는 노손, 노질을 할 때 물에 잠기는 넓적한 부분은 노깃이나 노뺀지, 노질을 쉽게 하도록 노에 거는 줄은 노병아, 노를 끼우려고 뱃전에 박은 나무못은 놋좆이라고 한다. 주낙배나 보트에서 쓰는, 보통의 노보다 작고 주로 앉아서 젓는 노는 가래노, 조금 짧고 두 개로 젓게 된 노는 나래라고 한다. 가나다순에 따르면 다음은 다래나 다래노가 나올 차례인데 그런 노는 아직까지 학계에 보고된 적이 없는 것 같다.

장밋은 마상이의 뱃전에 붙박아 앉아서 젓는 작은 노이고, 상앗대는 물가에서 배를 떼거나 미는 데 쓰는 장대로 줄여서 삿대, 「처녀 뱃사공」에 나오는 그 삿대다. 그런데 노랫말에서 '삿대를 저어라' 하는 부분이 아무래도 마음에 걸린다. 삿대를 저으면 물이나 흐려질까 배를 나아가게 하는 데는 아무런 도움이 되지 않을 것이기 때문이다."[22]

route 항로, 경로

라틴어 rumpere(쪼개다)의 여성형 과거분사 *rupta*(강제로 개방된 길)에서 유래하여 12세기 고대 프랑스어에 rute(길, 도로)를 거쳐 13세기 초 rout 형태로 영어에 채용된 뒤 route가 되었다.[23]

22 장승욱, 『재미나는 우리말 도사리』, 하늘연못, 2004, pp.215-217.
23 Harper, *Online Etymology Dictionary*, at http://www.etymonline.com(2024. 8. 1.)

위의 어형 변천사에서 살펴본 바와 같이, route는 원래 '무성한 숲 속을 가로질러 지나가도록 통해 있는 좁은 길'을 뜻했다. '좁은 길'을 뜻했던 trade가 '항로' 이외에 '직업', '무역'의 뜻을 포함하고 있는 것처럼, routine에도 '좁은 길' 이외에 '지극히 당연한 일', '일상의 일', '관례', '정해진 수순'이라는 의미가 있다. 이는 '새로 만들어진 좁은 길이 사람들의 통행으로 다져지는 것'처럼 몇 번씩이나 똑같은 일을 되풀이한 후 차차 몸에 익혀진 하나의 기술이 직업이나 관례가 되는 것과 매우 유사하기 때문일 것이다. 'Via trita, via tuta'(밟혀서 단단해진 길이 안전한 길이다)라는 격언이 있는데, 몸에 익은 기술이 삶을 살아가는 데 필요하고 안전한 방식인 것은 두말할 나위도 없다. route는 일반적으로 '경로'라는 뜻인데, 해사용어로는 trade와 같이 '항로'를 의미한다. Trade가 라틴어의 terere(마찰하다, 종종 사용하다, 통행하다)의 목적격 분사 tritum, 영어 tread(밟다), 독일어 treten (밟다)과 같은 동족어이고 '좁은 길'을 뜻하는 것처럼, route의 원뜻도 '좁은 길'이다.

이렇게 말하는 것은 route라는 단어가 라틴어의 rumpere(깨뜨리다, 잡아 찢다)의 여성형 과거분사 rupta에서 유래하였고, "away broken or cut through a forest" (숲 속을 뚫고 통해있는 좁은 길)가 원래의 뜻이기 때문이다. 전혀 관계가 없는 것처럼 보이지만, route(경로)와 bankrupt(파산)는 동족어다. route의 어원은 라틴어의 rumpere(깨뜨리다)의 여성형 과거분사 rupta이고, rupta를 bank(은행)에 붙인 것이 영어 bankrupt(파산)이기 때문이다. 이러한 연결을 다시 보여주는 것은 프랑스어의 banqueroute(파산)일 것이다. 그것은 banque(은행)와 route를 그대로 결합하여 구성한 것이다.[24]

---

24 佐波宣平, 『海の 英語』, pp.356-357.

rudder 키, 타

원-게르만어의 '조종하다'를 뜻하는 ro(row의 어원) + 도구를 의미하는 중성접미사 þra가 결합하여 만들어진 낱말로, 원-게르만어에서는 *rothru* 형태로 쓰였던 것이 중세 영어에서 roðor(paddle, oar), 15세기 중엽 rother 등으로 쓰이다가 rudder로 정착하였다. 고대 프리슬란트어의 roðer, 중세 저지 게르만어의 roder, 중세 네덜란드어 roeder(현대 네덜란드 roer), 고대 고지 게르만어 ruodar(현대 독일어 ruder) 등이 동족어다.[25]

rudder의 원뜻은 '노 젓는 장치'인데, 오늘날 뱃전에서 전진시키기 위해 젓는 장치인 노(oar; Riemen)와 배의 방향을 조종하기 위해 선미에 고정된 키(rudder;

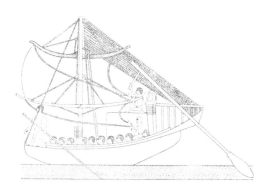

tiller를 장착한 이집트의 배(BC 2500)[26]   Stralsund 紋章에 새겨진 Cog 선(12세기)[27]

25 *The Shorter Oxford English Dictionary*, p.1858.
26 김재근, 『배의 역사』, p.35.
27 http://en.wikipedia.org/wiki/Cog_(ship)(2024. 8. 1.)

Rudder)는 별개의 것이었으나, 12세기 한자의 cog 선이 등장하기 전에는 이러한 구별을 하지 않았다. 즉 뱃전에 설치한 노로 전진 타력과 방향 전환을 모두 할 수 있었다. 이는 노 끝단의 날개로부터 키가 만들어졌으므로 row가 rudder로 변한 것은 너무도 당연한 일이었을 것이다.[28]

rummage 세관원의 선내 검색

‘배의 화물창에 짐을 쌓다’는 뜻을 지닌 *arrumer*에서 유래하여 고대 프랑스어 arrumage(arrangement of cargo, 화물 정돈)로 사용되다 1520년대 rummage(선박에서 화물을 정돈하는 행위)로 영어에서 처음으로 사용되었다. 그런데 arrumer 자체는 게르만어라는 설도 있고,[29] a(to) + run(ship's hold)의 조합어로 ‘배에 화물을 싣다’는 뜻으로 고대 프랑스어의 arimer, arumer, ariner(현대 프랑스어 arrimer, 짐을 차곡차곡 싣다) 등의 이형이라는 설도 있다. 고대 노르만어에 rum(배의 격실), 고대 고지게르만어의 rum(공간), 고대 영어의 rum(현대영어의 room), 중세 네덜란드어의 ruim(공간) 등이 사용된 것으로 보아 게르만어에 기원을 두고 프랑스어에 채용된 뒤 영어에 유입된 것으로 보인다. rummage는 ‘적재 장소’의 뜻으로는 1639년, ‘선박의 화물창에 화물을 배열’하는 뜻으로는 1688년, ‘철저한 점검’의 뜻으로는 1753, ‘세관원의 선박 점검’의 뜻으로는 1867년에 각각 처음 사용된 것으로 확인되고 있다.[30]

---

28 佐波宣平, 『海の 英語』, p.359.
29 Harper, *Online Etymology Dictionary*, at http://www.etymonline.com(2024. 8. 1.)
30 *The Shorter Oxford English Dictionary*, p.1862.

　고대 해사용어에서는 roomage가 사용되었는데, room(장소) + age = '장소를 주다'는 원뜻에서 '배의 화물창에 빈틈없이 쌓다'는 뜻으로 전화되었다. 현대 해사 용어인 stowage(화물 적재)가 stow(싣다) + age에서 유래하는 것과 같다. 그런데 화물을 능숙하게 쌓아올리기 위해서는 짐을 배 안의 어느 한 곳에서 다른 곳으로 옮겨 실을 필요가 있으므로, roomage가 후에 rummage로 바뀌게 될 무렵에는 '배 안의 화물을 옮겨 싣다'는 의미를 갖게 되었고, '배 안의 화물을 검사한다'는 뜻으로도 전용되었다. 오늘날 rummage는 '세관공무원의 선내 점검'을 의미하는 단어로 사용되고 있다.

　rummage는 화물을 옮겨 실을 필요도 없는 화물은 옆에 따로 치워두기 때문에 '잡동사니'나 '허드레물건'의 뜻으로도 사용되고 있다.[31] 1803년 처음 사용된 'rummage sale'이라고 하면, '주인이 불분명한 화물을 선창에서 판매하는 행위'를 의미한다.[32]

---

31 佐波宣平, 『海の 英語』, p.360.
32 Harper, *Online Etymology Dictionary*, at http://www.etymonline.com(2024. 8. 1.)

sail 돛

노르만 계통의 북방계 언어에 어원을 둔 단어로 앵글로색슨어에서는 *segel, segl*로 표기되어 사용되었고, 중세 시대에는 seil, seyl로 표기되어 사용되었다.[1] 역사적으로 sail은 888년 '돛'을 가리키는 용례로 처음으로 사용되었다가 893년에 이르러 '돛에 부는 바람을 추진력으로 사용하는 배를 타고 여행하는 행위'(to travel on water in a vessel propelled by action of the wind upon sails)를 뜻하는 동사로 전용되었다. 이밖에도 sail은 '바람의 추동력을 이용하거나 또는 다른 어떤 눈에 띄는 작용력을 이용하지 않고 수면이나 대기를 미끄러져 가는 행위'(to glide on the surface of water or through air, either by the impulsion of wind or without any visible effort)를 가리키거나 '돛단배의 움직임을 연상시키며 장엄하고 웅장하게 움직이다'(to move or go in stately or dignified manner, suggestive of the movement of a ship under sail) 또는 '돛을 준비하다'(to provide with sails) 등의 의미로 사용되어 왔다.[2] 이상에서 살펴본 바와 같이, sail은 능동적이고 목적의식

1 OED, Vol. XIV, p.373; 佐波宣平, 『海の 英語』, p.362.
2 OED, Vol. XIV, pp.371-373.

이 내재된 항해라기보다는 좁게는 요트를 타는 것에서부터 넓게는 돛단배를 타고 항해하는 것 등을 의미하는 다분히 '수동적이고 비상업적인 항해'를 뜻하는 단어이다.

그러면 지중해 지역에서는 '돛'은 어떻게 불렀을까? 선박의 형태를 그린 세계 최고의 그림은 현재 대영박물관에 소장되어 있는 항아리에 새겨진 그림인데, 그 연대에 대해서는 연구자에 따라 무려 2500년의 차이가 난다. 서울대 조선공학과의 故 김재근 교수는 기원전 2900년, 뉴욕대의 Lionel Casson 교수는 기원전 3500년, Peter Kemp와 Sean McGrail은 기원전 3100년, 사와 센페이는 기원전 6000년으로 각각 추정하고 있다.[4] 이를 고려하면 지중해 연안의 주민은 아주 오래 전부터 돛을 이용하여 배를 움직였고 돛을 부르는 단어도 필히 있었을 것으로 추측되지만, 당시에는 아직 문자가 발명되지 않아 기록에도 남아있지 않다.

Tacitus의 *Germania*(c. 98)에는 다음과 같은 기록이 나온다.

"주이온 종족 단체들은 대양의 섬에 자기들끼리 산다. 그들은 전사와 무기뿐 아니라 배에서도 강하다. 그들 배의 구조는 우리의 것과 다르다. 그들의 배는 앞쪽뿐 아니라 뒤쪽으로도 뱃머리가 있어 어느 쪽으로든 상륙하기 편리하게 되어 있다. 주이온족은 velum(돛, sail)을 사용하지 않고, 노를 배의 양 벽 일정한 곳에 묶지도 않는다. 노는, 몇몇 강가 지역에서 그러하듯이, 고정되어 있지 않다. 그래서 항해하는 방향에 따라 노

이집트의 외돛단배(3500 BCE)[3]

3 Sean McGrail, *Ancient Boats and Ships*, p.57.
4 김성준, 『역사와 범선』, p.13.

를 한 방향이나 다른 방향으로 바꿀 수 있다."[5]

　이 문장을 근거로 하면 돛은 북유럽에 비해 남유럽에서 먼저 사용했음을 알수 있다. *Germania*에서는 '돛'을 라틴어 velum으로 표현했는데, 라틴어 velum은 '돛', '배', '장막'을 뜻하고, 'velis et remis'라고 하면 'with sails and oars'(돛과 노로, 전력을 다해서)라는 의미이다. 1255년 제정된 베네치아해법에도 'a primo die quo *velum* fecerit usque ad quinque annos'(돛을 펼친 최초의 날로부터 계산해서 선령 5년까지)라는 문장이 있다. 이처럼 라틴어 velum은 영어 vehicle(차)의 어원이 되었는데, 라틴어 vehere(옮기다, 운반하다)라는 동사에는 '범주(帆走)하다'는 의미가 있는 것으로 미루어 이 말이 velum(돛)에서 유래했음을 알 수 있다. 그렇지만 velum의 원뜻은 '장막' 즉, 영어의 veil이고, '장막'으로부터 '돛'이 파생되었다. 현대 프랑스어로 voile는 남성명사로는 '장막', '면사포'를 뜻하고, 여성명사로는 '돛'이나 '범선'을 뜻한다. *The Black Book of the Admiralty*에 수록된 Oleron 해법에는 중세 프랑스어 trefs가 나오는데, Twiss는 이를 sailes로 번역하면서 "trefs는 voiles과는 구별되는 것으로 보이는데, 아마도 topsail이나 악천후에 다는 작은 돛(smaller sail)을 의미하는 것 같다"는 주석을 달고 있다.[6]

　이상의 어원 고증을 통해 영어 sail은 북방계의 seil, seyl, segel, segl 등으로부터 유래하였고, 라틴어계의 velum(돛)으로부터 만들어진 것이 아님을 알 수 있다. velum은 영어 veil에 흔적을 남기고 있다.[7]

　우리말 '돛'의 어원도 그 재료에서 기원한 말이다. 서정범의 『국어어원사전』

---

5 Tacitus, 이광숙 역, 『게르마니아』, 서울대학교 출판부, 1999, pp.91-92.
6 Twiss, ed. by, *The Black Book of Admiralty*, Vol.I, p.131, note 2.
7 佐波宣平, 『海の 英語』, pp.362-363.

(2000)에 따르면, "돛의 재료는 베 또는 풀이다. 돛은 돗, 돝으로 소급된다. 고대로 올라가면 풀을 엮어 사용했을 가능성을 생각해 볼 수 있다. 돗 (帆) : ㅂㄹ맷 빗돗ㄱ란(風帆)(두시언해 초간본). 베도 그 재료는 풀이라 하겠다. ㅆㅣ(帶)(훈몽자회). 'ㅆㅣ'의 원형은 '듸'이고, 듣 > 들 > 들이 > 드이 > 듸의 변화로서, 듣은 베, 풀의 본뜻을 지닌 것이라고 생각된다. 봄에 나오는 돋나물의 돋, 바다에서 나오는 톳 등도 풀의 뜻을 지닌다고 하겠다. 일본어의 ho(帆)는 po로 소급되며, pot이 조어형이 되는데, 국어 베의 조어형 벋과 동원어가 된다."[8] 백문식도 『우리말 어원사전』(2014)에서 '돛대' 항목에서 "돗ㄱ(帆)은 돗자리 풀을 뜻하는 말이다. 돗자리는 풀로 만들고, 돛도 풀로 엮거나 베로 만든 천이다"라고 설명하고 있다.[9]

이를 비교언어학적으로 추적한 강길운의 설명에 따르면, "돛은 yelken(돛, 터키어), dalbağa(돛, 몽고유어) 등과 비교될 수 있을 것이나, 알타이 공통기어 dalbağa > tabka(파열음 앞 l 탈락) > tabki >toki > tokk(늦) > tokki(도끼) > točhi(구개음화) > točh(돛)의 과정을 거친 것으로 볼 수 있다."[10]

schooner 스쿠너

스코틀랜드어 scon(돌로 물 수제비를 뜨다)이 미국 뉴잉글랜드 정착민들 사이에서 *scoon* 또는 *scun*, *shunt* 등으로 사용되다 1716년 schooner 형태로 범선의 선형으로 사용되기에 이르렀다. 당초 schooner는 두대박이 범선이었으나, 후대에는 세대

---

8 서정범, 『국어어원사전』, p.192.
9 백문식, 『우리말 어원사전』, p.161.
10 강길운, 『비교언어학적 어원사전』, p.411.

박이 또는 네대박이 범선도 나타나기에 이르렀다.[11] scon이 schon 형태로 변하게 된 데는 네덜란드어의 영향을 받은 것으로 보이지만, 정작 네덜란드어 schooner는 영어에서 차용한 낱말이다. 독일어 Schoner, 프랑스어 schooner, 스웨덴어 skonert 도 모두 영어에서 유래한 것이다.[12]

　schooner가 범선의 한 선형으로 등장하게 된 데는 다음과 같은 역사적 일화가 있다. 1713년 또는 1745년 경 미국 메사추세츠 주 Gloucester의 선장 Andrew Robinson이 최초로 schooner 형 범선을 건조하였는데, 배가 처음으로 바다를 향해 하는 모습을 본 사람이 "O, how she scoons!"(마치 물수제비뜨는 것 같다)라고 외쳤다고 한다. '물수제비뜨기'라고 하면 평평한 작은 돌을 수면 가까이 측면으로 던져 수면을 튕기면서 날게 하는 놀이로, 영어로는 ducks and drakes라고 한다. duck은 암컷오리, drake는 수컷오리를 의미하고, 오리는 수면을 수면에서 능숙하게 헤엄치기 때문에 '물수제비'를 이렇게 부르는데, 당시 뉴잉글랜드 주에서는 이 놀이를 scoon이라고 불렀다. 진수식에서 최신형 범선을 본 사람이 "O, how she scoons!"이라고 외치는 소리를 들은 Robinson이 "A scooner let her be!"(이 배를 scooner이라고 하자!)라고 하였던 데서 그가 설계하고 시운전하였던 신형 범선을 scooner라고 불려지게 되었다.[13] 당시 뉴잉글랜드의 기록에도 'scooner'라고 되어 있다. 하지만 이것이 영국에 유입되면서 school(학교)과의 관련으로부터 철자가 schooner로 바뀌게 되었다. 하지만 Howard Chapelle과 같은 조선공학자는 이와 같은 주장을 '유치한 꾸며낸 이야기'(childish fable)라고 일축하지만,[14] Chatterton 등을 포함한 대다수 언어학자들은 Robinson과 관련한 일화 자체는

---

11 *The Shorter Oxford English Dictionary*, p.1903.
12 Harper, *Online Etymology Dictionary*, at http://www.etymonline.com(2024. 8. 1.)
13 John Babson, *History of the Town of Gloucester, Cape Ann, including the town of Rockport*, 1860, pp.251‑252.
14 Howard Chapelle, *The History of American Sailing Ships*, Norton & Company, 1935, p.13.

1
brig

2
brigantine

3
schooner

4
bark

5
barquentine

창작되었을지 모르지만, schooner란 말 자체가 뉴잉글랜드의 scoon에서 유래하였다는 데는 동의하고 있다.[15] 범선에는 범장에 따라 다양한 명칭으로 구분되는데,

---

15 E.K. Chatterton, *Sailing Ships and their Story*, 1909, p.293; cited by 佐波宣平, 『海の 英語』, p.368.

두대박이에는 brig, schooner, brigantine이 있고, 세대박이에는 barquentine, bark 등이 있다. schooner는 미국 서부개척시대의 대형덮개마차를 뜻하기도 한다.

sea 바다

원게르만어 *saiwaz*에서 유래한 것으로 보이는데, 고트어 saiws, 고대 색슨어 seo, 고대 프리슬란트어 se, 중세 네덜란드어 see, 스웨덴어 sjö 등이 동족어다. 그 어원은 불명확하며, 고대 영어에서는 sae의 형태로 사용되어 '바다, 호수, 고인 물' 등을 뜻했으며, 1200년 즈음 '무엇인가 많은 양'을 뜻하기 시작했고, 1660년대 부터는 '달 표면의 어두운 면'을 의미하기 시작했다고 한다. 게르만어 계통에서는 인도-유럽어계 단어(대표적인 예가 영어의 mere – 연못, 호수)도 병용하였는데, lake와 sea는 그 크기, 소재지, 염분 농도 등에 의한 뚜렷한 구분 기준은 없었다. 이것은 게르만어계의 단어가 기원한 발트해 지역의 지리적 특성을 반영하고 있다. 게르만어계에서는 lake와 sea가 서로 교환적으로 사용되고 있기도 하고, 정반대의 의미로 사용되기도 한다. 이를테면, 고트어에서는 saiws(lake)와 marei(sea)와 같이 쓰이지만, 네덜란드어에서는 zee(sea)와 meer(lake)로 쓰인다. 독일어의 See는 die See(여성명사)로는 sea, der See(남성명사)는 lake를 뜻한다.

sea를 사용한 관용구로 sea change(용모 따위의 큰 변화)은 1610년, Sea anemone(말미잘)은 1742년, sea legs(뱃멀미 안하기)는 1712년, sea level(해수면)은 1806년, sea urchin(성게)는 1590년대부터 각각 사용되기 시작하였고, at sea는 '땅이 보이지 않는'의 뜻으로는 1300년경부터 사용되었지만, '당혹함'을 나타내는 비유적인 의미로는 1768년부터 사용되었다.[16] sea change는 '(용모 따위의, 이따금 좋은 쪽으로의) 큰 변화, 근본적 변화'를 뜻하는데, Shakespeare가 *The Tempest*에서 처음 사용한 말이다. sea legs는 '흔들리는 배 안을 잘 걷는 능력, 뱃멀미 안 하기',

'배의 흔들림에 익숙해지다, 뱃멀미를 안 하게 되다, 새로운 상황에 적응하다'는 뜻이다. 영국 정치가 David Llyod George(1863~1945)는 1895년 편지에서 이렇게 썼다. "I have got my sea legs in the House. They now listen to me with deference" (나는 이제 의회에서 잘 적응하고 있습니다. 다른 의원들이 내 말에 귀를 기울이고 있지요). all at sea는 '아주 망연자실하여'란 뜻으로 totally at sea라고도 한다. 조잡한 수준이나마 나침반이 항해에 쓰이기 시작한 것은 12세기 경부터였지만, 폭풍이 몰아치면 배들은 길을 잃고 방황하기 마련이었다. 바람은 가라앉았지만 보이는 건 오직 망망대해뿐이라면 그때 선원들의 심정이 망연자실하지 않을 수 없었을 것이다.[17]

우리말 바다의 어원에 대해서는 '물', '파랗다', '넓다'에서 유래했다는 설이 제기되고 있다. 서정범은 바다의 어원을 '물'로 보고 있는데, 그 이유를 다음과 같이 설명하고 있다.

> "어원은 물이라고 여겨진다. 바다(海)(훈몽자회), 바 (용비어천가). 바다의 어근 '받'과 바 의 어근 '받(받)'은 동근어다. 비(雨), boron(雨, 몽골어), pet(河, 아이누어), hutsi(淵, 일본어), bira(河, 만주어), bilgan(川, 만주어). 어근 bor, pet, put, bir 등이 물(水)을 뜻한다. 국어 믈(水)의 고형은 '믇'이다."[18]

이에 대해 안옥규는 바다가 '파랗다'는 뜻에서 유래하였다고 설명하고 있다. "바다의 옛말은 바룰이다. ·내히 이러 바 래 가 니(용비어천가) ·바 래 살아

---

16 Douglas Harper, *Online Etymology Dictionary*, 2001-2014, at http://www.etymonline.com(2024. 8. 10.)
17 [네이버 지식백과] sea (교양영어사전1, 2012.10.22, 인물과사상사)
18 서정범, 『국어어원사전』, p.280.

리랏다(청산별곡) · ᄂᆞᆷ뼈 바라히 ᄼᄆᆞ 챠쇼녀(백련초해) · 海 바라 히(훈몽자회). <바릴>은 파랗다의 옛낱말 <바ᄅᆞ다>가 변화되어 명사화된 것으로서 <파란데>란 뜻을 가진다. (바ᄅᆞᆯ → 바ᄅᆞ → 바라 → 바다). 바다와 벌, 풀은 다 같은 어원의 말들이다. (바라 / 버러 / 부루 → 파라 / 퍼러 / 푸르). '바라'는 후에 <바다>, <파랗다>로 변하고, '버러'는 <벌>, <퍼렇다>로, '부루'는 <풀>, <푸르다>로 변하였다."[19]

한편 백문식은 바다의 어원을 '넓다'는 데서 찾고 있다. 백문식은 '바다'의 어원을 다음과 같이 설명하고 있다. "삼국사기에 <海刺縣 本高句麗 波刺(바릴)縣>이 나온다. 용비어천가에는 '바릴', 월인석보에는 '바다ㅎ'로 적었다. 삼국사기의 신라 관직명 '波珍滄 一雲海干'에서 波珍(海)은 '바ᄂᆞᆯ'을 나타낸 말이다.(받 + 을 = 바ᄂᆞᆯ > 바릴 > 바다). 바다의 어근 '받은 평면, 넓음을 의미하는 벌(原), 밭(平面)과 동언어이며, 고대 퉁구스어 pata와 같다. 일본어 wata(海), wataru(渡)는 우리말 바다(pata)가 변한 것으로 보인다.(pat > wat~). 결국 '바다'는 평평하게 들판처럼 넓은 물을 가리킨다."[20]

강길운도 비교언어학적으로 우리말 '바다'의 어원을 '넓다'는 데서 찾고 있다. "이 말은 alarga(< palgarga, 바다, 터키어), bahri(바다, 터키어), varta(바다, 터키어), parappu/ parvai(바다, 드라비다밀어), ftol(바다, 길약어), wata(바다, 일본어), pari(물, 아이누어), barata(넓어지다, 몽고유어) 등과 비교될 수 있을 것이나, 바ᄅᆞ 계와 바다 계는 서로 어원을 달리하는 것으로 보인다. 즉 바ᄅᆞ/ 바릴/ 바ᄅᆡ 계의 바ᄅᆞ는 bahri(> bari > barʌ 바ᄅᆞ)거나, parappu의 어근 para(> parʌ 바ᄅᆞ)와,

19 안옥규, 『어원사전』, p.178.
20 백문식, 『우리말 어원사전』, pp.230-231.

바리는 paravai(> parwe > parE 바리)와, 바룷은 alarga의 소급형 palarga(> pararā > par∧r 바룷)와 각각 대응될 것이고, 바다는 varta(> bata > pata 바다)거나 badara의 어근 bada(넓다)와 대응될 것이다. 따라서 바다는 '바리/ 바룷/ 바리' 등에서의 발달이 아니고, 그 어원은 varta(바다)거나, bada(넓다)인 것으로 추정된다. 그리고 '바리/ 바룷/ 바리' 계의 어원도 para(넓다)인 것으로 추정된다. 요컨대 바다(海)를 뜻하는 어휘는 모두 '넓다'는 어원을 갖고 있는 것으로 보인다."[21]

seaman 선원, 뱃사람

sea + *man*의 합성어로, 네덜란드어의 zeeman, 독일어의 Seemann 등과 유사하다. 고대 영어에서는 saemanna(복수형) 형태로 사용되었다.[22]

우리나라 선원법에 따르면, 선원이란 '선박에서 근로를 제공하기 위하여 고용된 사람'으로 '선장, 해원(직원과 부원), 예비원'으로 구성된다. 영국 해사법이나 일본 등 주요 국가의 선원 관계법에서 선장은 해원의 범주에서 제외하고 있는데, 이는 선장이 선주의 대리권자로 보는 해사법의 전통에 따른 것이다. seaman은 당초 landman의 상대어로 만들어졌기 때문에 그 범주가 애매하다. 보통 해사계약이나 법에서는 master and mariner가 일반적으로 널리 사용되었다.[23]

21 강길운, 『비교언어학적 어원사전』, p.592.
22 Harper, *Online Etymology Dictionary*, at http://www.etymonline.com(2024. 8. 1.)
23 佐波宣平, 『海の 英語』, p.372.

seamanship 선박운항술, 선원으로서 갖춰야 할 기술, 지식, 도리

seaman + ship이 결합된 낱말로 어휘 자체만으로는 '해상에서 선박이나 보트를 운용하는 기술(skill, technique or practice)'[24]을 의미한다. 이 낱말이 사용된 첫 용례는 1766년으로 당시는 'acquaintance with the skill of a good seaman[훌륭한 선원이 (선박 운항) 기술에 능숙한 것]이란 의미로 사용되었다.[25]

선박운항술에는 항해와 관련한 기술과 지식, 소형선 운용술, 화물의 선적 및 관리, 선박의 유지 및 보수, 해상법과 해양법 등이 종합적으로 연계되어 있다. 이는 또한 사건이 발생했을 때 적절히 대응하기 위해 선원을 지휘하는 능력도 포함된다. 선박운항술에는 다음과 같은 것들이 포함된다.[26]

- 선장의 책임과 역할
- 선원의 안전
- 선박조종술
- 묘박술
- 계류삭 운용
- 항해술
- 입출항
- 해사관련법
- 해상법

24 *Lexico UK English Dictionary*, Oxford University Press(2024.3.20.).
25 Harper, *Online Etymology Dictionary*, at https://www.etymonline.com/(2024.3.20.)
26 이상 Zeke Quezada, What is seamanship?, American Sailing Association, at https://asa.com/news/2022/10/31/seamanship/(2024. 3.20)

- 해양기상
- 견시 및 당직
- 해사통신
- 기관운용
- 화물선적 및 관리
- 비상조치
- 생존술
- 소화

그러나 seamanship은 단순히 '선박운항술'의 의미를 넘는 선원의 마음가짐이나 도리의 의미까지 포괄하고 있다. 이를 보여주는 말이 'good seamanship'이란 용어다. A Guide to the Collision Avoidance Rule(7th ed.,2012)에는 'good seamanship'이 다음과 같이 정의되어 있다.

> It would be **good seamanship** to move away, as far as is safe and practicable, from the side of the fairway in which the overtaking vessel intends to pass, to allow a greater passing distance, and furthermore to reduce speed in order to decrease the period of running closely parallel to each other.
>
> 추월선이 최대의 항과 거리를 갖도록 하고, 두 선박이 서로 근접해 평행하게 항해하는 시간을 줄이기 위해 감속하여 추월선이 통항하려는 항로 측에서 가능한 한 안전하고 실행 가능하도록 떨어져 항해하는 것이 '훌륭한 선박운항술'이다.

이 책은 선박충돌방지를 중점으로 하는 지침서이기 때문에 'good seamanship'을 단순히 선박조종술 측면만을 강조하고 있지만, good seamanship에는 그 이상이 포함되어 있다. 이를테면 항해 중 위험에 빠진 배나 사람을 구조하는 과정에서 '이로'(deviation)가 발생했다고 하자. 이로가 발생할 경우 용선자나 화주는 선박

운항이 지체되어 금전적 손실이 발생하기 때문에 선주는 손해배상을 해줘야 한다. 그러나 위험에 빠진 사람이나 배를 구조하는 것은 선원이기 이전에 인간으로서 해야 할 당연한 인류적 도리다. 따라서 바다에서 위험에 빠진 사람이나 배를 구조하는 것은 선원이 'good seamanship'을 발휘한 것으로 간주되어 용선자나 화주는 그로 인해 발생한 손해에 대해 손해배상을 청구할 수 없다는 것이 해사산업계의 오래된 관행이다. 따라서 이 경우의 'good seamanship'은 단순히 '훌륭한 선박운항술'만을 의미하는 것이 아니라, '선원으로서 당연히 갖춰야 할 도리'를 뜻한다.

seaworthy 감항성(堪航性) 있는

sea + worthy(~알맞은)의 합성어로 1807년 "해상에서 악천후에 맞서기에 적당한 설비를 갖춘" 것을 뜻하였고, 고대 영어에서는 hardy at sea라고 표현하였다.[27] 이 seaworthy의 명사형이 seaworthiness인데, '항해를 감당할 수 있는 성능'이라는 의미로 일본인들이 '堪航性'(たんこうせい) 또는 '耐航性'(たいこうせい)으로 번역하였다. 감항성 없이 항해에 나선 선박은 항해에서 클레임이 발생해도 해상보험회사로부터 보상을 받을 수 없다. 용선 계약에서도 감항성은 선박에 관한 중요한 조건 중의 하나이다. '감항성'에 관해서는 영국 해상보험법인 Marine Insurance Act(1906) §39에 다음과 같이 규정하고 있다.

39. Warranty of seaworthiness of ship

(1) In a voyage policy there is an implied warranty that at the commencement of

---

27 Harper, *Online Etymology Dictionary*, at http://www.etymonline.com(2024. 8. 1.)

the voyage the ship shall be seaworthy for the purpose of the particular adventure insured.

(2) Where the policy attaches while the ship is in port, there is also an implied warranty that she shall, at the commencement of the risk, be reasonably fit to encounter the ordinary perils of the port.

(3) Where the policy relates to a voyage which is performed in different stages, during which the ship requires different kinds of or further preparation or equipment, there is an implied warranty that at the commencement of each stage the ship is seaworthy in respect of such preparation or equipment for the purposes of that stage.

(4) A ship is deemed to be seaworthy when she is reasonably fit in all respects to encounter the ordinary perils of the seas of the adventure insured.

(5) In a time policy there is no implied warranty that the ship shall be seaworthy at any stage of the adventure, but where, with the privity of the assured, the ship is sent to sea in an unseaworthy state, the insurer is not liable for any loss attributable to unseaworthiness.

제39조 선박의 감항성 담보

(1) 항해보험에서는 항해개시일에 선박이 부보된 특정 해상사업의 수행을 위하여 감항성을 갖추어야 한다는 묵시담보가 있다.

(2) 보험이, 선박이 항내에 있는 동안에 시작할 때는 전항에서 정하는 외에 선박이 위험개시일에 내항(內港)에서의 통상위험에 대항하는 데 합리적으로 적합하여야 한다는 묵시담보가 있다.

(3) 보험이 몇 단계로 나뉘어져서 수행되는 내항에 관련되는 것으로 그 내항 중 단계가 다름에 따라 선박은 다른 종류의 준비 및 의장이나 또는 가일층의 완전한 준비 및 의장을 요할 경우에는 선박은 각 단계의 개시일에 그 준비와 의장에 관하여 그 단계의 항행을 위해서 감항성을 갖추어야 한다는 묵시담보가 있다.

(4) 선박이 부보된 해상사업의 통상의 해상고유의 위험에 대항함에 있어 모든 점에서 합리적으로 적합할 때는 그 선박은 감항성을 갖추었다고 간주된다.

(5) 기간보험에서는 선박이 해상사업의 여하한 단계에서도 감항성을 갖추어야 한다는 묵시담보는 없다. 그러나 피보험자가 은밀히 알면서 선박을 불감항 상태로 취항케 하였을경우에는 보험자는 불감항성에 기인하는 일체의 손해 에 대하여 책임을 부담하지 않는다.

Charles Lamb(1775-1834)은 자신의 수필집 *Essays of Elia*(1823)에 실린 수필에서 "How few sentiments, my dear F, I am afraid we can set down, in the sailor's phrase, as quite sea-worthy"(우리 친애하는 F군, 아마 감정이라는 것은 뱃사람의 용어로 말하자면 항해를 감당할 수 없는 것과 같다)라고 말하고 있다. Lamb이 말하는 것처럼, sea-worthy란 용어는 '뱃사람의 용어'인 것이다. Stevenson의 *Treasure Island*에도 한 선원이 Smollett 선장에게 "What have you to say? All well, I hope; All shipshape and seaworthy"(뭐라고 말씀하셨습니까? 제가 바라는 것은 '잘 정돈되어 있고, 감항성이 있는 것 아닙니까?)라고 말하는 장면이 나온다.[28]

ship 배

원게르만어 *skipam*(배)에서 유래하여 고대 영어에서는 scip 형태로 사용되었으며, 고대 노르만어 · 고대 색슨어 · 고대 프리슬란트어 · 고트어 skip, 고대고지

---

28 Robert Louis Stevenson, *Treasure Island*, p.70.

게르만어의 skif, 덴마크어 skib, 스웨덴어 skepp, 네덜란드어 schip, 독일어 Schiff, 프랑스어 esquif, 이탈리어어 schifo 등이 동족어이다. 고대 영어에서 ship은 소형 배(small craft)에도 사용되었지만, 19세기 즈음에 boat와는 구별되어 bowsprit과 세 개의 돛대를 갖춘 선형을 가리키게 되었다.[29]

홍미로운 것은 SOED나 Douglas Harper는 ship의 어원이 불명확하다고 밝히고 있는데 반해, Hamersley는 그리스어의 skaptein(scoop out, 국자로 퍼내다)에서 유래했다고 밝히고 있다.[30] 영어에서 '배'를 뜻하는 낱말에는 craft, boat, vessel, ship이 있는데, 이를 구별하는 대체적인 기준은 다음과 같다.

- craft : 특수한 배. 예) hover-craft
- boat : 작은 배. 예) fishing boat
- vessel : 용기라는 뜻에서 유래. 대형선. 예) motor vessel
- ship : 배의 통칭. 예) training ship, merchant ship

그렇다면 무엇을 '배' 또는 '선박'이라고 정의할 수 있을까? 국제해상충돌방지규칙(COLREG, 1972, Rule 3)에는 '구조, 크기, 동력, 용도 및 공사선 여부에 관계없이 해상운송에 사용되는 모든 구조물'[31]을 통칭한다. 이 규정에 따르면, 부선, 준설선, 등대선, 플로팅 도크, 예선 등도 모두 배라고 할 수 있다. 우리나라 상법 제740조에서는 '선박'을 '상행위나 그밖의 영리를 목적으로 항해에 사용하는 선박'으로 단정인, 노도선, 총톤수 20톤 이하의 선박은 제외하였다. 선박법 제1조의 2에서는

29 Harper, *Online Etymology Dictionary*, at http://www.etymonline.com(2024. 8. 1.)
30 Lewis Randolph Hamersly, *A Naval Encyclopaedia*, L.R. Hamersly & Co., 1884, p,734.
31 The word 'vessel' includes every description of water craft, including non-displacement craft, WIG craft and seaplanes, used or capable of being used as a means of transportation on water.

'선박'을 수상 또는 수중에서 항행용으로 사용하거나 사용할 수 있는 배 종류를 말하며, 기선, 범선, 부선 등으로 구분하였다. Lloyd's Register of Shipping에서는 '100톤 이상의 강선'만을 선급 입회 기준선으로 정하고 있다. 이상과 같은 여러 규정과 법을 종합해보면, '배' 또는 '선박'이란 ① 물에서 ② 사람이나 물건을 적재하고, ③ 항구적으로 고정되지 아니하고, 바다에서 이동 가능한 오목한 구조물로 정의할 수 있다.

우리말 '배'는 그 재료에서 기원했다는 설이 있다. 서정범의 『국어어원사전』에는 다음과 같이 설명되어 있다. "배를 만드는 재료는 고대에는 주로 나무이기 때문에 비(舟) : ㄱㄹ매 비업거늘(용비어천가). 비는 ㅂ이가 줄어진 말이다. ᄇᆞᆮ > ᄇᆞᆯ > ᄇᆞᆯ이 > 비의 변화다. 일본어 hune(舟)의 고형은 pune로서 pun이 어근이다. 조어형은 put인데, 국어 배의 조어형 ᄇᆞᆮ과 동원어다. 말음 ㄷ이 ㄴ으로 바뀌는 현상이 있다. 한편 일본어 hune(船)은 hu와 ne의 합성어로 볼 개연성도 있다. hu는 pu로 소급하면 pit이 조어형이고, net는 nat으로 재구하면 널과 비교되어 나무를 뜻하는 말이 겹쳐 배의 뜻을 지닌다 하겠다."[32]

한편, 강길운은 비교언어학적인 측면에서 우리말 배의 어원을 "드라비다어의 pāru(배)나 punai(배, 떼), 터키어의 barka(큰배), 일본어 pune > hune(배) 등과 비교될 수 있을 것이나, 가야민족이 해운강국이었으므로 pāru와 대응될 것이다. pāru > pāri > pai > pà(배) / pe(비)의 과정을 거친 것으로 보인다"[33]고 설명하고 있다.

32 서정범, 『국어어원사전』, p.295.
33 강길운, 『비교언어학적 어원사전』, p.627.

ship called 'she' 배를 '그녀'라고 부르는 이유

영어에서는 라틴어 계열에 비해 단어의 성(性)의 구별이 그렇게 뚜렷하지 않다. 그런데 해사영어에서 가장 널리 사용되는 'ship'(배, 본선)을 지시대명사로 'she'로 부르는 것은 영어 초보자들에게도 상식이다. 다음은 해사용어에서 사용되는 몇 가지 예이다.

- Ease her! : 속력을 늦춰라!
- Keep her away! : 피해가라!
- Keep her steady! : 현 침로 유지!
- Let her go off! : 선수를 풍하로 돌려라!
- Stop her! : 정선!
- to heave her go : 끌어올리다

Lovette은 영어에서 ship을 she로 부르는 이유를 다음과 같이 설명하고 있다.

"Chester Nimitz 제독이 Society of Sponcers of US Navy에서 '배는 페인트로 말끔하게 유지하는 데 많은 돈이 들기 때문에 언제나 she로 불러야한다'고 말한 적이 있다. ship은 she로 불려야 하는데, 그 이유는 다음과 같다.

- there's always a great deal of bustle around her,
- there's usually a gang of men around,
- she has a waist and stays,
- she takes a lot of paint to keep her looking good,
- it's not the initial expense that breaks you, it's the upkeep,

- she is all decked out,

- it takes a good man to handle her right,

- she shows her topsides, hides her bottom and, when coming into port, always heads for the buoys."[34]

이를 요약해보면, 배 주변의 소란스러움, 남자들이 얼씬 거리고, 허리와 버팀줄이 있고, 돈을 들여 화장을 하고, 관리비가 들고, 예쁜 옷으로 치장하고, 능숙한 남자여야 잘 다룰 줄 알며, 얼굴을 보여주지만, 얼굴 아래는 보여주지 않으며, 집에 들어와서는 늘 남자를 바라보는 등의 특징이 여자와 닮았다는 것이다. Shakespeare의 *Merry Wives of Windsor*(1597)에는 다음과 같은 대사가 나오는데, '부인'을 '배'로 묘사한 재미있는 부분이다.

Mrs. Page : for, sure unless he know some strain in me, that I know not myself, he would never have boarded me in this fury.

Mrs. Ford : Boarding call you it? I'll be sure to keep him above deck.

Mrs. Page : So will I : if he come under my hatches, I'll never to sea again.(Shakespeare, Merry Wives of Windsor, Act II, Scene I, 89-95)

페이지 부인 : 내 자신을 알지도 못하는 낯선 사람처럼 취급하게 되겠어. 나도 모르는 들뜬 기질을 그 녀석이 알아낸 것이 아니라면, 이렇게 후끈 달아서 기어 올라오지는 않을거야.

포오드 부인 : 기어 올라온다고, 어림없지, 갑판으론 못 기어 올라오게 할 걸.

페이지 부인 : 나도 그래. 그 녀석이 내 창구(艙口) 밑으로 온다면 다시는 바다로

---

34 Leland Pearson Lovette, *Naval Customs, Traditions and Usage*, pp.238-239.

안 나갈 테야.[35]

이 장면은 호색한 Falstaff가 Ford 부인과 Page 부인을 미인계로 속이기 위해 연애편지를 두 사람에게 보낸 것에 대해 두 부인이 보고 몹시 화를 내며 성내고 있는 장면이다. 여기에서 board(배에 올라타다), above deck(갑판 위에), under the hatches(艙口 밑에), to go to sea(출범하다, 선원이 되다) 등의 일련의 해사용어가 비유적으로 잘 사용되고 있다. 어느 것이나 부인을 배로 간주하는 용어의 예이다.[36]

ship chandler 선용품상, 선구상(船具商)

영어 ship + chandler의 합성어로, 선박에 필요한 비품이나 용품을 팔거나 공급하는 선용품상, 선구상을 뜻한다. 여기에서 chandler는 candle(양초) + er(사람)이 결합하여 '양초 제조자 또는 양초 상인'을 뜻했다. 당초 이 말은 프랑스어 *chandlier*(candle maker, candle seller)가 14세기 초 영국으로 유입되어 candle-holder란 말이 사용되었으나, 14세기 말에는 chandler가 더 흔하게 사용되어 그대로 정착되었다.[37]

지금은 거의 사용하지 않지만, 1960-70년대 우리나라 가정에서 흔히 사용된 소형 석유램프를 '칸데라'라고 한 것은 네덜란드어 kandelaar(양초, candle-stick)가 일본어 カンテラ를 거쳐 우리나라에 유입된 것이다. '후보자, 수험생' 등을 뜻하

---

35 Shakespeare, 오화섭 옮김, 「윈저의 바람둥이 아낙네들」, 『셰익스피어전집』 III, p.507.
36 이상 佐波宣平, 『海の 英語』, pp.378-380.
37 Harper, *Online Etymology Dictionary*, at http://www.etymonline.com(2024. 8. 10.)

는 영어 candidate은 라틴어 candidatus(하얀 옷을 입은 사람)로부터 유래한 것이다. 원래 로마에서는 관직을 얻고자 하는 후보자는 시민의 눈길과 시민들의 표를 얻기 위해 흰 모직의 상의를 감고, 이것에 흰 분필을 칠하여 시중을 걸어 다녔다. 그리하여 candidatus(백색옷의 사람)이 '후보자'를 의미하게 되었고, 1600년대 영국으로 유입되어 candidate가 되었다. candle도 candidus(새하얀, 눈부신)를 어원으로 한다는 점에서 candidatus와 동족어라고 할 수 있는데, 양초가 '흰 빛을 내기' 때문이다.

  ship chandler라고 하면 일반적으로 선박이 입·출항하는 항구에 점포를 갖추고 선구·선용품, 선원들의 잡화 등을 판매하는 상인을 가리킨다. chandler는 항상 육상의 점포만으로 선구, 선용품을 판매하는 것에 한정이 되지 않는다. 항내에 정박하는 선박의 요구에 따라 거룻배 및 작은 배로도 정박 중인 선박에 선용품 및 잡화를 파는 경우도 있다. 이러한 작은 배, 특히 선원을 대상으로 잡화를 판매하는 선박을 때로는 bumboat라고 하기도 한다. 사와 센페이는 bumboat가 bum(엉덩이, 술부대) + boat로부터 유래한 말이라고 설명하고 있으나, Smyth는 '당직자들에게 공식적으로 맥주를 실어다 주었던 선박인 bombard란 말이 변한 것'이라고 설명하고 있다.[38] 원래 템즈강의 청소에 종사하면서 정박 중인 선박으로부터 오물을 수거하는 것이 본래의 임무였던 bumboat는 언제부터인가 선내 선원들의 음식물과 일용품 등을 공급하게 되었다.

38 Smyth, *The Sailor's Wordbook*, p.143.

shore 해안

원게르만어의 *skuro*(cut)에서 기원한 말로 영어 shear(베다, 잘라내다)의 과거형인 shore(또는 shored)와 동족어라고 할 수 있는데, 본래 의미는 '육지와 바다를 나누는 곳'이다. 중세 저지 게르만어 schor(shore, coast, headland)와 중세 네덜란드어 scorre(land washed by the sea)가 모두 skuro에 어원을 두고 있는데, 영어 shore는 1300년 경 고대 영어나 중세 저지 게르만어, 중세 네덜란드어에서 유입된 것으로 보인다.[39]

영어에 '해안'은 shore 이외에 coast가 있는데, 이는 라틴어 *costa*(늑골, 골조)에서 유래한 말이다. 일설에 의하면, 영어 coast는 '육상에서 본 해안선', shore는 '해상에서 본 해안선'으로 구분한다고 한다. 이것은 같은 절벽이라도 '아래에서 올려 본 절벽'을 cliff, '위에서 내려 본 절벽'은 precipice라고 하는 것과 유사하다. "Once on shore, we pray no more"(해안에 발을 디디면 살려달라고 기도하지 않는다)라는 말이 있는데, 이는 힘들고 괴로울 때만 신에게 도움을 청한다는 뜻으로 여기에서 shore는 '해상에서 본 해안선'이란 뜻이다. Shakespeare의 *The Tempest*에도 다음과 같은 대사가 나온다.

···, and oar'd

Himself with his good arms in lusty stroke to the shore(Shakespeare, *The Tempest*,

II, i, 125-7)

자신의 단련된 어깨로 강하게 물을 치면서 해안을 향해 노를 저었다.

---

39 Harper, *Online Etymology Dictionary*, at http://www.etymonline.com(2024. 8. 10.)

여기에서도 shore는 '해상에서 본 해안선'이란 뜻으로 사용되고 있다. 한편 go-ashores는 상륙용으로 가장 좋은 '선원 제복'을 의미한다.[40]

short stay 쇼트 스테이

닻을 던져 정박하고 있는 배가 출항하기 위해 닻을 감아올리는 과정에서 닻줄 (cable)이 해저나 수면과 이르는 각도가 상당히 기울어진 경우를 short stay라 하며, 우리나라에서는 영어를 그대로 사용하고 있다. short stay에서 stay는 원래 범선용 버팀줄을 가리킨다. 돛대 등이 넘어지는 것을 막기 위한 지지(支持) 또는 그 지지 에 사용하는 밧줄이 stay이다. 배는 닻줄을 통해 연결되어 있는 해저의 닻이 상당 한 경사를 이루면서 지지된다. 갑판 위에서 stay가 돛대 등을 팽팽하게 지탱하고 있는 것처럼, 수면 하에서도 배와 닻 사이에도 팽팽하게 버팅기고 있으므로 이것 도 stay라고 할 수 있다. 따라서 물속에서의 stay는 종종 배 안에서 돛대에 매여진 로프에 의한 stay와 대비된다. 여기에서 forestay는 foremast를 지지해주기 위해 선수에 펼쳐져 있는 stay이다. short stay가 forestay에 비유되는 것은 범선 시대의 선박운용술에서 일종의 전통이었던 듯하다.

그런데 stay에 왜 short라는 형용사가 붙게 되었을까? 이것은 팽팽해진 닻줄이 비교적 짧기 때문이라고 생각된다. short stay에서 닻줄의 길이는 보통 수심의 1.5배 정도로 간주된다.[41] 하지만 수심의 1.5배라는 길이가 어떻게 하여 특히 short

---

40 이상 佐波宣平, 『海の 英語』, p.383.

short stay   long stay

자료 : 佐波宜平, 『海の 英語』, p.387.

stay라고 말해지는 것인가는 이해되지 않는다. short stay의 short는 long stay의 long에 비교하여 '짧다'는 데서 유래된 것으로 추정된다.

> A long stay signifies that the cable forms a line parallel with the main-stay, and a short stay means that it is parallel with the fore-stay.[42]
> Log stay는 닻줄이 main-stay와 평행할 때를 의미하고, short stay는 fore-stay와 평행할 때를 뜻한다.

이 설명에 따르면, short stay는 닻줄이 앞돛대 버팀줄과 평행한 상태이고, long stay는 주돛대 버팀줄과 평행한 상태를 말하므로, 늘어진 닻줄의 길이를 비교해 보면 long stay가 short stay보다 훨씬 길다는 것을 알 수 있다. 사와 센페이는 short stay를 일본어로 '近錨'(きんびょう), long stay를 '遠錨(えんびょう)라고 한다고 밝히고 있는데,[43] 이는 적절한 한자어 번역어는 아닌 것 같다. 왜냐하면, stay는 錨가 아니라 索에 해당하기 때문이다. 따라서 long stay와 short stay를 굳이 한자를 사용하여 옮긴다면 長索과 短索 정도가 될 것이다.

---

41 윤점동, 『선박운용의 이론과 실무』, 제일문화사, 1982, p.18.
42 *A Naval Encyclopaedia*, 1881; cited by 佐波宜平, 『海の 英語』, p.386.
43 이상 佐波宜平, 『海の 英語』, p.386.

St. Elmo's light(fire) 성 엘모의 빛

대기 상태에서 강한 전기장이 형성된 상황에서 뾰족한 물체에서 전기가 방전되면서 발생하는 현상을 말한다. St. Elmo는 St. Erasmus of Formia(? - c.303)를 가리킨다. 안티오크 출신인 에라스무스는 그리스도인 박해를 피해 레바논에 숨어 있다 체포되어 고문을 받고 투옥되었다. 천사의 도움으로 감옥에서 빠져 나와 일리리쿰(Illyricum)으로 피신해 기독교 신앙을 전파하다 다시 체포되었다. 로마인들은 그의 배를 가른 뒤 내장을 양묘기(windlass)에 내걸었다. 이후 성인으로 추대되어 배앓이, 뱃사람의 수호 성인이 되었다. 항해 중인 선박의 돛대에 번개불이 발생할 경우 뱃사람들은 나침반에 영향을 주어서 침로를 잃어버릴 수 있었기 때문에 불운이나 악천후를 예시해주는 징조로 받아들이기도 하고,[45] Herman Melvile의 *Moby Dick*에서처럼, Ahab 선장은 백경을 쫓던 중 악천후 속에서 성 엘모의 빛을 보게 되었을 때 그 하얀 빛이 흰 고래가 있는 곳으로 인도하는 것이라고 선원들을 안심시키기도 했다.

St. Erasmus by Meβkirch, c. 1530.[44]

---

44 http://en.wikipedia.org/wiki/Erasmus_of_Formia(2024. 8. 10.)
45 http://en.wikipedia.org/wiki/St._Elmo's_fire(2024. 8. 10.)

"Look aloft!" cried Starbuck. "The St. Elmo's Lights (corpus sancti) corpusants! the corpusants!" All the yard-arms were tipped with a pallid fire; and touched at each tri-pointed lightning-rod-end with three tapering white flames, each of the three tall masts was silently burning in that sulphurous air, like three gigantic wax tapers before an altar.······Ahab reassures the sailors transfixed with fright. Aye, aye, men! Look up at it; mark it well; the white flame but lights the way to the White Whale!"

"위를 보시오! 스타벅이 외쳤다. 성 엘모의 빛이다. 불덩어리다. 불덩어리야! 모든 돛의 활대 끝에는 새파란 불이 타고 있었다. 높은 세 돛대는 각각 세 갈래로 갈라진 피뢰침 끝에 세 개의 끝이 가는 흰 불꽃을 빛내며 인(燐)의 기운을 머금은 공중에서 조용히 불탔는데, 그것은 제단 앞에 꽂은 세 개의 큰 촛불처럼 보였다 ······에이허브가 크게 소리쳤다. "저것을 보아 둬라. 알아 둬. 흰 불꽃은 고래에게로 가는 길을 비추고 있는 거다!"[46]

성 엘모의 빛이 나오는 문학작품 중에는 Shakespeare의 *The Tempest*에 나오는 장면이 널리 알려져 있다.

Prospero : Hast thou, spirit,

Perform'd to point the tempest that I back thee?

Ariel : To every article.

I boarded the king's ship; now on the beak,

Now in the waist, the deck, in every cabin,

I flam'd amazement: sometime I'd divide

---

46 Herman Melville, 정광섭 옮김, 『백경』, chapter 119, pp.532-535.

And burn in many places; on the topmast,

The yards, and bowsprit, would I flame distinctly ,

Then meet, and join: Jove's lightings, the precursors

O'the dreadful thunder-claps, more monetary

And sight-outrunning were not;(Shakespeare, *The Tempest*, I, ii, 193-203)

프로스페로 : 요정아, 내가 분부한 대로 태풍을 일으
켰느냐?

에어리엘 : 하나 빼놓지 않았습니다. 무서운 불덩어
리가 되어 왕의 배에 올라, 뱃머리고 갑판
이고 중갑판, 선실마다 다니며 간을 서늘
하게 해 줬죠. 여기저기서 분신이 돼 타오
르기도 하고요. 톱마스트며 돛가름대며,
이물가름대며, 동시에 분신이 돼 타오르
다가 다시 한 덩어리가 되어 타올랐죠. 무
시무시한 천둥벽력의 안내역인 죠오브 신
의 번갯불이 제 아무리 빠르다 해도 그렇게 빠르지는 못할 겁니다.[48]

St. Elmo's light[47]

stand by (입출항) 대기, 스탠드 바이

대기, 또는 스탠드 바이로 널리 사용되고 있는 stand by는 오늘날 방송, 영화,
공군이나 소방서 등에서 널리 사용되지만 그 어원은 해사용어에서 유래하였다.

47 http://www.barransclass.com/phys1090/circus/Wiseman_J/elmo.html(2024. 8. 10.)
48 Shakespeare, 오화섭 역, 「태풍」, 『셰익스피어전집』 IV, p.403.

오늘날 이 낱말은 명사로 널리 사용되지만 본래는 13세기 중엽에 await, support, remain beside를 뜻하는 동사 stand by로 사용되기 시작하여 of a vessel kept nearby for emergencies(비상시에 대기하고 있는 선박)라는 의미의 해사용어로 전용되었고, 1796년에는 '대기'라는 일반명사로서 standby로도 사용되기에 이르렀다.[49] 이처럼 stand by의 본래 의미는 '구난 출동을 위한 대기'였지만, 시간의 경과와 더불어 다음과 같은 세 단계의 발전과정을 거쳐 그 의미가 확장되어왔다.

① 구조하다.
② 구난 출동을 위해 대기하다.
③ (일반적으로) 대기하다.

우선 ① 단계에서 stand by는 글자 그대로 '…편에 서다, …와 편이 되다, …을 돕다'는 뜻이다. Shakespeare는 전 작품 속에서 stand by를 3 곳에서 사용하였는데, 모두 '…편에 서다, 구하다, 돕다'는 뜻으로 사용하고 있다. 이것으로 보면 셰익스피어가 살았던 16세기 말 – 17세기 초에 stand by는 오늘날 널리 쓰이고 있는 '구난출동을 위해 대기'라는 뜻으로는 사용되지 않았을 것으로 추측된다.

Now, brother Richard, will you stand by us?(Shakespeare, *Henry VI*, IV, i, 145)
나의 동생 리차드, 그대는 내 편에 설 것인가?

② 단계에서 stand by는 '…편에 서다, 돕다'는 의미보다는 '구난 출동을 위한 대기'라는 의미로 사용되었다. 이것이 해사용어 stand by의 고유한 의미이고, 오늘

---

49 Harper, *Online Etymology Dictionary*, at http://www.etymonline.com(2015. 3. 10.)

날도 이 의미로 널리 사용하고 있다. 경제용어 stand by credit(보증 신용장)[50]도 해사용어 stand by로부터 파생된 용어에 지나지 않는다. Colcord는 *Sea Language Comes Ashore*에서 다음과 같이 설명하고 있다.

Stand by. To remain close to another vessel in distress, ready to render assistance if needed. A stand by, something or somebody always to be relied upon, doubtless enters shore speech from this source. "Stand by!" is the regular order at sea to wait another order. It is now familiar to radio listeners as well.[51]

Stand by는 필요할 경우 구조행위를 할 수 있는 준비를 갖추고 조난 중인 다른 선박 근처에 대기하는 것이다. 도움의 손길이 필요한 일이나 사람들은 언제나 있기 마련이어서 stand by라는 용어가 이러한 어원으로부터 육상 용어로 채택되었음에 틀림없다. Stand by!는 해상에서 다음 명령을 기다리라는 통상 지시어다. 오늘날에는 라디오 청취자들에게 익숙한 말이다.

③ 단계에서 stand by는 구난 출동을 위한 대기뿐만이 아닌 통상적인 대기를 의미하게 된다. 방송업계나 영화업계에서 사용하는 stand by가 이러한 의미이다.[52]

---

50 상품대금의 결제를 목적으로 하지 않고 금융 또는 보충을 위해 외국환은행이 발행하는 신용보증장. 예를 들어 한국의 재미상사(在美商社)가 현지은행으로부터 융자를 받게 되는 경우, 한국의 외국환은행이 그 변제의 보증을 위해 신용장을 발행한다. 미국의 현지은행은 스탠드바이크레디트를 담보로 하여 신용장 개설이나 융자에 응하게 되기 때문에, 만일 재미상사가 변제하지 못할 경우에는 한국의 외국환은행이 대신 변제해야 한다. [네이버 지식백과] 스탠드바이크레디트 [stand by credit] (두산백과)
51 Joanna Colcord, *Sea Language Comes Ashore*, 1945, p.176.
52 이상 佐波宣平, 『海の 英語』, pp.404-405.

starboard 미뒤, 우현

원게르만어 steuro(a steering)에서 기원한 *steor*(키, 타) + *board*(뱃전)이 결합하여 '조타현'(steer-board, side on which a vessel was steered)이라는 의미로 고대영어에서는 steorbord로 사용되었다. 초창기 게르만인들의 배는 오른쪽에서 노(paddle)를 저었기 때문에 '노를 젓는 뱃전'이라는 의미로 steorbord라고 했는데, 이것이 영어에 도입되면서 어형이 변화되어 오늘날 starboard가 된 것이다. 프랑스어 tribord, 이탈리아어 stribordo, 스페인어 estribor, 독일어 Steuerbord, 네덜란드어 stuurboord 등이 모두 게르만어를 차용한 말이다.[55] 그리스와 로마의 갤리선, 바이킹의 배 등은 모두 노를 젓는 배였으므로 별도의 키가 필요없었다. 따라서 유럽의 경우 선미의 중앙에 타를 설치하게 된 것은 12세기 독일 한자동맹의 cog선에 이르러서였다.

우현에 패들이 설치된 이집트 배[53]

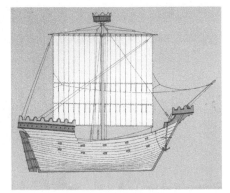

한자 Cog 선[54]

starboard는 육상에서는 '오른쪽 어깨의'라는 뜻으로도 사용된다. He picked up his starboard revolver, and, placing both weapons in their holsters, he went away.[56]

그는 오른쪽 어깨의 권총을 집어 들어, 두 자루의 무기를 권총집에 넣고 가버렸다.

'우현'을 뜻하는 해사용어 starboard가 육상용어 '오른쪽 어깨의'를 뜻하게 된데는 다음과 같은 구체적인 연관이 있다. 일본의 영화평론가인 오카 토시오(岡俊雄, 1916-1993)는 이와 관련하여 다음과 같이 설명하고 있다.

"회전식 연발권총의 발명자 Samuel Colt(1814-1862)는 1814년에 태어났다. 선원이었던 그가 연발기구의 아이디어를 생각한 것은 16세였는데, 당시 선박의 우현에 있는 차륜의 회전으로부터 힌트를 얻었다고 한다."[57]

steer 조타하다, 조선하다

원게르만어 *steurjan*(조종하다, 돕다, 세우다)에서 기원하여 고대 영어 steran,또는 stieran(steer, guide, direct, govern, rule, correct, punish)으로 유입되어 1596년에 통치, 지배, 정부의 뜻으로 사용되었고, 1625년에 타의 뜻으로 사용되었다. 고대 노르만어 styra, 고대 프리슬란트어 stiora, 고대 고지 게르만어 stiuren 등이 동족어다.[58]

53 Cason, 『고대의 배와 항해이야기』, f.1
54 John Hale, 『탐험시대』, p.87.
55 Harper, *Online Etymology Dictionary*, at http://www.etymonline.com(2024. 8. 10.)
56 Stephen Crane, *The Bride Comes to Yellow Sky*(1898), e-artnow, 2013, VI.
57 岡俊雄, 『西部劇入門』, 荒地出版社, 1960, p.194; cited by 佐波宣平, 『海の 英語』, p.406.
58 *The Shorter Oxford English Dictionary*, p.2119; Harper, *Online Etymology Dictionary*, at http://www.etymonline.com(2024. 8. 20.)

명사로 키를 뜻할 경우 독일어로는 das Seuer인데, 이를 여성형 die Steur로 사용하면 '조세, 세금'을 뜻한다. 이것은 원게르만어 steurjan의 원래 뜻이 '지탱하다, 지지하다'였던 데서 파생되어 국왕과 제후의 재정을 지지하기 위해 걷어 들인 기부, 조세, 헌금을 Steuer로 부르게 되었다. 이와 마찬가지로 배의 방향을 통제하는, 즉 조선에 필요에 도구를 Steuer(steer)라고 부르게 된 것은 자연스러운 일이다.

로마제국 시대에는 '항해선장이나 키잡이'를 gubernator라고 불렀다. 로마 시대의 선주들은 배마다 gubernator와 magister를 각각 1명씩 승선시켰다. magister는 화물이나 짐을 운송할 계약을 맺고, 화물의 운임과 여객의 배삯을 받고, 비품과 수리 여부를 감독하였으며, 만약 배를 용선하겠다는 사람을 찾기 어려운 경우에는 선주의 배용으로 물건을 사고 팔기도 했다.[59] 이에 대해 gubernator는 라틴어 동사 gubenare(타를 잡다, 조종하다)에서 유래하여 항해를 책임지는 항해선장이었다. gubernator는 선박소유자이자 선박운항자이던 상인-소선장(merchant-skipper)에서 항해에 전업하는 선장이 분화되기 시작했음을 보여주는 사례라고 할 수 있다.

영어 steerage는 기본적으로 '조타법'이나 '조타성능'을 뜻하는데, 보통 조타실(steering house)이 선미에 있기 때문에 '선미'나 '3등선실'을 뜻하기도 한다. "to have easy steerage"라고 하면 '타를 잘 이용한다'는 뜻이다.[60]

stem 선수재

원게르만어 *stamniz*에서 유래하여 '식물의 줄기, 나무 줄기'가 원뜻이다. 원래

---

59 E. Fayle, 김성준 역, 『서양해운사』, p.72.
60 佐波宣平, 『海の 英語』, p.406.

배의 '선수재'로부터 줄기나 나뭇가지처럼 늑재가 뻗어 펼쳐져 있다는 이유로 선박의 '선수재'를 뜻하는 것으로도 전용되었다. 고대색슨어 stamm, 고대노르만어 stafn(선수재), 덴마크어 stamme(줄기), 스웨덴어 stam(줄기) 등이 동족어이며, 고대영어에서는 stemn이나 stefn으로 사용되었다.[61]

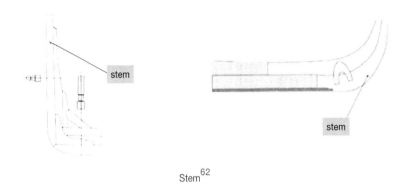

Stem[62]

영어 숙어로 from stem to stern이라는 표현이 있는데, 이는 '처음부터 끝까지', '끝에서 끝까지' 등의 의미로 널리 사용된다. Shakespeare의 *Pericles*(Act IV, Scene i, 63-64)에 'with a dropping industry they skip, from stem to stern'(흠뻑 물에 젖은 생쥐꼴이 되어 이물에서 고물로 뛰어다니며 일하는 사람들도 있었대)[63]라는 대사가 나온다. 'from stem to stern'과 같은 의미로 사용되는 숙어들이 더 있는데, 모두 해사용어에서 유래했다.

61 Harper, *Online Etymology Dictionary*, at http://www.etymonline.com(2024. 8. 20.)
62 http://www.duckworksmagazine.com/12/columns/austin/06/index.html(2024. 8. 20.)
63 Shakespeare, Pericles, 정병준 역, 「페리클리즈」, 『셰익스피어전집』 II, p.243.

- alow and aloft : 배 안과 돛대 끝, 위에서 아래까지
- from clew to earing : 가로돛의 아래 귀퉁이부터 가로돛의 위쪽 귀퉁이까지, 구석에서 구석까지, 모조리
- from truck to keelson : 돛대 맨 끝의 둥근 관부터 내용골(內龍骨)까지, 하나에서 열까지, 완전히[64]

stoker 기관부원, 화부

라틴어 *stoken*에서 유래하였는데, 본래는 술을 빚을 때 사용되는 양조용어로 '불을 넣다, 불을 가감하다, 양조하다, 술을 빚다' 등의 의미였다. 이것이 네덜란드어 stoken이 된 뒤 영어에 유입되었다. 흥미로운 것은 영어에서는 stoker가 1660년에 먼저 사용되었고, 동사 stoke는 1683년에 첫 용례가 확인되고 있다는 점이다.[65] 사와 센페이도 명사 stoker에서 동사 stoke가 만들어졌다고 밝히고 있다.[66]

stoker는 '화부'를 뜻하는 단어로 오늘날에는 fireman과 동일어로 사용되지만, 초창기에는 쓰임새가 약간 달랐다. 증기기관이 등장하기 이전에 fireman과 stoker는 '화로에 불을 지피는 사람'이란 뜻으로 사용되었지만, 증기기관이 개발되고 난 뒤 증기기관차에서 보일러에 석탄을 집어넣는 사람을 fireman이라고 한 데대해, 증기선에서는 stoker라고 했다. 영국 해군에서도 stoker라고 칭했는데, ordinary stoker → stoker → leading stoker → stoker petty officer → chief stoker

---

64 佐波宣平, 『海の 英語』, p.409.
65 *The Shorter Oxford English Dictionary*, p.2134.
66 佐波宣平, 『海の 英語』, p.408.

순으로 계급이 형성되어 있었다. 이에 반해 영국 상선에서는 fireman을 사용하였다.[67] stokers는 뱃사람들 사이의 속어로서 배가 고속으로 항해할 때 '굴뚝에서 나오는 불티'를 의미한다.

storm 폭풍, 왕바람, 보퍼트 풍력 11급

원게르만어 *sturmaz*(폭풍)에서 기원하여 고대 영어 storm으로 유입되었는데, 고대 노르만어 stormr, 네덜란드어 storm, 독일어 Sturm 등이 동족어다. 영어 stir(휩쓸다, 선동하다)도 어원이 같다.[68] storm은 Beaufort scale 제11급에 속한 시속 56-64 해리의 강풍으로, 풍파가 몹시 크게 일어나고, 중소형 배는 일시적으로 물결에 가려 보이지 않으며, 육상에서는 건물에 큰 손상이 생긴다. 우리말로는 왕바람이라고 한다.

stowaway 밀항자

영어 stow(짐을 싣다) + away(벗어난, 엉뚱한 곳으로)의 합성어로 1795년에는 동사의 숙어로 '숨기다, 감추다'(conceal)의 뜻으로 쓰였다. 그러다가 1854년에 stowaway 형태로 '운임을 지불하지 않고, 승선 허가 없이 배에 몰래 탄 승객, 즉 밀항자를 의미하는 명사로 사용되었다.[69] 영어에는 away와 결합되어 ~사람의

67 http://en.wikipedia.org/wiki/Stoker_(occupation)(2024. 8. 20.)
68 Harper, *Online Etymology Dictionary*, at http://www.etymonline.com(2024. 8. 20.)

뜻으로 쓰이는 낱말이 많이 있다.

- castaway : 난파자
- flyaway : 도망자, 촐싹대는 사람
- hideaway : 은신처
- runaway : 탈주자

strait 해협

라틴어 *strictus*(곧은, 반듯한)가 프랑스어 estreit, estrait(좁은 부분, 좁은 수로)를 거쳐 14세기 중엽에 고대 영어 streit로 유입되어 '좁고 한정된 장소'를 의미했으나, 14세기 말부터는 '해협, 좁은 수로'를 의미하게 되었다.[70] 영어 straight(곧은, 반듯한)와 strict(강직한, 엄격한)와도 어원이 같다. 세계의 주요 해협을 명명하는 데에는 두 가지 방식이 있다.

1. 부근에 있는 특징적인 반도, 섬, 도시 등의 이름을 붙이는 경우 : Florida Strait, Malacca Strait, Strait of Gibraltar, Strait of Dover, 쓰가루(津輕) 해협
2. 발견자의 이름을 붙이는 경우 : Bering Strait, Magellan's Strait, Cook Strait

영어에서 '해협'을 뜻하는 낱말로 Belt(원뜻은 '띠')와 channel(원뜻은 '도랑')도

69 *The Shorter Oxford English Dictionary*, p.2141.
70 Harper, *Online Etymology Dictionary*, at http://www.etymonline.com(2024. 8. 20.)

Samso Belt

Langeland Belt

Fehmarn Belt[71]

종종 사용된다. 그 실례로 Samsø Belt, Langeland Belt, Fehmarn Belt(모두 유틀란트 반도의 동쪽), English Channel, Bashee Channel, Mozambique Channel 등을 들 수 있다. channel의 원래의 뜻은 '도랑'이지만, 반드시 통행 가능한 바다만을 뜻하는 것은 아니다. 잉글랜드 남서쪽의 Bristol Channel은 통항할 수 없어 '브리스틀 해협'이 아니라 '브리스틀 만으로 옮겨야 한다. channel의 자매어가 canal(운하)이다. sound에도 '해협'이라는 의미가 있다. 미국 북서부 워싱턴 주에 있는 Puget Sound가 대표적인 예다. 이곳은 영국 해군의 탐사가 George Vancouver 선장이 1792년에 처음으로 탐사하고 영국령으로 선언한 곳인데, 그의 부관 중 한 명인 Peter Puget 소령의 이름을 따 명명되었다.[72] Long Island Sound는 Long Island와 Connecticut 주 사이에 끼어 있는 해협이다.[73] 영어 sound는 명사로 '소리, 소음', '해협', 형용사로 '건강한', 동사로 '소리를 내다', '재다, 측정하다' 등으로 다양하게 사용된다. 해협이란 의미로 사용될 때 sound는 원게르만어의 'sundam-'이나 게르만어 'swem'(to move, stir, swim)에서 유래한 말로, 잉글랜드 고어에서는 'sund'

71 http://en.wikipedia.org/(2024. 8. 20.)
72 http://en.wikipedia.org/wiki/Puget_Sound(2024. 8. 20.)
73 佐波宣平, 『海の 英語』, p.411.

형태로 사용되어 '헤엄치는 행위, 헤엄쳐 건널 수 있는 물의 stretch, 해협' 등의 의미로 사용되었다.[74]

strike 동맹파업

오늘날 strike는 명사로 '동맹파업'의 의미로 어느 산업 분야에서나 사용되지만, 그 기원은 해사용어다. strike는 동사가 명사로 전용된 예인데, 어원적으로는 원게르만어 *strikan*(치다, 때리다)에서 유래하여 고대 영어 strican으로 유입되어 'pass lightly over, stroke, rub, go, move, proceed' 등의 의미로 사용되었다. 고대 노르만어 stryka, 고대 프리슬란트어 strika, 네덜란드어 strijken, 독일어 streichen 등이 동족어다. 동사 strike는 14세기에 to deal a blow, to collide, to hit, to cancel or expunge 등의 의미로 쓰였고, 17세기 초에는 to lower the sail의 뜻으로 사용되었고, 1835년에는 광산업 등에서 come upon, find의 뜻으로 각각 사용되었다. 명사로는 1580년대에 act of striking의 의미로 처음 사용되었고, 해상에서 '동맹파업'(concentrated cessation of work by a body of employee)의 의미로는 1768년 이후에 사용되기 시작하여 1810년에 이르면 일반 분야에서도 사용되었다. 야구에서 사용되기 시작한 것은 1841년부터였다.[75]

strike가 '동맹파업'의 의미로 전화되기까지의 과정을 설명하면 다음과 같다. strike가 배 위에서 사용된 예를 들어보면 to strike a sail이나 to strike a flag과

---

74 https://www.etymonline.com/search?q=sound(2024. 8.20)
75 *The Shorter Oxford English Dictionary*, p.2151; Harper, *Online Etymology Dictionary*, at http://www.etymonline.com(2024. 8. 20.)

같이 '돛이나 깃발을 내린다'는 용법으로 사용된다. 그러나 이것은 단순히 돛과 깃발을 내리는 게 아니라, 경의나 항복을 표시하는 의미다. Laws of Oleron에는 다음과 같은 조항이 있었다.

> if the lieutenant in any voyage appointed by Common Counsel of the Kyngdom did at sea meet with any shyps or vessels laden or empty which would not *stryke and lower their sailes* at the command of the kyng's lieutenant,···but making resistance against those of the fleet, their shypes, vessels, and goodes taken and forfeited as goods of enemies.[76]
>
> 만약, 왕국의 시의회에 의해 지명된 여하한 항해에서 지휘관이 해상에서 국왕의 지휘관의 명령에도 돛을 내리지 않고 함대에 저항하는 선적/ 또는 공선인 어떠한 선박과 조우한다면, 그 배와 선박, 화물을 적의 화물로 간주하여 몰수한다.

돛을 내리는 것이 왜 경례나 항복한다는 의사표시가 되었는가는 돛을 내리면 배의 속력이 떨어져 기민한 활동이 불가능하게 되어 상대선을 공격하는 것이 어렵기 때문이다. 예포를 발사하는 것도 이와 마찬가지이다. 옛날에는 배에서 함포를 발사하고 나면, 다음 발사 때까지 상당한 시간을 필요로 했다. 그러므로 배에 탑재해 있는 모든 포에서 한 발씩 발사하면, 다음 전투행위로 쉽게 들어갈 수 없다. 그러므로 예포는 자신 쪽에서 상대방에게 적대감을 가지고 있지 않다는 표명이었다. 그런데 1768년이 되면, 다음과 같은 이유로 'to strike a yard'(활대를 내리다)가 오늘날의 '동맹파업'을 의미하였는데, 동사 strike만 남아 그 자체로 '동맹 파업'을 의미하게 되었다. 당시의 일화와 관련하여 사와 센페이는 NED(*A New*

---

76 Laws of Oleron, in Twiss, ed. by, *The Black Book of the Admiralty*, Vol. I, p.131.

English Dictionary on Historical Principles)의 기사를 다음과 같이 소개하고 있다.[77]

A body of sailors···proceeded···to Sunderland···, and at the cross there read a paper, setting forth their grievance,···After this they went on board the several ships in that harbour, and **struck(lowed down) their yards**, in order to prevent them from proceeding to sea.(NED, 1768, Anne. Reg. 92) ···This day the whole body of chairman,···struck their poles, and proceeded in a mutinous manner to Guildhall, respecting the granting of their licences.(NED, 1793, Ann. Reg. Chro. 53, Bath)

일단의 선원들이 Sunderland까지 진출하여 그곳의 십자 교차로에서 그들의 불만을 표명하는 문서를 낭독했다. ··· 그 다음 그들은 항구에 정박 중에 여러 척의 배에 승선하여 그 배들이 출항하는 것을 막기 위해 활대를 내렸다. ··· 이날 모든 위원들은 장대를 내리고, 인허장을 얻기 위하여 불온한 태도로 Guildhall까지 행진했다.

여기에서 struck에 특별히 괄호를 첨가하여 (lowed down)이라고 설명을 덧붙이고 있다는 점에 주목할 필요가 있다. 위의 두 인용문이 계기가 되어 strike가 '동맹파업'의 뜻으로 사용되게 된 유래다. Shakespeare의 희곡에도 strike가 몇 가지 용례도 사용되고 있다.

1) 돛을 내리다
Northumberland : We set the wind sit sore upon our sailes,
And yet we strike not, but securely perish.(Richard II, II, i, 266-267)

---

77 이하 佐波宣平, 『海の 英語』, pp.412-414.

돛에 거센 바람이 불고 있는데도,

돛을 내리지 않고 이대로 태연히 죽을 작정인 것 같소.[78]

2) 항복 또는 공순

Warwick : That must strike sail to spirits of vile sort!(*2 Henry IV*, V, ii, 18)

지금 비열한 인간에게 굴복해야 할 수많은 귀족이 그 자리를 유지할 수 있으련 만![79]

Margaret : No, mighty King of France : now Margaret

Must strike her sail, and learn a while to serve

Where kings command.(*3 Henry VI*, III, iii, 4-6)

천만의 말씀입니다. 프랑스 왕 폐하. 이제 이 마가렛은

몸을 낮추어 당분간 임금들께서 명령하시는 곳에서 봉공하기를 배울까 하옵니 다.[80]

셰익스피어의 사극 *Henry VI* 3부작은 영국 중세 말의 장미전쟁을 흥미롭게 전하고 있다. 장미전쟁은 랭커스터 왕당파(붉은 장미)와 요크 왕당파(흰장미) 사이 의 왕위쟁탈전이었고, 이 전쟁에서 특이한 역할을 한 것이 Warwick 백작이었다. 그는 랭커스터 가문 편과 요크 가문 편을 필요에 따라 번갈아 들었다. 그는 '국왕 옹립자(king-maker)'라는 말까지 들었지만, 결국 체포되어 요크 왕당파에 의해 살 해되었다. 최후의 장면에서 요크당의 Gloucester 경(나중의 리처드 3세)과 Warwick 백작 사이에 오고 간 말 중에 strike가 사용되고 있다.

78 Shakespeare, 문상득 역, 「리처드 2세」, 『셰익스피어전집』 II, p.103.
79 Shakespeare, 김홍곤 역, 「헨리 4세(2)」, 『셰익스피어전집』 II, p.510.
80 Shakespeare, 김주현 역, 「헨리 6세(3)」, 『셰익스피어전집』 II, p.174.

Gloucester : Come, Warwick, take the time ; kneel down, kneel down:

Nay, when? strick now, or else the iron cools.

Warwick : I had rather chop this hand off at a blow,

And with the other fling it at thy face,

Than bear so low a sail to strike to thee.(3 Henry VI, V, i, 49-52)

글로스터 : 애, 워릭. 기회를 놓치지 마라. 무릎을 꿇어라! 꿇어!

꿇지 못하겠느냐? 공격해라. 이제 공격 않으면 쇠가 식어 버릴거다.

워릭 : 내가 네놈한테 돛을 내리고 항복할 바에는, 도리어 단숨에 내 이 팔을
꿇어 나머지 팔로써, 그것을 네놈의 얼굴에 다 팽개치겠다.[81]

Suezmax 수에즈막스

15만톤 내외의 유조선을 일컫는 용어로 언제부터 사용되었는지는 불분명하
다. 1967년 수에즈 운하가 폐쇄되어 유조선 운임이 급등하여 1973년 가을에
최고점에 이르게 되자 원유 회사들은 최대형 유조선을 건조하기 시작하였다.
1973년 10월 이집트가 이스라엘을 침공함으로써 제4차 중동전쟁이 발발하였
다. 미국이 이스라엘을 지원하자 OPEC에서는 미국에 대한 원유 수출을 금지하
였다. 세계 최대의 석유 소비국인 미국에 석유소비를 줄이게 되자 석유 소비가
급감하였고, 유조선 시황이 폭락하여 유조선의 35%가 계선되는 상황에 이르렀
다. 1975년 6월 수에즈 운하가 재개통하였으나 전쟁의 여파로 수에즈 운하의
수심이 감소된 데다, 유조선 시황도 최저점에 이르렀다. 그에 따라 운하 통항료

---

81 Shakespeare, 김주현 역, 「헨리 6세(3)」, 『셰익스피어전집』 II, pp.193-194.

를 지불하고 수에즈 운하로 통항하려는 유조선이 많지 않은 상황이었다. 이에 이집트 정부에서는 수에즈 운하를 준설하기 시작하여 1980년에 북항항로의 수심을 16.15m까지 준설하였고, 1997년에는 17.6m까지 준설하였다. 수에즈 막스는 바로 수에즈 운하를 만재하고 항행할 수 있는 최대 크기인 15만 톤에서 16만 톤급 유조선을 가리킨다.[82]

supercargo 화물감독

스페인어 *sobercargo*(화물관리인)가 영어 supracargo 또는 supercargo로 유입되었다. 스페인어의 sober는 ~위에를 뜻하고, cargo는 '짐, 화물'을 뜻한다. 프랑스어 subrècargue, 네덜란드어 supercarga, 독일어 Superkargo 등도 모두 스페인어의 직역어다. Supercargo의 super는 superintend(관리하다, 감독하다)의 뜻으로도 해석되지만, 화물관리인은 글자 그대로 '화물'(cargo)의 '위에서'(super) 그것의 관리를 담당했던 것 같다. suepercargo를 대신하는 용어로서 종종 cape-merchant도 사용되었다. 중세 유럽에서는 공장에 와서 수공업자를 배치하는 상인을 cape-merchant 라고 불렀지만 상인의 대리인으로서 선박에 승선하여 적하를 관리하는 사람, 즉, '화물감독'도 cape-merchant였다. 이를 보면, supercargo는 상인과 선주(운송인)가 완전히 분리되지 않았고, 이로 인해 운송상 책임을 운송인이 부담한다는 선하증권 제도가 확립되지 않았던 과도기의 산물이다.[83]

유럽의 경우 고대 그리스·로마 시대부터 중세 시대에 이르기까지 이와 유사한

---

82 小芦 捻, 「선박의 크기에 따른 명칭의 유래」, 『해양한국』, 1997년 9월호.
83 佐波宣平, 『海の 英語』, p.417.

'용어'나 '호칭'이 없었다. 상인이나 그 대리인을 구별하지 않고 모두 '여객 (passenger)'이나, '상인 또는 그의 대리인'이라고 불렀다. Fayle은 아테네의 해상운 송업의 영위에 대해 다음과 같이 서술하고 있다.

> "보통 자신이 소선장(skipper)으로 직접 승선하기도 했던 선주들은 일반적으로 배를 빌려 쓰는 상인과는 구별되는 사람이었던 것으로 보인다. 선주와 상인은 모두 투자할 자본을 갖고 있는 부자에게 의존하고 있었다. 선주는 배와 운임을 담보로 잡히고 항해 비용을 빌렸고, 상인은 운임과 화물을 구입할 자금을 빌렸다. Demosthenes는 "배나 선주, 그리고 여객 그 무엇도 전주(lenders, 錢主)의 도움 없이 는 바다로 나갈 수 없었다"고 말하고 있다. 여기에서 얘기하는 '여객'은 아마 화물 과 함께 항해하는 상인을 의미하는 것으로 보인다. 데모스테네스 자신이 상속받은 재산 가운데 1/12은 '해상 모험'에 빌려준 돈이었다."[84]

중세 Amalfi 해법에는 상인 또는 그 대리인이 화물과 같이 선박에 동승하여 해상을 여행한 관행이 나타나 있다. 하지만 여기에서도 '화물 감독'에 상당하는 용어는 나타나지 않는다. '운임지불이 끝난 화물을 선적하여 승선한 상인', '상인이 승선하지 않은 경우 그 대리인' 등으로 표현하고 있다.

> 48. Likewise, if the aforesaid vessel is laden with goods of merchants who have paid freight for them, and it be necessary to make a jetison, as has been said above, the master ought to take counsel with the merchants, and with the factories, if the merchants should not be personally on board, and with every other person who represents any of the aforesaid merchants.[85]

---

84 Fayle, 김성준 역, 『서양해운사』, p.58

만약 상기 선박이 운임을 지불한 상인의 화물을 선적하였는데, 앞서 언급한 것과 같이 '투하'를 해야 할 필요가 있다면, 선장은 상인과, 만약 상인이 승선하고 있지 않다면 그의 대리인, 또는 앞서 언급한 상인들을 대표하는 모든 사람들과 상의해야만 한다.

중세 지중해 해상무역의 관행을 규정한 *The Customs of the Sea*를 보면, 화물을 실지 않은 단순한 여객으로서의 승객과, 화물을 선적하고 화물과 같이 승선한 상인으로서의 승객이 구분되고 있다. 상기 「바다의 관습법」에서는 상기의 「아말피 해법」 제48조에도 보이는 바와 같이 관리 선주(managing owner)가 해난을 당하여 투하를 결정할 때에는 사전에 '화물과 같이 승선하고 있는 상인 또는 그 대리인'과 상의해야 했다. 이 때 승선자 중 어떠한 조건을 가지고 있는 사람을 화물감독이라고 할 지 명확하게 할 필요가 있었지만, 「바다의 관습법」 시대에는 supercargo(화물감독)라는 특별한 호칭이 사용되지 않았다.

Every man is called a passenger who pays freight for his own person, and for goods which are not merchandise. And every person who carries less than two quintals ought to pay freight for his own person, and he cannot be considered to be a merchant who pays less freight than twenty besants.[86]

자기 자신과 상품이 아닌 화물의 배삯을 지불한 모든 이들이 승객이다. 2 quintal 미만의 운송하는 사람은 자신의 여객운임을 지불해야 하고, 20 besants 미만의 배삯을 지불한 자는 상인으로 간주될 수 없다.

---

85 La Tabula de Amalfa, in Twiss, ed. by, *The Black Book of the Admiralty*, Vol. IV, pp.33 & 35.
86 The Customs of the Sea, in Twiss, ed. by, *The Black Book of the Admiralty*, Vol. III, pp.173 & 175

SOED에 따르면, 영어 supercargo의 첫 문헌적 용례는 1697년이다.[87] 이렇듯 17세기 말 경에 그 명칭과 더불어 하나의 전문직역으로 등장한 화물 감독은 선박에서의 무역 행위, 해외에서의 화물 수배와 사업 관리 등의 업무를 처리하였다. 보통 용선계약서에도 화물 감독이 선장에게 공선(空船) 상태로 귀항 화물을 확보할 수 있는 항구로 항해하도록 요구할 권리를 갖고 있는 것으로 명시되어 있을 만큼 그들의 업무 범위나 권리는 해상 무역업계에서 오래 전부터 관행적으로 인정되어 오고 있었다. 화물 감독의 등장은 해운업이 무역업에서 분화되기 시작했음을 나타내는 최초의 징후였다.[88] 오늘날 화물 감독이라고 하면 화물의 적재 및 하륙과 관련된 일을 처리하는 화주의 대리인을 뜻하는 경우가 보통이지만, 본래는 선박 운항 및 화물과 관련한 상업적인 일을 처리해 주는 선주의 대리인이었다.

그렇지만 화물 감독이 모든 선박에 다 승선했던 것은 아니었고, 또 그럴 필요도 없었다. 왜냐하면 대다수의 선장들은 외국의 시장 상황과 상업 관습 등에 대해 잘 알고 있었고, 수화주(受貨主)나 현지 항구에 주재하고 있는 상인들의 대리인들에게 화물을 인도하는 일을 감독하고, 항해지시서(sailing instruction)에 따라 시장에서 화물을 판매하고, 적당한 귀항 화물을 수배(手配)할만한 능력을 보유하고 있었기 때문이다.

게다가 선장과 화물 감독이 한 배에 승선하게 되면 누가 더 상위에 있는지 분간하기 힘들었고, 그 업무 분담도 명확하지 않았기 때문에 선내에서 불화가 초래될 염려도 있었다. 선주들은 화물 감독과 선장간에 알력이 발생할 수 있다는 점, 화물 감독을 승선시킬 경우 비용이 발생한다는 점, 대리인 체제의 성장 등을

---

87 *The Shorter Oxford English Dictionary*, p.2191.
88 小島昌太郎,「海運に於ける企業及び經營の分化發達」, p.8; 민성규,『해운경제학』, 197쪽.

438 개정증보판 해사영어의 어원

고려하여 화물 감독 체제를 다른 것으로 대체하려는 경향이 있었다. 그 결과 17-18세기 사이에 선장이 화물 감독을 겸하는 경우가 일반적이었다. 특히 선장이 공동 선주거나 그가 특정 무역이나 항로에 오랫동안 관여했을 경우에는 더욱 그러했다. 따라서 18세기 말에 이르면 화물 감독은 해외에 주재하는 대리인(factor)과 동일한 의미로 사용되었고, 선박에 승선하여 함께 항해하는 예는, 19세기 초까지도 가끔 발견되기는 하지만, 거의 사라져 가는 추세에 있었다. 이를테면 William Richardson이 1781년에서 1788년까지 승선했던 Forester 호의 경우 이 기간 동안 화물 감독이 승선했던 것은 단 한 차례뿐이었다.[89]

---

89 이상 김성준, 『산업혁명과 해운산업』, pp.96-97.

tarpaulin 타폴린, 범포, 해군 방수모, 뱃사람

영어 *tar*(타르, 역청) + *pall*(관을 덮는 보) + *ing*의 합성어로 1605년에 처음 사용되었다. 영어 pall 자체는 라틴어 pallium(망토, 겉옷, 막)에서 유래한 낱말이다. tarpaulin은 '타르를 칠한 방수용 범포'를 뜻하는데, 화물창의 창구(艙口, hatch)를 덮어씌우는 데 주로 사용되었다. 타폴린은 주로 배에서 사용되었기 때문에 배에서 타폴린을 다루는 사람, 즉 뱃사람을 의미하기도 했는데, 이런 의미로는 1647년에 처음 사용되었다. 선원이 쓰는 차양이 넓은 방수모자도 타폴린이라고 하는데, 이런 용법으로는 1841년에 처음으로 사용된 것으로 확인된다.[1] 1857년 영국에서 해군 수병의 제복을 흰 바지, 하늘색 재킷, 방수모로 결정한 이후 방수모 (tarpaulin hat)는 영국 수병 복장의 상징이 되었다. 이로부터 tarpaulin은 '수병, 선원'을 의미하는 속어로 사용되게 되었다. 선원이 치료 중인 동료를 위로하거나 사망한 동료의 유가족에게 부조를 하기 위해 행하는 자금 모금 운동을 tarpaulin muster라고 한다. 이는 선원들이 모여 있는 곳에 선원 방수모(tarpaulin)가 돌려지

---

1 *The Shorter Oxford English Dictionary*, p.2245.

고, 모자 안에 각자 돈을 집어넣었던 데 유래한 것이다.[2]

tempest 폭풍우

라틴어 *tempestas*(계절, 폭풍우, 폭동)와 *tempus*(시간, 계절)에서 유래하여 11세기에 고대 프랑스어 tempeste(폭풍, 소요, 전투, 전염병)를 거쳐 13세기 말에 영어에 '폭풍'의 뜻으로 차용되었다.[3] 라틴어의 어원을 고려하면 영어 tempest는 연중 정해진 '시기'(tempus)에 찾아오는 큰 바람이라는 의미였다. tempus를 어원으로 갖고 있는 낱말로는 temper(성질, 기질, 기분), temperament(성질, 기질), temperature(온도, 기온), temporary(일시적인, 임시의), temporal(시간의, 현세의, 임시의) 등이 있다. 여기에서 성질이나 기질을 뜻하게 된 것은 사람의 기분도 '때'에 따라 쉽게 바뀔 수 있기 때문이다.

우리가 즐겨 먹는 튀김, 즉 '덴뿌라'(テンプラ, 天婦羅)는 원래 포르투갈어 tempora에서 유래한 말인데, tempora의 어원도 라틴어 tempus이다. 가톨릭교도들은 temporas(四季齋日)라고 하여 춘하추동의 각 계절 초에 행하는 수금토 3일 간의 단식일을 지켰다. 이는 정해진 '때'(tempo)에 단식을 하고, 이 기간에 먹어도 좋은 음식 또는 단식 이후 신체에 영양을 공급하기 위한 먹는 음식을 'tempora'라고 하였다. 이것이 포르투갈어로 유입되어 'temperar'(기름으로 버무리다. 양념하다)라는 동사가 만들어졌고, 일본인들이 나가사키를 통해 포르투갈인들과 접촉하면서 서양인들이 기름에 식재료를 튀기는 것을 보고 만든 음식을 '덴뿌라'라고 부르

2 佐波宣平, 『海の 英語』, pp.421-422.
3 Harper, *Online Etymology Dictionary*, at http://www.etymonline.com(2024. 8. 20.)

게 되었다. '덴뿌라'와 'tempest'는 현대적 의미는 '튀김'과 '폭풍'으로 전혀 다르지만, 그 어원은 '시기, 때'(tempus)로 같다.[4]

tide 조석, 밀물과 썰물

원게르만어 *tidiz*(division of time)에서 유래하여 고대 영어에서는 tid 형태로 사용되어 point of time, due time, period, season, feast-day 등을 의미했다. 동족어로는 고대 색슨어의 tid, 네덜란드어의 tijd, 고대 고지 게르만어 zit(현대 독일어 Zeit) 등이 있다. 14세기 중엽에 영어 tid는 '정해진 때'에 이루어진다는 관념에서 '바다의 밀물과 썰물', 특히 '밀물 때'(time of high water)를 의미하게 되었다. 고대 영어에서는 밀물을 뜻하는 특정한 낱말이 없어서 보통 flod(현대어 flood)와 ebba (현대어 ebbe)를 사용했고, heahtid(high tide)는 '축일'(festival, high day)을 의미했다.[5]

오늘날 tide는 '조석'의 뜻으로 사용되지만, 그 어원에서 살펴본 것처럼 원뜻은 '때, 시간'이었다. 이러한 원뜻을 간직하고 있는 현대 영어가 있는데, Christmastide (그리스도 탄생절, 12.24-1.6), shrovetide(Ash Wednesday 전 3일간, 참회절), whitsuntide(성령 강림절) 등에 그리고 "Time and tide wait for no man"(세월은 사람을 기다리지 않는다)는 경구 등이 그 예다.

이와 같은 용법으로 네덜란드어를 참조할 수 있다. 언어의 역사에서 영어와 독일어의 중간 위치를 차지하고 있는 것이 네덜란드어다. 현대 영어의 tide와

---

4 佐波宣平, 『海の 英語』, pp.424-425.
5 Harper, *Online Etymology Dictionary*, at http://www.etymonline.com(2024. 3. 15.)

현대 독일어의 Zeit에 해당되는 현대 네덜란드어 tijd는 '시간, 때, 기일, 기간, 기회, 일생, 시대, 여가 등을 의미할 뿐 조석의 뜻으로는 사용되지 않는다. 네덜란드어로 조석은 getij나 tij를 사용한다.[6]

ton; tonnage 톤; 톤수

'ton'은 포도주를 담는 용기를 뜻하는 중세프랑스어 tonneau에서 유래해 중세영어 tonne, toun, tonne, tunne, tun, tunn으로 표기되다 ton으로 굳어진 말이다. 원래 포도주를 가득 채운 목재 나무통(barrel)을 가리켰던 프랑스어의 tonneau는 "그 크기가 말 두 마리가 끄는 마차 위에 실어 운송할 수 있는 양이었다."[7] 그러나 한 가지 염두에 두어야 할 것은 포도주 생산지로 유명한 보르도 지역이 잉글랜드와 프랑스간의 백년전쟁(1337~1453)이 종결될 때까지 잉글랜드의 영토였다는 사실이다. 이를 감안하면 중세 영어 tun 또는 tonne과 프랑스어 tonneau는 잉글랜드와 대륙의 잉글랜드령인 보르도 지역간의 포도주 무역에 이용되는 포도주 통을 가리키는 잉글랜드의 두 지방어였다고 할 수 있다.

중세 라틴어에서도 'barrel'(통)을 뜻하는 낱말로 'tunna'라는 단어가 사용되었지만, 고전 라틴어에서는 전혀 사용되지 않았다. 네덜란드의 造船 전문가인 Driel에 따르면, "중세 라틴어의 tunna는 고전 라틴어에서 '포도주를 실을 배'(wine-ship)를

6 佐波宣平, 『海の 英語』, p.428.

7 A. Van Driel, *Tonnage Measurement : Historical and Critical Essay*, Hague : Government Printing Office, 1925, p.6. 중세 라틴어 tina는 '포도주를 넣는 작은 병'을 뜻한다. *Oxford Latin Dictionary*, p.1942

뜻하는 'tina'라는 단어가 변형된 것"이다. 『옥스퍼드영어사전』(OED)에 따르면, 본디 큰 술통(cask)을 뜻하는 낱말이었다. 이처럼 포도주 통 자체(tun)가 처음부터 배의 크기를 나타내는 단위로 사용된 것이 아니었고, 그저 포도주를 담는 용기를 가리키는 데 지나지 않았다.

12-14세기에 규격이 일정하지 않았던 포도주 통 tun은 점차 규격화되기에 이르렀다. 1423년에 잉글랜드의 헨리 5세 때 252 gallon 이하의 tun에 포도주를 싣는 것을 금지하는 법이 발효되었는데,[8] 252 gallon 짜리 tun에 포도주를 가득 채울 경우 대략 2000 lbs(약 900 kg) 정도 나가게 된다. 곧이어 잉글랜드에서는 tun의 전체 무게를 2240 lbs(1016 kg)로, 프랑스에서는 2000 livres(979 kg)로 고정되었고, 여기에다가 tun 자체의 무게로 약 8~10 %가 추가되었다.[9]

화물은 무게뿐만 아니라 부피에 따라 배에 실을 수 있는 양이 정해지게 된다. 따라서 잉글랜드에서는 화물 1 ton이 운임을 지불하고 차지할 수 있는 부피를 40 ft3로 표준화하였는데, 이를 운임 톤(freight ton)이라 하였다. 그러나 40 ft3는 2240 lbs 짜리 포도주 통이 실제로 차지하는 공간의 2/3 내지 4/5에 불과하다. 이에 대해 프랑스에서 운임 톤으로 이용된 '바다 톤'(tonneau de mer)은 잉글랜드 피트법으로 51 ft3(1.44 ㎥)가 되어 포도주 통이 차지하는 실제 부피에 가까웠다.[10]

중세 잉글랜드 해상무역에서는 'tontight'라는 용어도 사용되었다. tontight는

8 W. Salisbury, "Early Tonnage Measurement in England," *Mariner's Mirror*, Vol. 52, no. 1, 1966, p.51
9 Frederic C. Lane, "Tonnage, Medieval and Modern," *Economic History Review*, 2nd ser., Vol. XVII, no.2, 1964, p.219
10 Lane, "Tonnage, Medieval and Modern," p.220. 프랑스에서는 1681년에 tonneau de mer의 크기가 42 pieds cubes Fr.(50.8 cubic ft)으로 고정되었다. Lane, "Tonnage, Medieval and Modern,"p.225.

배의 일반적인 화물 적재능력(cargo capacity)을 나타낼 필요가 있을 때 사용하는 용어로서, 포도주 통(wine tun)에 상응하는 짐(burden)이나 적재화물(load)을 폭넓게 가리키는 낱말로서 'ton weight'와 동의어로 사용되기도 했다. 일반적으로 배에 tontight를 사용할 경우, 이 낱말은 무게나, 적재능력 또는 양 어느 것으로 나타내건 간에 배가 어떤 물품을 특정한 수만큼의 포도주 tun을 실어 나를 수 있다는 것을 의미했다. 그리고 운임을 나타낼 경우 tun과 tontight는 동일한 의미로 사용되기도 했다.

tontight는 또한 이따금 'portage'란 용어와 동의어로 사용되기도 했다. portage는 배의 전체 운송능력(ship's total carrying capacity)을 나타낼 때 관습적으로 사용되던 용어였는데, 이에 상응하는 프랑스어는 tonnetite였다. 국왕이 용선한 상선 목록을 보면, 배는 'of the portage of x ton'과 같이 표현되어 있고, 1427~30년 잉글랜드 의회 청원서에서는 portage와 tontight가 동의어로 사용되고 있음을 확인할 수 있다.[11] 따라서 배의 크기를 (1) of x tons burden, (2) of the portage of x tons, (3) of x tontight와 같이 나타낼 수 있었다. 그러나 ton이 배의 적재능력을 나타내는 단위로 널리 사용됨에 따라 portage와 tontight는 점차 사용되지 않게 되었다.[12]

중세 잉글랜드에서는 해상으로 수입되는 포도주와 기타 물품에 대해 세금을 부과하였다. 먼저 'prisage'(선점예고세)라는 것이 있었는데, 이것은 국왕이 공공의 목적을 위해 자신이 정한 가격으로 필요한 물품을 선점하는 것이었다. Hubert Hall의 연구에 따르면, 포도주에 대한 prisage는 10 tuns, 또는 10-20 tuns에 대해 1 tun, 20 tuns 이상에 대해서는 2 tuns을 각각 선점하였는데,[13] 왕이 지불하는

11 Dorothy Burwash, *English Merchant Shipping*, 1460-1540, Univ. of Toronto Press, 1947, pp.92-93.
12 W. Salisbury, "Early Tonnage Measurement in England," p.42.

가격은 포도주 시장가격의 대략 절반 수준이었던 것으로 보인다. prisage는 처음에는 내외국인을 막론하고 동일하게 적용되었으나, 1303년 외국인이 수입하는 포도주에 대해서는 tun당 2 d.의 수입세를 부과하고 prisage의 적용을 받지 않게 되었다.

prisage 이외에도 포도주와 다른 물품에 부과한 세금으로 tunnage라는 것이 있었다. tunnage는 에드워드 3세(1327-77) 때부터 의회에 의해 고정되기에 이르렀고, 세관원은 배에 실려 있는 포도주 통(barrel)의 수만 헤아려 10-20 tuns 마다 세금을 징수하였다. 10 tuns 이하를 싣고 있는 경우에는 세금을 면제하였다. 따라서 사람들은 곧 tunnage를 내는 배와 내지 않는 배를 구분하기 위해 'vessel of 10 tons' 또는 vessel of 20 tons'이라는 용법을 사용하기 시작했다. 즉 처음에는 배에 부과하는 일종의 세금이었던 tunnage가 배의 크기를 나타내는 용어로 전환되기에 이르렀던 것이다.

포도주를 담는 용기였던 tun이 배의 크기를 나타내는 용어로 전환되게 된 계기 역시 잉글랜드에서 비롯되었다. 1379년 프랑스 배 한 척이 폭풍우에 떠밀려 스카버러(Scarborough)로 피항하는 사건이 발생했다. 당시 잉글랜드 국왕이었던 리처드 2세(1377-99)는 이와 같은 사태의 재발을 막기 위해 함대를 건조할 목적으로 잉글랜드에서 입출항하는 상선에 대해 tun 당 6 s.를, 어선에는 일주일에 tun 당 6 s.의 세금을 징수하도록 명령하였다. Driel은 "14세기 말 즈음에 tun이란 용어가 배에 실은 포도주 통이 아니라 배의 크기를 나타내는 용어로 사용되기 시작했음이 분명하다"[14]고 밝히고 있다.

---

13 Hubert Hall, *A History of the Custom-Revenue in England*(1885); cited by Driel, *Tonnage Measurement*, p.7.

『옥스퍼드영어사전』에 따르면, 문서의 기록을 기준으로 할 경우 ton이 배의 크기를 나타내는 단위로 명확하게 사용된 것은 잉글랜드의 경우 대략 1509-1530년 즈음이었다. 16-17세기에 tun이라는 표기와 함께 쓰이던 ton은 1688년 경 낱말의 뜻이 분화되어 tonne은 포도주 통과 액량 단위(liquid measure)로, ton은 단위 또는 무게 단위로 정착되었다.[15]

tonnage는 ton에 접미사 '~age'가 결합해 만들어진 낱말로, 접미사 '~age'는 ~able, ~al, ~ment 등과 같이 원래 프랑스어의 접미사가 영국에 들어와서 빈번히 사용되게 되었다. ~age가 접미사로서 명사 뒤에 붙는 경우는 그 의미가 다음과 같이 구별된다.

(1) 집합 : baggage(수화물), tonnage(톤수), voltage(전압) 등.

(2) 지위, 신분 : baronnage(남작), bondage(노예), peerage(귀족) 등.

(3) 동작 : breakage(파손), damage(손해), leekage(누손), pilferage(절도) 등.

(4) 요금 : anchorage(정박료), charterage(용선료), lighterage(등대료), pilotage(도선료), postage(우편요금) 등.

따라서 tonnage는 ton의 집합명사이다.[16]

14 Driel, *Tonnage Measurement*, pp.7-8.

15 김성준, 『서양항해선박사』, 제1장의 내용 중 일부를 요약 정리함.

16 佐波宣平, 김성준·남택근 옮김, 『현대해사용어의 어원』, p.343.

trade wind 항상풍, 무역풍

trade + wind의 합성어로 일반적으로 '무역풍'으로 번역되지만, '항상풍' 등으로 번역하는 것이 옳다. trade는 중세 네덜란드어나 중세 저지 게르만어 trade(track, course)에서 유래하여 중세 한자 상인들에 의해 14세기 말에 path, track, course of action 등의 의미로 영국에 유입되었다. 15세기 중엽에 way, course, manner of life 등의 의미로 사용되었고, 이러한 관념으로부터 1540년대에 one's habitual business라는 오늘날의 의미로 전화되었다.[17]

이처럼 trade는 영어 tread, 독일어 treten, 네덜란드어 treden(누르다, 짓밟다) 등에서 유래한 것으로 본래 의미는 '작은 길, 좁은 길'이었다. 라틴어 속담 "via trita, via tuta(잘 다진 길이 안전한 길)"에서 형용사 'trita'는 영어 trodden(tread의 과거분사)에 해당하는데, 라틴어 trita가 명사화 되어 영어에 정착한 것이 trade이다. trade는 'trodden track(다져진 길)'으로부터 변환되어 regular business(정해진 일, 익숙해진 직업)라는 의미를 갖게 된 것이다. 이러한 원뜻으로부터 정해진 구간을 반복적으로 왕복하여 잘 알고 있는 '항로'가 해사용어로 trade인데, 일반용어로 사용되면 '오랜 기간 동안 종사하여 숙련된 '일, 직업 또는 통상, 무역'이 된다. Shakespeare의 희곡에도, trade의 원뜻이 잘 표현되어 있다.

Troilus : Two traded points 'twixt the dangerous shores

Of will and judgement(*Troilus and Cressida*, II, ii, 64-65)

트로이러스 : 이 눈과 귀는 의지와 판단력이라는 위험한 두 해안을 왕복하는

---

17 Harper, *Online Etymology Dictionary*, at http://www.etymonline.com(2024. 8. 10.)

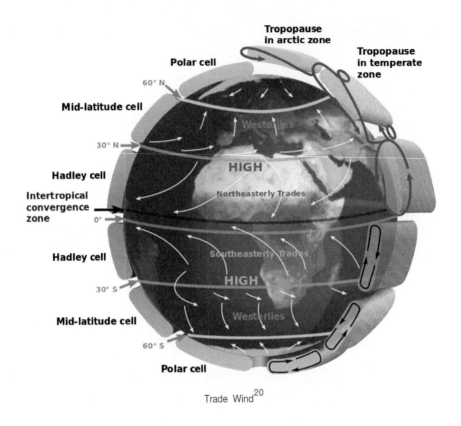

Trade Wind[20]

두 능숙한 안내자와도 같습니다.[18]

따라서 trade(항로)는 원래 장소적으로 정해진 해상로, 다시 말해 '정기항로'가 원뜻이라고 할 수 있다. 따라서 irregular trade(부정기항로)는 trade의 어원을 고려하면 모순을 범하고 있는 것이 된다.[19]

18 Shakespeare, 이근삼 역, 「트로이러스와 크레시다」, 『셰익스피어전집』 IV, p.35.
19 佐波宣平, 『海の 英語』, p.430.

이제 trade wind에 대해 살펴보기로 하자. 유럽인 중에서 trade wind를 처음 인식하게 된 사람들은 15세기 초 포르투갈인들이었다. 엔리케 휘하의 포르투갈 항해자들이 15세기 초에서 중엽 사이에 북대서양과 남대서양을 항해하는 동안 trade wind의 중요성을 인식하게 되었다. 그들은 아프리카 남단에 도달하기 위해서는 아프리카 연안에서 벗어나 대서양에서 브라질 방향으로 항해한 뒤 남위 30도 부근까지 항해한 다음 아프리카 대륙 방향, 즉 동쪽으로 침로를 바꿀 필요가 있었다. 태평양 쪽에서는 동 항상풍(trade wind easterlies)이 불고, 고위도에서는 서 항상풍(trade wind westerlies)이 부는데, 1565년 스페인의 항해가로 마젤란 함대에 뒤이어 두 번째로 세계를 일주한 Andres de Urdaneta(1498-1568)의 항해 때까지 알려지지 않았다.[21]

지구 전체의 항상풍 현황을 살펴보면, 적도를 중심으로 적도 무역풍대가 있고, 이곳에서는 바람방향이 일정하지 않고 남북 양쪽에서 바람이 불어온다. 하지만 적도 무역풍대보다 약간 위도가 높은 곳에서는 북반구에서는 북동풍이 불고, 남반구에서는 남동풍이 분다. 이러한 특정 수역에서 볼 수 있는 일정한 북동풍이나 남동풍이 trade wind이다. 따라서 trade wind는 trade의 원뜻에 맞추어 '풍향이 일정한 바람'이라는 뜻이고, 단어의 어원과 관련해서는 '무역'과는 아무 관련이 없다. 영어 단어 trades 자체만으로도 '방향이 일정한 바람'이라는 뜻으로 사용되기도 한다. 사와 센페이는 trade wind를 무역풍이라고 번역하게 된 데는 "trade 자체에 이미 '방향이 일정한 바람'이란 의미가 있었음에도 불구하고 이를 잊어버리고 trade라고 하면 '무역'이라고 단순하게 생각하여 trade wind를 무역에 도움이

---

20 http://en.wikipedia.org/wiki/Trade_wind(2024. 8. 15.)
21 Derek Hayes. *Historical atlas of the North Pacific Ocean: maps of discovery and scientific exploration*, 1500-2000, Douglas & McIntyre. 2001, p.18.

되는 바람, 즉 '무역풍'이라고 해 버렸던 것"이라고 설명하고 있다.[22]

tramp 부정기선

    중세 저지 게르만어 *trampen*(짓밟다)에서 기원하여 14세기 말 영국의 종교개혁가로 최초의 성경 영역자인 John Wyclif(1320?-84)가 '짓밟다'(walk heavily, stamp)의 뜻으로 처음 사용한 것으로 확인되고 있다.[23] 스웨덴어의 trampa, 덴마크어의 trampe 등이 동족어다. 이는 동사 tramp의 어원인데, 명사 tramp는 '짓밟는 행위'(a heavy or forcible tread), '걸어서 배회하는 사람', '일자리를 찾아 헤매는 사람'(person who wanders about, idle vagrant on foot, esp. in search of employment)의 의미로 1664년에 처음 사용되었다가, 오늘날 해사용어인 '부정기선'을 뜻하는 낱말로는 1880년 경부터 사용된 것으로 추정된다. tramp를 여자에게 사용하면 '떠돌이 여자'라는 의미에서 '난잡한 여자'를 뜻하게 되는데, 1922년부터 이 용법으로 사용되었다.[24]

    일부 해사관계자들 사이에서는 부정기선을 tramper라고 발음하는 경우가 많은데, 이는 정기선을 liner라고 부르는 것과 상응하기 위한 발음상의 착각인데, 영어에 tramper는 '떠돌이', '도보여행자'를 뜻하는 말이다. 그런데 일부 해사관련 전문서에도 tramper를 버젓이 '부정기선'이라는 의미로 등재해 놓고 있다.[25] 이렇게 된 데는 아마도 일본의 영향이 일부 작용했을 것으로 보이는데, 사와 센페이는

22 佐波宣平, 『海の 英語』, p.432.
23 *The Shorter Oxford English Dictionary*, p.2344.
24 Harper, *Online Etymology Dictionary*, at http://www.etymonline.com(2024. 8. 10.)
25 tramper service, in 『신무역영한대사전』, 한국사전연구사, 2002, at www.naver.com.

1955년 『文部省學術用語集, 船舶工學編』에서도 '不定期船 ふていきせん : tramper'로 설명되어 있다는 사실을 인용하고 있다. 영어에 tramper라는 낱말이 있지만, 이는 해사용어로 사용되는 부정기선을 의미하지는 않는다. '부정기선'은 반드시 tramp 또는 tramp ship, tramp vessel 등으로 표기하며, 독일에서도 Trampschiff와 Trampdampfer로 쓰고 있다.

liner, tanker, ore carrier 등과 어로(語路)가 합쳐져 tramp가 tramper로 되었는지, 아니면 'trump'(카드놀이)와 구별하기 위해 의식적으로 tramp를 tramper라고 했는지, 혹은 free lance(창 하나로 어느 영주에게나 일하는 떠돌이 기사, 자유논객, 무소속 기자)를 '프리랜서'라고 말하는 것처럼, 행위자임을 표명하기 위해 어미에 'er'을 붙이는 습관 때문에 비롯된 것인지 몰라도 일본과 우리나라 해운업계에서 널리 사용되는 잘못된 해사용어 가운데 하나이다.

앞서 언급한 대로 tramp가 '부정기선'이라는 의미로 처음 사용된 때는 1880년 대였다. '부정기선'이라는 새로운 전문용어가 나오게 된 것은 '정기선'이 새로 등장한 이후이다. 세계 최초의 정기항로는 1816년 북대서양에서 미국의 Black Ball Line에 의해 시작되었지만, 그것은 정기항해의 최초 사례였을 뿐이다. 따라서 초기의 정기선 항해는 아직 사람들의 의식에 명백히 그 차이가 각인되지 않았기 때문에 이를 기존 해운업 방식과 구분하여 부를 전문용어를 생각하지 못하였다. 그러나 증기선 해운이 발전함에 따라 정기항해 또는 정기항로가 점차 확립해감에 따라, 사람들이 이 새로운 형태를 구분할 필요가 생겼고, 이를 liner라고 불렀다. liner가 the regular line of traffic(규칙적 항로) 또는 line-of-battle-ships(전열함)으로부터 유래한 명칭이라는 것은 liner 항목에서 살펴본 바 있다. Smyth 제독이 *Sailor's Word Book*(1867에서 liner를 "chance vessel"과 구별하기 위한 용어(in contradiction of chance vessel)라고 설명하고 있다는 점이다.[26] Smyth가 이 사전을 편찬한 것이 1867년이었으니 Black Ball Line이 정기항로를 개설한 지 이미 반세기가 경과된 때였다. 그럼에도 liner라는 용어가 아직 사람들에게는 귀에 새롭고 익숙하지 않았을 뿐만 아니라 부정기선에 대해 일반인들에게 통용되는 전문용어도 아직 존재하지 않았다. 이것은 증기선을 가지고 실시하는 정기항해가 이 무렵에 점차 확립되어 가고 있음을 보여준다.

tramp가 '부정기선'이라는 의미로 등장하게 된 것은 1880년대부터라고 보이지만, 서적에 처음 기록된 것은 W. W. Bates의 *American Marine*(Boston & New York)이 출간된 1892년이다. 여기에는 'The Unpopular Steam Tramp. When steamers came upon the ocean it was a common thing for sailing vessels to visit ports seeking, I.e., looking for employment'로 풀이되어 있다.[27]

여기에서 흥미로운 것은 유사 이래의 해운업의 고전적 형태인 부정기선을 Bates는 "steam tramp"(증기 부정기선)으로 묘사하고 있다는 점이다. 증기선이 출현했을 때 증기선은 일정량의 화물을 확실히 얻을 수 있고 또한 정부로부터의 보조금을 기대할 수 있는 정기항로(우편항로)에만 취역했다. 따라서 증기선이라고 하면 곧 정기선이었고, 정기선은 증기선이었다. 따라서 부정기선업은 재래의 목조 범선에 의해 이루어졌다. 그러나 목조 범선에 의한 종래의 부정기항해는 사람들의 주의를 전혀 끌지 못하였고, 그러한 이유로 그것에 특별한 호칭이 부여되지 않았다. 부정기선이 특히 부정기선(tramp)으로 불리게 된 것은 신식 증기선 때문이며, 더군다나 여기저기에서 화물을 찾아다니는 부정기 항해를 하는 steam tramp가 출현한 이후다.[28] 따라서 Fayle은 tramp를 'seeker(짐바라기)', 'general trader(일반 무역선)'로 부르고 있다.[29]

---

26 Smyth, *The Sailor's Wordbook*, p.448.

27 W. W. Bates, *American Marine : The Question in History and Politics*, Boston & New York, 1892, p.344. At http://www.forgottenbooks.com/readbook_text/American_Marine_1000525250/363(2024. 8.15.)

28 이상 佐波宣平, 『海の 英語』, pp.434-436.

29 Fayle, 김성준 역, 『서양해운사』, p,318.

trim 트림, 선수미 기울기

고대 영어 동사 *trim*이 명사로 전용된 예인데, 동사로서 원뜻은 '항해를 준비하다, 의장하다'(fit for sailing)를 의미했던 선원들 간의 속어였다. 15세기 중엽에는 '정돈하다, 준비하다, 강화하다'(arrange, prepare, fortify) 등의 뜻으로도 사용되었는데, 이와 같은 용법으로 사용된 trim의 어원은 고대 영어 trymian이나 trymman으로 추정되고 있다. 오늘날 해사용어로 특히 산적화물을 싣고 난 뒤 이를 고르는 작업을 trimming이라고 하는데, 여기에서 기원한 낱말이다. 이와 같은 용법으로는 steamer's trimming(화물 고르는 비용을 선주가 부담), free trimming(화물 고르기 비용 선주 면제) 등이 있고, 관용구로 trim one's sails(돛을 조절하다, 임기응변의 조치를 취하다)은 일반용어로도 자주 사용되고 있다. 이를테면 Fayle은 튜더 시대 영국의 해운업에 대해 서술하면서 다음과 같이 적고 있다.

> The fear of Spain checked his encouragement of oceanic exploration. Fear of the Hansa drove him to exempt the German merchants from most of the restrictions placed on foreign traders. Even Henry VIII, masterful as he was, had continually to *trim his sails*.
>
> 그는 스페인을 자극할 것을 염려하여 해양탐험을 장려할 수 없었고, 한자 상인들을 염려하여 외국 무역상들에게 적용되는 대부분의 제한 조항들을 독일 상인들에게는 면제해 주었다. 능수능란한 왕이었던 헨리 8세 조차도 지속적으로 정책의 *완급을 조절해야만* 했다.[30]

---

30 Fayle, *A Short History of the World Shipping Industry*, p.139; 김성준 역, 『서양해운사』, p.170.

1500년 즈음에 trim에는 '정장하다, 말쑥하게 차려입다'(neatly or smartly dressed)는 뜻이 추가되었는데, 이것은 고대 영어 trum(fixed, firm, secure, sound, active)에서 유래한 것이다. 이와 관련한 용법으로 'to trim a hedge'(울타리를 다듬다), 'to trim a beard'(수염을 깔끔히 자르다), 'out of trim'(불균형) 등이다.[31]

위에서 살펴본 것처럼, 원래 '준비, 정돈, 균형, 조화' 등을 의미했던 trim이 오늘날 해사용어에서는 '트림, 선수미 기울기', 즉 '불균형' 상태를 의미하는 데도 사용된다. 이는 마치 '저울'을 재는 데 사용하는 '2개의 접시'를 뜻하는 라틴어 *bilanx*에서 유래한 영어 balance가 '균형'이라는 원뜻과는 반대로 불균형의 결과로 생기는 '차액, 잔고'를 뜻하는 것과 비슷하다. 해사용어 trim은 trim by head(선수 트림), trim by stern(선미 트림), in trim(even keel) 등의 용법으로 널리 사용되고 있다. 사와 센페이는 trim이 '의장하다'는 뜻에서 유래하여 '정돈하다, 조정하다' 등의 추가되고, 후대에 '트림'의 뜻으로 전화되었다고 적고 있다. 그러나 위에서 정리해 본 바와 같이, 그 어원이 다른 말이 후대에 trim이라는 같은 철자를 쓰게 된 데서 기인한 것이지 한 낱말에서 출발한 것이 아니라는 점을 미처 생각하지 못한 것이다.[32]

Trinity House 트리니티 하우스

항해의 안전과 선원들의 복지 증진을 위해 1514년 헨리 8세가 발부한 특허장에

31 *The Shorter Oxford English Dictionary*, p.2363; Harper, *Online Etymology Dictionary*, at http://www.etymonline.com(2024. 8. 15)
32 佐波宣平, 『海の 英語』, p.438.

Trinity House, London Trinity House 깃발[33]

따라 설립된 영국의 해사단체이다. 이 단체는 '항로표지 관리 및 운영'(General Lighthouse Authority)이라는 공공기관과 같은 역할도 할 뿐만 아니라, 원양도선 사조합(Deep Sea Pilotage Authority)으로서의 역할과 선원복지협회(Seafarers' Charitable Organization)로서의 역할도 담당하고 있다.[34] 따라서 일본의 일부 자료에서는 Trinity House를 '영국 해사국(海事局)', '영국 등대국(灯台局)', '선원조합', '수선인협회' 등으로 번역하는 경우가 있는데, 어느 것이나 Trinity House가 하는 역할의 일부만 표현할 뿐이다. 따라서 굳이 번역하기보다는 '트리니티 하우스'라고 하는 편이 적절할 것 같다.

　　오늘날 Trinity House라고 약칭하지만, 1514년 특허장을 발부될 때의 정식 명칭은 The Master, Wardens, and Assistants of the Guild, Fraternity, or Brotherhood of the most glorious and undivided Trinity, and of St. Clement in the Parish of Deptford-Strond in the County of Kent였고, 이를 줄여 Trinity House of Deptford-Strond라고 부르기도 했으나, 이것도 길기는 마찬가지여서 오늘날에는

---

33 http://en.wikipedia.org/wiki/Trinity_House(2024. 8. 15.)

34 http://www.trinityhouse.co.uk(2024. 8. 15.)

Trinity House로 약칭되는 게 보통이다. Trinity House of Deptfrod-Strond는 템즈 강과 그 인근 연안을 관리를 담당하는 정부로부터 특허를 받은 사단법인(private corporation)이다. Trinity House of Deptfrod-Strond 외에도 Trinity House of Leith도 있는데, 이곳이 역사가 더 오래되었다. Trinity House of Leith은 1380년 Robert II(1316-1390)가 발부한 특허장에 따라 설립된 사단법인이다.

Trinity House는 등대, 등대선, 부표, 비컨의 관리, 도선사의 자격시험, 난파선과 난파물의 처리, 선원 복지 등을 주요 임무로 하고 있으며, 조직은 Master, Deputy Master, Elder Brethren, Younger Brethren으로 구성되어 있다. 단체명에 Trinity(3위 일체)라는 형용사를 붙이고 있는 까닭은 원래 명칭에서 보듯 종교단체인 Trinity of St. Clement가 주도하였기 때문이다.[35]

Typhoon 태풍

그리스의 신 $Tv\phi\omega\nu$(typhon, 바람을 일으키는 거신)에서 유래하였는데, typhon 이란 말 자체는 그리스어 $Tv\phi\varepsilon\iota\nu$(typhein, 연기를 피우다)는 말에서 유래하였다. 정효상 교수는 다음과 같이 그 유래를 설명하고 있다.

"'태풍'이라는 단어는 1904년부터 1954년까지의 기상관측 자료가 정리된 『氣像 年報 50年』에 처음으로 등장하였다. 태풍의 '태(颱)'라는 글자가 중국에서 가장 처음 사용된 예는 1634년에 편집된 『福建通志』 56권 『토풍지(土風志)』에 있다. 중국에서 는 옛날에 태풍과 같이 바람이 강하고 회전하는 풍계(風系)를 '구풍(具風)'이라고 했으며, 이 '구(具)'는 '사방의 바람을 빙빙 돌리면서 불어온다'는 뜻이다. 태풍의

---

35 佐波宣平, 『海の 英語』, p.439.

영어 단어인 typhoon은 그리스 신화에 티폰(Typhon)에서 그 유래를 찾을 수 있다. 대지의 여신인 가이아(Gaia)와 거인 족 타르타루스(Tartarus) 사이에서 태어난 티폰(Typhon)은 백 마리의 뱀의 머리와 강력한 손과 발을 가진 용이었으나, 아주 사악하고 파괴적이어서 제우스(Zeus)신의 공격을 받아 불길을 뿜어내는 능력은 빼앗기고 폭풍우 정도만을 일으킬 수 있게 되었다. 티폰(Typhon)을 파괴적인 폭풍우와 연관시킴으로써 taifung을 끌어들여 typhoon이라는 영어 표현을 만들어 냈다. 영어의 typhoon이란 용어는 1588년에 영국에서 사용한 예가 있으며, 프랑스에서는 1504년 typhon이라 하였다."[36]

typhoon의 영어 용례와 관련하여 위의 인용문에서는 1588년에 사용한 예를 제시하고 있으나, Douglas Harper는 1550년대에 violent storm, tornado라는 의미로 tiphon이 사용되었다고 밝히고 있고, SOED는 첫 용례 사용연도를 1592년이라고 적시하고 있다.[37] 사와 센페이는 Typhhon의 어원과 관련하여 4가지 설을 소개하고 있는데, 흥미로울 듯하여 여기에 소개한다.

(1) 중국어 '대풍(大風)'설

A Corruption of Chinese t'ai-fun, or great wind.(Lovette, *Naval Customs, Traditions and Usage*, p.235)

(2) 대만의 '바람'설

대만 지방의 특유한 바람이므로 '대풍(臺=台風)'이라고 부르고, 이것이 유럽인들

---

36 정효상, 지구과학산책 : 태풍, at http://navercast.naver.com/contents.nhn?rid=116&contents_id=12881 (2024. 8.15.)

37 *The Shorter Oxford English Dictionary*, p.2394; Harper, *Online Etymology Dictionary*, at http://www.etymonline.com,(2015. 4. 10.)

에게 전해져 typhoon이 되었다는 설

(3) '태풍(颱風)'설

중국어에 '대풍(大風)'을 의미하는 '태(颱)'라는 한자어가 유럽에 전해져 typhoon
이 되었다는 설

(4) '풍태(風胎)'설

샤먼(廈門)에서 이 바람을 '風胎'(광동어로 '한타이'라고 발음), 즉 '폭풍의 모
태'(storm's womb)라는 뜻으로 그렇게 부르게 되었다는 설(新村出, 『日本晴』 靖文
社、1942, pp.221-2)

사와 센페이는 이러한 설명을 아마추어적인 것이라고 비판하고 있다.[38]

---

38 佐波宣平, 『海の 英語』, pp.442-443.

underwriter 보험업자

영어 under + write의 합성어인 동사 underwrite의 명사형으로 1610년대 subscriber(예약자, 서명자)의 뜻으로 사용되었다가 1622년에 '보험 약관에 서명한 자, 즉 보험업자'를 뜻하기 시작했다.[1] 어원적으로 본다면, 라틴어에서 유래한 subscriber(sub + scribere)와 동일한 형태지만, 오늘날 subscriber는 '기부자, 예약자, 서명자' 등의 의미로 한정되었다.

'보험업자'를 뜻하는 영어에는 underwrite 외에 insurer가 있는데, insure라는 동사에 '보험에 들다'와 '보험을 인수하다'는 두 가지 상반된 뜻이 내포되어 있기 때문에 insurer는 '보험인수자', insured는 '보험가입자'를 각각 구별하여 사용하게 되었다. 그럼에도 insurer 단독으로 사용할 경우 '보험가입자'로 혼동하는 것을 피하기 위해 약관 등에 insurer and underwriter를 병기하는 경우가 있다. 그러나 영국에서 보험업자를 insurer나 insurance company라고 부르는 것은 학술상의 용

---

1 *The Shorter Oxford English Dictionary*, p.2412; Harper, *Online Etymology Dictionary*, at http://www. etymonline.com(2024. 8. 10.)

어이고, 업계에서는 underwriter가 일반적으로 통용되고 있다.[2]

---

2 佐波宣平, 『海の 英語』, p.445.

vessel : 배, 선박

라틴어 *vascellum*(꽃병, 작은 용기, 배)에서 기원하여 12세기에 프랑스어 vaissel (현대 프랑스어 vaisseau, vessel, vase, ship의 어원)을 경유하여 1300년 경 영어 vessel(용기, 그릇)로 유입되었다. 당초 오목한 그릇이나 용기를 의미했던 vessel이 '배'를 의미하기 시작한 14세기 초부터이다.[1]

vessel은 물건을 담아놓을 수 있는 '오목한 용기' 뿐만 아니라, 액체를 담아놓거나 흘려 보낼 수 있는 '혈관' 등에도 사용되었다. 이를테면, vessel이나 blood vessel (혈관), capillary vessel(모세관) 등이 그 예다. 독일어에서는 Gefäß라고 하면 그릇, 혈관, 칼의 자루 등을 의미하는데, 종종 '배'를 뜻하기도 한다. 독일어 Gefäß 역시 영어 vase, vat(양조용 큰 통), vessel과 같이 라틴어 vasecellum에서 유래한 것이다. Shakespeare는 Henry IV(2)에서 'You are the weaker vessel, as they say, the emptier vessel'(여자는 약한 몸, 속이 빈 그릇이라는 말도 있지 않소)[2]라는 표현을 사용하고 있는데, weaker vessel은 글자 그대로 '약한 용기, 즉 부인'을 뜻한다.[3]

1 Harper, *Online Etymology Dictionary*, at http://www.etymonline.com(2024. 8. 10.)
2 Shakespeare, *2 Henry IV*, Act II, Scene iv, 64-65; 김홍곤 역, 『헨리 4세』 제2부, p.476.

viking 바이킹

고대 노르만어 *vikingr*에서 기원했다는 것이 통설이지만, 그 의미에 대해서는 몇 가지 설이 있다. 하나는 스칸디나비아어의 '하구나 협곡'(fjord)을 뜻하는 vik에서 유래했다는 설과, '전투'를 뜻하는 vig이나 마을이나 진지(camp)를 뜻하는 게르만어 wic에서 파생한 것으로 보는 설이 있다.[4] vik(협곡)에서 왔다는 설은 고대 영어의 wic이나 중세 고지 게르만어 wich(만, bay) 등이 동족어로 사용된 것을 통해 확인되고 있다. 그러나 vig이나 wic에서 왔다는 주장은 고대 영어 wicing과 고대 프리슬란트어 wizing이 고대 노르만어 vikingr이 사용되기 이전 300여년 전에 이미 사용되고 있었다는 점을 고려하면 개연성이 낮다. wicing은 라틴어의 '마을'을 뜻하는 vicus에서 유래한 wic(마을, 진지)을 어근으로 하고 있다. 이처럼 viking의 어근 vik이 어디에서 유래하였는지는 아직까지 정설이 없지만, ingr 또는 ing이 스칸디나비아의 고어로 '누구의 아들'을 뜻하므로 바이킹은 '피요르드에서 온 사람'이나 '도시의 사람들' 또는 '시장 사람들', 혹은 '전사'를 뜻하게 된다.[5] 고대 노르만어에서도 vikingr은 '약탈 항해, 해적'을 의미했는데, 영어에서 '노르만 해적'을 뜻하는 용례로 사용된 것은 1807년에 이르러서였다.[6]

3 佐波宣平, 『海の 英語』, p.447.
4 Marc Bloch, 한정숙 역, 『봉건사회』 1, 한길사, 2001, p.448, 각주 19.
5 OED on CD-Rom ver. 1.14; 김주식, 『서구의 해양기담집』, p.32.
6 *The Shorter Oxford English Dictionary*, p.2475.

voyage 여행, 항해

라틴어 via(길, 여행)를 어근으로 하는 라틴어 *viaticum*에서 유래한 말인데, 고전 라틴어에서는 '여행용 돈이나 식량'을 뜻했고, 후기 라틴어에서는 '여행'(journey) 자체를 의미하게 되었다. 12세기 고대 프랑스어 voiage(현대 프랑스어 voyage) 형태로 유입되어 '여행, 임무, 경로, 십자군 원정' 등으로 사용되던 것이 1300년경 veiage, vaiage, viage 등의 형태로 영어에 유입되었다.[7]

voyage는 초기에는 오늘날에는 거의 사용되지 않는 용법인 '육로로 여행하다'(to journey by land)는 의미로 사용되었다가 점차 '항해하다'(to make a voyage), 또는 '횡단하여 여행하다'(to cross or travel over) 등의 뜻으로 사용되었다.[8] 그러나 voyage는 그 자체로 동사로 사용되기보다는 명사로서 make, do, take 등과 함께 '육로 여행'(a journey by land), '군사적 목적의 원정'(expedition undertaken with a military purpose), '해로 여행'(journey by sea) 등으로 사용되어 왔다. 이를 볼 때 voyage는 navigate와 sail을 포괄할 수 있는 일반적인 의미의 '여행'을 가리키는 용어라고 할 수 있을 것이다. 항해자들이 원양에서 다른 선박을 만났을 때 '안전항해를 빕니다!'라는 뜻으로 'Bon voyage!'라고 말하는데, 본래 이 말은 '즐거운 여행 되십시오!'(pleasant journey) 또는 '안녕히 가십시오!'(a farewell to a traveller)라는 뜻이다.[9] 그러므로 항공기에서도 'Bon voyage!'라는 표현을 사용할 수 있는 것이다.

---

7 Harper, *Online Etymology Dictionary*, at http://www.etymonline.com(2024. 8. 10.)
8 *Oxford English Dictionary*, Vol. XIX, p. 778-9.
9 *Webster's New World Dictionary*, p. 159.

wake 항적, 추적류, 반류(伴流)

원게르만어 *wakwo*에서 기원한 고대 노르만어 vaka, vök, waak(얼음이 깔려 있는 수역에서의 통로)를 경유하여 중세 게르만어나 중세 네덜란드어 wake(hole in the ice)를 거쳐 1540년대에 영어 wake(항적)로 유입되었다.[1] 영어 wake는 '항적', '추적류(追跡流)', '반류(伴流)'의 뜻으로 사용된다. 애당초 wake는 '얼음 속의 구멍 또는 수로'(hole or Channel in the ice), '바람 또는 물결의 작용으로 그곳만 얼지 않고 있는 물 위의 장소'(a piece of water kept unfrozen by wind or current)를 의미하였다. 그러나 이것이 점차 '배가 얼음 속을 항해하기 위해 배 자체에 의해 만들어진 통로'(the path made for itself by a vessel through ice)를 의미하게 되었고, 영어에는 '항적'의 뜻으로 유입되었다.[2]

---

1 Harper, *Online Etymology Dictionary*, at http://www.etymonline.com(2024. 8. 10.)
2 佐波宣平, 『海の 英語』, p.450.

warehouse 창고

영어 ware(상품) + house의 합성어로 14세기 중엽에 영어에서 처음으로 사용된 용례가 확인되고 있다. 네덜란드어 warenhuis, 독일어 Warenhaus와 동족어다. 하지만 모양은 유사하지만 그 의미는 차이가 있는데, 네덜란드어 warenhuis와 독일어 Warenhaus는 '백화점'을 뜻하지 '창고'라는 뜻은 없다.[3] 백화점도 창고와 마찬가지로 여러 가지 상품을 보관하고 있는 장소이므로, 유사성이 존재한다고 할 수 있다. 프랑스어 magasin에는 '창고'와 '상점'이라는 뜻이 함께 있는데, 옛날에는 프랑스어에서 '잡지'도 magasin이라고 했다. 영어 magazine은 중세프랑스어 magasin에서 유래한 것인데, 1580년대에는 '탄약고'와 '군수품 창고' 등을 의미했고, 1731년에 이르러 'Gentleman's Magazine'이라는 제하의 잡지명으로 처음 사용되어 magazine에 '잡지'라는 뜻이 덧붙게 된 것이다.[4] 이는 한 권의 책안에 여러 기사가 기재되어 있어서 '지식의 창고' 역할을 하고 있기 때문이다.

본래 영어 ware(상품)는 독일어 wahren(소중히 하다, 지키다), 영어 guard(지키다, 보호하다)와 같은 계열의 낱말이다. 따라서 '상품'이란 본래 '보호해야할 것'이었으며, ware(상품)를 보관하는 warehouse(창고)도 그것을 중요하게 보관하지 않으면 안 되는 것이었다.[5] 항만의 부두에 보이는 shed는 '헛간(기둥에 지붕만 있는 가건물)이라고 할 수 있는데, 우리나라에서는 일본어 '上屋'(うわや)을 한자독음으로 읽어서 보통 '상옥'이라고도 했는데, 이것은 shade(그늘)가 변형된 말이다. shed는 '부두에 일시 적치한 화물이 눈비에 젖지 않고, 햇볕에 노출되지 않도록

3 *The Shorter Oxford English Dictionary*, p.2505.
4 Harper, *Online Etymology Dictionary*, at http://www.etymonline.com(2024. 8. 10.)
5 佐波宣平, 『海の 英語』, pp.453-454.

그늘만 지게 할 목적으로 지어진 헛간'이기 때문이다.

watch 당직, 견시

원게르만어 *wakjan*에서 유래한 고대 영어 waeccan(깨어 있는, 당직을 서는)의 명사형 waecce(깨어 있는 상태, 당직, 견시)를 어원으로 하고 있다. 1200년 경 유대인들이 밤을 3분(分,) 그리스인들은 4분, 로마인들은 신약성서에 따라 4분하는 것 등의 예처럼, '밤을 구분하는 시기의 하나'(one of periods into which the night is divided)를 뜻하는 용법으로 사용되었고, 13세기 중엽부터는 '당직 근무조'(a shift of guard duty), 13세기 말부터는 '야간 당직자'(person or group to keep order at night), 14세기 말부터는 '경계병'(military guard)을 각각 의미하는 용법으로 사용되었다.[6]

이 어원에서 알 수 있는 것처럼, watch의 본래 의미는 '자지 않고 깨어 있는 것'을 의미하는데, 우리가 '시계'를 watch라고 하게 된 것은 '쉬지 않고 움직이는 기계'이기 때문이다. 해사용어 중 anchor buoy(앵커 부표)가 수면에 모습을 드러내고 있는 것을 'watch' 또는 'watching'이라고 하는 것도 선원이 잠을 자지 않고 일어나서 당직을 서고 있는 것을 비유적으로 표현한 것이다. 중세 지중해의 해법인 *Liber Niger Admiralitates*(Old Rules for the Lord Admiral)에도 "he who shall sleep on his watch(당직 중에 조는 사람은)"라는 문구가 자주 등장한다. 이를테면 'Watche and warde shall be kept'(당직과 경계를 철저히 할 것)이라는 조항이 있었다.[7] 이 조항처럼, 중세 지중해 해법에서는 watch와 ward를 함께 썼지만, 시간

---

6 Harper, *Online Etymology Dictionary*, at http://www.etymonline.com(2024. 8. 10.)

이 지남에 따라 두 단어는 점차 구별이 어렵게 되어 결국 watch 만으로 watch and ward, 즉 '당직, 파수, 경계'를 의미하게 되었다.

해상근무에서 밤 0시부터 오전 4시까지의 야간당직을 middle watch(midwatch), grave-eye watch라고 하는데, 이는 '잠이 와서 눈이 무겁게 느껴진다'는 의미이다. 그런데 언제부터인지 선원들에 의해 graveyard watch(무덤 당직)라고 불리게 되었고, 육상의 공장근무 등에서는 밤 0시부터 오전 8시까지의 야간작업도 graveyard shift(묘지 교대, 반갑지 않은 교대)라고 하게 되었다.[8]

weather 날씨, 풍상

원게르만어 *wedram*(바람, 날씨)에서 유래하여 weder(공기, 하늘, 바람, 폭풍우)의 형태로 고대 영어에 유입되었다. 고대 색슨어 wedar, 고대 노르만어 veðr, 네덜란드어 weder, 고대 고지 게르만어 weter, 현대 독일어 Wetter(이상 폭풍우, 바람, 날씨) 등이 모두 동족어다. 해사용어에서는 형용사로 사용되어 lee(풍하의)의 상대어로 '바람 쪽의, 즉 풍상의'를 의미한다.[9]

일반적으로 weather는 '날씨' 일반의 의미로 널리 사용되고 있는데, 원뜻은 '바람'이었다. 그 어원인 원게르만어 wedram이나 고대영어 weder 등은 '바람'과 '폭풍'을 의미했다. 그러나 시간이 흐름에 따라 '바람'은 wind가, '날씨'는 weather로 각각 구별되어 사용되게 되었다. 현재 해사용어에서 weather는 '바람'이란 뜻으로

---

7 Liber Niger Admiralitates, in Twiss, ed. by, *The Black Book of Admiralty*, Vol. I, p.290.
8 佐波宣平, 『海の 英語』, pp.455-456.
9 Harper, *Online Etymology Dictionary*, at http://www.etymonline.com(2024. 8. 10.)

는 거의 사용되지 않고 '풍상'을 의미한다. 다음은 사와 센페이가 제시한 몇 가지 용례들이다.

Thus weather and wind mean much same, viz "that which blows," and they are constantly associated in the English phrase "wind and weather."(Skeat, *An Etymological Dictionary of the English Language*)

weather와 wind는 각각 '*바람*이 불어오는' 것을 뜻하며, wind and weather처럼 하나의 숙어처럼 연관되어 있다.

There had been "blowing weather and severe storms on the coast."(Wendell Phillips, A Treatise on the Law of Insurance, Boston : Treadwell's Power Press, 1823, p.103)

해안에서는 *바람*이 불고, 심한 폭풍이 몰아 쳤다.

How the poor gentleman roared and the bear mocked him, both roaring louder than the sea and weather.(Shakespeare, The Winter's Tale, III, iii, 102-4)

불쌍한 그 사람이 암만 아우성을 쳐보아야 곰이란 놈은 아랑곳하지 않고, 그 사람과 곰 양쪽의 소리를 합쳐 놓으니, 파도와 바람 소리가 안 들릴 지경이었지요. (高錫龜 역, 「겨울이야기」, 『셰익스피어전집』 IV, p.363)

Olivia : 'tis in grain, sir : 'twill endure *wind and weather*.(Shakespeare, Twelfth Night, I, v, 257)

바래지 않게 물들여 놓았으니, *비바람*에도 견뎌 낼 걸.(여석기 역, 「십이야」, 『셰익스피어전집』 III, p.449)

이상에서 weather는 각각 두 가지 의미로 사용되었는데, 먼저 '바람'의 뜻으로, 그리고 그 다음에는 '날씨'의 뜻으로 사용되고 있다. Emily Bronte의 명작 『폭풍의 언덕』의 원제는 *Wuthering Heights*인데, 여기에서 "Wuthering"은 atmospheric

tumult(미쳐 날뛰는 대기 상태)이고, storming wether(거친 날씨)의 뜻을 지닌 형용
사이다. 본래 weathering이라고 써야 맞지만 요크셔 지방의 사투리인 "wuthering"
을 사용하게 된 것이다.

해사용어 weather는 압도적으로 '풍상'의 뜻으로 사용되고 있다. '풍상'의 의미
로 사용하는 용례를 들어보면 다음과 같다.

(1) weather(풍상)가 형용사로 사용되는 경우

- weather anchor : 풍상 닻
- weather board : 풍상 현
- weather bow : 풍상측 선수
- weather guage : 풍상의 위치
- weather helm : 풍상 타
- weather lurch : 풍상 현으로 기우는 것
- weather shore : 본선(本船)의 풍상에 있는 육상의 해안
- weather tide : 풍상으로 향해 흐르는 조수
- to keep the weather of… : ~의 풍상에 있다, ~를 마음대로 지배하다,
  ~를 관리하다(옛날 말을 타고 활을 쏘며 하는 전투에서는 풍상에 서는 쪽이
  사정거리가 늘어나 유리하였기 때문에 전투에서 풍상을 위치를 차지하는
  것에 신경을 썼다.)

(2) weather가 동사로서 '풍상으로 나가다'는 뜻으로 사용된 경우

- to weather a gale : 강풍을 타고 넘다

- to weather another ship : 다른 배의 풍상을 항행하다
- to weather through a crisis : 위기를 극복하다

(3) Weather cock(독일어 Wetterhahn)

'닭 모양의 풍향계(風向鷄)'(일본어 かざみどり 風見鷄)라고 말하는 것도 weather 가 '바람'의 뜻으로 사용되는 예 중 하나이다. 풍향계는 고대 그리스와 로마시대에 도 사용되었는데, 당시는 그리스 신화에서의 해신 Triton의 이름을 취하여 triton 으로 불리고 있었다. 그런데 9세기 중순이 되면, 가톨릭교에서 모든 교회의 첨탑 에 성 베드로의 상징으로서 수탉 모양의 풍향계를 달라고 법으로 정하였다. 이것 은 "베드로가 예수의 말씀에 닭 울기 전에 네가 세 번 나를 부인하리라"(마 태복음 26:75)고 예언한 예수의 이야 기와 관련이 있다. 그런데 베드로는 닭이 2번 울었을 때 그 울음소리를 듣 고 격심한 회한에 사로잡혀 울었다. 주의와 주장을 그때그때 상황에 따라 바꾸는 사람을 weather cock이라고 하 는 것은 풍향계가 바람의 위치에 따라 방향을 바꾸는 데서 유래하였다.[11]

The Israel Malacological Society의 학술잡지
*Triton*의 표상[10]

---

10 http://www.manandmollusc.net/triton/triton_intro.html(2024. 8. 20.)
11 이상 佐波宣平, 『海の 英語』, pp.456-460.

wharf 선창(船艙)

‘둑’(dam)이나 ‘조선소’(shipyard)를 뜻하는 중세 저지 게르만어 werf에서 기원한 말로, 원 게르만어 hwarfaz가 영어로 유입되어 배를 묶어둘 수 있는 해안(shore)이나 언덕(bank)을 뜻했다. 런던의 지명 ‘Embankment(쌓아올린 둑)’는 wharf의 영어 토박이 말에 해당한다고 할 수 있다. 고대 영어에서는 hwearfian이란 낱말이 사용되었는데, 이는 ‘돌다, 선회하다’(to turn, revolve)는 의미였다. 어쨌든 게르만어에서 유입된 이 낱말이 영어의 토박이말처럼 사용되어 오다 1812년 즈음부터 wharf rat이란 낱말이 사용되기 시작했는데, 이는 ‘배와 도크에 서식하는 쥐’를 의미했다. 여기에서 wharf가 배와 도크를 시사하게 되었는데, 이것이 확대되어 1836년 즈음부터 wharf rat는 ‘도크 출입이 잦은 사람’(person who hangs around docks)이란 의미로 전용되었다.[12]

whistle 호각, 기적

고대 영어 *hwistle*이 현재 철자로 변형된 것으로, 15세기 중엽 무렵 ‘호각’이란 뜻으로 사용되었다.[13] 셰익스피어의 작품에는 whistle이 자주 사용되고 있다.

Heigh, my hearts! cheerly, cheerly, my hearts! yare, yare! Take in the topsail. Tend to the master's whistle(Shakespeare, *The Tempest*, I, i, 7-8)

---

12 https://www.etymonline.com/word/wharf#etymonline_v_7933(2024.8.15.)
13 Harper, *Online Etymology Dictionary*, at http://www.etymonline.com(2024. 8. 20.)

여보게들, 기운을 내, 기운을. 꼭대기 돛을 내리란 말이야. 선장 호각소리를 잘 듣게.(오화섭 역, 「태풍」, 『셰익스피어전집』 IV, p.399)

The seaman's whistle

Is as a whisper in the ears of death.(Shakespeare, *Pericles*, III, Viii-ix)

저 선원의 호적 소리는 죽은 사람 귀에다 속삭이는 것과 같아서 들리지 않는다.

(정병준 역, 「페리클리즈」, 『셰익스피어전집』 IV, p.236)

S. Lee & C.T. Onions의 *Shakespeare's England*(1916)에 따르면, 셰익스피어 시대에는 whistle(호각, 호루라기)은 선장부터 cockswain(coxswain, 艇長)에 해당하는 사관들이 사용하였지만, 오늘날 우리들에게 널리 알려져 있는 것은 갑판장의 호각(boatswain's whistle)이다. 옛 범선시대에는 바람이 멎고 물결이 잠잠해져 범선이 움직이지 못할 때 호각을 불면 바람을 다시 불러올 수 있다고 믿었는데, 이러한 관행으로부터 to whistle for a wind(아무리 바라도 소용없다, 쓸 데 없는 것을 바라다)라는 숙어가 생겼다. 이외에도 to pay dear for one's whistle이라는 숙어가 있다. Benjamin Franklin(1706-1790)이 소년이었을 때 가지고 있던 돈을 모두 지불하고 피리를 손에 넣었지만, 그 피리의 실제 가격은 그가 지불했던 금액의 1/4밖에 되지 않는 다는 것을 가족들로부터 알게 되었다. 이 일화로부터 to pay dear for one's whistle(쓸모없는 물건에 많은 돈을 지불하다)라는 숙어가 생겼다.[14]

---

14 이상 佐波宣平, 『海の 英語』, pp.460-462.

wreck 난파, 난파선

원게르만어 *wrekan*(to drive)에서 기원하여 고대 노르만어 varech, wrek(난파, 표류)를 거쳐 앵글로프랑스어 wrec이 13세기 초 '표류물, 난파선' 등의 의미로 영어에 정착하였다. 난파선이란 뜻으로 처음 사용된 것은 15세기 중엽이다.[15] 노르만어 varech은 원래 물가에 자생하는 잡초나 모래사장으로 떠밀려온 해초를 뜻했다. varech이 wrach로 되고 wrek, wrecke 등을 거쳐 영어 wreck으로 정착했다. 셰익스피어의 작품에는 자주 wrack(해양사고, 난파선)이 나오지만, wreck은 한 차례도 쓰이지 않았다.

wreck(난파하다, 난파선)으로부터 파생된 단어가 wrecker이지만 이 단어의 발전을 생각하면 흥미롭다. wrecker는 우선 '난파선 약탈자', '오래된 건물을 부수는 사람', '난파선 구조자', '고장나서 움직이지 못하는 차를 견인하기 위해 가는 자동차' 등의 의미로 사용된다. 이처럼 현장에 급하게 가서 사고를 일으킨 선박 또는 자동차를 끌고 가는 방법이 유사한 것으로부터 최근에는 wrecker라고 하면 '교통위반 차량을 유치하기 위해 현장에 출동하는 자동차'라는 뜻으로 사용되고 있다. 이것은 해사용어가 육상용어로 정착한 예다.[16]

---

15 Harper, *Online Etymology Dictionary*, at http://www.etymonline.com(2024. 8. 20.)
16 佐波宣平, 『海の 英語』, pp.463-464.

yacht 요트

    고대 고지 게르만어 jagon에 그 어원을 둔 중세 저지 게르만어 동사 *jagen*(추적하다, 수렵하다), 명사 *jacht*(추적, 수렵)와 네덜란드어 schip(배)의 합성어 jachtschip(글자 그대로는 추적선, 쾌속 해적선)이 단축된 형태로 초기 네덜란드어 jaght, 노르웨이어 jaght를 경유하여 1550년대 yeaghe(작고 빠른 범선) 형태로 영어에 유입되었다.[1]

    배가 화물이나 사람의 이동이 아닌 여가용으로 사용된 것을 흔히 요트라고 일컫는데, 요트는 대체로 17세기에 등장했다고 할 수 있다. yacht란 용어 자체가 17세기 네덜란드의 소형선박 jag에서 유래하였기 때문이다. 네덜란드어 jagen은 '사냥하다', '쫓는다'는 의미를 지니고 있다. 당시 네덜란드에서는 jag을 바다나 넓은 호수에서 바람을 이용하여 빠른 속도로 항해하여 수렵에 용이한 선형이라 하여 '수렵선'이라고도 불렸다고 한다. 그러나 엄밀한 의미에서 요트의 기원은 1660년 찰스 2세가 왕정복고 후 귀국하여 왕으로 즉위할 때 네덜란드 인들이

---

1 Darper, *Online Etymology Dictionary*, at http://www.etymonline.com(2024. 8. 20.)

Yacht America의 우승(Fitz Henry Lane, 1851 그림)[2]

이를 축하하기 위해 선물한 100톤급 Marry 호이다. Mary 호는 왕실의 전용선으로서 처음으로 '요트'라고 불렸다고 한다.

요트 경기 또한 Charles II 세에게서 유래하였다. 왕위 즉위 뒤 1661년 9월 1일, Charles 2세는 동생 요크 공과 템즈강의 그리니치에서 그레이브 센트까지 37 km에서 '100 파운드 내기' 요트 레이스를 벌였는데, 이것이 요트레이스의 시초가 되었다. 근대 스포츠가 대부분

America's Cup

영국에서 발전했듯 요트 또한 영국에서 근대적인 면모로 발전하였다. 1747년 최초로 요트경기 규칙이 영국에서 제정되었고, 1775년에는 대규모 요트 경기가 펼쳐지기도 했다. 요트는 영국인들이 신대륙으로 이주하면서 미 대륙으로 전파되어 1844년 뉴욕에 요트 클럽에 생겼다. 요트의 세계적 확산에 결정적인 영향을 미친 것은 1851년 개최된 제1회 국제요트경기였다. 영국의 와이트 섬을 일주하는 단거리 요트대회에 참전한 미국의 New Yok Yacht Club의 요트 America 호가 영국의 요트 14척을 제치고 우승을 차지함으로써 영국 Royal Yacht Club이 제작한 '100

2 http://en.wikipedia.org/wiki/America's_Cup(2024. 8. 20.)

Guinea Cup'을 미국으로 가져갔다. 이후 이 대회는 1회 우승요트의 이름을 기려 America Cup으로 지금까지 개최되고 있다. 아이러니컬한 것은 제1회 '아메리카 컵'을 개최한 영국은 아직까지 한 번도 우승을 차지하지 못했다는 것이다. 아메리카 컵은 현재 4년마다 뉴욕요트클럽이 개최하고 있다. 왕실의 레포츠로 시작된 요트는 19세기 말부터 확산되어 1907년에는 국제요트경기연맹이 설립되었고, 제1회 아테네 올림픽에도 정식 종목으로 채택되었다. 그러나 기상악화로 제1회 올림픽에서는 실제 경기는 열리지 못했고, 1912년 제2회 파리 올림픽 대회에서 정식경기가 개최되었다. 우리나라에서는 1930년 선교사 언더우드가 한강에서 목수들로 하여금 만든 요트를 제작하여 세일링을 즐겼고, 황해요트클럽을 결성했다는 기록이 있다.[3]

---

3 양홍근, 「해양레저의 꽃, 요트의 대중화는 요원한가?」, pp.104-105; 정종석, 『세일링 요트』, pp.13-14.

참고문헌

※ 본문에서 중요하고 빈번히 인용된 자료만 정리했으며, 한두 번 인용한 자료는 본문의 각
  주를 참조하시오.

1. 사서류

강길운, 『비교언어학적 어원사전』, 2010.

국립국어연구원 표준국어대사전(http://stdweb2.korean.go.kr/search/List_dic.jsp),

공길영 편, 『선박항해용어사전』, 한국해양대학교, at www.naver.com.

『라틴-한글사전』, 가톨릭대학교출판부, 1995.

서정범, 『국어어원사전』, 2000.

백문식, 『우리말 어원사전』, 2014.

안옥규, 『어원사전』, 1989.

양시권·김순갑, 『선박적화』, 한국해양대학교, 1984.

한국민족문화대백과, at www.naver.com.

한국해양학회, 『해양과학용어사전』, 2005, at www.naver.com.

한국 정보통신기술협회, IT용어사전, at www.naver.com.

한글학회 편, 『우리말큰사전』 1, 어문각, 1991.

『해운물류큰사전』, 한국해사문제연구소, 2002.

佐波宣平, 『海の 英語』, 研究社, 1971.

Cambridge Online Dictionary, at http://dictionary.cambridge.org/dictionary/british/ in-the- doghouse.

Collins English Dictionary, Harper Collins Publishers, 1991 & 2003.

The Oxford English Dictionary, 2nd ed., Clarendon Press, 1989,

The Shorter Oxford English Dictionary on Historical Principles, OUP, 1989.

Webster's New World Dictionary, Third College ed., 1991.

Ansted, A., *A Dictionary of Sea Terms for the use of Yachtmen*, Amateur Boatmen, and Beginners,
    L. Upcott Gill, 1897.

Bates, W. W., *American Marine : The Question in History and Politics*, Boston & New York :
    1892, reprinted by London : Forgotten Books, 2013, at https://books.google.co.kr/books~.

Colcord, Joanna Carver, *Gangway! Sea Language Comes Ashore*, Dover Publications, 2012, at
    https://books.google.co.kr/books~.

Falconer, William, *An Universal Dictionary of the Marine*, 1780; A New Edition and Corrected,
    1789, at https://books.google.co.kr/books~.

Garrison, Webb, 'Jerry-Built,' in *Casual Lex : An Informal Assemblage of Why you Say What We Say*, Routledge Hill Press, 2005, at https://books.google.co.kr/books～.

Johnson, A., *Common English Proverbs*, London, 1954, at https://books.google.co.kr/ books～.

Hamersly, Lewis Randolph, *A Naval Encylopaedia*, L.R. Hamersly & Co., 1884, at https://books.google.co.kr/books～.

Harper, Douglas, *Online Etymology Dictionary*, 2001-2014 & 2001-2024, at http://www.etymon line.com.

Kerchov, René de, *International Maritime Dictionary*, D. Van Nostrand Company, 1961.

Lovette, Leland Pearson, *Naval Customs, Traditions and Usage*, US Naval Institute, 1934, at https://books.google.co.kr/books～.

Oliver, John E., *The Encyclopedia of World Climatology*, Springer, 2005, at https://books.google.co.kr/books～.

Skeat, Walter William, *An Etymological Dictionary of the English Language*, Clarendon Press, 1888; 1910; reprinted 2005, Dover Publications, at https://books.google.co.kr/books～.

Smith, John, *A Sea Grammar*, 1627, at https://books.google.co.kr/books～.

Smyth, W.H., *The Sailor's Wordbook of 1867, Conway*, 1991

Travers Twiss, *The Black Book of the Admiralty*, Vol. I-IV, 1871-1876, The Lawbook Exchange, LTD, 1998 & 2011.

2. 단행본

김성준, 『해양탐험의 역사』, 신서원, 2007; 개정증보판 『유럽의 대항해시대』, 문현, 2019.

김성준, 『산업혁명과 해운산업』, 혜안, 2006.

김성준, 『영화에 빠진 바다』, 혜안, 2009.

김성준, 『배와 항해의 역사』, 혜안, 2010.

김성준, 『해양과문화』, 문현, 2014.

김성준, 『역사와 범선』, 교우미디어, 2015.

김성준, 『서양항해선박사』, 문현, 2015.

김성준, 『한국항해선박사』, 혜안, 2021.

김재근, 『배의 역사』, 서울대학교 조선공학과동창회, 1980.

김주식, 『서구의 해양기담집』, 1996.

박원호 역, 『최부 표해록 역주』, 고려대학교출판부, 2006.

어니스트 헤밍웨이, 영한대역 : 『노인과 바다』, 삼지사, 2011.

이재우 편역, 『해양명시집』, 해문출판사, 1998.

최완기, 『조선후기 선운업사 연구』, 일조각, 1989.

해양수산부, 『대한민국등대100년사』, 2004.

해양수산부 외, 『우리선원의 역사』, 2004.

Blake, George, The Ben Line, Thomas Nelson and Sons, 1956.

Bradley, Henry, *The Making of English*, Macmillan and Co., 1904.

Burwash, Dorothy, *English Merchant Shipping*, 1460-1540, University of Toronto Press, 1947.

Chatterton, E.K., *Sailing Ships and their Story*, 1909, at https://archive.org/details/sailingshipsstor
00chatuoft.

Conrad, Joseph, Youth, in *Heart of Darkness & Other Stories*, Wordsworth Editions Limited, 1995.

Conrad, Joseph, ed. by Own Knowles, *Youth, Heart of Darkness*, The End of The Thether,
Cambridge University Press, 2010.

Conrad, Joseph, *Typhoon and other Stories*, A Digireads.com Book, 2009, at https://books.google.co.
kr/books~.

Conrad, Joseph, 조미나 역, 『청춘·은밀한 동거인』, 누멘, 2010.

Curryer, Betty N., *Anchors*, Catham Publishing, 1999.

Cuyvers, Luc, 김성준 역, 『역사와 바다 : 해양력의 세계여행』, 한국해사문제연구소, 1999,

Dewar, Alfred, ed., *The Voyages and Travels of Captain Nathaniel Uring*(1726), Cassel and
Company, 1928.

Dash, Mike, 김성준 역, 『미친 항해』, 혜안, 2012.

Driel, A. Van, *Tonnage Measurement : Historical and Critical Essay*, Hague : Government Printing
Office, 1925,

Dryden, John, Annus Mirabilis, in *The Works of John Dryden : Now First Collected in Eighteen
Volume*, Vol. 9, London, 1808, at https://books.google.co.kr/books~.

Fayle, Ernest, *A Short History of World Shipping Industry*, George Allen & Unwin, 1933; 김성준
역, 『서양해운사』, 혜안, 2004.

Fuson, Robert, trans. by, *The Log of Christopher Columbus*, International Marine Publishing
Company, 1987

Gardiner, Robin & Der Vat, Dan van, *Riddle of the Titanic*, Orion, 1995.

Gibb, D.E.W, *Lloyd's of London*, A. Wheaton & Co., 1957,

Hale, John, 『탐험시대』, 한국일보타임라이프, 1979.

Hope, Ronald, *A New History of British Shipping*, John Murray Publishers, 1990.

Hewson, J.B., *A History of the Practice of Navigation*, Brown, Son & Ferguson, 1983.

Johnson, A., *Common English Proverbs*, London, 1954.

Kemp, Peter, *The History of the Ship*, London ; Book Club Associates, 1978.

Lane, Frederic C., "Tonnage, Medieval and Modern," *Economic History Review*, 2nd ser., Vol. XVII,
no.2, 1964.

McGrail, Seán, *Ancient Boats and Ships,* Shier Archaeology, 2006.

Martin, Frederick, *The History of Lloyd's and of Marine Insurance in Great Britain*, London : Forgotten Books(Original work published in 1876), reprinted in 2013.

May, W.E., *A History of Marine Navigation*, G.T. Foulis & Co., 1973.

Melville, Herman, 정광섭 옮김, 『백경』, 홍신문화사, 2002.

Needham, Joseph, 김주식 역, 『동양항해선박사』, 문현, 2016.

Plimsoll, Samuel, *Our Seamen : An Appeal*, Virtue & Co., 1873, at https://archive.org/details/ourseamenanappe00plimgoog.

Salisbury, W., "Early Tonnage Measurement in England," *Mariner's Mirror*, Vol. 52, no. 1, 1966.

Shakespeare, William, 『셰익스피어전집I』 I-IV, 정음사, 1979.

Skelton, R.A., 안재학 역, 『탐험지도의 역사』, 새날, 1995.

Stevenson, Robert Louis, *Treasure Island*, Roberts Brothers, 1884, at https://books.google.co.kr/books~.

Woodman, Richard, *The History of the Ship*, Conway Maritime Press, 1997.

Wright, Charles & Fayle, E., *History of Lloyd's*, Macmillan and Company, 1928.

王振鐸, "中國古代磁針的發明和航海羅經的創造," 文物, 第3期(總262期), 1978.

佐波宣平, 『海の 英語:イギリス海事英語根源』, 研究社, 1971.

佐波宣平, 김성준・남택근 옮김, 『현대해사용어의 어원』, 문현, 2017.

青木榮一, 최재수 역, 『시파워의 세계사』①, 한국해사문제연구소, 1995.

青木榮一, 최재수 역, 『시파워의 세계사』②, 한국해사문제연구소, 2000.

3. 기타

김성준, 바타비아호의 참극과 유령선 '플라잉더취맨', Sea, 통권 52호, 2011. 10, 한국해양산업협회.

양흥근, 「해양레저의 꽃, 요트의 대중화는 요원한가?」, 『해양과 문화』, 13호, 2006.

오홍일, 「목포의 지명 유래에 대한 소고」, 목포문화원, 『목포의 향토문화연구』, 2012.

이원철, 「조선 시대 해운 용어에 관한 소고」, 『한국해운학회지』 30호, 2002.

정종석, 『세일링 요트』, 해인출판사, 2003.

정진술, 「고대의 닻에 대한 소고」, 『해양평론』 2010.

정효상, 지구과학산책 : 태풍, at http://navercast.naver.com/.

小芦 捻, 「선박의 크기에 따른 명칭의 유래」, 『해양한국』, 1997년 9월.

Armstrong, J. & Bagwell, P.S., "Coastal Shipping," in D.H. Aldcroft & M.J. Freeman, eds., *Transport in the industrial revolution*, Manchester, 1983.

Harland, John H., "The Design of Winches used at Sea in the 1800," *The Mariner's Mirror*, Vol. 77, No.2, May, 1991.

MacInnes, C.M., "The Slave Trade," in C.N. Parkinson, ed., *The Trade Winds*, George Allen and Unwin, 1948.

Schmidl, Petra G., "Two Early Arabic Sources on the Magnetic Compass," *Journal of Arabic and Islamic Studies*, Vol. 1, 1997-1998

http://en.wikipedia.org/wiki/.

www.google.co.kr.

www.naver.com.

지은이 **김성준**

한국해양대학교 항해융합학부 · 대학원 해양역사문화전공 교수.
BSc, BA, MA, PhD. Master Mariner(STCW 95 II/2)

주요 저서　『유럽의 대항해시대』(문현), 『산업혁명과 해운산업』(혜안), 『영화
　　　　　에 빠진 바다』(혜안), 『해양과 문화』(문현), 『한국항해선박사』(혜
　　　　　안), 『서양항해선박사』(혜안), 『역사와 범선』(교우미디어)
주요 역서　『역사와 바다』(한국해사문제연구소), 『약탈의 역사』(신서원), 『전
　　　　　함 포템킨』(서해문집), 『서양해운사』(혜안), 『미친 항해』(혜안)

e-mail　s-junekim@daum.net

한국해양대학교박물관
해양문화정책연구센터
해 양 학 술 총 서 4

개정증보판
해사영어의 어원

2025년 2월 20일 개정증보판 인쇄
2025년 2월 28일 개정증보판 발행

지은이　김 성 준
펴낸이　한 신 규
편 집　김 영 이
펴낸곳　**문현**출판
주 소　05827 서울특별시 송파구 동남로 11길 19(가락동)
전 화　Tel.070-7613-9110　Fax.02-443-0212
E-mail　geul2013@naver.com
등 록　2013년 4월 12일(제25100-2013-000041호)

ⓒ 김성준, 2025
ⓒ 문현출판, 2025, printed in Korea

ISBN　979-11-94313-02-1　93740　　정가　40,000원